Georg Friedrich Daumer
Anselm von Feuerbach
KASPAR HAUSER

Die Andere Bibliothek
Herausgegeben
von
Hans Magnus Enzensberger

Georg Friedrich Daumer
Anselm von Feuerbach
KASPAR HAUSER

Mit einem Bericht
von Johannes Mayer
und einem Essay
von Jeffrey M. Masson

Eichborn Verlag
Frankfurt am Main
1995

Inhalt

Anselm von Feuerbach
Kaspar Hauser

Beispiel eines Verbrechens
am Seelenleben des Menschen
(1832)

Niemand hat nähere Ansprüche auf diese Schrift, als *Eure Herrlichkeit,* in dessen Person die Vorsehung dem Jüngling ohne Kindheit und Jugend, einen väterlichen Freund, einen vielvermögenden Beschützer gesendet hat. Jenseits des Meeres, im schönen Alt-England, haben *Sie* ihm eine sichere Freistätte bereitet, bis die aufgehende Sonne der Wahrheit die Nacht verdrängt, welche über dem geheimnißvollen Schicksal dieses Menschen liegt. Vielleicht, daß den Rest seines zur Hälfte gemordeten Lebens noch Tage erwarten, um derentwillen er es nicht mehr beklagen wird, das Licht dieser Welt gesehen zu haben. Für solche That kann nur der Genius der Menschheit *Ihnen* vergelten.

In der großen Wüste unsrer Zeit, wo unter den Gluthen eigensüchtiger Leidenschaft die Herzen immer mehr verschrumpfen und verdorren, endlich wieder einem wahren Menschen begegnet zu sein, ist eines der schönsten und unvergeßlichsten Ereignisse meines abendlichen Lebens.

Mit inniger Verehrung und Liebe
Eurer Herrlichkeit
gehorsamster Diener
von Feuerbach.

I.

Der zweite Pfingsttag gehört zu Nürnberg zu den vor-
züglichsten Belustigungstagen, an welchen der größte
Theil der Einwohner sich auf das Land und in die be-
nachbarten Ortschaften zerstreut. Die, im Verhältniß
zu ihrer dermaligen spärlichen Bevölkerung, ohnehin
sehr weitläufige Stadt, wird dann, zumal bei schönem
Frühlingswetter, so still und menschenleer, daß sie beinahe weit eher jener verzauberten Stadt in der Sahara,
als einer rührigen Gewerbs- und Handelsstadt zu vergleichen wäre. Besonders in einigen von ihrem Mittel-
punkte entfernteren Theilen kann dann leicht manches
Geheime öffentlich geschehen, ohne darum aufzuhören
geheim zu sein.

So ereignete sich denn am zweiten Pfingsttage (26.
Mai) 1828 Abends zwischen 4 und 5 Uhr Folgendes:

Ein Bürger, wohnhaft auf dem sogenannten Unschlittplatze (in der Nähe des wenig besuchten Hallerthör-
chens) weilte noch vor seinem Hause, um von da vor das
sogenannte neue Thor zu gehen, als er, sich umsehend,
nicht weit von sich einen als Bauernbursche gekleideten
jungen Menschen gewahr wurde, welcher in höchst auffallender Haltung des Körpers da stand, und, einem
Betrunkenen ähnlich, sich vorwärts zu bewegen mühte,
ohne gehörig aufrecht stehen und seine Füße regieren
zu können. Der erwähnte Bürger nahte sich dem
Fremdling, der einen Brief ihm entgegen hielt, mit der
Aufschrift:

*»An Titl. Hrn. Wohlgebohrner Rittmeister bei 4ten
Esgataron bei 6ten Schwolische Regiment
Nürnberg.«*

Da der bezeichnete Rittmeister in der Nähe des neuen
Thors wohnte, so nahm jener Bürger den fremden Burschen dahin mit sich an die Wache, von wo er zu der
ganz nahe liegenden Wohnung des damals die 4te

Escadron des bezeichneten Regiments befehligenden
Rittmeisters von W. gelangte[1]).

Dem die Hausthür öffnenden Bedienten des von W.
trat er, den Hut auf dem Kopf, seinen Brief in der Hand
haltend, mit den Worten entgegen: »ä sechtene möcht
ih wähn, wie mei Vottä wähn is.« Der Bediente fragte
ihn: was er wolle? wer er sei? woher er komme? Aber
der Fremde schien von allen Fragen keine zu verstehen,
und es erfolgten immer nur die Worte: »ä sechtene
möcht ih wähn, wie mei Vottä wähn is,« oder »woas nit!«
Er war, wie der Bediente des Rittmeisters in seinem
Verhör als Zeuge aussagt, so ermattet, daß er nicht
sowohl ging als »herumschweifte.« Weinend, mit dem

---

1) Über die näheren Umstände, wie Kaspar mit dem erwähnten Bürger vom Unschlittplatze bis zur Wache und von da bis zur Wohnung des Rittmeisters von W. gekommen, sind die Acten theils so lückenhaft und unbefriedigend, theils, bezüglich angegebener Umstände, so sehr den Zweifeln historischer Kritik unterworfen, daß ich mich in obiger Erzählung sehr kurz fassen zu dürfen glaubte. So gibt z. B. jener Bürger an: nachdem er unterwegs mit K. ein Gespräch anzuknüpfen gesucht und ihn über manches befragt, habe er endlich bemerkt, *daß K. von allem nichts wisse und gar keinen Begriff habe, weshalb er dann nichts mehr zu ihm gesprochen.* Hiernach zeigte sich ihm also K. eben so, wie noch denselben Abend bei dem Herrn Rittmeister von W. und später auf der Wachtstube, dann an den folgenden Tagen und Wochen. Gleichwohl erzählt zugleich jener Bürger: K. habe auf die Frage, woher er komme? geantwortet: »von Regensburg.« Ferner: als er mit K. zum neuen Thor gekommen, habe dieser gesagt: »Dös is gwiß erst baut worn, weil mer's neu Thor heißt« u. s. w. — Daß Zeuge dieses und dergleichen gehört zu haben *glaubt,* ist mir eben so wenig zweifelhaft, als dies: daß es K. *nicht gesagt* hat. Alles Folgende gibt dafür den unumstößlichsten Beweis. Aus der stehenden Redensart Kaspars: »Reutä wähn, wie mein Vottä wähn is« konnte sein Führer, der diesem Simpel, wofür er ihn hielt, gewiß nur halbe Ohren lieh, gar wohl jene Worte herauszuhören glauben. — Überhaupt aber sind die in dieser Sache erwachsenen Polizei-Acten auf eine solche Weise geführt, enthalten so viele Widersprüche, nehmen vieles gar so leicht, sind in einigen ihrer wesentlichsten Bestandtheile ein so arger *Anachronismus,* daß sie als Geschichtsquelle nur mit großer Vorsicht benutzt werden können.

Ausdruck heftigen Schmerzes, deutete er auf seine unter ihm brechende Füße, und schien an Hunger und Durst zu leiden. Man reichte ihm ein Stückchen Fleisch; doch kaum hatte der erste Bissen seinen Mund berührt, als er ihn, sich schüttelnd, unter heftigen Zuckungen seiner Gesichtsmuskeln, mit sichtbarem Entsetzen wieder von sich spie. Dieselben Zeichen des Abscheus, als man ihm ein Glas Bier gebracht und er davon einige Tropfen gekostet hatte. Ein Stück schwarzen Brodes und ein Glas frischen Wassers verschlang er mit heißer Begier und äußerstem Wohlbehagen. Was man unterdessen mit ihm noch versuchte, um über seine Person und sein Hieherkommen etwas zu erfahren, war vergebliche Mühe. Er schien zu hören, ohne zu verstehen, zu sehen, ohne etwas zu bemerken, sich mit den Füßen zu bewegen, ohne sie zum Gehen gebrauchen zu können. Seine Sprache waren meistens Thränen, Schmerzenslaute, unverständliche Töne oder die häufig wiederkehrenden Worte: »Reutä wähn, wie mei Vottä wähn is.« Im Hause des Rittmeisters hielt man ihn bald nur für einen wilden Menschen, und führte ihn, bis zur Heimkunft des Hausherrn, in den Pferdestall, wo er sogleich auf dem Stroh sich ausstreckte und in tiefen Schlaf versank. —

Er hatte schon mehre Stunden fortgeschlafen, als der Rittmeister nach Hause kam und sogleich in seinen Pferdestall ging, um den wilden Menschen zu sehen, von dem seine Kinder ihm, beim Willkommen, so viel Seltsames erzählt hatten. Noch lag dieser im tiefsten Schlaf. Man suchte ihn zu erwecken, man rüttelte, schüttelte, stieß ihn; aber vergebens. Man riß ihn vom Boden auf und suchte ihn auf die Füße zu stellen; aber er schlief fort, ähnlich einem Scheintodten, der nur noch durch seine Lebenswärme von dem wirklich Todten sich unterscheidet. Endlich, nach vielen, dem Schlafenden fühlbaren Mühen, schlug er die Augen auf, ermunterte sich, sah den Rittmeister in seiner bunten glänzenden Uniform, die er, wie es schien, mit kindischem Wohlgefallen betrachtete, und stöhnte dann sein: Reutä etc. etc.

Herr von W. kannte den fremden Burschen eben so wenig, als er dem ihm mitgebrachten Brief irgend eine auf ihn bezügliche Deutung zu geben wußte. Da nun auch mit Fragen nichts aus ihm herauszubringen war, als: »Reutä wähn« etc. etc. oder »woas nit«: so blieb nichts anders übrig, als die Lösung des Räthsels, so wie die Sorge für die Person des fremden Unbekannten der städtischen Polizei zu überlassen. Somit wurde derselbe dahin abgeführt. »Was ich,« sagte Herr von W. in seiner spätern gerichtlichen Vernehmung, »bezüglich der geistigen Bildung dieses Menschen wahrzunehmen im Stande war, so verrieth er den Zustand gänzlicher Verwahrlosung oder einer Kindheit, die mit seiner Größe contrastirte.«

Gegen 8 Uhr Abends war der Weg zur Polizei — für seinen Zustand, ein Marterweg — zurückgelegt. In der Wachtstube befanden sich, außer einigen Unterbeamten, mehre Polizeisoldaten. Allen hier Anwesenden fiel der fremde Bursche ebenfalls als eine seltsame Erscheinung auf, bei der man nicht sogleich mit sich einig werden konnte, unter welche der gangbaren Polizei-Rubriken sie zu stellen sein möchte. Die an ihn gerichteten polizeilichen Amtsfragen: wie heißt er? weß Standes und Gewerbs? woher kommt er? warum ist er hier? wo ist sein Reisepaß? und dergl. wollten durchaus nicht an ihm verfangen. »Ä Reutä wähn, wie mei Vottä wähn is,« oder: »woas nit« oder, was er ebenfalls in weinerlichem Ton öfters wiederholte: »hoam weissa!« waren die einzigen Worte, die er bei den verschiedensten Veranlassungen vorbrachte[2]). Wo er sei, schien er nicht zu wissen oder zu ahnen. Er verrieth weder Furcht, noch Befremden, noch Verlegenheit, vielmehr eine fast thierische Stumpfheit, welche die Außendinge entweder gar nicht bemerkt, oder gedankenlos anstarrt und an sich vorübergehen läßt, ohne von ihnen berührt zu werden. Seine Thränen, sein Wimmern, wobei er immer auf seine wankenden Füße deutete, sein unbeholfenes und dabei

2) Mit diesen Redensarten, namentlich dem: Reutä wähn etc. verband er, wie sich späterhin ergab, keinen besonderen Sinn; es waren nichts als papageienmäßig eingelernte Töne, die er als gemeinsame Ausdrücke für alle seine Vorstellungen, Empfindungen und Begehrungen gebrauchte.

11

kindlich kindisches Wesen gewannen ihm bald das Mitgefühl der Anwesenden. Ein Soldat brachte ihm ein Stück Fleisch und ein Glas Bier; aber, wie im W**schen Hause, wieß er beides mit Grauen von sich, und aß nur Brod zu frischem Wasser. Ein anderer gab ihm eine Münze; er zeigte darüber die Freude eines kleinen Kindes, spielte damit und schien, indem er mehrmals: Roß! Roß! sagte und mit der Hand gewisse Bewegungen machte, das Verlangen auszudrücken, diese Münze einem »Rosse« anzuhängen. Sein ganzes Wesen und Benehmen zeigte an ihm ein kaum zwei- bis dreijähriges Kind in einem Jünglingskörper. Die meisten dieser Polizei-Männer waren nur darüber getheilt, ob man ihn für einen Blöd- oder Wahnsinnigen oder für einen Halbwilden halten solle. Der eine und andere meinte jedoch: es wäre wohl möglich, daß in diesem Buben ein feiner Betrüger stecke, eine Meinung, welche durch folgenden Umstand einen nicht geringen Schein für sich gewann. Man kam auf den Einfall, zu versuchen, ob er vielleicht schreiben könne, gab ihm eine Feder mit Tinte, legte einen Bogen Papier vor ihm hin und forderte ihn auf, zu schreiben. Er schien darüber Freude zu bezeigen, nahm die Feder nichts weniger als ungeschickt zwischen seine Finger und schrieb, zu aller Anwesenden Erstaunen, in festen, leserlichen Zügen, den Namen:

Kaspar Hauser.

Er wurde jetzt weiter aufgefordert, auch den Namen des Ortes beizusetzen, von welchem er herkomme. Aber er that hierauf nichts weiter, als daß er wieder sein: »Reutä wähn« etc. etc., sein: »hoam weissä,« sein: »woas nit« hervorstöhnte.

Da vor der Hand nichts weiter mit ihm anzufangen war, überließ man das Übrige der Zeit und übergab ihn einem Polizeidiener, der ihn auf den, für Polizeisträflinge, Vagabunden etc. etc. bestimmten Thurm des Vestner Thors brachte. Auf diesem verhältnißmäßig kurzen Weg, sank er fast bei jedem Schritt — wenn sein Tappen ein Schreiten genannt werden konnte — ächzend zusammen. In dem Arreststübchen angekommen — wo er einen andern Polizeigefangenen zum Gesellschafter hatte — verfiel er auf seinem Strohsack sogleich in den tiefsten Schlaf.

II.

Kaspar Hauser — diesen Namen hat er bis jetzt beibehalten — trug als er nach Nürnberg kam, auf dem Kopf einen runden, mit gelber *Seide* gefütterten, mit rothem Leder besetzten, etwas groben Filzhut, von *städtischer* Form, in welchem das halbausgekrazte Bild der Stadt *München* zu sehen ist. Die Zehen seiner nackten Füße sahen aus ganz zerrissenen, ihm nicht anpassenden, mit Hufeisen und Nägeln beschlagenen Halbstiefeln mit *hohen Absätzen* hervor. Um seinen Hals war eine schwarz seidene Halsbinde geschlungen. Über einem groben Hemde[3]) und einer schon ausgewaschenen, rothgetupften, zeuchenen Weste trug er eine grautuchene *Jacke,* welche die Bauersleute Janker oder Schalk zu nennen pflegen, welche aber, wie sich erst später bei genauerer Betrachtung und nach Untersuchung von Sachverständigen ergab, der Schneider ursprünglich zu keiner Bauernjacke zugeschnitten hatte; sie war ehemals, wie schon der liegende Kragen zeigt, ein *Frack,* dem man die Hintertheile abgeschnitten und dessen obere Hälfte eine der Schneiderei unkundige Hand mit groben Stichen wieder zusammen geheftet hatte. Auch die etwas feineren, gleichfalls grautuchenen *Pantalons,* wie *Reithosen* zwischen den Beinen mit demselben Tuche besetzt, gehörten wohl ursprünglich eher einem Bedienten, Reitknecht oder Förster und dergl., als einem Bauern. Kaspar trug ein weißes rothgegittertes Schnupftüchlein bei sich, mit den Buchstaben *K.H.*

3) Welches unbesonnener Weise, angeblich wegen seiner schlechten Beschaffenheit, sammt den Stiefeln, gleich in der ersten Zeit hinweggeworfen wurde! So verfuhr man mit Sachen, welche als *Anzeigen* äußerst wichtig werden konnten!

roth gezeichnet. Außer einigen blau und weiß geblumten Lappen, einem deutschen Schlüssel und einem Papier mit etwas *Goldsand* — den wohl Niemand in Bauernhütten sucht — fand sich in seiner Tasche ein kleiner hörnener Rosenkranz und ein ziemlicher Vorrath geistlichen Segens; nämlich, außer geschriebenen katholischen Gebeten, mehre geistliche Druckschriften, wie sie häufig im südlichen Deutschland, zumal an Wallfahrtsorten, der gläubigen Menge für gutes Geld geboten werden, — einige ohne Druckort, andere mit den Druckorten: *Altöttingen, Burghausen, Salzburg, Prag.* Ihre auferbaulichen Titel heißen z. B. *»Geistliche Schildwacht«,* — *»Geistliches Vergißmeinnicht«,* — *»Ein sehr kräftiges Gebet, wodurch man sich aller heiligen Messen etc. theilhaftig machen kann«,* — *»Gebet zum heiligen Schutzengel«,* — *»Gebet zum heiligen Blut«* u.s.w. Eines dieser köstlichen Geisteswerklein, betitelt: *Kunst, die verlorene Zeit und übel zugebrachten Jahre zu ersetzen* (ohne Jahreszahl) scheint auf das bisherige Leben dieses Jünglings, wie er es späterhin erzählte, höhnend anzuspielen. Daß nicht blos weltliche Hände bei dieser Begebenheit mit im Spiele seien, ließ sich, nach den mitgebrachten geistlichen Gaben, nicht wohl bezweifeln.

Der an den ungenannten Rittmeister der 4ten Escadron des 6ten Chevaulegers-Regiments adressirte Brief, mit welchem in der Hand Kaspar zu Nürnberg auftrat, war nach Form und Inhalt folgender:

»Von der Bayerschen Gränz daß Orte
ist unbekannt 1828.

Hochwohlgebohner Hr. Rittmeister!

Ich schücke ihner ein Knaben der möchte seinen König getreu dienen verlangte Er, dieser Knabe ist mir gelegt worden, 1812 den 7. Ocktober, und ich selber ein armer Taglöhner, ich habe auch selber 10 Kinder, ich habe selber genug zu thun daß ich mich fortbringe, und seine Mutter hat nur um die erziehung daß Kind gelegt, aber ich habe sein Mutter nicht erfragen können, jezt habe ich auch nichts gesagt, daß mir der Knabe gelegt ist worden, auf den Landgericht. Ich habe mir gedenkt ich

14

müßte ihm für mein Sohn haben, ich habe ihm Christlichen Erzogen, und habe ihn Zeit 1812 Keinen Schrit weit aus den Haus gelassen daß Kein Mensch nicht weiß davon wo Er auf erzogen ist worden, und Er selber weiß nichts wie mein Hauß Heißt und daß ort weiß er auch nicht, sie derfen ihm schon fragen er kann es aber nicht sagen, daß lessen und schreiben habe ich ihm schon gelehrt er kann auch mein Schrift schreiben wie ich schreibe, und wan wir ihm fragen was er werde, so sagte er will auch ein Schwolische werden waß sein Vater gewesen ist, Will er auch werden, wen er Eltern häte wir er keine hate wer er ein gelehrter bursche worden. Sie derfen im nur was zeigen so kan er es schon,

Ich habe im nur bis Neumark geweißt da hat er selber zu ihnen hingehen müssen ich habe zu ihm gesagt wenn er einmal ein Soldat ist, kome ich gleich und suche ihm heim sonst häte ich mich von mein Hals gebracht

Bester Hr. Rittmeister sie derfen ihm gar nicht tragtiren er weiß mein Orte nicht wo ich bin, ich habe im mitten bei der nacht fort gefürth er weiß nicht mehr zu Hauß,

Ich empfehle mich gehorsamt Ich mache mein Namen nicht Kentbar den ich Konte gestraft werden,

Und er hat Kein Kreuzer Geld nicht bey ihm weil ich selber nichts habe wen Sie im nicht Kalten (behalten) so müssen Sie im abschlagen oder in Raufang auf henggen.«

Es lag diesem Briefe zugleich folgender mit lateinischen Buchstaben, jedoch wahrscheinlich von derselben Hand, geschriebener Zettel bei:

»Das Kind ist schon getauft Sie heist Kasper in (d. h. einen) *Schreibname misen Sie im Selber geben das Kind moechten Sie aufziehen Sein Vater ist ein Schwolische gewesen wen er 17 Jahr alt ist so schicken Sie im nach Nirnberg zu 6ten Schwolische Regiment da ist auch sein Vater gewesen jch bitte um die erziehung bis 17. Jahre gebohren ist er im 30. Aperil 1812 im Jaher ich bin ein armes Mägdlein ich kan das Kind nicht ernehren sein Vater ist gestorben.«*

Kaspar Hauser[4]) war bei seinem Erscheinen zu Nürnberg 4 Schuhe, 9 Zolle groß, und mochte damals vielleicht in seinem 16. – 17. Jahre stehen. Ein ganz dünner Flaum überzog Kinn und Lippen, die sogenannten Weisheitszähne fehlten noch und sind erst im Jahr 1831 hervorgebrochen. Seine hellbraunen, sehr feinen Haare, bäuerlich zugeschnitten, kräuselten sich in kleine Lokken. Sein Körperbau, untersetzt und breitschulterig, zeigte ein vollkommenes Ebenmaß, ohne irgend ein sichtbares Gebrechen. Seine Haut war sehr weiß und fein; seine Gesichtsfarbe nicht eben blühend, doch auch nicht krankhaft; seine Glieder zart gebaut; die kleinen Hände schön geformt; eben so die Füße, welche keine Spur zeigten, daß früher ein Schuh sie beengt oder gedrückt habe. Die Fußsohlen waren ohne Hornhaut, so weich wie das Innere einer Hand, und über und über mit frischen Blutblasen bedeckt, deren Spuren noch mehre Monate später zu sehen waren. An beiden Armen zeigten sich die Narben der Impfung; an seinem rechten Arm fiel eine noch mit frischem Schorf bedeckte Wunde auf, die, wie Kaspar späterhin erzählte, von einem Schlag mit einem Stock (oder Stück Holz) herrührte, welchen der Mann, »bei dem er immer gewesen,« ihm gegeben, als er einmal zu viel Lärm gemacht habe. Sein Gesicht war damals sehr gemein und, wenn es in Ruhe war, fast ohne Ausdruck; die untern Theile desselben traten etwas vor, was ihm ein thierisches Ansehen gab. Auch der stiere Blick seiner bläulichen, übrigens klaren, hellen Augen hatte den Ausdruck thierischer Stumpfheit.[5]) Seine Gesichtsbildung änderte sich nach einigen Monaten gänzlich; der Blick gewann Ausdruck und

---

4) Das folgende *Signalement* ist nicht etwa aus den Polizei-Akten genommen, wo dergleichen nicht zu finden ist, sondern aus meinen eigenen Beobachtungen und den schriftlich aufgezeichneten Bemerkungen anderer glaubwürdiger Personen.

5) Der Verf. dieses äußerte damals den Wunsch, es möge Kaspars Gesicht von einem geschickten Porträtmaler gezeichnet werden, weil jenes sich gewiß bald verändern werde. Jener Wunsch blieb unerfüllt, diese Vermuthung aber wurde bald wahr.

Leben, die hervorragenden untern Theile des Gesichts traten mehr zurück, und die frühere Physiognomie war kaum wieder zu erkennen. Sein Weinen bestand in der ersten Zeit in einem häßlichen Verzerren des Mundes; bewegte aber irgend etwas Angenehmes sein Gemüth, so verbreitete sich über seine Miene eine lieblich lächelnde, alle Herzen gewinnende Freundlichkeit, der unwiderstehliche Reiz der Freude eines unschuldigen Kindes. Seine Hände und Finger wußte er so gut wie gar nicht zu gebrauchen. Die Finger spreizte er steif und gerade hin weit auseinander, mit Ausnahme des Zeigefingers und Daumens, deren Spitzen er gewöhnlich auf die Weise zusammenhielt, daß sie einen Zirkel bildeten. Wo andere Menschen nur einige Finger brauchen, bediente er sich der ganzen Hand, die auf die ungeschickteste, verkehrteste Weise ihr Geschäft verrichtete. Sein Gang, ähnlich dem eines Kindes, das am Laufband seine ersten Versuche macht, war nicht sowohl ein Gehen, als ein watschelndes, schwankendes Tappen, eine peinliche Mittelbewegung zwischen Fallen und Aufrechtstehen. Statt beim Gehen mit der Ferse zuerst aufzutreten, setzte er mit gehobenen Beinen Ferse und Vorderfuß zugleich auf den Boden und stolperte, die Füße einwärts gekehrt, mit überhängendem Oberleib und weit von sich hinweggestreckten Armen, die er als Balanzirstange zu gebrauchen schien, langsam schwerfällig vor sich hin. Öfters fiel er in seinem Zimmerchen, bei geringem Hinderniß oder Anstoß, der Länge nach zu Boden. Beim Auf- und Absteigen von Treppen mußte er, noch lange nach seiner Ankunft, immer geführt werden. Und noch jetzt ist es ihm, ohne zu fallen, nicht möglich auf dem einen Fuß zu stehen, den andern zu heben, zu biegen oder auszustrecken.

Bei einer erst noch im Jahre 1830 vorgenommenen gerichtsärztlichen Besichtigung der Leibesbeschaffenheit Kaspar Hausers ergaben sich, unter andern, folgende höchst merkwürdige Eigenthümlichkeiten, die auf sein Leben und sein Schicksal ein helles Licht zurückwerfen. »Das *Knie*,« sagt das Gutachten des Dr. Osterhausen, »hat eine besondere regelwidrige Bildung. Bei Strek-

kung des Unterschenkels tritt in der Regel die Kniescheibe hervor; bei Hauser aber liegt sie in einer beträchtlichen Vertiefung. Regelmäßig heften sich die
vier Streckmuskeln des Unterschenkels, als der äußere
und innere große, der gerade und tiefe Unterschenkel-
strecker *(musculus vastus externus et internus, m. femoris
et cruralis)* mit einer gemeinschaftlichen Sehne, nachdem sie sich mit der Kniescheibe verwebt hat, an den
Höcker des Schienbeins an; hier aber ist die Sehne
getrennt, und die Sehne des äußern und innern großen
Schenkelstreckers *(m. vastus externus et internus)* gehen
an der äußern und innern Seite des Schienbeinknorrens
herab, heften sich unter diesem an das Schienbein an,
und zwischen ihnen liegt die Kniescheibe. Hiedurch,
und da diese Sehnen ungewöhnlich stark ausgewirkt
sind, entsteht jene Vertiefung. Wenn er mit ausgestreck-
tem Ober- und Unterschenkel, in horizontaler Lage auf
dem Boden sitzt; so bildet der Rücken mit der Beugung
des Oberschenkels einen rechten Winkel, und das Knie-
gelenk liegt in gerader Streckung so fest auf dem Boden,
daß am Kniebug nicht die geringste Höhlung zu bemerken und kaum ein Kartenblatt unter die Kniekehle zu
schieben ist.«

III.

Das Befremdende an Kaspar Hauser bei seinem ersten
Erscheinen zu Nürnberg gestaltete sich in den nächsten
Tagen und Wochen zu einem dunkeln, grauenhaften
Räthsel, zu dessen Lösung man in mancherlei Vermuthungen vergebens den Schlüssel suchte. Nichts weniger
als blöd- oder wahnsinnig, dabei so sanft, folgsam und
gutartig, daß Niemand versucht werden konnte, diesen
Fremdling für einen Wilden oder unter den Thieren des
Waldes aufgewachsenen Knaben zu halten, zeigte sich
an ihm — jene stets wiederkehrende Redensarten ausgenommen — ein so vollständiger, nur dem Zustand
eines Pescherä vergleichbarer, Mangel an Worten und
Begriffen, eine so gänzliche Unbekanntschaft mit den

gemeinsten Gegenständen und den alltäglichsten Erscheinungen der Natur, solch eine Gleichgültigkeit, solch ein Abscheu gegen alle Gewohnheiten, Bequemlichkeiten und Bedürfnisse des Lebens, dabei so außerordentliche Eigenthümlichkeiten in seinem ganzen geistigen, sittlichen und physischen Wesen, daß man sich in die Wahl versetzt glauben konnte, ob man ihn für einen durch irgend ein Wunder auf die Erde herabversetzten Bürger eines andern Planeten, oder für jenen Menschen des Plato nehmen solle, der, unter der Erde gebohren und aufgewachsen, erst im Alter der Reife auf die Oberwelt zum Licht der Sonne heraufgestiegen.

Kaspar zeigte beständig gegen alle Speisen und Getränke, außer trocknem Brod und Wasser, den heftigsten Widerwillen. Nicht nur der Genuß, sondern auch der bloße Geruch unsrer gewöhnlichen Speisen erregte ihm Schauder oder noch mehr; ein Tröpfchen Wein, Kaffe und dergl., heimlich unter sein Wasser gemischt, verursachte ihm Angstschweiß, Erbrechen und heftiges Kopfweh[6]). — Es versuchte Jemand irgendwo, ihm etwas Brandwein, unter dem Vorwand es sei Wasser, aufzudringen. Als man ihm das Glas an den Mund brachte, sank er erbleichend um, und wäre rückwärts in eine Glasthüre gefallen, wenn man ihn nicht aufgefangen hätte. — Als er einmal von dem Gefangenwärter war genöthigt worden, etwas Kaffe in den Mund zu

6) Es ist ein bedauernswerther Umstand, daß es in der ganzen Stadt Nürnberg keinen einzigen Menschen gab, welcher so viel wissenschaftliches Interesse in sich gefunden hätte, um diesen Menschen zum Gegenstand physiologischer Untersuchungen zu machen. Schon allein die chemische Untersuchung des Urins, des Speichels und anderer Auswurfsstoffe dieses blos mit Brod und Wasser aufgefütterten jungen Menschen, hätte manches wissenschaftlich nicht unwichtige Ergebniß gehabt, so wie diese wissenschaftlichen Ergebnisse den juridisch bedeutenden Umstand: daß Kaspar bisher wirklich nur mit Wasser und Brod genährt worden, gleichsam zu anschaulicher Gewißheit würden bewahrheitet haben. Als aber die Justiz sich mit der Hauser'schen Angelegenheit zu befassen, endlich, nach vielen vergeblichen Bemühungen von ihrer Seite, in den Stand gesetzt wurde, war die Gelegenheit, solche Untersuchungen nachzuholen, längst vorüber.

nehmen, wovon er kaum einen Tropfen verschluckt haben mochte, bekam er mehrmaligen Durchfall. — Von einigen Tropfen stark mit Wasser vermischten Waizenbiers bekam er heftige Schmerzen im Magen und Hitze im ganzen Körper, wobei er über und über von Schweiß triefte, dann Frostschauder, mit Kopfweh und starkem Aufstoßen. — Sogar Milch, gesottene wie ungesottene, mundete ihm nicht und erregte ihm widerliches Aufstoßen. — Man hatte ihm einst in sein Brod etwas Fleisch versteckt; er roch dieses sogleich und bezeigte dagegen seinen lebhaften Abscheu; gleichwohl nöthigte man ihn es zu essen, worauf er äußerst leidend wurde.

Bei Nacht, die für ihn regelmäßig mit Untergang der Sonne anfing und mit ihrem Aufgang endigte, lag er auf seinem Strohsacke; bei Tag saß er, die Füße gerade vor sich ausgestreckt, auf dem Boden.

Als er in den ersten Tagen zum erstenmal eine brennende Kerze vor sich sah, ergötzte ihn die leuchtende Flamme, er griff arglos hinein und verbrannte sich Hand und Finger, die er zu spät unter Schreien und Weinen zurückzog. Um ihn zu erproben, wurde zum Schein mit blanken Säbeln nach ihm gehauen und gestochen; er blieb dabei ganz unbeweglich, blinzte nicht einmal mit den Augen und schien gar nicht zu ahnen, daß ihm mit diesen Dingen irgend ein Leid geschehen könne[7]). Als ihm ein Spiegel vorgehalten wurde, griff er nach seinem eignen Spiegelbild und wendete sich dann nach der Rückseite, um den Menschen zu finden, der dahinter stecke. Was er Glänzendes sah, darnach langte er wie ein kleines Kind, und weinte, wenn er es nicht erreichen konnte, oder es ihm versagt wurde.

Einige Tage nach seiner Ankunft in Nürnberg wurde Kaspar, in Begleitung zweier Polizeimänner, um die Stadt geführt, damit er vielleicht das Thor wieder erkenne, durch das er in die Stadt gebracht worden. Er wußte, wie man wohl hätte voraussehen können, keines

---

7) Man soll sogar einmal — was ich jedoch nicht zu verbürgen wage — ein Feuergewehr, zur belustigenden Probe nach ihm abgeschossen haben. —

von dem andern zu unterscheiden, und schien überhaupt an dem, was an seinen Augen vorüberging, keinen Antheil zu nehmen. Auf Gegenstände, die man ihm besonders nahe brachte, gaffte er stumpfsinnig, und nur zuweilen mit neugierigem, befremdetem Blicke hin. Zur Bezeichnung lebender Geschöpfe, die ihm in die Sinne fielen, hatte er blos zwei Worte, deren er sich dann und wann bediente. Was menschliche Gestalt hatte, ohne Unterschied des Geschlechts und Alters, hieß ihm »Bua;« jedes ihm aufstoßende Thier, vierfüßig oder zweibeinig, Hund, Katze, Gans oder Huhn, nannte er: »Roß.« Waren solche Rosse *weiß,* so bezeigte er Wohlgefallen; *schwarze* Thiere erregten ihm Widerwillen oder Furcht. Eine schwarze Henne, welche auf ihn zukam, versetzte ihn in große Angst; er schrie und machte die äußerste Anstrengung, um auf seinen, ihm hiezu den Dienst versagenden Füßen von ihr hinwegzulaufen.

Seine Seele nicht nur, sondern auch manche seiner Sinne schienen Anfangs in gänzlicher Erstarrung zu liegen, und nur allmählig erwachend den Außendingen sich zu öffnen. Erst nach einigen Tagen fiel ihm der Schlag der Thurmuhren und das Geläute der Glocken auf; er gerieth dadurch in das höchste Erstaunen, das sich in seiner aufhorchenden Miene und in Verzuckungen des Gesichts ausdrückte, bald aber in sinnendes dumpfes Hinstarren überging. Einige Wochen später zog eine Bauernhochzeit mit Musik unter dem Fenster seines Wohnstübchens auf dem Thurm vorüber. Horchend stand er plötzlich wie eine Bildsäule da; sein Gesicht wurde wie verklärt, seine Augen strahlten gleichsam sein Entzücken aus; fortwährend blieben Ohr und Augen den immer weiter sich entfernenden Tönen zugewendet, und schon waren die letzten verhallt, als er noch lauschend unbeweglich stehen blieb, gleichsam als wolle er die letzten Schwingungen dieser für ihn himmlischen Laute in sich aufnehmen, oder als habe die Seele ihren Körper in Erstarrung zurückgelassen, um diesen Klängen nachzuziehen. Gewiß nicht um Kaspars musikalischen Sinn zu erproben, stellte man bei einer Wachtparade diesen Menschen, an dem sich bereits eine ungewöhnliche Nervenreitzbarkeit offenbarte, in die Nähe der großen Regimentstrommel, deren erste Schläge ihn so erschütterten, daß er in Zuckungen verfiel und schnell hinweggebracht werden mußte.

Unter den vielen auffallenden Erscheinungen, die sich in den ersten Tagen und Wochen an Kaspar zeigten, bemerkte man, daß die Vorstellung von *Rossen,* besonders von *hölzernen Rossen,* für ihn von nicht geringer Bedeutung sein müsse. Das Wort: »Roß« schien in seinem Wörterbuch, das kaum ein halbes Dutzend Worte umfaßte, den allergrößten Raum einzunehmen; dieses Wort wurde am allerhäufigsten, bei den verschiedensten Gelegenheiten und Gegenständen, von ihm ausgesprochen, und zwar nicht selten unter Thränen, in wehmüthig bittendem Tone, als drücke er damit die Sehnsucht nach irgend einem Pferde aus. So oft man ihm eine Kleinigkeit, eine glänzende Münze, ein Band, ein Bildchen etc. etc. schenkte, sprach er: Roß! Roß! und gab durch Mienen und Gebärden den Wunsch zu erkennen, diese Schönheiten einem Rosse anzuhängen. Kaspar, welcher — nicht eben zum Vortheil seiner geistigen Entwickelung, noch zum Behuf reiner Beobachtungen, wozu doch wohl die Seltenheit der Erscheinung aufforderte — täglich auf die Polizeiwachtstube geführt wurde, wo er im Getös und Getümmel, gewöhnlich einen nicht kleinen Theil des Tages zubrachte, wurde hier wie einheimisch, und gewann sich bald unter den Bewohnern dieses Amtszimmers Zuneigung und Liebe. Das auch hier so oft wiederholte: Roß! Roß! gab eines Tages einem der Polizeisoldaten, der sich mit dem seltenen Jünglingskinde am meisten zu thun machte, den Einfall, ihm ein weißes hölzernes Spielpferd auf die Wachtstube zu bringen. Kaspar, der sich bisher fast immer nur unempfindlich, gleichgültig, untheilnehmend oder niedergeschlagen gezeigt hatte, wurde beim Anblick dieses hölzernen Rosses, plötzlich wie umgewandelt, und benahm sich nicht anders, als hätte er in diesem Pferdchen einen alten, langersehnten Freund wiedergefunden. Ohne lärmende Freude, aber mit lächelndem Gesichte weinend, setzte er sich sogleich auf den Boden zu dem

Pferde hin, streichelte, tätschelte es, hielt unverwandt seine Augen darauf geheftet, und suchte es mit allen den bunten, glänzenden, klingenden Kleinigkeiten zu behängen, womit das Wohlwollen ihn beschenkt hatte. Erst nunmehr, da er das Rößchen damit ausschmücken konnte, schienen alle diese Dinge den rechten Werth für ihn gewonnen zu haben. Als die Zeit kam, wo er die Polizeiwachtstube verlassen sollte, suchte er das Roß aufzuheben, um es mit sich nach Haus zu tragen, und weinte dann bitterlich, als er wahrnahm, daß er in seinen Armen und auf seinen Füßen zu schwach sei, um diesen seinen Liebling mit sich über die Schwelle der Stubenthüre hinauszubringen[8]). So oft er dann nachher die Wachtstube zu besuchen kam, setzte er sich sogleich zu seinem lieben Roß auf den Boden nieder, ohne die Menschen um ihn her im mindesten zu beachten. »Stunden lang,« sagt einer der Polizeisoldaten in seiner erst polizeilichen, späterhin gerichtlichen Vernehmung, »saß Kaspar mit seinem Rosse spielend neben dem Ofen, ohne auf das, was um und neben ihm vorging auch nur im mindesten Acht zu geben«.

Aber auch auf dem Thurm in seinem Schlaf- und Wohnstübchen versah man ihn bald, nicht blos mit Einem, sondern mit verschiedenen Rossen. Diese Rosse waren von nun an, so lange er sich zu Haus befand, unausgesetzt seine Gesellschafter und Gespielen, die er nicht von seiner Seite, noch aus seinen Augen ließ, und mit denen er — wie man durch eine verborgene Öffnung in der Thüre beobachten konnte — sich beständig zu schaffen machte. Ein Tag war darin dem andern, eine Stunde der andern gleich, daß Kaspar neben seinen Rossen, mit gerade vor sich ausgestreckten Füßen, auf dem Boden saß, seine Rosse beständig bald auf diese bald auf jene Weise mit Bändern, Schnüren oder bunten

8) Er war noch lange nachher äußerst schwach in den Armen, wie in den Füßen. Erst im September 1828, als er schon den Anfang mit Fleischspeisen gemacht hatte, waren seine Kräfte durch wiederholte Übung so weit gediehen, daß er ein Gewicht von 25 Pfund mit beiden Händen ein wenig vom Boden in die Höhe ziehen konnte.

Papierfetzen schmückte, mit Münzen, Glöckchen, Goldflittern behing, und darüber zuweilen in tiefes Nachdenken versunken schien, wie er diesen Putz durch
abwechselndes Dahin- oder Dorthin-Legen verändern
möge. Auch führte er sie zum öftern, ohne sich dabei
von der Stelle zu bewegen oder seine Lage zu verändern,
neben sich hin und her, doch sehr vorsichtig und ganz
leise, damit, wie er späterhin äußerte, das Rollen der
Räder kein Geräusch verursache, und er nicht dafür
geschlagen werde. Nie aß er sein Brod, ohne zuvor jeden
Bissen den Pferdchen an den Mund gehalten, trank nie
sein Wasser, ohne zuvor ihre Schnauze hineingetaucht
zu haben, die er dann jedesmal sorgfältig wieder abzu-
wischen pflegte. Eines dieser Pferdchen war von Gyps,
dessen Mund denn bald vom Eintauchen erweichte. Er
wußte nicht, woher dieß komme, indem er wohl bemerkte, daß die Schnauze der andern Rosse naß werde,
doch nicht ihre Form verändere. Der Gefangenwärter,
dem er weinend sein Unglück mit dem Gypspferdchen
vorzeigte, gab ihm zu seiner Beruhigung zu verstehen:
»dieses Pferdchen möge kein Wasser;« worauf er es denn
zu tränken unterließ, indem er glaubte, es zeige ihm
durch die am Mund sichtbare Verunstaltung seine Abneigung gegen das Trinken an. — Der Gefangenwärter,
welcher oft sah, wie Kaspar sich abmühte, die Pferde
mit seinem Brod zu füttern, suchte ihm begreiflich zu
machen, diese Pferde könnten nicht fressen. Allein
Kaspar meinte ihn damit zu widerlegen, daß er auf die
Brodkrumen deutete, die an der Schnauze seiner Pferde
hängen geblieben waren. — Das eine seiner Rosse hatte
einen Zaum in dem weitgeöffneten Maul; er verfertigte
nun auch seinem andern Pferde einen Zaum aus zusam-
menhängenden Goldflittern, und bemühte sich dieses
auf allerlei Weise zu bewegen, seinen Mund zu öffnen,
damit er ihm den Zaum hineinlege, — ein Versuch,
womit er sich zwei Tage lang unermüdlich plagte. Einst
schlief er auf einem Schauckel-Pferde ein, fiel herab und
quetschte sich am Finger; da beklagte er sich, daß ihn
das Pferd gebissen habe. — Als er eines Tags mit einem
andern seiner Pferde über den Boden fuhr und dieses

mit den Hinterfüßen in eine Lücke des Bodens gerieth und vorne aufstieg, bezeigte er darüber die größte Freude, und wiederholte dann beständig dieses ihm so merkwürdige Schauspiel, das er allen seinen Besuchern zum Besten gab. Da ihm der Gefangenwärter seinen Unwillen darüber bezeigte, daß er allen Leuten immer dasselbe vormache, unterließ er dieses zwar, weinte aber, daß er sein steigendes Pferd nicht mehr zeigen solle. Einmal fiel dieses beim Aufsteigen um; da kam er ihm mit eiliger Zärtlichkeit zu Hülfe und äußerte sein Leid darüber, daß es sich wehe gethan. Er war vollends untröstlich, als er einmal den Gefangenwärter einem dieser Pferde einen Nagel einschlagen sah.

Hieraus und aus vielen andern Umständen ließ sich vermuthen, was nicht lange nachher zu voller Gewißheit wurde: daß die Vorstellung von Lebendigem und Todtem, Beseeltem und Unbeseeltem, von Organischem und Unorganischem, von Naturgegenständen und Kunsterzeugnissen sich in seiner Kinderseele noch seltsam durch einander mische.

Thiere unterschied er von Menschen blos an ihrer Gestalt, Männer und Frauen an der Kleidung, die ihm, wegen der mannichfaltigen, in die Augen stechenden Farben, am weiblichen Geschlecht besser als am männlichen gefiel; weshalb er auch späterhin noch öfters den Wunsch äußerte, ein Mädchen zu werden, d.h. Frauenkleider zu tragen. —

Daß aus den Kindern große Leute würden, wollte ihm durchaus nicht einleuchten, und am hartnäckigsten widersprach er, wenn man ihm versicherte, daß er doch auch einmal ein Kind gewesen, und daß er wahrscheinlich noch bedeutend werde größer werden, als er jetzt schon sei. Erst einige Monate später überzeugte er sich davon, als er an einem an die Wand gezeichneten Maß, nach wiederholten Proben, die eigne Erfahrung von seinem, noch dazu schnellen Wachsthum gemacht hatte.

Von Religion war nicht ein Fünkchen, von einer Dogmatik auch nicht das kleinste Stäubchen in seiner Seele zu finden, so sehr sich einige Geistliche, gleich in den ersten Wochen nach seinem Erscheinen zu Nürnberg,

die unzeitige Mühe gaben, es in ihm zu suchen und auf-
zuregen. Von allen ihren Fragen, Reden und Predigen
hätte jedes Thier nicht weniger verstanden und begriffen
als Kaspar. Was er an Religion mitbrachte, bestand —
wenn es ohne Lästerung dieses Namens so genannt werden darf — lediglich in demjenigen, was ihm dumm-
fromme Bosheit bei seiner Aussetzung zu Nürnberg in
die Tasche mitgegeben hatte.

Es wird vielleicht nicht uninteressant sein, über Kaspar Hausers Benehmen, während seines Aufenthalts
auf dem Thurm, die Äußerung eines einfachen, aber ver-
ständigen Mannes zu vernehmen, des Gefangenwärters
Hiltel, der ihn mehre Wochen unter seiner Aufsicht
gehabt hatte. Dieser äußert sich zum Protokoll unter
andern wie folgt:

»Bald nachdem ich den angeblichen Kaspar Hauser
einige Zeit im Stillen beobachtet hatte, erlangte ich die
Überzeugung, daß derselbe nichts weniger als simpel-
haft und von der Natur verwahrlost, sondern vielmehr
auf unbegreifliche Weise von aller Ausbildung und
geistigen Entwicklung zurückgehalten worden sein
müsse. Die unendlich vielen Belege und Erscheinungen
anzuführen, welche sich mir aus den mit Hauser angestellten Beobachtungen hierüber unzweifelhaft ergaben,
würde hier zu weit führen. Er hat sich in den ersten
Tagen seines Aufenthalts bei mir gerade wie ein kleines
Kind benommen und allenthalben die größte Natürlich-
keit und Unschuld zu erkennen gegeben. Am 4ten oder
5ten Tage wurde er von dem obern, engern Verwahrungsort des Gefängnisthurms in die tiefere Etage desselben,
in welcher ich mit meiner Familie wohne, in ein kleines
Zimmerchen gebracht, welches Vorrichtungen hatte,
mittelst deren ich ihn stets beobachten konnte, ohne daß
er es wahrzunehmen vermochte. Hier habe ich ihn, dem
mir vom Herrn Bürgermeister gegebenen Befehl gemäß,
unbemerkt zum öftern beobachtet und sein Benehmen,
wenn er allein war, ganz unverändert gefunden. Er
ergözte sich an seinem Spielzeug für sich allein eben so,
als wie er dies in meiner Gegenwart natürlich, unbefangen that; denn wenn er in der ersten Zeit mit seinen

Spielsachen ernstlich beschäftigt war, so mochte um ihn her vorgehen was da wollte, er nahm davon keine Notiz. Doch muß ich bemerken, daß dieses Vergnügen an kindischem Spielzeug nur von kurzer Dauer war. So wie seine Sinne auf ernstere und nützlichere Gegenstände gerichtet und dafür empfänglich gemacht worden waren, hatte er am Spielen keine Freude mehr. — Sein ganzes Benehmen war, so zu sagen, ein reiner Spiegel kindlicher Unschuld; er hatte nichts Falsches an sich; wie es ihm um's Herz war, so sprach er sich aus, so weit es nämlich seine dürftige Sprache zuließ. Einen sicheren Beleg seiner Unschuld und Unwissenheit gab er auch bei Gelegenheit, als ich und meine Frau ihn das erste Mal entkleideten und seinen Körper reinigten; sein Benehmen hiebei war das eines Kindes, ganz natürlich und ungenirt[9]. — Nachdem er das Spielzeug bekommen hatte, und auch andere Personen zu ihm gelassen wurden, habe ich bisweilen meinen 11jährigen Sohn Julius zu ihm gelassen, der ihn denn gleichsam das Sprechen lernte, Buchstaben vormachte, und ihm Begriffe, so weit er selbst sie hatte, mitzutheilen suchte. Zugleich ließ ich manchmal mein dreijähriges Mädchen, Margaretha, auf seine Stube kommen, mit der er Anfangs sehr gerne spielte und die ihn Glasperlen an eine Schnur zu reihen lehrte. An dieser Unterhaltung fand er sobald keine Befriedigung mehr, als er sein todtes Spielzeug satt hatte. In der letzten Zeit seines Aufenthalts bei mir, hatte er seine größte Freude und Unterhaltung an Zeichnungen und Kupferstichen, die er in seinem Zimmerchen an die Wände klebte.«

---

9) Nicht lange nachher erwachte jedoch das Gefühl der Schaam; und er wurde nun so verschämt, wie das zartfühlendste, keuscheste Mädchen. Eine Entblößung ist für ihn etwas Entsetzliches. Nachdem das wilde Brasilianische Mädchen Isabella, welches die Hrn. Spix und Martius mit sich nach München gebracht hatten, einige Zeit unter civilisirten Menschen gelebt und Kleider getragen hatte, war sie nur mit der größten Mühe durch Drohungen und Schläge dahin zu bringen, daß sie, um einem Zeichner zu stehen, sich entkleidete.

IV.

Kaspar wurde auf dem Thurm, schon nach den ersten Tagen, nicht als Gefangener, sondern als ein verlassenes, verwahrlostes, der Pflege und Erziehung bedürftiges Kind behandelt. Der Gefangenwärter nahm ihn mit sich an seinen Familientisch, wo er zwar am Essen nicht Theil nahm, doch gehörig sitzen, seine Hände auf menschliche Weise gebrauchen und manche andere Sitte gebildeter Menschen kennen und nachahmen lernte. Gern spielte er mit den Kindern seines Wärters, welche sich ebenfalls nicht ungern mit dem gutmüthigen, durch seine große Unwissenheit, selbst Kindern possirlichen Jüngling unterhielten und von welchen das älteste, der 11jährige Julius — den Kaspar besonders liebgewonnen hatte — sich das, seiner kleinen Eitelkeit nicht wenig schmeichelnde Geschäft machte, diesem jungen rüstigen Burschen, dem schon der Anfang eines Barts um das Kinn sproßte, — das Sprechen zu lehren.

Bald führte ihm die Neugier, täglich, stündlich eine Menge von Menschen zu, von denen die Wenigsten sich blos mit dem Angaffen des zahmen Wilden begnügten. Die Meisten machten sich auf mancherlei Weise, jeder auf seine Art, mit ihm zu schaffen. Manchem war er wohl nur Gegenstand der Belustigung, oder nichts weniger als wissenschaftlicher Experimente. Doch gab es auch Viele, die sich ihm vernünftig mitzutheilen, ihn geistig zu wecken und zur Mittheilung anzuregen suchten. Der Eine sagte ihm Worte und Redensarten vor, die er ihn nachsprechen ließ, der Andere suchte ihm durch Zeichen und Pantominen, oder wie es sonst ging, Unbekanntes bekannt, Unverständliches verständlich zu machen. An jeder Sache, an jedem Spielzeug, womit die menschliche Theilnahme der guten Nürnberger dem armen Jüngling nahte, gewann er neue Gedankenstoffe, wurde er um einige Begriffe und um mehre Wortlaute reicher. Vorzüglich aber wurde in diesem lebhaften Menschenverkehr seine allmählig zu hellerem Bewußtsein erwachende Seele mannichfaltig zum Aufmerken, Reflectiren und Denken angeregt, und durch

das zunehmende, von Tag zu Tag höher gesteigerte Bedürfniß nach Mittheilung, der bekannte, in dem menschlichen Geist instinktmäßig arbeitende, erfinderische
Sprachmeister in immer reger Beschäftigung erhalten.

Ungefähr 14 Tage nach Kaspars Ankunft zu Nürnberg
führte sein günstiges Geschick ihm noch den würdigen
Professor Daumer zu, einen jungen, denkenden Gelehrten, der in seinem menschlichen Herzen den Beruf fand,
sich der geistigen Entwickelung, Bildung und Unterweisung dieses Unglücklichen anzunehmen, — so weit
der ungestüme Zudrang der Neugierigen und andere
hemmende, störende Umstände dieses nur immer gestatten mochten. Und so müßte denn Kaspar weit
weniger Regsamkeit des Geistes, keinen so heißen Eifer,
alles ihm Neue aufzufassen, kein so lebendiges, jugendlich kräftiges Gedächtniß zum treuen Festhalten des
einmal Aufgefaßten besessen haben, als er zu allgemeiner
Verwunderung wirklich zeigte, wenn er nicht in Kurzem
wenigstens so viel sprechen gelernt hätte, um nothdürf-
tig seine Gedanken auszudrücken. Freilich aber waren
seine Sprechversuche geraume Zeit ein so lückenhaftes,
dürftiges, kindisch unbehülfliches Wortgehäcksel, daß
man selten bestimmt wissen konnte, was er mit seinen
durcheinander geworfenen Redebruchstücken ausdrük-
ken wolle; immer blieb dem Hörenden Vieles zu errathen
und durch Vermuthungen zu ergänzen übrig. An ein
zusammenhängendes Reden und Erzählen war bei ihm
vollends gar noch nicht zu denken.

Dem ersten Bürgermeister der Stadt, Herrn Binder,
als Chef der städtischen Polizei, mußte Kaspar, nicht
blos von Seite des menschlichen Interesse's, sondern
auch hauptsächlich in amtlicher Beziehung, nahe am
Herzen liegen; und er widmete diesem wunderseltenen
Polizei-Gegenstande seine besondere Aufmerksamkeit
und Theilnahme. Es war wohl von selbst einleuchtend,
daß die alltäglichen Amtsformen für diesen nichts weniger als alltäglichen Fall nicht gemacht sein konnten[10]

---

10) Man hätte aber auch *spä-*
terhin nicht den bedenklichen
Versuch machen sollen, die
bloßen Privatunterhaltungen in

und, um einigermaßen hinter das Geheimniß zu kommen, mit förmlichen Vernehmungen, Verhören und dergleichen amtlichen Proceduren wenigstens vor der Hand nichts ausgerichtet werden könne. Herr Binder wählte daher, gewiß mit vollem Recht, einstweilen den Weg des freieren, außeramtlichen Wirkens. Er ließ Kaspar fast täglich in seine Wohnung bringen, machte ihn bei sich und in seiner Familie gleichsam einheimisch, sprach mit ihm und ließ ihn sprechen, so gut oder übel dieses gehen mochte, und bemühte sich, durch vielfältiges, wiederholtes Hin- und Herfragen, Auskunft über sein Leben und Hieherkommen zu erhalten. Auch gelang es endlich, nach vieler Mühe, Herrn Binder — oder er glaubte es ihm gelungen — aus den einzelnen Antworten und Äußerungen Kaspars den Stoff zu einer Geschichte herauszusaugen, welche bereits am 7ten Juli desselben Jahrs in einer öffentlichen Bekanntmachung[11]) der Welt mitgetheilt wurde.

Ist nun gleich in dieser amtlich bekannt gemachten Geschichte — wenn man sie so nennen will — Manches Unglaubliche und Widersprechende, ist bei manchen, nur allzu ausführlich und zuversichtlich gegebenen, Einzelheiten nicht wohl auszumitteln, wie viel davon dem Antwortenden oder dem Fragenden gehören möge, und was davon wirklich aus Kaspars trüber Erinnerung geflossen, oder ihm durch vieles Fragen unwillkührlich aufgeredet und eingefragt, oder durch Vermuthungen ergänzt und ausgemalt, oder auch auf blos mißverstandenen Äußerungen dieses an Begriffen bettelarmen, mit den alltäglichsten Gegenständen der Natur und des Lebens damals noch unbekannten halb- stummen Thiermenschen gegründet sei: so stimmt doch die erwähnte Geschichtserzählung im Ganzen und Allgemeinen d.h. was die *wesentlichsten Hauptumstände* betrifft, mit Demjenigen überein, was Hauser in einem späterhin von ihm

die *scheinbare Form* amtlicher Verhöre umzukleiden: was den in dieser Sache erwachsenen Polizei-Acten ein seltsames Ansehen gibt.

11) Diese Bekanntmachung ist es, welche bisher allen über Kaspar erschienenen Broschüren und Blättleins-Nachrichten zur Grundlage gedient hat.

selbst verfaßten schriftlichen Aufsatze niedergelegt, bei den im Jahr 1829 mit ihm gepflogenen gerichtlichen Verhandlungen eidlich betheuert, und dem Verf., so wie vielen andern Personen, bei verschiedenen Gelegenheiten, immer mit sich selbst übereinstimmend erzählt hat.

Diese seine Angaben sind im Kurzen folgende:

»Er wisse nicht, wer er selbst und wo seine Heimath sei. Erst zu Nürnberg sei er auf ›die Welt gekommen‹[12]); hier erst habe er erfahren, daß es, außer ihm und ›dem Manne, bei dem er immer gewesen,‹ auch noch andere Menschen und Geschöpfe gebe. So lange er sich entsinnen könne, habe er immer nur in einem Loch (kleinem, niedrigem Gemach, das er zuweilen auch *Käfich* nennt) gelebt, wo er, blos mit einem Hemd und ledernen, hinten aufgeschlitzten, Hosen bekleidet und barfuß, auf dem Boden gesessen sei[13]). Er habe in seinem Gemach nie einen Laut gehört, weder von Menschen, noch von Thieren, noch von sonst Etwas. Den Himmel habe er nie gesehen, noch habe er je eine Hellung (Sonnenlicht), wie zu Nürnberg, wahrgenommen. Einen Unterschied zwischen Tag und Nacht habe er nie erfahren, noch weniger habe er die schönen Lichter am Himmel jemals zu sehen bekommen. Neben ihm habe sich in dem Boden ein Loch (wahrscheinlich mit einem Topf) befunden, in welchem er seine Nothdurft verrichtet habe. So oft er

12) Ein ihm noch jetzt geläufiger Ausdruck, womit er seine Aussetzung zu Nürnberg und sein Erwachen zum geistigen Leben zu bezeichnen pflegt.

13) Nach Kaspars umständlicher Angabe, — welche durch die an seinem Körper zurückgebliebenen unverkennbaren Spuren, durch den ihm ganz eigenen Bau des Knies und der Kniekehle, durch die, nur ihm mögliche, ganz eigenthümliche Art auf dem Boden mit ausgestreckten Füßen zu sitzen, vollkommen bestätigt wird — hat er niemals, auch nicht im Schlafe, mit dem ganzen Körper ausgestreckt gelegen, sondern immer, wachend und schlafend, *mit gerade angelehntem Rücken gesessen.* Wahrscheinlich, daß die Beschaffenheit seines Lagers und eine besondere Vorrichtung ihm diese Stellung nothwendig machten. Er selbst weiß hierüber keine nähere Auskunft zu geben.

vom Schlafe erwacht, sei ein Brod neben ihm gelegen und ein Krug mit Wasser gestanden. Zuweilen habe das Wasser einen sehr bösen Geschmack gehabt; dann habe er, bald nach dessen Genuß, seine Augen nicht mehr offenhalten können und habe einschlafen müssen[14]); wenn er hierauf wieder erwacht sei, habe er wahrgenommen, daß er ein reines Hemd anhabe und seine Nägel beschnitten seien[15]). Den Mann, der ihm Essen und Trinken gebracht, habe er nie im Gesicht gesehen. In seinem Loch habe er zwei hölzerne Pferde gehabt, und verschiedene Bänder dabei. Mit jenen Rossen habe er sich, so lange er gewacht, zu jeder Zeit unterhalten; seine einzige Beschäftigung sei gewesen, sie neben sich herlaufen zu lassen, und die Bänder, die er gehabt, ihnen bald so, bald anders aufzulegen, oder umzuknüpfen. So sei ihm ein Tag wie der andere vergangen; er habe aber nichts vermißt, sei nicht krank gewesen, habe — ein einzigmal ausgenommen — nichts von Schmerz empfunden, und überhaupt sei es ihm da viel besser gegangen als auf der Welt, wo er so viel zu leiden habe. Wie lange er in dieser Lage gelebt, wisse er nicht, weil er keine Zeit gekannt. Er könne nicht angeben, wann und wie er hineingekommen; habe auch keine

14) Daß dieses Wasser mit Opium gemischt gewesen, ließ nicht nur schon diese Erzählung vermuthen, sondern wurde auch späterhin bei folgender Gelegenheit zu vollkommener Gewißheit. Als Kaspar schon längst bei Prof. Daumer lebte, suchte ihm einmal sein Arzt einen Tropfen Opium in einem Glas Wasser beizubringen. Kaum hatte Kaspar einen Schluck von diesem Wasser gethan, so sagte er: Das Wasser da ist garstig, das schmeckt ja gerade wie das Wasser, das ich manchmal in meinem Käfich habe trinken müssen.

15) Hieraus und aus andern Umständen ergibt sich, daß Kaspar, während seiner Einkerkerung, immer mit einer gewissen Sorgfalt behandelt worden. Daher erklärt sich denn auch seine lang bewahrte Anhänglichkeit an den Mann »bei dem er immer gewesen«, welche erst in sehr späten Zeiten nachgelassen hat, doch auch jetzt noch nicht bis zu dem Grade, daß er eine Bestrafung dieses Mannes wünschte. Er möchte nur diejenigen bestraft wissen, auf deren Geheiß er eingesperrt worden ist; der Mann aber habe ihm nichts böses gethan.

Erinnerung, daß er jemals in seinem Leben sich in einem andern Zustand und anderswo als in jenem Ort befunden habe. Der Mann, bei dem er immer gewesen, habe ihm nichts zu leid gethan. Eines Tages aber — was nicht lange vor seinem Wegbringen geschehen sein könne — als er mit seinen Rossen zu stark gefahren und zu viel Lärm gemacht habe, sei der Mann gekommen und habe ihn mit einem Stock (oder Scheit Holz) auf den Arm geschlagen; dies sei die Wunde, die er nach Nürnberg mitgebracht.«

»Ungefähr gegen dieselbe Zeit habe sich einmal der Mann in seinem Kerker eingefunden, habe ein Tischchen über seine Füße hergestellt, habe etwas Weißes, das er jetzt für Papier erkenne, vor ihm ausgebreitet, dann von hinten her, so daß er nicht habe von ihm gesehen werden können, seine Hand ergriffen und sei mit einem Ding, das er ihm zwischen die Finger gesteckt (Bleistift), auf dem Papier hin- und hergefahren. Er (Hauser) habe nicht gewußt, was das sei, habe aber gewaltige Freude empfunden, als er die schwarzen Figuren auf dem weißen Papier entstehen gesehen. Als er seine Hand wieder frei gefühlt und der Mann ihn verlassen, habe er, in der Freude über die neue Entdeckung nicht satt werden können, diese Figuren immer wieder von neuem auf das Papier zu malen. Über diese Beschäftigung habe er nun fast seine Rosse vernachlässigt, obgleich er nicht gewußt, was jene Züge bedeuten sollten. Der Mann habe auf dieselbe Weise seine Besuche zu verschiedenen Zeiten wiederholt«[16]).

16) Daß Kaspar wirklich Unterricht im Schreiben, und zwar *regelmäßigen Elementar-Unterricht* gehabt habe, dafür lieferte er, schon am ersten Morgen nach seinem Erscheinen in Nürnberg, augenscheinlichen Beweis. Als der Gefangenwärter Hiltel an gedachtem Morgen zu ihm in sein Gefängniß kam, gab er ihm, um ihn zu beschäftigen oder ihm eine Freude damit zu machen, einen Bogen Papier nebst einem Bleistift. Kaspar fiel hastig über beides her, legte das Papier auf die Bank, setzte sich davor hin auf den Boden und fing zu schreiben an und schrieb, ohne aufzublicken oder sich durch irgend etwas darin stören zu lassen, unablässig fort, bis der ganze Folio-Bogen auf allen seinen vier Seiten voll

»Hierauf sei der Mann ein anderes Mal wieder gekommen, habe ihn von seinem Lager aufgehoben, ihn auf die Füße gestellt, und ihn stehen zu lehren versucht, was er zu verschiedenen Zeiten wiederholt. Er habe dieses in der Art bewerkstelligt, daß er ihn von hinten fest um die Brust gefaßt, seine Füße hinter Kaspars Füße gestellt, und diese zum Vorwärtsschreiten aufgehoben habe.«

»Endlich sei einmal wieder der Mann erschienen, habe Kaspars Hände über seine Schultern gelegt, jene zusammengebunden, und ihn so auf seinem Rücken aus dem Loch herausgeschleppt. Er sei einen Berg hinauf- (oder herab-)[17]) getragen worden. Er wisse nicht, wie ihm gewesen; es sei ganz Nacht geworden, und man habe ihn auf den Boden gelegt. Dieses ›Nachtwerden‹ bedeutete, wie sich zu Nürnberg bei verschiedener Gelegenheit ergab, in Kaspars Sprache auch so viel wie: ›ohnmächtig werden‹.«

geschrieben war. Dieser, bei den Polizei-Acten befindliche Bogen sieht nun nicht viel anders aus, als wenn Kaspar, der gleichwohl nur aus dem Gedächtnisse schrieb, eine Vorschrift, nach welcher Kinder beim ersten Schreibunterricht sich zu üben pflegen, eben jetzt vor sich liegen gehabt hätte. Dieser Bogen besteht nämlich aus Reihen von Buchstaben und Silben, von denen jede Zeile fast immer nur denselben Buchstaben, dieselbe Silbe wiederholt; am Ende der Seiten sind sogar, wie bei Kindervorschriften üblich ist, alle Buchstaben des Alpabets,h wie sie auf einander folgen, wieder in Einer Zeile zusammengestellt und gegenüber stehen, in einer andern Zeile, die arabischen Ziffern von 1 bis 0, ebenfalls in vollkommener Ordnung. Eine Seite des Bogens wiederholt immer den Namen »Kaspar Hauser.« Auch kommt darauf das Wort: reider (Reuter) mehrmals vor. Daß jedoch Kaspar über die ersten Elemente des Schreibens nicht hinausgekommen, geht aus jenem Probebogen ebenfalls klar hervor.

17) Es ist an sich klar, und wird durch andere Umstände erweislich, daß Kaspar die aufsteigende Bewegung von der absteigenden, Höhe und Tiefe damals, selbst im Gefühl, noch nicht unterscheiden, wie viel weniger diesen Unterschied durch Worte gehörig bezeichnen konnte. Was Kaspar »Berg« nennt, war wohl, wie nach andern Äußerungen desselben nicht unwahrscheinlich ist, eine *Treppe*. Kaspar will sich erinnern, daß er beim Tragen neben angestreift sei.

Die Erzählung seiner weiteren Reise beschränkt sich im Wesentlichen darauf: daß er mehrmals mit dem Gesicht auf dem Boden gelegen habe, wo es dann Nacht geworden sei; daß er einige Male Brod gegessen und Wasser getrunken; daß der Mann, »bei dem er immer gewesen« öfters ihn Gehen zu lehren sich bemüht habe, was ihm immer sehr wehe gethan u.s.w. »Dieser Mann habe nichts zu ihm gesprochen, außer daß er ihm immer die Worte vorgesagt: Reutä wähn etc. etc. Er (Kaspar) habe den Mann so wenig auf dieser Reise, als früher im Gefängniß im Gesicht gesehen. Dieser habe ihm, so oft er ihn geführt, streng bedeutet, immer vor sich hin auf den Boden und auf seine Füße zu blicken, was er theils aus Furcht, theils auch darum gewissenhaft befolgt, weil er ohnehin mit sich und seinen Füßen genug zu thun gehabt habe. Nicht lange zuvor, ehe er zu Nürnberg wahrgenommen worden, habe ihm der Mann die Kleider angezogen, mit denen er zu Nürnberg erschienen. Sehr schmerzhaft sei es ihm gewesen, als ihm die Stiefel angezogen worden; denn der Mann habe ihn auf die Erde niedergesetzt, ihn von hinten gepackt, seine Füße gewaltsam hinauf gezogen, und ihm so vom Rükken her seine Füße in die Stiefel hineingezwängt. Nun sei es wieder vorwärts gegangen, noch elender als zuvor. Er habe, so wenig jetzt als früher, irgend etwas von den ihn umgebenden Dingen wahrgenommen, habe nichts beobachtet und nichts gesehen; könne daher nicht angeben, von welcher Gegend her, in welcher Richtung, auf welchem Weg er nach Nürnberg hineingekommen. Nur so viel sei ihm bewußt, daß zuletzt der Mann, der ihn geführt, ihm den Brief in die Hand gedrückt habe, und dann verschwunden sei; worauf ein Bürger ihn (Kaspar) wahrgenommen und zur Wache am neuen Thor gebracht habe.«

Diese Geschichte der geheimnißvollen Gefangenhaltung und Aussetzung eines jungen Menschen ist nun fürwahr nicht nur ein grauenhaftes, sondern auch ein seltsames, dunkles Räthsel, wobei sich außerordentlich vieles fragen und rathen, aber wenig mit Gewißheit beantworten läßt, und welches natürlicher Weise, so lange noch nicht dessen Auflösung gelungen, mit jedem andern Räthsel die Eigenschaft gemein hat, daß es — räthselhaft ist. Der *Seelenzustand* Kaspars während seines Kerkerlebens war der Zustand eines Menschen, der, als Kind in tiefen Schlaf versenkt, diesen Schlaf, in welchem es für ihn keinen Traum, wenigstens keinen Wechsel von Träumen gibt, dumpf fortschläft, bis er, im wilden Getöse der bunten Welt, von Angst und Schmerz aufgeschreckt, daraus erwacht, und nun betäubt, nicht weiß, wie ihm geschehen sei. Wer in der Folge, nachdem solch ein Mensch zu vollem Bewußtsein gekommen, eine vollständige, umständliche, den Verstand über alle Zweifel befriedigende, geschichtliche Beschreibung seines Schlafs und seiner Träume erwartete, würde nichts Geringeres verlangen, als daß ein Schlafender schlafend gewacht, ein Wachender wachend geschlafen habe.

In gewissen Gegenden Deutschlands, welche ein zweiter Dupin auf seiner Landkarte der Aufklärung mit Dunkelgrau ausmalen dürfte, sind ähnliche Ereignisse, wie sie Hauser von sich erzählt, nichts weniger als unerhört. So sah Dr. Horn[18]) noch vor wenigen Jahren in dem Krankenhaus zu Salzburg ein 22jähriges nicht häßliches Mädchen, die bis in ihr 16tes Jahr in einem Schweinstall unter den Schweinen auferzogen worden war und darin viele Jahre mit übereinandergeschlagenen Beinen gesessen hatte. Das eine Bein war ganz verbogen, sie grunzte wie ein Schwein und betrug sich ungebärdig in ihrem menschlichen Anzug. Gegen solchen Gräuel sind die an Kaspar verübten Verbrechen sogar noch schonungsvolle Handlungen der Menschlichkeit.

Daß Kaspar von der Art und Weise, wie er nach Nürnberg geschafft worden, so wenig anzugeben, von seinen Reiseabentheuern, von den Orten durch welche er gekommen, und von allem andern was wir auf unsern Reisen, zu Wagen oder zu Fuß, zu sehen und zu beobachten pflegen, so gut wie gar nichts zu erzählen weiß,

---

18) In dessen *Reisen durch Deutschland.* (S. *Gött. gel. Anz.* Juli 1831. S. 1097).

ist so wenig zu verwundern, daß vielmehr das Gegentheil ein Wunder sein müßte. Wäre sogar Kaspar bereits in seinem Kerker zu vollkommen klarem, vernünftigem Selbstbewußtsein erwacht gewesen, hätte er in seiner Gruft, wie Sigismund in seinem Thurm[19]) durch Erziehung und Bildung, zur geistigen Reife eines Jünglings gedeihen können: so würde er gleichwohl, in Folge des plötzlichen Übergangs aus engem dumpfem Kerker in die freie Natur, in Ohnmacht oder in einen höchster Trunkenheit ähnlichen Zustand haben gerathen müssen. Der ungewohnte Eindruck der äußern Luft mußte ihn betäuben, das helle Sonnenlicht seine Augen blenden. Er würde sogar mit ungeblendeten sehenden Augen doch nichts gesehen, wenigstens nichts *bemerkt* und *erkannt* haben; es konnte damals die Natur mit allen ihren Erscheinungen nur wie eine verworrene buntgefleckte Masse, in welcher für ihn noch nichts Einzelnes sich unterscheiden ließ, vor seinem Gesicht vorüberflimmern: was, wie wir bald zeigen werden, noch zu Nürnberg an ganz unzweideutigen Erfahrungen sich bewährt hat.

Von welcher Gegend ungefähr Kaspar hergebracht worden? auf welchem Weg er gekommen und durch welches Thor? ob er zu Fuß oder zu Wagen oder abwechselnd auf beide Art seine Reise gemacht habe? dieses und anderes dergleichen sind Fragen, die, wenn sie auch mit Entschiedenheit beantwortet werden könnten, doch nur für den untersuchenden und erkennenden Richter, wenig für das Publikum von Interesse sein würden. Kaspar selbst erinnert sich nur seines Gehens, ohne daß sich in seiner Erzählung ein Maßstab auffinden ließe, nach welchem man einigermaßen beurtheilen könnte, wie lang er zu Fuß gegangen, welchen Raum er ungefähr gehend zurückgelegt habe? Daß er vom Fahren gar keine Erinnerung hat, beweist noch keineswegs, daß er nicht dennoch, und vielleicht die größte Strecke des Wegs, gefahren worden. Kaspar versinkt auch jetzt noch beim Fahren, zumal in freier Luft, sehr bald in

19) In Calderons *Leben ein Traum.*

37

einen förmlichen Todenschlaf, aus welchem er, der Wagen mag rollen oder still stehen, nicht zu erwecken ist, und in welchem Zustand man ihn, so unsanft es auch geschehe, aufheben, hinlegen, auspacken und wieder einpacken kann, ohne daß er davon das Mindeste wahrnähme. Hat ihn einmal der Schlaf gefaßt, so ist kein Geräusch und Getös, kein Schall, kein Donner stark genug, ihn aufzuwecken. Wurde nun Kaspar — wie aus seinen eignen Angaben zu schließen ist — sobald er in die freie Luft kam, ohnmächtig, hatte man ihm wohl gar, zu größter Vorsicht, vorher noch von dem übelschmeckenden Wasser (mit Wasser verdünntem Opium)[20]) zu trinken gegeben: so konnte man ihn getrost in einen Wagen werfen und hierauf einige, oder auch mehre Tagreisen mit ihm zurücklegen, ohne daß man zu besorgen hatte, daß er aufwachen, schreien oder sonst auf eine Weise seinem Entführer sich unbequem erweisen möge.

Auf scharfsinnige Weise sucht Herr Schmidt von Lübeck in seiner Schrift: *Über Kaspar Hauser* (Altona, 1831 8.) die Vermuthung zu begründen, daß Kaspar ganz aus der *Nähe* von Nürnberg dahin gebracht worden sei. Für diese, wie für noch viele andere Vermuthungen läßt diese Geschichte weiten, unbegränzten Raum. Daß derjenige, von welchem Hauser nach Nürnberg gebracht worden, ein mit Nürnberg und dessen Örtlichkeiten genau bekannter Mann sein müsse, ist gewiß, und daß er ehemals als Soldat bei einem dortigen Regiment gedient, wenigstens höchst wahrscheinlich.

Die an der Person Kaspars begangenen Verbrechen, so weit dieselben angezeigt vorliegen, sind, nach baierischem Strafgesetzbuch beurtheilt,

I. das Verbrechen *widerrechtlicher Gefangenhaltung* (StGB. Thl. I. Art. 192 bis 195) und zwar doppelt ausgezeichnet, sowohl hinsichtlich der *Dauer,* soferne die Gefangenhaltung von der frühesten Kindheit an, wie es scheint, bis in das Jünglingsalter fortgesetzt worden ist, als auch hinsichtlich der *Art,* soferne dieselbe mit beson-

---

20) S. oben.

deren »*Mißhandlungen*« verbunden war, wohin nicht blos das thierische, den Körper des Unglücklichen verkrüppelnde Lager, die elende, kaum einem Hund genügende Kost, sondern auch, und zwar vor allem, die grausame Versagung jeder, auch der kleinsten Gaben, welche die Natur, selbst über den Ärmsten, mit freigebigen Händen ausschüttet, die Entziehung aller Mittel geistiger Entwickelung und Ausbildung, das widernatürliche Zurückhalten einer menschlichen Seele im Zustande vernunftloser Thierheit, unstreitig zu rechnen sind. Es trifft damit

II. objectiv zusammen das Verbrechen der *Aussetzung,* welches, nach dem StGB. Thl. I. Art 174 nicht blos an Kindern, sondern auch an *erwachsenen* Personen begangen werden kann, wenn sie »wegen Krankheit oder Gebrechlichkeit sich selbst zu helfen unvermögend sind«, unter welche Personen der damals noch thierischdumme, sehendblinde, kaum noch aufrechtgehende Kaspar gewiß gehörte. Die Aussetzung Kaspars war zugleich eine durch ihre *Lebensgefährlichkeit* ausgezeichnete Aussetzung. Dieser Mensch war, bei seinem damaligen geistigen und leiblichen Zustande, in Gefahr, entweder in die dem Orte der Aussetzung nahe Pegniz zu stürzen, oder überritten und überfahren zu werden.

Wäre dem gemeinen Recht oder dem baierischen Strafgesetzbuche ein besonderes *Verbrechen gegen die Geisteskräfte*[21]), oder, wie es richtiger zu bezeichnen wäre, ein *Verbrechen am Seelenleben* bekannt, so würde dieses, in der rechtlichen Beurtheilung, neben dem Verbrechen der Gefangenhaltung den ersten Rang einnehmen, vielmehr jenes in diesem, als dem schwereren, untergehen (von demselben absorbirt werden) müssen. Die Entziehung äußerer Freiheit, wiewohl an sich schon ein unersetzliches Übel, steht gleichwohl in keinem Vergleich mit der nicht zu berechnenden Summe unschätzbarer, unersetzlicher Güter, welche in jenem Raub an der Freiheit und durch die Art und Weise seiner Voll-

---

21) Siehe Abegg, *Unters. aus dem Gebiete der Strafrechtswissenschaft,* Abthl. III.

ziehung, dem Unglücklichen theils gänzlich entzogen, theils für seine noch übrige Lebenszeit zerstört oder verkümmert worden sind, und wodurch nicht blos an dem Menschen in seiner äußern leiblichen Erscheinung, sondern an seinem innersten Wesen, an seinem geistigen Dasein, an dem Heiligthum seiner vernünftigen Natur selbst der raubmörderische Frevel vollbracht worden ist. Wenn unsere Schriftsteller solche Missethaten blos als *Verstandesberaubung (noochiria)* bezeichnen und, wie Tittmann[22]), zu dessen Thatbestand *»Bewirkung der Verstandlosigkeit oder des Wahnsinns«* als wesentliche Bedingung fordern: so zeigt das Beispiel Kaspar Hausers, daß jener Begriff bei weitem zu beschränkt gefaßt sei, und ein Gesetzgeber, welcher durch Aufstellung einer solchen Gattung von Verbrechen sein System vervollständigen zu müssen glaubte, einen bei weitem höheren, freieren Standpunkt würde zu nehmen haben. Kaspar ist durch die während seiner Kindheit erlittene Einsperrung weder in Blödsinn, noch in Wahnsinn verfallen; er ist, wie wir in der Folge genauer erfahren werden, nach seiner Befreiung, aus dem Zustande der Thierheit herausgetreten und hat sich so weit entwickelt, daß er, mit gewissen Einschränkungen, als ein vernünftiger, verständiger, sittlicher und gesitteter Mensch überall gelten kann. Gleichwohl wird Niemand verkennen, daß es hauptsächlich der verbrecherische Eingriff in das Seelenleben dieses Menschen, der Frevel an seiner höhern geistigen Natur ist, welcher die empörendste Seite der an ihm verübten Handlung ausmacht. Das Unternehmen, einen Menschen durch künstliche Veranstaltung von der Natur und andern vernünftigen Wesen auszuschließen, ihn seiner menschlichen Bestimmung zu entrücken, ihm alle die geistigen Nahrungsstoffe zu entziehen, welche die Natur der menschlichen Seele zu ihrem Wachsen und Gedeihen, zu ihrer Erziehung, Entwickelung und Bildung angewiesen hat: solches Unternehmen ist, ohne alle Rücksicht auf seine Folgen, an und für sich schon der strafwürdigste Ein-

---

22) *Handbuch der Strafrechtswissenschaft,* Thl. I. §. 179 ff.

griff in des Menschen heiligstes, eigenstes Eigenthum, in die Freiheit und Bestimmung seiner Seele. Hiezu aber kommt vor Allem noch Dieses. Kaspar, während seiner Jugendzeit in thierischen Seelenschlaf versenkt, hat diesen ganzen großen und schönen Theil seines Lebens *ver*lebt, ohne ihn *ge*lebt zu haben. Er war während dieser Zeit einem Todten zu vergleichen; indem er seine Jugend verschlief, ist sie ihm vorübergegangen, ohne daß er sie gehabt hätte, weil er sich ihrer nicht bewußt werden konnte. Diese Lücke, welche die an ihm begangene Missethat in sein Leben gerissen, ist durch nichts mehr auszufüllen; die nicht verlebte Zeit nicht mehr zurückzuleben, die während seines Seelenschlafs ihm entflohene Jugend nicht mehr einzuholen. Wie lang er auch leben möge, er bleibt ewig ein Mensch ohne Kindheit und Jugend, ein monströses Wesen, das naturwidrig sein Leben erst in der Mitte des Lebens angefangen hat. Sofern ihm auf diese Weise seine ganze frühere Jugendzeit genommen worden, war er der Gegenstand eines — um mich so auszudrücken — partiellen Seelenmords. Die an Kaspar verübte That unterscheidet sich daher von dem Verbrechen Desjenigen, der einen an Verstand gesunden Menschen erst späterhin in dumpfen Blödsinn oder sonst in bewußt- und vernunftlosen Zustand versetzt, blos hinsichtlich der verschiedenen Lebens-Epoche, welche vom Seelenmorde betroffen wird; dort wurde ein menschliches Seelenleben an seinem Anfang, hier an seinem Ende verstümmelt. Ein nicht zu übersehendes Hauptmoment ist auch noch dieses: Da Kindheit und Jugend von der Natur zur Entwickelung und Ausbildung, wie des leiblichen so des geistigen Lebens, bestimmt sind, und die Natur keine Sprünge macht; so sind Kasparn, der erst im Jünglingsalter als Kind zur Welt gekommen ist, jetzt und für alle Zukunft die verschiedenen Lebensstufen gleichsam verrückt, aus- und durcheinander geschoben. Indem er sein Kinderleben erst im Alter der physischen Reife beginnen konnte, bleibt er, sein ganzes Leben lang, mit dem Geiste hinter seinem Alter zurück, mit dem Alter seinem Geiste voraus. Geistiges und physisches Leben, welche, bei naturgemäßem Entwickelungsgange, mit einander gleichen Schritt halten, haben sich auf diese Weise in Kaspars Person gleichsam von einander losgerissen, und in naturwidrigen Gegensatz gestellt. Die verschlafene Kindheit konnte darum, weil sie verschlafen worden, nicht *überlebt* werden; er muß sie *nach*leben und sie wird ihm nunmehr zur Unzeit, eben darum aber auch nicht als lächelnder Genius, sondern wie ein beängstigendes Gespenst bis in die späteren Jahre folgen. Wägt man zu allem diesem noch die Verwüstung ab, welche das Schicksal seiner Jugend in seinem *Gemüthe* angerichtet hat, und welche erst der Verfolg dieser Erzählung klar vor Augen stellen wird: dann wird man an diesem Beispiele erkennen, daß die *Verstandesberaubung* den Begriff von Verbrechen am Seelenleben bei weitem nicht erschöpft.

Welche andere Verbrechen allenfalls noch hinter der an Kaspar verübten Missethat versteckt sein mögen? auf welche Zwecke die verborgene Gefangenhaltung Hausers berechnet gewesen? diese Fragen würden uns zu weit in das luftige Gebiet der Vermuthungen, oder in gewisse geheiligte Räume führen, welche eine solche Beleuchtung nicht vertragen.

Dieses in der Geschichte menschlicher Gräuelthaten kaum noch erhörte Verbrechen, bietet dem Rechtsgelehrten, wie dem gerichtlichen Arzt, auch noch folgende merkwürdige Seite dar. Die Erforschung und Beurtheilung von Seelenzuständen hat gewöhnlich nur den Verbrecher selbst zum Gegenstande, bezüglich der Aufgaben über Zurechnungsfähigkeit oder Nichtzurechnungsfähigkeit seiner Handlungen. Hier ist der in seiner Art ganz einzige Fall gegeben, daß, zum allergrößten Theil, *der Thatbestand des Verbrechens in dem Grund einer Menschenseele ruht,* wo derselbe auf rein psychischem Wege zu erforschen und nur durch Beobachtung der Geistes- und Gemüthsäußerungen des Beschädigten zu begründen und festzustellen ist.

Auch über die Geschichte der That haben wir vor der Hand keine andere Kunde als die Erzählung Desjenigen, an dem sie begangen worden; aber die Wahrheit der

Erzählung ist uns verbürgt durch die Persönlichkeit des Erzählenden, an dessen Leib, Geist und Gemüth — wie wir noch umständlicher erfahren werden — die That selbst in sichtbaren Zügen deutlich geschrieben steht. Nur wer das erfahren und gelitten was Kaspar, kann wie Kaspar sein; und wer so sich zeigt wie Kaspar, muß in dem Zustande gelebt haben, wie ihn Kaspar von sich erzählt hat. So ruht zugleich die Würdigung der Glaubwürdigkeit des eine fast unglaubliche Begebenheit Erzählenden ebenfalls zum allergrößten Theil nur auf psychologischem Grunde. Es gewähren aber die auf diesem Boden gefundenen Ergebnisse eine Beglaubigung, die jeden andern Beweis an Stärke überwiegt. Zeugen können lügen, Urkunden verfälscht sein; aber kein anderer Mensch, er müßte denn mindestens ein mit etwas Allmacht und Allwissenheit ausgerüsteter Zauberer sein, vermöchte eine Lüge dieser Art so zu lügen, daß sie, wo man sie auch beleuchtete, wie die lauterste reinste Wahrheit, wie die in Person erscheinende Wahrheit selbst aussähe. Wer an Kaspars Erzählung zweifelte, müßte an Kaspars Person zweifeln. Solch ein Zweifler würde dann aber mit eben so viel Vernunft zweifeln dürfen: ob ein Mensch, der aus hundert Wunden blutend, in Todeszuckungen vor seinen Augen liegt, ein wirklich Verwundeter und Sterbender sei, oder ob er nicht vielmehr den Verwundeten und Sterbenden nur spiele? — Doch dem Urtheile der Leser ziemt es sich noch nicht vorzugreifen. Meine Darstellung der Person Kaspars hat erst begonnen.

V.

Schon war Kaspar Hauser weit über einen Monat zu Nürnberg, als ich unter den neuesten Neuigkeiten von diesem Findling erzählen hörte. Amtliche Anzeigen über dieses Ereigniß waren den obersten Behörden der Provinz noch nicht zugekommen. Blos als Privatmann, aus menschlichem und wissenschaftlichem Interesse, begab ich mich daher am 11. Juli (1828) nach Nürnberg, um diese in ihrer Art einzige Erscheinung zu beobachten.

Kaspar hatte damals noch immer seine Wohnung auf dem Luginsland am Vestner-Thore, wo Jedermann zu ihm gelassen wurde, der ihn zu besehen Lust hatte. — Wirklich genoß Kaspar vom Morgen bis zum Abend kaum eines geringeren Zuspruchs, als das Känguru und die zahme Hyäne in der berühmten Menagerie des Herrn van Aken.

So machte ich mich denn, in Begleitung des Herrn Obristen von D., zweier Damen und zweier Kinder, ebenfalls zu ihm auf den Weg, und traf glücklicherweise eine Stunde, wo der Schauplatz keinen andern Zuspruch hatte.

Kaspars Wohnung war ein kleines, doch reinliches helles Stübchen, dessen Fenster ins Freie geht, wo sich dem Aug eine weite freundliche Landschaft darbietet. Wir trafen ihn barfuß, mit ein Paar alten langen Beinkleidern bekleidet, übrigens bloß im Hemde.

Die Wände des Zimmers, so weit man reichen konnte, hatte sich Kaspar mit gemalten Bilderbogen — Geschenke der vielen Besuchenden — ausgeschmückt. Er klebte sie jeden Morgen von neuem mit seinem, *damals wie Leim zähen Speichel*[23]) an die Wand, und nahm sie, sobald es dämmerig wurde, wieder herab, um sie neben sich zusammenzulegen. Auf der an den Wänden umherlaufenden, festgemachten Bank befand sich in der Ecke sein Bett — ein Strohsack, mit einem Kopfkissen und einer wollenen Decke. — Der ganze übrige Raum der Bank war dicht mit einer Menge des mannichfaltigsten Kinderspielzeugs, mit Hunderten bleierner Soldaten, mit hölzernen Hündchen, Pferdchen und andern Nürnberger Waaren überdeckt. Bei Tag beschäftigte er sich jetzt schon wenig damit; doch machte er sich noch die nicht geringe Arbeit, alle diese Sachen und Sächelchen Abends sorgfältig zusammenzulegen, dann, sogleich nach seinem Erwachen, wieder auszupacken und in eine gewisse Ordnung neben einander zu reihen.

23) Der Speichel war so sehr leimartig, daß beim Wegnehmen der Blätter, entweder Stückchen von diesen an der Wand, oder Theile vom Bewurf der Wand an dem Papier hängen blieben.

Der Wohlthätigkeitssinn der wackern Nürnberger hatte ihn überdies mit mehren Kleidungsstücken beschenkt, die er unter seinem Kopfkissen verwahrte und uns mit kindischem Behagen, nicht ohne einige Eitelkeit, vorzeigte. Auf der Bank, unter den Spielsachen, lagen auch verschiedene Geldstücke umher, denen er aber keine Aufmerksamkeit schenkte. Ich nahm davon einen beschmuzten Kronenthaler und einen noch ganz neuen Vierundzwanziger in die Hand, ihm andeutend: welches von beiden Stücken er am liebsten habe? Er wählte das kleine, glänzende; das große nannte er garstig, und machte dabei die Miene des Widerwillens. Als ich ihm begreiflich zu machen suchte, daß gleichwohl das größere Stück mehr werth sei, und daß man dafür bei weitem mehr schöne Sachen bekommen könne, als für das kleine, horchte er zwar aufmerksam zu, verfiel auch sogleich in starres Nachdenken, gab mir aber zuletzt zu erkennen, daß er nicht wisse, was ich sagen wolle.

Er zeigte, als wir bei ihm eintraten, nichts weniger als Menschenscheu oder Schüchternheit, vielmehr zutrauliches Entgegenkommen, und Freude über unsern Besuch. Am ersten machte er sich mit der glänzenden Uniform des Obristen zu schaffen; den von Gold strahlenden Helm konnte er nicht satt werden zu bewundern; dann zogen die Frauenzimmer mit ihren bunten Kleidern seine Aufmerksamkeit auf sich; ich, in einem bescheidenen schwarzen Frack, wurde Anfangs kaum eines Blicks gewürdigt. Jeder von uns stellte sich ihm besonders vor und nannte ihm seinen Namen und Titel. Kaspar trat bei jeder solchen Vorstellung nahe zu dem Vorgestellten hin, sah ihn scharf stierend an, überflog mit schnellem durchdringendem Blick, der Reihe nach, jeden besondern Theil des Gesichts, als: Stirn, Augen, Nase, Mund, Kinn etc. und faßte ganz zuletzt, wie ich deutlich beobachtete, die erst stückweis zusammengelesenen Theile der Physiognomie in ein Ganzes zusammen. Er wiederholte hierauf den Namen der Person, den man ihm vorgesagt hatte. Und nun kannte er die Person, und kannte sie, wie die spätern Erfahrungen zeigten, für immer.

45

Seine Augen wendete er, so viel er nur konnte, vom hellen Tageslicht ab. Dem vom Fenster her gerade einfallenden Sonnenstrahl wich er auf das sorgfältigste aus. Hatte einmal zufällig ein solcher Strahl seine Augen getroffen, so blinzte er heftig, runzelte die Stirn und verrieth unverkennbar Schmerzen; seine Augen waren überdies etwas entzündet und zeigten überhaupt große Empfindlichkeit gegen das Licht.

Die linke Hälfte seines, in späterer Zeit vollkommen regelmäßigen, Gesichts, war damals auffallend von der rechten Seite desselben verschieden. Jene war merklich verzogen und verzerrt; öfters fuhren heftige Zuckungen, wie Blitze, darüber hin. An diesen Zuckungen nahm stets die linke Seite des ganzen Körpers, besonders der Arm und die Hand, sichtbaren Antheil. Wurde ihm Etwas gezeigt, was seine Neugier in Bewegung setzte, sprach man ein ihm auffallendes, nicht verständliches Wort, sogleich stellten sich diese Zuckungen ein, die meistentheils zuletzt in eine Art von Erstarrung übergingen. Er stand dann unbeweglich da, keine Muskel des Gesichts regte sich, die Augen stierten, ohne zu blinzeln, wie leblos vor sich hin; er stellte eine Bildsäule dar, die weder sieht noch hört, und durch keine äußern Eindrücke zu einer Lebensregung geweckt werden kann. Diesen Zustand konnte man an ihm beobachten, so oft er über etwas nachsann, so oft er zu einem neuen Wort den entsprechenden Begriff, zu einem neuen Ding das entsprechende Wort suchte, oder irgend etwas ihm noch Unbekanntes an schon Bekanntes anzuknüpfen, jenes aus diesem sich begreiflich zu machen bestrebte.

Die Worte, die er sagen konnte, sprach er bestimmt und deutlich, ohne Stocken oder Stammeln. Allein an eine zusammenhängende Rede war bei ihm noch nicht zu denken, und seine Sprache war so dürftig als der Vorrath seiner Begriffe. Schwer war es daher auch, sich ihm verständlich zu machen. Kaum hatte man ein Paar Sätze zu ihm gesagt, die er zu verstehen schien, so hatte man etwas ihm Fremdes beigemischt, wobei er dann, wenn er es zu begreifen wünschte, sogleich wieder in seine Zuckungen verfiel. In allem was er sprach fehlten noch meistens die Bindewörter, Partikeln und Hülfszeitwörter; seine Conjugation umfaßte wenig mehr als den Infinitiv; und am schlimmsten stand es mit dem Syntax, dessen Theile gar erbärmlich zerzaußt und durcheinander geworfen wurden. »Kaspar sehr brav,« statt: ich bin sehr brav, »Kaspar scho Juli sage,« statt: »ich will es dem Julius (Sohn des Gefangenwärters) sagen,« war seine durchgängige Redeweise. Das: Ich, kam noch selten vor; er sprach fast immer von sich in der dritten Person: Kaspar, zu Andern, statt in der zweiten Person, ebenfalls in der dritten, z. B. statt: Sie, nicht anders als: Herr Obrist, Frau Generalin etc. Auch zu ihm mußte man nicht: »Du,« sondern »Kaspar« sagen, wenn er sogleich verstehen sollte, wen man meine.[24]) Ein und dasselbe Wort wurde häufig in den verschiedensten Bedeutungen gebraucht, was dann oft gar manches lächerlich possirliche *qui pro quo* zum Vorschein brachte. Viele, blos eine Spezies bezeichnende, Worte gebrauchte er für die ganze Gattung. So z. B. galt ihm das Wort: Berg, für jede Wölbung oder Erhöhung, weshalb er einen dickbaugigen Herrn, dessen Name ihm entfallen war, als den »Mann mit dem großen Berg« bezeichnete; eine Dame, deren Shawl hinten so tief herabhing, daß der Zipfel auf dem Boden schleifte, hieß ihm: »die Frau mit dem schönen Schweif.« Man wird wohl erwarten, daß ich nicht unterließ, ihm durch mancherlei Fragen zur Erzählung seines Schicksals Veranlassung zu geben. Allein alles, was ich aus ihm herausbringen konnte, war ein so kauderwelsches, verworrenes, unbestimmtes Zeug, daß ich, mit seiner Sprachweise noch nicht vertraut, das Meiste nur errathen, Vieles gar nicht verstehen konnte.

Es schien mir nicht unwichtig, seinen Geschmack hinsichtlich der verschiedenen *Farben* auf die Probe zu stellen. Er zeigte auch in dieser Beziehung ganz den Sinn der Kinder und der sogenannten Wilden. Die rothe Farbe, und zwar die recht schreiend rothe, ging ihm

---

24) Auch Prof. Daumers Notaten stimmen mit dieser Beobachtung überein.

über alles; die gelbe war ihm zuwider, außer wenn sie als Gold glänzend in die Augen stach, in welchem Fall seine Wahl zwischen diesem Gelb und jenem Roth schwankte; Weiß ließ ihn gleichgültig; aber Grün war ihm fast so abscheulich als Schwarz. — Dieser Geschmack, besonders seine Vorliebe für das Rothe, hing ihm, wie die späteren Beobachtungen des Prof. Daumer bekunden, noch lange nachher an, als seine Bildung schon um eine große Strecke weiter vorgeschritten war. Wäre es ihm freigestellt worden, er würde sich selbst und Andere, denen er wohlwollte, von Kopf bis zu Füßen in Scharlach oder Purpur gekleidet haben. An der Natur hatte er, schon wegen der Grundfarbe ihres Gewandes, des Grün, keinen Gefallen. Sollte er sie schön finden, so mußte man sie ihn durch ein roth gefärbtes Glas ansehen lassen. In der Wohnung des Prof. Daumer, die er, bald nach meinem Besuche bei ihm, gegen seinen Aufenthalt auf dem Luginsland vertauschte, gefiel es ihm darum nicht ganz recht, weil er da nur die Aussicht in den Garten, auf die vielen, wie er meinte, garstigen grünen Bäume und Pflanzen hatte. Die in einer engen unfreundlichen Straße gelegene Wohnung eines Freundes seines Lehrers gefiel ihm dagegen ungemein, weil da, gegen über und ringsherum, lauter schön roth angestrichene Häuser zu sehen waren. Als ihm einst ein Baum voll rother Äpfel gezeigt wurde, äußerte er darüber großes Wohlgefallen; nur, meinte er, würde der Baum noch viel schöner sein, wenn auch die Blätter eben so roth wären. — Als er, der blos Wasser trank, einst rothen Wein trinken sah, sagte er: wenn ich nur auch Sachen trinken könnte, die so schön aussehen! — Seinen Lieblingsthieren, den Pferden, wünschte er nur noch Einen Vorzug: statt der schwarzen, braunen, weißen, die scharlachrothe Farbe.

Die *Neugier* und der *Wissensdurst,* so wie die eiserne Beharrlichkeit, womit er bei einer Sache aushielt, die er zu lernen oder zu begreifen sich vorgesetzt hatte, überstiegen jede Vorstellung, und waren in ihren Äußerungen herzergreifend. Mit seinen Spielsachen beschäftigte er sich, wie schon früher bemerkt worden, des Tages über nicht mehr; seine Tagesstunden füllte er mit

Schreiben, Zeichnen und andern Lehrgegenständen aus, womit ihn Prof. Daumer beschäftigte. Bitter beklagte er sich gegen uns, daß die vielen Leute, die ihn immer besuchten, ihm keine Ruhe ließen, und er nichts lernen könne. Rührend war es, seinen oft wiederkehrenden Jammer darüber zu hören, daß die Leute auf der Welt so vieles wissen, und er so vieles noch gar nicht gelernt habe. Eine seiner Lieblingsbeschäftigungen, nächst dem Schreiben, war das Zeichnen, zu welchem er eben so viel Fähigkeit als Beharrlichkeit mitbrachte. Seit mehren Tagen hatte er sich es zur Aufgabe gemacht, das lithographirte Bildniß des Herrn Bürgermeisters Binder abzuzeichnen. Ein ganzer großer Pack Quartblätter war mit diesen Kopieen vollgezeichnet; sie lagen, wie sie allmählig entstanden waren, in langer Reihenfolge geordnet aufeinander. Ich ging sie einzeln durch; die ersten Versuche glichen ganz den Bildern unsrer kleinen Kinder, die ein Gesicht gezeichnet zu haben meinen, wenn sie eine Figur, welche ein Oval vorstellen soll, mit einem Paar rundlicher Schnirkel, nebst einigen langen und Quer-Strichen darin, auf ein Papier hingesudelt haben. Allein fast in jedem der folgenden Versuche waren Fortschritte sichtbar, so daß allmählig jene Striche einem Menschengesicht immer ähnlicher wurden, und endlich das Original, obgleich noch ziemlich unvollkommen und roh, bis zur Kenntlichkeit darstellten. Ich äußerte ihm über seine spätesten Versuche meinen Beifall; er aber zeigte sich nicht befriedigt und gab mir zu verstehen, er werde das Bild noch gar vielmal abzeichnen müssen, bis es ganz recht sei; dann werde er es dem Herrn Bürgermeister schenken.

Mit seinem Leben auf der Welt zeigte er sich nichts weniger als zufrieden; er sehnte sich zu dem Mann zurück, bei dem er immer gewesen. Zu Haus (in seinem Loch), äußerte er, habe er niemals so viele Schmerzen im Kopf gehabt, und man habe ihn nicht so gequält, wie jetzt auf der Welt. Er deutete damit auf die Unbehaglichkeiten und Schmerzen, welche die vielen, ihm ganz ungewohnten, neuen Eindrücke, die verschiedenen ihm widrigen Gerüche u.s.w. verursachten. wie auf die vielen Besuche der Neugierigen, ihr ewiges Fragen, und manche ihrer unbesonnenen, nicht eben humanen Experimente. Dem Manne, bei dem er immer gewesen, hat er daher auch weiter nichts vorzuwerfen, als daß er noch nicht gekommen, um ihn wieder nach Haus zu bringen, und daß er von so viel schönen Sachen auf der Welt ihm gar nichts gezeigt, noch gesagt habe. Er will so lange in Nürnberg bleiben, bis er gelernt, was der Herr Bürgermeister und der Herr Professor (Daumer) wissen; dann soll ihn der Herr Bürgermeister nach Haus bringen, und dann will er dem Mann zeigen, was er unterdessen gelernt hat. Als ich ihm hierauf äußerte: wie er doch zu dem bösen abscheulichen Mann wieder zurück möge? fuhr er mich sanft zürnend mit den Worten an: »Mann nit bös, Mann mir nit bös than.«

Von seinem erstaunenswürdigen, eben so schnellen als zähen, *Gedächtniß* bekamen wir bald die auffallendsten Proben. Bei jedem der vielen kleinen und großen Dinge, bei jedem Bild und Bildchen in seinem Haushalt, nannte er uns den Namen und Titel der Person, von der er es zum Geschenk erhalten hatte, und, kamen hiebei verschiedene Personen mit demselben Hauptnamen vor, so unterschied er sie entweder durch ihren Vornamen oder durch andere Prädicate. Ungefähr eine Stunde, nachdem wir ihn verlassen hatten, trafen wir mit ihm auf der Straße zusammen, als er eben zum Herrn Bürgermeister geführt wurde. Wir redeten ihn an und, als wir ihn aufgefordert hatten, uns unsre Namen zu sagen, nannte er jeden von uns, ohne sich zu besinnen oder zu stocken, mit unserm vollen Namen, sammt Titulaturen, die gleichwohl für ihn nur baarer Unsinn sein konnten. Der Arzt, Dr. Osterhausen, machte zu einer andern Zeit an ihm die Erfahrung, daß er, nachdem man ihm einen Blumenstrauß gezeigt und die Namen der einzelnen Blumen vorgesagt hatte, er mehre Tage nachher jede dieser Blumen wieder zu erkennen und mit ihrem Namen zu bezeichnen wußte. Dieses Gedächtniß hat jedoch späterhin und, wie es scheint, in demselben Verhältniß abgenommen, in welchem es reicher geworden war, und sein Verstand mehr Arbeit bekommen hatte.

Seine *Folgsamkeit* gegen alle diejenigen Personen, welche väterliche Autorität über ihn erlangt haben, besonders gegen den Hrn. Bürgermeister, Hrn. Professor Daumer und den Gefangenwärter Hiltel, war unbedingt und ohne Schranken. »Der Hr. Bürgermeister, der Hr. Professor hat es gesagt,« war für ihn der letzte, jedes weitere Fragen und Überlegen ausschließende Grund für sein Handeln oder Unterlassen. Als ich ihn fragte: warum er denn glaube, so pünktlichen Gehorsam leisten zu müssen? gab er zur Antwort:»der Mann, bei dem ich immer gewesen, hat mich gelehrt, daß ich thun müsse, was man mir heißt.«

Allein diese Unterwerfung unter fremde Autorität bezog sich bei ihm blos auf Thun oder Nichtthun, und hatte mit seinem *Wissen, Glauben* und *Meinen* nichts zu schaffen. Um etwas als gewiß und wahr anzunehmen, dazu bedurfte es für ihn der eignen Überzeugung, und zwar entweder durch sinnliche Anschauung oder durch irgend einen, seinen Fassungskräften und seinem fast noch ganz leeren Kopf anpassenden, für ihn schlagenden Grund. Wo man seinem Verstand weder auf diese noch jene Weise beikommen konnte, widersprach er zwar nicht, ließ aber einstweilen die Sache dahin gestellt, bis er, wie er zu sagen pflegte, mehr gelernt habe. Ich sprach zu ihm, unter andern, von dem bevorstehenden Winter und sagte: dann werde er oft die Dächer der Häuser und alle Straßen der Stadt ganz weiß sehen, so weiß wie die Wände seines Zimmerchens. Er meinte: dies müsse dann recht schön sein; gab jedoch deutlich zu verstehen, daß er daran nicht eher glaube, als bis er es werde gesehen haben. Als im folgenden Winter der erste Schnee gefallen war, bezeigte er große Freude, daß jetzt die Straßen, die Dächer, die Bäume so gut »angestrichen« seien, und ging schnell in den Hof, um sich von der »weißen Farbe« zu holen, kam aber alsbald weinend und plärrend mit weit auseinander gespreizten Fingern zu seinem Lehrer wieder hinauf, indem er schrie: die weiße Farbe habe ihn in die Hände »gebissen«.

Höchst auffallend und ganz unerklärbar bei diesem Menschen war die bis zur Pedanterei getriebene Liebe zur *Ordnung* und *Reinlichkeit*. Von den vielen hundert Dingen seines kleinen Haushalts hatte ein jedes seinen bestimmten Platz, wurde gehörig zusammengepackt, sorgfältig auseinander gelegt, symmetrisch geordnet u.s.w. Unreinlichkeit oder was er dafür hielt, war ihm, an ihm selbst wie an Andern, ein Abscheu. Er bemerkte fast jedes Stäubchen auf unsern Kleidern und als er auf meiner Halskrause einige Körner Schnupftabak sah, machte er mich darauf mit Unwillen aufmerksam, mir hastig andeutend, daß ich diese garstigen Dinge wegwischen möge.

Die merkwürdigste Erfahrung, die aber erst einige Jahre später für mich ihre vollständige Bedeutung erlangte, verschaffte ich mir durch folgende Probe, auf welche ich dadurch geleitet wurde, daß mir, nach einer sehr nahe liegenden Ideenverbindung, bei dem aus dunklem Kerker, erst im Jünglingsalter, zum Tageslicht hervorgekommenen Kaspar, der berühmte Blinde des *Cheselden* einfiel, welcher wenige Wochen nach seiner Geburt erblindet, erst im Jünglingsalter, nach glücklich vollbrachter Staar-Operation, wieder sehend geworden war. Ich befahl Kasparn, nach dem Fenster zu sehen, deutete auf die große, weite Aussicht in die schöne, im Schmuck des Sommers prangende Landschaft, und fragte ihn: ob das nicht schön sei, was er da draußen sehe? Er gehorchte, fuhr aber sogleich mit sichtbarem Abscheu wieder zurück, indem er ausrief: garstig! garstig! dann auf die weiße Wand seines Zimmerchens deutete und sagte: »da nicht garstig!« Auf meine weitere Frage: warum dort garstig? erfolgte nichts weiter, als: »garstig, garstig!« und so blieb mir denn vor der Hand nichts übrig als mir diesen Umstand wohl zu merken, und die weitere Aufklärung von der Zeit zu erwarten, wo Kaspar sich besser werde verständlich machen können. Denn daß sein Wegwenden von jener Gegend nicht blos aus dem empfindlichen Eindruck des Lichts auf seine Sehnerven zu erklären sei, glaubte ich deutlich wahrzunehmen. Seine Mienen drückten dießmal nicht gerade Schmerz, sondern vielmehr Abscheu und Grauen aus. Auch stand er in einiger Entfernung vom Fenster seitwärts, so daß er zwar die Gegend sehen, aber vom gerade einfallenden Lichtstrahl nicht getroffen werden konnte. Als nun Kaspar im Jahr 1831 einige Wochen lang bei mir als Hausgenosse war, wo ich fortwährend Gelegenheit hatte, ihn aufs genaueste zu beobachten, und meine früheren Beobachtungen zu vervollständigen oder zu berichtigen, kam unter andern auch das Obige an die Reihe. Ich fragte ihn: ob er sich noch meines Besuchs bei ihm auf dem Thurm und dann besonders des Umstandes erinnere, daß ich ihn gefragt: wie ihm die Gegend da draußen (vor dem Fenster) gefalle? Er habe sich damals mit Abscheu von diesem Anblick wegge-wendet und immer ausgerufen: garstig, garstig! warum habe er das gethan? was sei ihm denn da vorgekommen? —»Ja freilich,« antwortete er mir, »war das sehr garstig, was ich damals sah. Wenn ich nach dem Fenster blickte, sah es mir immer so aus, *als wenn ein Laden ganz nahe vor meinen Augen aufgerichtet sei, und auf diesem Laden habe ein Tüncher seine verschiedenen Pinsel mit weiß, blau, grün, gelb, roth, alles bunt durcheinander, ausge-spritzt.* Einzelne Dinge darauf, wie ich jetzt die Dinge sehe, konnte ich nicht erkennen und unterscheiden. Das war denn gar abscheulich anzusehen; dabei war es mir ängstlich zu Muth, weil ich glaubte, man habe mir das Fenster mit dem buntschäckigen Laden verschlossen, damit ich nicht in's Freie sehen könne. Daß das, was ich so gesehen, Felder, Berge, Häuser gewesen, daß manches Ding, das mir damals größer vorkam als ein anderes, viel kleiner sei als dieses, manches große viel kleiner als wie ich es sah, davon habe ich mich erst später auf meinen Spaziergängen in's Freie überzeugt; endlich habe ich dann nichts mehr von dem Laden gesehen.« Auf weitere Befragung bemerkte er: »Anfangs habe er nicht unterscheiden können, was wirklich rund, dreieckig, oder nur rund, dreieckig gemahlt gewesen. Die Pferde und Männer auf seinen Bilderbögen seien ihm gerade so vorgekommen, wie seine in Holz geschnitzten Pferde und Menschen; jene so rund wie diese, oder diese so flach wie jene. Doch habe er beim Ein- und Auspak-ken seiner Sachen bald einen Unterschied *gefühlt;* dann sei er erst selten, endlich gar nicht mehr in den Fall gekommen, solche Verwechslung zu machen.«

Hier haben wir denn nun in Kaspar leibhaft den sehend gewordenen, von Kindheit an Blinden des Cheselden wieder. Hören wir, was Voltaire[25]) (und Diderot[26]), der hier mit Voltaire für Eine Person gilt) von diesem Blinden erzählen[27]): »Der junge Mann, dem der geschickte Chirurg Cheselden den Staar genommen, wußte lange Zeit weder Größen, noch Entfernungen, noch Lagen, noch sogar Figuren zu unterscheiden. Ein nur einen Zoll großer Gegenstand, den man vor sein Aug hielt und der ihm ein Haus verdeckte, erschien ihm so groß, wie das Haus. Alle Gegenstände hatte er auf seinem Auge; sie schienen ihm auf diesem Organ selbst zu haften, wie die Gegenstände des Gefühls auf der Haut. Er konnte (mit dem Gesicht) dasjenige, was er mit Hülfe seiner Hände für rund gehalten hatte, von demjenigen nicht unterscheiden, was er als eckig gefühlt hatte, noch unterscheiden, ob das was er als oben oder unten (mit dem Gefühl) wahrgenommen hatte, in der That oben oder unten sei. Es gelang ihm endlich, aber mit Mühe, die sinnliche Überzeugung zu gewinnen, daß sein Haus größer sei als sein Zimmer; doch niemals begriff er, wie das Aug ihm diese Vorstellung geben könne. Er bedurfte einer großen Menge von Erfahrungen, um sich zu überzeugen, daß die Mahlerei feste Körper vorstelle; und als er, durch öfteres Betrachten von Gemählden die Meinung gefaßt hatte, daß das nicht blos Flächen seien, die er sehe, so befühlte er sie mit der Hand, und war dann sehr erstaunt, als er nur einer ebenen Fläche, ohne alle Erhabenheit begegnete; dann

25) In dessen *Philosophie de Newton* (*Œuvres complètes*. Gotha. 1786. T. XXXI, p. 118 sq.)

26) *Lettre sur les aveugles à l'usage de ceux qui voyent* (Londres 1749) p. 159–164. Diderot hat übrigens die Erzählung Voltaire's von Wort zu Wort abgeschrieben.

27) Das Werk des *Cheselden* selbst konnte ich mir nicht verschaffen. Ich benutze übrigens diese Gelegenheit, um Hrn. Bibliothekar von Falkenstein für die, während meines Aufenthalts zu Dresden, auch bezüglich dieses Gegenstandes, erwiesenen Gefälligkeiten öffentlich meinen Dank zu sagen.

fragte er: welcher von beiden Sinnen ihn betrüge, das Gefühl oder das Gesicht? Übrigens machten Gemählde auf Wilde, die solche zum erstenmal zu sehen bekamen, denselben Eindruck; sie nahmen die gemahlten Figuren für lebende Menschen, stellten Fragen an sie, und waren ganz erstaunt, daß sie ihnen keine Antwort gaben: ein Irrthum, an welchem allzu geringe Übung ihrer Sehkraft gewiß am allerwenigsten Schuld hatte«.[28]) Auch Kinder, in den ersten Wochen und Monaten nach ihrer Geburt, sehen alles gleich nahe, greifen nach dem glänzenden Knopf des fernen Kirchthurms, wissen das wirklich Große und Kleine von dem scheinbar Kleinen und Großen, gemahlte von wirklichen Dingen nicht zu unterscheiden, weil — bei Gegenständen des Gesichts und des Gefühls beide Sinne einander gegenseitig zu Hülfe kommen müssen, wenn das betastete oder mit dem Aug gefaßte Ding für das, was es wirklich ist, er-

---

28) *On ajute à ces raisonnemens les fameuses expériences de* Chéselden. *Le jeune homme à qui cet habile Chirurgien abbaissa les cataractes, ne distingua de longtems ni grandeurs, ni distances, ni situations, ni même figures. Un objet d'un pouce mis devant son œil, et qui lui cachoit une maison, lui paroissoit aussi grand que la maison. Il avoit tous les objets sur les yeux, et ils lui sembloient appliqués à cet organe, comme les objets du tact le sont à la peau. Il ne pouvoit distinguer ce qu'il avoit jugé ronde à l'aide de ses mains, d'avec ce qu'il avoit jugé angulaire; ni discerner avec les yeux, si ce qu'il avoit senti être en haut ou en bas, étoit en effet en haut ou en bas. Il parvint, mais ce ne fut pas sans peine, à apercevoir que sa maison étoit plus grande que sa chambre, mais nullement à con-*cevoir comment l'œil pouvoit lui donner cette idée. Il lui fallut un grand nombre d'expériences réiterées, pour s'assurer que la peinture représentoit des corps solides; et quand il se fut bien convaincu, à force de regarder des tableaux, que ce n'étoient point des surfaces seulement qu'il voyoit, il y porta la main, et fut bien étonné de ne rencontrer qu'un plan uni et sans aucune saillie: il demanda alors quel étoit le trompeur du sens du troucher ou du sens de la vue. Au reste la peinture fit le même effet sur les sauvages, la première fois qu'ils en virent: ils prirent des figures peintes pour des hommes vivans, les interrogèrent, et furent tout surpris de n'en recevoir aucune réponse: cet erreur ne venoit certainement pas en eux du peu d' habitude de voir.*

kannt werden soll. Es beruht diese Erfahrung auf dem Elementargesetz alles Sehens, worüber sich der große Engländer Berkeley[29]) folgendermaßen ausdrückt: »Es ist, wie ich glaube, allgemein zugestanden, daß *Entfernung,* für sich allein und *unmittelbar* durch das *Gesicht* nicht wahrgenommen werden kann. Denn da die Entfernung eine Linie ist, welche gerade zum Auge geht, so wirft sie blos einen Punkt in den Grund des Auges. Dieser Punkt bleibt unveränderlich derselbe, die Entfernung sei länger oder kürzer. Auch ist es anerkannt, daß, wenn wir die Größe des Abstandes beträchtlich entfernter Gegenstände von einander schätzen, dieses mehr ein Akt eines auf *Erfahrung* gegründeten *Urtheils,* als des bloßen *Sinnes* ist. Zum Beispiel: ich sehe eine große Menge von Gegenständen, Häuser, Feld, Flüsse und dergleichen hinter einander liegen, von welchen ich die Erfahrung habe, daß sie einen beträchtlichen Raum einnehmen, so schließe ich daraus, daß der Gegenstand, den ich hinter diesem andern sehe, in einer großen Entfernung steht. Hingegen wenn mir ein Gegenstand matt und klein erscheint, den ich einmal in der Nähe lebhaft und groß gesehen habe, so urtheile ich sogleich, daß er fern ist. Dieses ist nun offenbar Ergebniß der *Erfahrung,* ohne welche ich, aus der Mattheit und

---

29) *It is, I think, agreed by all that* distance *of itself, and immediately cannot be seen. For* distance *being a line directed end-wise to the eye, it projects only one point in the fund of the eye. Which point remains invariably the same, whether the distance be longer or shorter. — I find it also acknowledged, that the estimate we make of the distance of* objects *considerably remote, is rather an act of judgment grounded on* experience, *than of sense. For example: When I peceive a great number of intermediate* objects, *such as houses, field, rivers, and the like, which I have experienced to take up a considerable space; I thence form a judgment or conclusion, that the object I see beyond them is at a great distance. Again, when an object appears faint and small, which at a near distance I have experienced to make a vigorous and large appearance; I instantly conclude it to be far off. And this, it is evident, is the result of* experience; *without which, from the faintness and littleness, I should not have inferred any thing concerning the distance of* objects.

Kleinheit, nichts über die Entfernung der Gegenstände hätte urtheilen können.«

Die Anwendung dieses optischen Gesetzes und jener Erfahrungen auf die Sinnentäuschung Kaspars, macht sich ganz von selbst. Da Kaspar noch nicht weiter gegangen war, als vom Thurm zum Hrn. Bürgermeister und allenfalls noch durch eine oder die andere Straße; da er, in Folge seiner reizbaren Augen, wie aus Furcht zu fallen, im Gehen stets auf seine Füße sah, und aus Lichtscheu immer vermied, in das offene Lichtmeer hinauszublicken: so hatte er lange Zeit keine Gelegenheit, über die Perspective und die Entfernung der Gegenstände Erfahrung zu machen. Alle die mancherlei Dinge der weiten Gegend, sammt einem ziemlich schmalen Streifen des blauen Himmels, die den Raum des Fensters, von dem untern Theil des Rahmens bis oben hinauf, ausfüllten, mußten ihm daher als gleich nahe, neben und übereinander liegende gestaltlose Erscheinungen, mithin das Ganze als eine das Fenster bedekkende, aufrecht stehende Tafel erscheinen, auf welcher die, für ihn nicht unterscheidbaren, kleineren und größeren, verschieden gefärbten Gegenstände nur wie unförmliche bunte Klekse sich ausnehmen konnten.

VI.

Brachte der fast ununterbrochene Umgang mit den Vielen, die sich den ganzen Tag über zu Kaspar hindrängten, den nicht zu verkennenden Gewinn, daß er auf kurzem Weg mit vielerlei Dingen und Worten bekannt wurde, und bald im Verstehen und Sprechen verhältnißmäßig Fortschritte machte: so war doch offenbar das Allerlei von Menschen, deren Massen Kaspar Hauser Preis gegeben war, nicht wohl geeignet, eine naturgemäße Entwickelung dieses verwahrlosten Jünglings zu fördern. Wohl mochte keine Stunde des Tags vergehen, die ihm nicht von dieser oder jener Seite her etwas Neues zugeführt hätte. Was ihm aber auf diese Weise zukam, konnte doch nicht zum kleinsten Ganzen sich gestalten; alles zusammengenommen häufte sich nur als ein ungeordnetes, zerstreutes, buntes Allerlei von Hundert und Tausend Halb- und Viertels-Vorstellungen und Gedanken-Bruchstücken auf- und nebeneinander. Wurde so die leere Tafel seiner Seele bald genug beschrieben, so wurde sie doch auch zugleich nur zu bald mit, zum Theil sogar nichtswürdigen, Dingen überfüllt, entstellt und verwirrt. Der ungewohnte Eindruck des Lichts und der freien Luft; das befremdende, meistens auch schmerzerregende Mancherlei, welches unaufhörlich, zu gleicher Zeit, auf alle seine Sinne einströmte; die Kraftanstrengung, womit seine wissensdurstige Seele sich aus sich selbst gleichsam herauszuarbeiten strebte, alles Neue, was sich ihr bot, — Alles aber war ihr neu — zu erfassen, zu umklammern und heishungrig gleichsam in sich hineinzuschlingen sich abarbeitete: dieses alles war mehr als ein schwächlicher Körper und ein zartes, beständig gereiztes und überreiztes Nervensystem ertragen konnte. Ich brachte von meinem Besuch bei Kaspar am 11. Juli die Überzeugung mit mir zurück, welche ich auch am gehörigen Ort geltend zu machen suchte, daß Kaspar Hauser entweder an einem Nervenfieber sterben, oder in Wahnsinn oder Blödsinn untergehen müsse, wenn nicht bald seine Lage geändert werde. Nach wenigen Tagen gingen meine Besorgnisse zum großen Theil in Erfüllung. Kaspar wurde krank, wenigstens so kränklich, daß eine gefährliche Krankheit zu befürchten stand. Sein Arzt, Dr. Osterhausen, äußert sich in seinem deshalb dem Stadtmagistrat erstatteten berichtlichen Gutachten über Hausers damaligen Gesundheitszustand, wie folgt:

»Die mannichfaltigen Eindrücke, welche den, bisher in einem Kerker lebendig begrabenen, von aller Welt abgeschiedenen, sich selbst überlassenen Kaspar Hauser ringsum bestürmten, als er mit einem Male in die Welt und unter die Menschen hineingeworfen wurde, und welche nicht einzeln, sondern in Masse auf ihn einwirkten, die verschiedenartigsten Eindrücke der freien Luft, des Lichts, der ihn umgebenden Gegenstände, die ihm alle neu waren, dann das Erwachen seines geistigen Ichs,

seine aufgeregte Lern- und Wißbegierde, seine veränderte Lebensweise u.s.w., alle diese Eindrücke mußten
ihn nothwendig gewaltsam erschüttern und endlich,
zumal bei seinem so sehr empfindlichen Nervensystem,
seiner Gesundheit nachtheilig werden. — Ich fand ihn,
als ich ihn wieder sah, ganz verändert. Er war traurig,
sehr niedergeschlagen und ermattet. Die Reizbarkeit
seiner Nerven war krankhaft erhöht. Seine Gesichtsmuskeln zuckten beständig. Seine Hände zitterten so
sehr, daß er kaum etwas halten konnte. Seine Augen
waren entzündet, konnten das Licht nicht vertragen
und schmerzten ihn bedeutend, wenn er lesen oder einen
Gegenstand aufmerksam betrachten wollte. Sein Gehör
war so empfindlich, daß schon jedes laute Sprechen ihm
heftige Schmerzen verursachte und er daher die Musik,
die er so leidenschaftlich liebte, nicht mehr hören konnte.
Er hatte Mangel an Eßlust, mangelhaften, erschwerten
Stuhlgang, klagte über Beschwerden im Unterleibe und
fühlte sich durchaus unbehaglich. — Ich war nicht
wenig wegen seines Zustandes besorgt, da es nicht möglich war, ihm mit Arzneien beizukommen; theils weil er
einen unbezwingbaren Abscheu vor Allem, Wasser und
Brod ausgenommen, hatte, theils weil, wenn er auch
welche hätte nehmen können, zu befürchten war, es
möchte selbst das indifferenteste Mittel zu heftig auf
seine so sehr gereizten Nerven einwirken u.s.w.«

Kaspar Hauser wurde am 18. Juli aus seiner Wohnung
auf dem Thurm erlöst und dem an Geist und Herz gleich
vorzüglichen Gymnasial-Professor, Herrn Daumer, der
sich bisher schon der Unterweisung und Bildung dieses
Menschen väterlich angenommen hatte, zur Erziehung
und häuslichen Pflege übergeben. Er fand in der Familie
dieses Mannes — einer würdigen Mutter und der Schwester seines Erziehers — gewissermaßen den Ersatz für
diejenigen Wesen, die ihm die Natur gegeben und Men-
schenbosheit genommen hatte.

Auf den großen Andrang der Neugierigen, denen
Kaspar Hauser bisher im Thurm Preis gegeben war,
mag man aus dem einzigen Umstand den Schluß ziehen,
daß der Magistrat zu Nürnberg, sobald Kaspar dem

Professor Daumer übergeben war, sich veranlaßt sah, am 19. Juli in öffentlichen Blättern folgendes Publicandum zu erlassen:

»Vom Magistrat der Stadt Nürnberg ist der heimathlose Kaspar Hauser zur gehörigen Entwickelung seiner körperlichen und geistigen Kräfte einem besondern, hiezu geeigneten Lehrer übergeben worden. Damit aber beide hierin keine Störung erleiden, und dem Kaspar Hauser die ihm in jeder Beziehung höchst nöthige Ruhe zu Theil und erhalten werde, ist der Erzieher angewiesen worden, keine Besuche bei Hauser mehr zuzulassen, und das gesammte Publicum wird daher hiermit ebenfalls angewiesen, sich derselben gänzlich zu enthalten, und sich dadurch der Wegweisung zu überheben, welche im Falle der Zudringlichkeit mit polizeilicher Hülfe erfolgen müßte«[30]).

Kaspar Hauser bekam zuerst bei Professor Daumer, statt seines Strohlagers auf dem Thurm, zur Schlafstätte ein ordentliches Bett, was ihm ganz außerordentlich behagte. Öfters äußerte er: das Bett sei das einzige Angenehme, das ihm noch auf dieser Welt vorgekommen; alles übrige sei gar schlecht. — Erst seit er in einem Bette schlief, hatte er Träume, die er aber Anfangs nicht für Träume erkannte, sondern beim Erwachen seinem Lehrer als wirkliche Begegnisse erzählte, indem er zwischen Wachen und Träumen erst später einen Unterschied zu machen lernte[31]).

30) Diese Bekanntmachung hatte gleichwohl nicht die gewünschte, vollständige Wirkung. Wie nicht leicht ein Fremder nach Nürnberg kommt, ohne sich das Sebaldus-Grab, die Glasmalereien der Lorenz-Kirche, das Gänsemännchen u.s.w. zeigen zu lassen, so glaubte jetzt Niemand Nürnberg recht gesehen zu haben, wenn er nicht auch das geheimnißvolle Adoptiv-Kind dieser Stadt, in Augenschein genommen habe. — Seit Kaspars Aufenthalt zu Nürnberg bis jetzt, wo ich dieses schreibe, haben viele hundert Personen fast aller europäischen Nationen von allen Ständen, Gelehrte, Künstler, Staatsmänner, Beamte aller Gattungen, hohe und höchste Personen, ihn gesehen und gesprochen.

31) Der Psycholog, besonders unser geistreicher Schubert,

Eine der schwersten Aufgaben war es, ihn an ordentliche Kost zu gewöhnen, was nur langsam und mit vieler Mühe und Vorsicht gelang[32]. Am frühesten verstand er sich zur Wassersuppe, die ihm täglich mehr behagte, weshalb er meinte, sie werde täglich besser zubereitet, und zuweilen fragte: warum man sie ihm denn nicht gleich Anfangs so gut gemacht habe? Auch Mehlspeisen, Hülsenfrüchte und was sonst mit dem Brod Ähnlichkeit hat, sagte ihm zu. Indem man ihm erst einzelne Tropfen Fleischbrühe unter seine Wassersuppe mischte, dann wenige, stark ausgekochte Fleischfasern ihn zu seinem Brode essen ließ, und diese Gaben mit Vorsicht nach und nach steigerte, gewöhnte man ihn allmählig an Fleischspeisen. Prof. Daumer macht in seinen über Kaspar Hauser gesammelten Notizen die Bemerkung: »nachdem dieser zuletzt ordentlich Fleisch essen gelernt, habe sich seine geistige Regsamkeit vermindert, die Augen hätten ihren Glanz und Ausdruck eingebüßt, sein lebendiger Trieb nach Thätigkeit habe nachgelassen, und das Intensive seines Wesens sei in Zerstreuungssucht und Gleichgültigkeit übergegangen; auch habe seine Fassungskraft bedeutend abgenommen.« Ob dieses gerade Folge der Fleischspeisen, oder nicht vielmehr Folge der nun in Abstumpfung übergehenden schmerzhaften Überreitzung gewesen? bleibt wohl mit Recht unentschieden. Mit mehr Zuverlässigkeit ist hingegen anzunehmen, daß der Genuß warmer Kost und einiger Fleischspeisen auf sein Wachsthum bedeutenden Einfluß haben mußte; im Daumerschen Hause wurde er in wenigen Wochen um mehr als zwei Zolle größer.

Da seine entzündeten Augen und sein mit jeder Anstrengung des Gesichts verbundenes Kopfweh ihm das Lesen, Schreiben, Zeichnen, unmöglich machten, be-

wird diese Umstände nicht unbeachtet lassen und in ihnen ein frappantes Zeugniß für Kaspars damaligen Seelenzustand erkennen.

32) Ehe er warme Speisen vertragen konnte, hatte er beständig Durst und trank täglich 10 bis 12 Maas kalten Wassers. Aber auch noch jetzt ist er ein gewaltiger Wassertrinker, so daß unser berühmter Wasserdoctor, Prof. Oertel, ihn einem Jeden zum Meister vorstellen könnte.

schäftigte ihn Hr. Daumer mit Papparbeiten, worin er sehr bald nicht geringe Geschicklichkeit erlangte; auch lehrte er ihn das Schachspiel das er ebenfalls bald erlernte, und mit Vergnügen übte. Außerdem beschäftigte man ihn mit leichten Gartenarbeiten und machte ihn mit den verschiedenen Erzeugnissen, Erscheinungen und Kräften der Natur bekannt, wo dann kein Tag verging, der ihn nicht unzählig Neues gelehrt oder ihm Gegenstände des Befremdens, der Bewunderung, des Erstaunens zugeführt hätte.

Nicht geringe Mühe und häufige Zurechtweisungen kostete es, ihm den Unterschied zwischen dem Organischen und Unorganischen, dem Lebenden und Todten, so wie zwischen freiwilliger und von außen mitgetheilter Bewegung begreiflich und geläufig zu machen. Vieles was eine Menschen- oder Thiergestalt hatte, mochte es aus Stein gehauen, aus Holz geschnitzt oder gemahlt sein, hielt er noch immer für beseelt und mit allen den Eigenschaften begabt, die er an sich selbst oder andern beseelten Wesen wahrnahm. Bei den an den Häusern der Stadt gemahlten oder ausgehauenen Pferden, Einhörnern, Straußen etc. kam es ihm sehr verwunderlich vor, daß sie immer an einer Stelle blieben, und nicht davon liefen. — Gegen eine Statue in dem Hausgarten äußerte er seinen Unwillen, daß sie so schmutzig aussehe und sich doch nicht wasche. — Als er zum erstenmal das große Cruzifix des Veit Stoß an der Außenseite der Sebalduskirche sah, erregte ihm dieser Anblick Entsetzen und Jammer; er bat flehentlich, man möge den gequälten Menschen da droben herunternehmen, und wollte sich lange nicht zufrieden geben, obgleich man ihm zu erklären versucht hatte, daß dieses kein wirklicher Mensch, sondern nur ein Bild sei und nichts empfinde. — Jede Bewegung, die er an was immer für einem Gegenstande wahrnahm, hielt er für freiwillig und das Ding, woran sie sich äußerte, für belebt. Ein Blatt Papier, das der Wind herabwehte, war vom Tisch hinweggelaufen; ein von einer Anhöhe herabrollendes Kinderwägelchen, machte sich das Vergnügen, sich selbst von der Höhe herabzufahren. Der Baum bekundete ihm Leben, indem er seine Zweige und Blätter bewegte, und sprach, wenn der Wind durch seine Blätter rauschte. — Einem Knaben, der mit einem Stecken auf den Stamm eines Baumes schlug, bezeigte er seinen Unwillen darüber, daß er dem Baum so wehe thue. — Die Kugeln einer Kegelbahn liefen, nach seinen Äußerungen zu schließen, freiwillig, thaten andern Kugeln wehe, und waren, wenn sie endlich still standen, vom Laufe müde. Prof. Daumer bemühte sich eine Weile vergebens, ihm die Überzeugung beizubringen, daß eine Kugel sich nicht freiwillig bewege. Es gelang ihm dieses erst dadurch, daß er Kasparn selbst aus seinem Brod eine Kugel formen, und ihn dieselbe dann vor sich herrollen ließ. — Daß ein Brummkreisel, den er schon eine Weile hatte tanzen lassen, nicht freiwillig sich bewege, wurde ihm erst klar, als ihm, vom öftern Aufziehen der Schnur, der Arm wehe that und er sich dadurch seiner eignen Kraft, die er bei jener Kreiselbewegung verwendet hatte, fühlbar bewußt wurde.

Vollends den Thieren legte er längere Zeit dieselben Eigenschaften, wie den Menschen bei und schien sie von diesen nur durch ihre Gestalt zu unterscheiden. Er ärgerte sich darüber, daß die Katze blos mit dem Mund esse, ohne dabei ihre Hände zu gebrauchen. Er wollte sie dann das Essen mit den Pfoten lehren, versuchte sie aufrecht gehen zu machen, sprach mit ihr wie mit seines Gleichen und bezeigte Unwillen, daß sie gar nicht darauf achte und nichts lernen wolle. Dagegen lobte er gar sehr die Folgsamkeit eines Hundes. — Als er eine graue Katze sah, fragte er, warum sie sich nicht wasche, damit sie weiß werde. — Da er Ochsen auf dem Straßenpflaster gelagert sah, verwunderte er sich, daß sie nicht nach Hause gingen und sich da niederlegten. — Ganz zuwider war es ihm, daß die Pferde, Ochsen u.s.w. die Straße verunreinigten, und nicht, wie er, auf den Abtritt gingen. Sagte man ihm, bei diesem oder jenem was er von den Thieren verlangte, sie könnten dieses nicht, so war er gleich mit der Antwort bei der Hand: sie möchten es dann nur lernen; er habe ja auch schon vieles gelernt, und müsse noch immer vieles lernen.

Vom Entstehen und Wachsen des Organischen in der Natur hatte er Anfangs noch weniger eine Vorstellung. Er äußerte sich immer so, als wären alle Bäume in den Boden hineingesteckt, alle Blätter, Blumen und Blüthen von Menschen-Händen gemacht und daran gehängt. Den ersten Stoff zu einer Vorstellung vom Entstehen der Pflanzen gewann er, nachdem er, auf Geheiß seines Lehrers, mit eigener Hand einige Bohnen in einen Blumentopf gesteckt hatte, und er diese nun, gleichsam unter seinen Augen, keimen und Blätter treiben gesehen hatte. — Überhaupt pflegte er fast bei jedem, ihm neuen und auffallenden Naturgegenstande zu fragen: wer dieses Ding gemacht habe?

Für die Schönheiten der Natur hatte er fast gar keinen Sinn. Die Natur schien ihn nur in so weit anzusprechen, als sie seine Neugier beschäftigte und ihm zu der Frage Anlaß gab: wer dieses oder jenes Ding gemacht habe? — Als er zum erstenmal einen Regenbogen sah, bezeigte er zwar daran in den ersten Augenblicken sein Wohlgefallen, wendete sich aber doch kurz darauf wieder von diesem Anblick ab, indem die Frage: wer dieses Ding gemacht habe? ihm weit mehr, als die Herrlichkeit der Erscheinung selbst am Herzen lag.

Ein Anblick machte jedoch hievon eine merkwürdige Ausnahme und wurde ein großes ihm unvergeßliches Ereigniß seines mehr und mehr sich entfaltenden geistigen Lebens. Es war im Monat August (1829), als ihm an einem schönen heitern Sommerabend sein Lehrer zum erstenmal den gestirnten Himmel zeigte. Sein Erstaunen und Entzücken überstieg jede mögliche Schilderung. Er konnte sich nicht satt daran sehen, kehrte immer wieder zu diesem Anblick zurück, faßte dabei die verschiedenen Sterngruppen richtig ins Auge, und bemerkte die ausgezeichneten hellen Sterne mit ihren verschiedenen Farben. »Das,« rief er aus, »das ist aber doch das Schönste, was ich noch auf der Welt gesehen habe. Wer aber hat die vielen schönen Lichter da hinaufgestellt? wer zündet sie an? wer löscht sie wieder aus?« Als man ihm sagte, daß sie, wie die Sonne, die er schon kenne, immer fortleuchten, aber nicht

immer gesehen würden, fragte er von neuem: wer sie
denn da oben hinauf gesetzt habe, daß sie immer fortbrennten? Endlich verfiel er, indem er, gesenkten Kopfes, unbeweglich, mit starren Augen da stand, in tiefes
ernstes Nachdenken. Als er wieder zu sich kam, war
sein Entzücken in Schwermuth übergegangen. Er ließ
sich zitternd auf einen Stuhl nieder und fragte: warum
jener böse Mann ihn doch nur immer eingesperrt gehalten und von allen diesen schönen Sachen ihm gar nichts
gezeigt habe? er (Kaspar) habe doch nichts böses gethan. Er brach hierauf in ein langes, schwer zu stillendes
Weinen aus, und sagte: man möge nun auch einmal den
Mann, bei dem er immer gewesen, auf ein Paar Tage
einsperren, damit er wisse, wie hart dieses sei. Vor
diesem großen Himmelsschauspiele hatte Kaspar noch
nie Unwillen gegen jenen Mann geäußert, noch weniger
von einer Bestrafung desselben etwas wissen wollen.
Nur die Müdigkeit und der Schlummer vermochten seine
Empfindungen zur Ruhe zu bringen; er schlief — was
vorher noch nie geschehen war — erst gegen 11 Uhr
ein.

Überhaupt begann er erst in Daumers Familie, wie es
schien, über sein Schicksal nachzudenken und was dieses
ihm vorenthalten und genommen, mehr und mehr zu
erkennen und schmerzlich zu empfinden. Erst hier
wurde ihm die Vorstellung von Familie, von Verwandt-
schaft und Freundschaft, von dem menschlichen Verhältniß zwischen Ältern, Kindern und Geschwistern nahe
gebracht; erst hier erhielten die Namen: Mutter, Schwester, Bruder, für ihn eine Bedeutung, indem Er sah, wie
Mutter, Schwester, Bruder, durch gegenseitige Liebe
verbunden, für einander sorgten und sich wechselseitig
zu Gefallen lebten. Er wollte erklärt haben: was denn
eigentlich Mutter sei? was Bruder? was Schwester? Man
suchte ihn so gut als möglich durch eine schickliche Antwort zu befriedigen. Bald darauf fand man ihn auf
seinem Stuhle sitzend mit Thränen in den Augen, und
wie es schien, in tiefe Betrachtungen versunken. Als
er gefragt wurde: was er denn wieder habe? antwortete er
weinend: »er habe darüber nachgedacht, warum denn

Er nicht auch eine Mutter, einen Bruder und eine Schwester habe? denn dies sei doch gar zu schön.«

Da seine hohe Reizbarkeit zu dieser Zeit das Ausruhen von jeder geistigen Anstrengung gebot, und vor allem die Kräfte seines schwächlichen Körpers der Übung und Stärkung bedurften; so schien, nebst andern körperlichen Beschäftigungen, besonders auch das Reiten seiner Gesundheit förderlich werden zu können, zumal er hiezu besondere Lust bezeigte. Wie früher die hölzernen Rosse, waren schon längst die lebenden seine Lieblinge geworden. Unter allen Thieren war ihm das Pferd das schönste Geschöpf, und wenn er einen Reiter sein Roß tummeln sah, quoll seine Brust von dem Wunsche über: wenn er doch auch einmal so ein Roß unter sich haben könnte! Der Stallmeister zu Nürnberg, Herr von Rumpler, hatte bald die Gefälligkeit, diese Sehnsucht zu stillen; er nahm unsern Kaspar unter seine Schüler auf. Kaspar, mit der gespanntesten Aufmerksamkeit alles beobachtend, was ihm und andern Scholaren von dem Lehrer gezeigt und vorgemacht wurde, hatte sich schon in der ersten Stunde die Hauptregeln und Elemente der Reitkunst nicht blos gemerkt, sondern auch, nach den ersten Versuchen, sogleich angeeignet; und in wenigen Tagen war er bereits so weit, daß Scholaren, junge und alte, die schon mehre Monate lang Unterricht genossen hatten, in ihm ihren Meister erkennen mußten. Seine Haltung, sein Muth, die richtige Führung des Pferdes, setzten Jedermann in Erstaunen, und er traute sich zu, was, außer ihm und seinem Lehrer, Niemand zu unternehmen wagte. Als einst der Stallmeister auf der Reitbahn ein eigenwilliges türkisches Roß umhergetummelt hatte, schreckte ihn dieser Anblick so wenig, daß er dieses Pferd sich selbst zum Reiten ausbat. — Nachdem er sich einige Zeit lang geübt hatte, wurde ihm die Reitschule zu eng; er verlangte mit seinem Roß ins Freie und hier bewies er dann, nebst Geschicklichkeit, eine so unermüdliche Ausdauer, Härte und Zähigkeit des Körpers, daß es ihm die Geübtesten hierin kaum gleich thun konnten. Am liebsten hatte er muthige und harttrabende Pferde. Er ritt oft viele Stunden lang ununterbrochen, ohne müde zu werden, ohne sich wund zu reiten, oder nur in den Schenkeln oder im Gesäß Schmerzen zu empfinden. An einem Nachmittag ritt er, fast beständig in vollem Trab, von Nürnberg auf die sogenannte alte Veste und von da wieder zurück; und dieser Schwächling, der um dieselbe Zeit von einigen Gängen in der Stadt so müde geworden war, daß er sich um ein Paar Stunden früher als gewöhnlich erschöpft zu Bett legen mußte, kam von jenem gewaltigen Ritt wieder so frisch und kräftig nach Haus, als wenn er im Schritt nur von einem Thor der Stadt zum andern geritten wäre. Er scherzte zuweilen über die Unempfindlichkeit seines Gesäßes, indem er sagte: wäre alles an mir so gut, wie mein Hintertheil, so stünde es sehr gut mit mir. Daß das vieljährige Sitzen auf hartem Boden an dieser Unempfindlichkeit seines Hintertheils den meisten Antheil habe, wie Professor Daumer vermuthet, ist allerdings nicht unwahrscheinlich. Man könnte jedoch überdies, aus der Pferdelust Hausers und seiner gleichsam instinktmäßigen Reitergeschicklichkeit, den nicht ganz unhaltbaren Schluß ziehen: er möge von Geburt einer Reiternation angehören. Denn daß ursprünglich nur durch Kunst erworbene Fertigkeiten, mehre Generationen hindurch fortgesetzt, zuletzt sich als habituelle Neigung und besonders ausgezeichnete Anlage fortpflanzen können, ist nicht unbekannt, wofür die Schwimmfertigkeit der Südsee-Insulaner, die Scharfsichtigkeit der Jägernationen Amerika's u.s.w. als Beispiele dienen. Wenn ein gewisser feinriechender Polizeimann[33]) durch das auffallende Reitertalent Kaspars zu der Vermuthung verleitet wurde: Kaspar sei vielleicht ein junger englischer Reiter, der seiner Bande entlaufen, um auf eigne Rechnung mit den gutmüthigen Nürnbergern Komödie zu spielen, so wird nicht leicht Jemand dem Erfinder die Ehre seiner Hypothese streitig machen wollen.

Was, nächst dem seltenen Reitertalent Hausers, während seines Aufenthalts bei Prof. Daumer, als Eigen-

---

33) Herr Merker zu Berlin.

thümlichkeit sich besonders bemerklich machte, war die fast übernatürliche Beschaffenheit, Schärfe und Erhöhung aller seiner Sinne.

Was das *Sehen* betrifft, so gab es für ihn keine Dämmerung, keine Nacht, keine Finsterniß. Man wurde hierauf zuerst aufmerksam, als man bemerkte, daß er bei Nacht überall hin mit der größten Sicherheit vorwärts schreite, und daß er, so oft er an einen dunklen Ort ging, das ihm angebotene Licht ausschlug. Mit Verwunderung oder Lachen sah er öfters den Leuten zu, die an dunkeln Orten z. B. Nachts beim Eintritt in das Haus und beim Treppensteigen, durch Tappen und Anhalten sich zu helfen suchten. Im Dämmerlicht sah er sogar bei weitem besser als am hellen Tage. So las er, nach Untergang der Sonne, auf der Straße eine Hausnummer, die er bei Tage wenigstens in solcher Ferne nicht würde erkannt haben, auf ungefähr 180 Schritte weit. Bei tiefer Dämmerung machte er einst seinen Lehrer auf eine Mücke aufmerksam, die in einem sehr entfernten Spinnegewebe hing. In einer Entfernung von gewiß 60 Schritten unterschied er die Beeren der Trauben von den Hollunderbeeren, und diese von Schwarzbeeren. Bei völliger Nacht unterschied er, nach sorgfältig mit ihm angestellten Versuchen, die Farben, selbst verschiedene dunkle Farben, wie die blaue und grüne. Wenn, bei einbrechender Dämmerung, ein gewöhnliches weitsichtiges Auge nur erst drei oder vier Sterne am Himmel sah, erkannte er bereits die Sterngruppen und wußte die einzelnen Sterne darin, nach ihrer Größe und eigenthümlichem Farbenspiel zu unterscheiden. Vom Nürnberger Schloßzwinger aus zählte er eine Reihe Fenster des Schlosses Marloffstein, und von der Burg aus die Fensterreihe eines unterhalb der Festung Rothenberg liegenden Hauses. Sein Auge war eben so scharf in der Nähe, als weittragend in die Ferne. Bei Zergliederung von Blumen bemerkte er feine Unterschiede und zarte Theile, welche der Beobachtung Andrer ganz entgangen waren.

Fast nicht minder scharf und weitreichend war sein *Gehör.* In einer verhältnißmäßig sehr großen Entfernung, hörte er bei einem Spaziergang auf dem Feld die Tritte mehrer Wandrer und unterschied diese Tritte nach ihrer Stärke. Einst hatte er Gelegenheit, die damalige Schärfe seines Gehörs mit dem noch feinern eines Blinden zu vergleichen, der jeden, auch noch so leisen Tritt eines Barfüßigen bemerkte. Bei dieser Gelegenheit äußerte er: früher sei sein Gehör eben so scharf gewesen, habe aber, seitdem er Fleisch zu essen angefangen, bedeutend abgenommen, so daß er nicht mehr durchs Gehör so fein unterscheiden könne, wie dieser Blinde.

Unter allen Sinnen war es der *Geruch,* der sich ihm am zudringlichsten und peinlichsten erwies, und ihm vor allem andern das Leben auf dieser Welt zur Qual machte. Was für uns geruchlos ist, war es nicht für ihn; die feinsten lieblichsten Gerüche der Blumen, z. B. der Rose, waren ihm Gestank oder afficirten schmerzlich seine Nerven. Was uns Andern allenfalls blos in der Nähe durch den Geruch sich ankündigt, roch er in der weitesten Ferne. Mit Ausnahme des Geruchs von Brod, Fenchel, Anis, Kümmel, an die er sich, wie er versichert, schon in seinem Gefängniß gewöhnt hatte, — denn sein Brod war mit diesen Gewürzen bestreut — waren alle Arten von Gerüchen ihm mehr oder weniger widerlich. Als er einst gefragt wurde: welcher Geruch ihm der angenehmste sei? antwortete er: »gar keiner.« Seine Spaziergänge oder Spazierritte, da sie ihn bald an Blumengärten, bald an Tabaksfeldern, bald an Nußbäumen oder anderen, seinem Geruch empfindlichen, Pflanzen vorbeiführten, wurden ihm dadurch oft gar sehr verleidet, und er mußte dann seine Erholungen in freier Luft mit Kopfweh, Angstschweiß und Fieberanfällen bezahlen. Tabak, der auf dem Feld in der Blüthe stand, roch er auf mehr als 50 Schritte; zum Trocknen aufgehängte Tabaksbündel — wie sie in den Dörfern um Nürnberg an den Häusern hängen — auf mehr als 100 Schritte. Äpfel- Birn- und Zwetschenbäume konnte er schon am Geruch ihrer Blätter aus der Ferne von einander unterscheiden. Die verschiedensten Farbstoffe an den Wänden, Geräthschaften, Kleidern u. s. w., die Pigmente, mit denen er seine Bilder illuminirte, Tinte, Bleistift, womit er schrieb, alles was ihn umgab oder ihm nahte, hauchte ihm widerliche oder schmerzliche Gerüche entgegen. Wenn auf der Straße ein Schornsteinfeger mehre Schritte vor ihm hinging, wendete er vor dem Geruch desselben schaudernd sein Gesicht ab. Auf den Geruch eines alten Käses wurde ihm unwohl und er mußte sich erbrechen. Als er einst Essig roch, der einen starken Schritt von ihm entfernt stand, wirkte dessen Schärfe so sehr auf seine Geruchs- und Augennerven, daß ihm das Wasser aus den Augen trat. Wenn Wein, in ziemlicher Entfernung von ihm, auf dem Tische eingeschenkt stand, so klagte er über widrigen Geruch und über Hitze im Kopf. Mit einer geöffneten Champagner-Flasche konnte man ihn zuverlässig vom Tische jagen oder krank machen. Was wir übelriechend nennen, schien ihn weit weniger unangenehm zu afficiren, als unsere Wohlgerüche. So sagte er z. B. er wolle weit lieber Katzenkoth riechen, weil er ihm weniger im Kopf weh thue, als Pomade, und weit lieber jede Art Koth, als kölnisches Wasser oder gewürzte Chocolade. Der Geruch von frischem Fleisch war ihm der schrecklichste von allen; sogar der Gestank von Katzenkoth und der Geruch von Stockfischen war ihm erträglicher. Als Professor Daumer (im Herbst 1828) mit Kaspar dem Johanniskirchhofe bei Nürnberg nahe kam, wirkte der Todengeruch, von welchem Professor Daumer selbst nicht das mindeste spürte, so stark auf ihn, daß er sogleich zu frieren anfing und die Gebehrden des Schauders machte. Der Frost ging bald nachher in Fieberhitze über, die zuletzt in einen heftigen Schweiß ausbrach, der sein Hemd durch und durch tränkte. Solche Hitze, sagte er später, habe er noch nie empfunden. Auf dem Rückweg in der Nähe des Stadtthors wurde ihm wieder wohl; doch klagte er, daß es ihm vor seinen Augen dunkler geworden sei. Ähnliche Zufälle erlitt er, als er einmal (am 18. September 1828) lange neben einem Tabaksfelde herzugehen hatte.

Auf die besondere Beschaffenheit des *Gefühlvermögens* Kaspars und dessen Empfänglichkeit, besonders für

Metallreize, ward Prof. Daumer zuerst aufmerksam, als
jener sich noch auf dem Thurm befand. Hier machte
ihm einst ein Fremder ein Geschenk mit einem Spielpferdchen und einer kleinen Magnetstange, womit jenes,
welches vorn mit Eisen beschlagen war, im Wasser
schwimmend herumgezogen werden konnte. Als Kaspar
den Magnet, nach der Anweisung gebrauchen wollte,
fühlte er sich von demselben sogleich auf das unangenehmste afficirt, verschloß dieses Spielzeug alsbald in
das dazu gehörige Kästchen, und holte es nie wieder aus
demselben hervor, um es — wie er mit seinen andern
Spielsachen zu thun pflegte — den Besuchenden zu zeigen. Späterhin über den Beweggrund seines Beneh-
mens befragt, äußerte er: jenes Pferdchen habe ihm
einen Schmerz verursacht, den er durch den ganzen
Leib in allen Gliedern gespürt habe. Nachdem er
zu Prof. Daumer gezogen war, hielt er das Kästchen
mit dem Magnet in einem Koffer verwahrt, aus welchem es einmal beim Aufräumen seiner Sachen zufällig wieder zum Vorschein kam. Professor Daumer,
der sich der frühern Erscheinung erinnerte, kam
jetzt auf den Gedanken, mit dem Magnet des Pferd-
chens an Kaspar einen Versuch zu machen. Kaspar
spürte sogleich die auffallendsten Wirkungen. Hielt
Professor Daumer den Nordpol gegen ihn, so griff Kaspar
in die Gegend der Herzgrube, und zog seine Weste auswärts, indem er sagte: *so ziehe es ihn, es gehe wie ein
Luftzug von ihm aus.* Der Südpol wirkte weniger stark
auf ihn und er sagte von ihm: *es wehe ihn an.* Prof Daumer und Prof. Herrmann machten hierauf verschiedent-
lich ähnliche Versuche mit ihm, welche zugleich darauf
berechnet waren, ihn irre zu führen; doch immer sagten
ihm jene Empfindungen ganz richtig, und zwar bei
bedeutender Ferne des Magnets, wann der Südpol oder
der Nordpol oder auch keiner von beiden ihm zugewendet war. Lange durften solche Versuche nicht fortgesetzt werden, weil ihm bald der Schweiß auf die Stirne
trat und er sich unwohl fühlte.

Über seine Empfindlichkeit gegen andere Metalle und
dessen Gabe, sie durch das bloße Gefühl zu unterschei-

den, hat Prof. Daumer sehr viele Thatsachen gesammelt, aus welchen ich jedoch nur Einige heraushebe. Im Herbst 1828 kam er einst zufällig in ein mit Metall-besonders Messing-Waaren angefülltes Gewölbe. Kaum war er eingetreten, so eilte er unter Äußerungen heftigen Schauders, wieder auf die Straße hinaus, indem er sagte: da drinnen ziehe es ihn am ganzen Körper, von allen Seiten. — Ein ihn besuchender Fremder drückte ihm einmal ein kleines Goldstück, ungefähr von der Größe und Dicke eines Kreuzers in die Hand, ohne daß Kaspar es ansehen konnte; dieser aber sagte sogleich: er fühle Gold in seiner Hand. — Prof. Daumer legte einst in Kaspars Abwesenheit einen goldnen Ring, einen Zirkel von Stahl und Messing, nebst einer silbernen Reißfeder unter Papier, so daß es unmöglich war, zu bemerken, was darunter verborgen sei. Daumer befahl ihm, mit seinem Finger, jedoch ohne das Papier zu berühren, darüber hinzufahren; es geschah und an der Verschiedenheit und Stärke des Zugs, den die Metalle gegen seine Fingerspitzen ausübten, unterschied er richtig alle jene Gegenstände, nach ihrem Stoff, wie nach ihrer Form. — Einst führte Daumer, als gerade der Arzt Dr. Osterhausen und der Königliche Kronfiskal Brunner aus München zugegen waren, den Kaspar, um ihn auf die Probe zu stellen, zu einem mit einer Wachsdecke überzogenen Tisch, auf welchem ein Bogen Papier lag, und forderte ihn auf, zu sagen, ob kein Metall darunter liege? Er fuhr mit dem Finger in einiger Entfernung darüber hin und sagte dann: da zieht es! »Diesmal aber,« erwiderte Daumer, »hast Du Dich denn doch getäuscht; denn siehe (indem er den Bogen Papier aufhob) es liegt nichts darunter.« Hauser zeigte sich Anfangs betroffen, fühlte aber doch von neuem nach der Stelle hin, wo er den Zug gespürt haben wollte, und versicherte wiederholt: da fühle er einen Zug. Man hob die Wachsdecke auf, suchte genau nach, und es kam eine Nadel zum Vorschein. — Das Gefühl, welches ihm Mineralien erregten, bezeichnete er durch ein Ziehen, das ihn zugleich mit Kälte überlaufe, nach Verschiedenheit der Gegenstände, in seinem Arm mehr oder weniger hoch aufsteige, und auch sonst noch sich eigenthümlich unterscheide. Dabei schwollen ihm sichtbar die Adern der Hand, die dem Metallreitze ausgesetzt gewesen war. Gegen Ende des Decembers 1828 — wo die krankhafte Reitzbarkeit seiner Nerven beinahe schon ganz gehoben war — verschwand auch allmählig seine Empfindlichkeit für Metallreitze und verlor sich endlich ganz.

Nicht minder auffallend äußerte sich in ihm der *thierische* Magnetismus, für welchen er weit längere Zeit, als für Metallreitze Empfänglichkeit behielt. Da jedoch diese Erscheinungen an Kaspar im Wesentlichen mit ähnlichen bekannten übereinstimmen, so ist es überflüssig, ins Einzelne einzugehen, und es dürfte wohl nur zu bemerken sein, daß er die Empfindung des auf ihn einströmenden magnetischen Fluidums immer ein Anblasen nannte. Solche magnetische Empfindungen hatte er nicht blos bei Menschen, wenn diese mit der Hand ihn berührten, die Fingerspitzen, selbst in einiger Entfernung, gegen ihn ausstreckten u.s.w., sondern auch bei Thieren. Wenn er ein Pferd anfaßte, ging es ihm, wie er sagte, kalt den Arm hinauf; setzte er sich darauf, so war ihm, als gehe ihm ein Luftzug durch den Leib. Diese Empfindungen vergingen jedoch sobald er sich mit seinem Pferd ein Paarmal auf der Reitbahn herum getummelt hatte. Griff er eine Katze beim Schweif an, so überfiel ihn ein starker Kälteschauder und es war ihm, als habe er einen Schlag auf die Hand bekommen. — Im März 1829 wurde er zum erstenmal in eine Hütte geführt, worin ausländische Thiere zu sehen waren, und, nach seinem Wunsch, auf den dritten Platz gestellt. Sogleich beim Eintritt empfand er ein Fieberfrösteln, das, als die gereitzte Klapperschlange zu rasseln begann, viel stärker wurde, und bald in Hitze mit vielem Schweiß überging. Der Blick der Schlange war dem Platze, wo er stand, nicht zugewendet. Er war sich übrigens dabei, wie er versicherte, weder des Schreckens noch der Furcht bewußt.

Wir verlassen nunmehr die physische und physiologische Seite Kaspars, um in eine tiefere Region seines Wesens einige Blicke zu werfen, die, indem sie uns die

Schärfe seines natürlichen Verstandes verrathen, zugleich auf sein Lebens-Schicksal und auf die gänzliche Verwahrlosung, worin menschliche Verruchtheit ihn versenkt hatte, den bündigsten Schluß ziehen lassen. In seiner Seele voll kindlicher Güte und Milde, die ihn unfähig machte, einem Wurm oder einer Fliege, geschweige einem Menschen wehe zu thun, welche in jeder Beziehung so fleckenlos und rein sich erwies, wie der Abglanz des Ewigen in der Seele eines Engels, brachte er, wie schon früher bemerkt worden, keine Idee, keine Ahnung von Gott, keinen Schatten eines Glaubens an irgend ein höheres, unsichtbares Dasein, aus seinem Kerker mit sich in die Welt des Lichts. Wie ein Thier aufgefüttert, selbst im Wachen schlafend, in der Wüste seines engen Kerkerraums von nichts angeregt, als von den gröbsten thierischen Bedürfnissen, mit nichts beschäftigt als mit seinem Futter und mit dem ewigen Einerlei seiner Rosse, war sein Seelenleben dem Leben der Auster zu vergleichen, die am Felsen klebend, nichts empfindet als ihren Fraß, nichts vernimmt als den ewig einförmigen Schlag der Wellen, und, da im engen Raum ihres Gehäuses auch die beschränkteste Vorstellung von einer Welt außer ihr keinen Platz findet, noch weniger von demjenigen etwas zu ahnen vermag, was *über* der Erde und über allen Welten ist. So kam denn Kaspar freilich ohne Vorurtheile, aber auch ohne allen Sinn für Unsichtbares, Unkörperliches, Ewiges auf die obere Welt, wo er, vom betäubenden Strudel der Außendinge erfaßt und umhergetrieben, mit den sichtbaren Wirklichkeiten schon allzuviel zu thun hatte, als daß auch noch das Bedürfniß zum Unsichtbaren in ihm so leicht hätte aufkommen können. Nichts hatte Anfangs Wirklichkeit für ihn, als was er sehen, hören, fühlen, riechen und schmecken konnte; und sein erwachter, bald auch grübelnder Verstand ließ von allem dem nichts gelten, was nicht auf seinem sinnlichen Bewußtsein fußte, nicht in den Bereich seiner Sinne gestellt, in die Form eines ihm nahe liegenden groben Verstandesbegriffs gebracht werden konnte. Lange waren alle Bemühungen, auf gewöhnlichem Weg religiöse Vorstellungen in ihm zu erwecken, ganz fruchtlos. Gegen Professor Daumer beklagte er sich ganz naiv, daß er gar nicht wisse, was doch die Geistlichen mit allen den Dingen wollten, die er nicht begreifen könne. Um seinen plump materialistischen Vorstellungen etwas abzugewinnen, versuchte es Professor Daumer auf folgende Weise, ihn wenigstens vorläufig für die Denkbarkeit und Möglichkeit einer unsichtbaren Welt, besonders einer Gottheit, empfänglich zu machen. Daumer fragte ihn: ob er nicht Gedanken, Vorstellungen und einen Willen in sich habe? und, als er es bejahte: ob er diese sehen, hören u. s. w. könne? Da er mit Nein antwortete, machte ihm sein Lehrer bemerklich: wie es folglich, nach seinem eignen Bewußtsein, Dinge gebe, die man nicht sehen, noch sonst äußerlich wahrnehmen könne. Kaspar gestand dieses zu und war sehr erstaunt über die Entdeckung der unkörperlichen Natur seines innern Wesens. Daumer fuhr fort: »ein Wesen, das Denken und Wollen könne, heiße ein Geist, Gott sei nun ein solcher Geist und verhalte sich zu der Welt, wie Kaspars eignes Denken und Wollen zu seinem Körper; wie er (Kaspar) in seinem Körper durch unsichtbares Denken und Wollen sichtbare Veränderungen hervorbringen, z. B. seine Hände und Füße bewegen könne, so könne es auch Gott in der Welt; Er sei das Leben in allen Dingen, Er sei der in der ganzen Welt wirkende Geist.« — Professor Daumer befahl ihm jetzt, seinen Arm zu bewegen, und fragte ihn: »ob er nicht zu gleicher Zeit auch den andern Arm aufheben und bewegen könne?« Allerdings! »Nun denn, fuhr Daumer fort, so siehst Du also daraus, daß Dein unsichtbares Denken und Wollen, das ist Dein Geist zu gleicher Zeit in zweien Deiner Glieder, also an zwei verschiedenen Orten zugleich sein und wirken kann. Dieses ist denn eben so bei Gott, aber im Großen, und nun wirst Du ungefähr verstehen, was das heißt: Gott ist allgegenwärtig. — Kaspar bezeigte große Freude als ihm dieses klar geworden war und äußerte zu seinem Lehrer: was er ihm da gesagt habe, sei doch etwas »Wirkliches«, während andere Leute nie etwas Rechtes ihm darüber gesagt hätten. — Belehrungen, wie die oben bemerkten, hatten übrigens lange

Zeit keine andere Folge, als daß Hauser gegen die Idee
von Gott sich nicht mehr widerspenstig bezeigte und nun
der Weg gefunden war, auf welchem man religiöse Vorstellungen seiner Seele nahe bringen könne. Der ihm
eingebohrne Pyrrho kam indessen bei vielen Gelegenheiten immer wieder von neuem, in veränderter Gestalt
und nach andern Richtungen hin zum Vorschein. — Einmal fragte er: ob er von Gott etwas Bestimmtes bitten
dürfe und ob ihm das Gebetene auch gewährt werde?
z. B. wenn er Gott bitte, ihm von seinem (damals eingetretenen) Augenübel zu helfen? Allerdings, war die
Antwort, dürfe er bitten; nur müsse er es der Weisheit
Gottes anheimstellen, ob dieser es auch für gut finde,
ihm seine Bitte zu gewähren. »Aber, erwiderte er hierauf, ich will ja meine Augen wieder haben, damit ich
lernen und arbeiten kann, und das muß ja doch gut für
mich sein; Gott kann also nichts dagegen haben.«
Wurde er hierauf belehrt: Gott habe zuweilen seine unerforschlichen Gründe, uns auch das, was uns gut
scheint, zu versagen, um uns z. B. durch Leiden zu prüfen, in Geduld zu üben u. s. w. so gingen diese Lehren
immer nur kalt an ihm vorüber, und fanden keine Aner-
kennung. — Seine Zweifel, Fragen und Einwendungen
setzten nicht selten seinen Lehrer in nicht geringe Verlegenheit; z. B. als er einst, da von Gottes Allmacht die
Rede war, die Frage stellte: ob denn Gott, der Allmäch-
tige, auch die Zeit könne rückgängig machen? eine Frage,
welche auf sein früheres Lebensschicksal eine ironische
bittere Beziehung hatte, und im Hintergrund die Frage
versteckte: ob denn Gott seine Kindheit und Jugend, die
er lebendig in einem Grabe verloren, ihm wieder zurück-
geben könne? — Aus diesem wenigen mag man schließen, wie es vollends mit der positiven Religion, mit der
christlichen Dogmatik, mit dem Geheimniß der Versöh-
nungslehre und andern dergleichen Lehren stand, worüber seine Äußerungen anzuführen ich mich gern ent-
halte.

Vor zwei Ständen hatte Kaspar geraume Zeit einen
nicht zu bezwingenden Abscheu, — vor den Ärzten und
den Geistlichen; vor den ersten »wegen der abscheulichen

Arzneien, die sie verschrieben, und womit sie die Leute krank machten«; vor den letzten, weil sie ihn ängstigten und durch unverständliches Zeug, wie er sich ausdrückte, verwirrten. Sah er einen Pfarrer, so gerieth er in Schreck und Entsetzen. Fragte man ihn um die Ursache, so antwortete er: »weil mich diese Leute schon sehr gepeinigt haben. Einmal sind ihrer vier auf einmal zu mir auf den Thurm gekommen und haben mir Dinge gesagt, die ich damals gar nicht verstanden habe, z. B., daß Gott Alles aus Nichts geschaffen. Wenn ich um Erläuterung bat, so schrieen alle zusammen und jeder sagte etwas anderes. Als ich ihnen sagte: das alles verstehe ich jetzt noch nicht, ich müsse zuerst lesen und schreiben lernen, so antworteten sie mir: jene Dinge müsse man zuerst lernen. Auch sind sie nicht eher fortgegangen, bis ich ihnen das Verlangen zu erkennen gab, sie möchten mich doch endlich einmal in Ruhe lassen.« In Kirchen war es daher Kasparn ebenfalls gar nicht wohl zu Muthe. Die Cruzifixe darin erregten ihm ein entsetzliches Schaudern, indem seine Vorstellung noch lange Zeit den Bildern unwillkührlich Leben verlieh. Das Singen der Gemeinde dünkte ihm ein widerliches Schreien. Zuerst, sagte er einmal nach einem Kirchenbesuche, schreien die Leute, und, wenn diese aufhören, fängt der Pfarrer zu schreien an.

VII.

Kaspar Hausers Gesundheit hatte unter sorgfältiger Pflege der würdigen Daumer'schen Familie, bei zweckmäßiger Leibesbewegung und angemessener Beschäftigung bedeutend gewonnen. Er lernte fleißig, nahm zu an allerlei Kenntnissen, machte Fortschritte im Rechnen und Schreiben, und brachte es im letzten bald so weit, daß er, ungefähr im Sommer 1829, es unternehmen konnte, dem Verlangen seiner Vorgesetzten entsprechend, die Erinnerungen seines Lebens in einen schriftlichen Aufsatz zu bringen. Diesen ersten Versuch eigner Darstellung seiner Gedanken, so gewiß er nur als Urkunde seiner lange zurückgehaltenen Bildung, und der Dürftigkeit und Ungelenkigkeit seines noch ganz kinderhaften Geistes gelten konnte, betrachtete gleichwohl er selbst mit den Augen eines jungen Autors, der sein erstes Feder-Product aus der Presse hervorgehen sieht. In seinem Schriftstellerkitzel wurde die sogenannte *Lebensbeschreibung* den ihn besuchenden Einheimischen und Fremden vorgezeigt, und bald erzählte man sogar in mehren öffentlichen Blättern: — Kaspar Hauser arbeite an seiner Lebensbeschreibung. Sehr wahrscheinlich, daß gerade dieses Gerücht die Katastrophe herbeiführte, die bald nachher, im October desselben Jahrs (1829), seinem kurzen Leben ein tragisches Ende zu bereiten die Absicht hatte.

Kaspar Hauser — wenn es erlaubt ist, hier Vermuthungen einzuflechten — war dem oder denjenigen, die ihn im Verborgenen verwahrten, endlich zur gefährlichen Last geworden. Das Kind, das man lange gefüttert hatte, war zum Knaben, endlich zum Jüngling herangewachsen. Er fing an unruhig zu werden, es regten sich seine Kräfte, er machte schon zuweilen Lärm und mußte durch empfindliche Schläge — wovon er noch die frischen Spuren nach Nürnberg mitbrachte — zur Ruhe gebracht werden. Warum man sich seiner nicht auf anderem Weg entledigte? warum man ihn nicht tödtete? warum man ihn überhaupt nicht schon als Kind aus der Welt geschafft? ob er nicht vielleicht seinem Wärter in mörderischer Absicht übergeben worden, dieser aber, entweder aus Mitleid oder um gewisse, dem auf die Seite geschafften Kind günstigere Zeiten abzuwarten, oder aus andern, leicht denkbaren Beweggründen, das Kind auf eigne Gefahr beim Leben erhalten und aufgefüttert habe? bleibt der Vermuthung eines Jeden Preis gegeben. Indessen — die Zeit war gekommen, oder vielmehr sie war nicht gekommen; der Verheimlichte konnte nicht länger verborgen gehalten werden, man mußte seiner auf irgend eine Weise los zu werden suchen und — schaffte ihn im Bettlergewand nach Nürnberg, wo er, wie man hoffte, als Vagabund oder Blödsinniger in irgend einer öffentlichen Anstalt, oder, wenn die ihm mitgegebene Empfehlung zum Reiterstand berücksichtigt wurde, als Soldat in einem Regiment verschwinden sollte. Gegen alle Erwartung traf keine dieser Berechnungen ein; der unbekannte Findling gewann sich menschliche Theilnahme, wurde Gegenstand öffentlicher allgemeiner Aufmerksamkeit; die Tagblätter füllten sich mit Nachrichten und Nachfragen über den räthselhaften jungen Mann; erst ein Adoptiv-Kind Nürnbergs, wofür ihn der Magistrat dieser Stadt in seiner öffentlichen Bekanntmachung erklärt hatte, wird er endlich sogar das Kind — Europa's. Man spricht aller Orten von Kaspars geistiger Entwickelung, man erzählt dem Publicum Wunder von seinen Fortschritten und — nun schreibt sogar dieser Halbmensch seine Lebensbeschreibung! Wer sein Leben beschreibt, muß von seinem Leben etwas zu erzählen wissen; es mußte daher denen, die alle Ursache hatten, in der Dunkelheit zu bleiben, welche sie um sich selbst und die zu ihnen führenden Spuren gezogen hatten, bei der Nachricht von einer Auto-Biographie Kaspars etwas eng um die Brust werden. Der Plan, den armen Kaspar in den Wellen der ihm fremden Welt lebendig zu begraben, war vereitelt; und nun erst wurde, wie die geheimen Verbrecher glauben mochten, Kaspars Ermordung für sie eine Art von Nothwehr.

Kaspar pflegte Vormittags von 11–12 Uhr außer dem Haus eine Rechnungsstunde zu besuchen. Aber am Sonnabend den 17. October blieb derselbe, weil er sich unwohl fühlte, auf Geheiß seines Erziehers, zu Haus. Prof. Daumer machte um diese Zeit einen Spaziergang, und, außer Kaspar, den man auf seinem Zimmer wußte, blieb Niemand in der Daumer'schen Wohnung zurück, als Daumers Frau Mutter und dessen Schwester, die um diese Zeit mit Reinigung des Hauses beschäftigt war.

Das Haus, in welchem Kaspar bei Daumer wohnte, liegt in einem entfernten wenig besuchten Theil der Stadt, auf einem außerordentlich großen, kaum übersehbaren öden Platz. Das Haus, nach alter Nürnberger Bauart, äußerst unregelmäßig gebaut, voll Ecken und

Winkel, besteht aus einem Vordergebäude, welches der Hausherr bewohnte, und einem Hintergebäude, in welchem die Daumer'sche Familie ihre Wohnung hatte. Eine eigne Hausthüre führt über einen, den Hofraum von zwei Seiten einschließenden, Gang zur Treppe des Daumer'schen Quartiers und auf jenem Gang ist, nebst einem Holzstall, Geflügelraum und andern ähnlichen Behältnissen, dicht unter einer Wendel-Treppe, in einem Winkel, ein sehr niedriger, schmaler, enger Abtritt. Der ohnehin kleine Raum, in welchem sich der Abtritt befindet, war durch eine davor stehende spanische Wand noch mehr verengt.

So oft Kaspar dieses heimliche Gemach besuchen wollte, legte er, nach seiner Gewohnheit, aus Reinlichkeitsliebe, immer erst Rock und Weste auf seinem Zimmer ab, und ging so, bis auf die Hosen entkleidet, im bloßen Hemd mit nacktem Hals auf jenes Gemach. Noch ist zu bemerken, daß wer, auf dem eben bezeichneten Gang zu ebener Erde, allenfalls in der Nähe der Holzkammer sich befindet, sehr gut beobachten kann, wer von der Treppe herab kommt und auf den Abtritt geht.

Als gegen 12 Uhr des oben bemerkten Tages die Schwester des Prof. Daumer, Katharina, mit Fegen der Wohnung beschäftigt war, wurde sie auf der Treppe, die von dem ersten Stockwerk nach dem Hof führt, mehre Blutflecken und blutige Fußspuren gewahr, die sie sogleich aufwischte, ohne sich dabei etwas besonders Arges zu denken. Sie meinte, Kaspar möge auf der Treppe aus der Nase geblutet haben, und ging auf dessen Zimmer, um ihn darüber zur Rede zu stellen. Sie fand Kaspar nicht, wohl aber bemerkte sie in dessen Stube, nahe an der Thüre, ebenfalls ein Paar blutige Fußtritte. Nachdem sie wieder die Treppe herabgegangen war, um auch den oben bezeichneten Gang im Hofe zu fegen, fielen ihr abermals einzelne Blutspuren auf dem Steinpflaster dieses Ganges in die Augen. Sie kam bis zum Abtritt und hier lag ein ganzer dicker Haufen gestockten Bluts, das sie der eben herbeikommenden Tochter des Hausherrn zeigte, welche meinte: es sei dieses Blut von einer Katze, welche hier ihre Jungen geworfen habe. Daumers Schwester, welche dieses Blut sogleich hinwegschwemmte, war nun um so mehr in der Meinung bestärkt, Hauser habe die Unreinlichkeit auf der Treppe gemacht; er müsse in diese Blutlache getreten sein, und beim Hinaufgehen seine Füße nicht zuvor gereinigt haben.

Es war bereits 12 Uhr vorüber, der Tisch war gedeckt, und Kaspar, der sonst immer um diese Stunde pünktlich zum Essen kam, blieb diesmal aus. Die Mutter des Prof. Daumer ging daher aus ihrem Zimmer herab, um Kaspar zu rufen, fand ihn aber auf seiner Stube eben so wenig, als zuvor ihre Tochter. Frau Daumer sah an der Wand seinen Rock hängen, und auf dem Klavier seine Chemisette, Halsbinde und Weste. Sie schloß hieraus für gewiß, Kaspar müsse auf dem heimlichen Gemach sich befinden, ging herab, ihn hier zu suchen, fand ihn auch hier nicht, und wollte sich wieder hinauf in ihr Zimmer begeben, als ihr eine Nässe auf der Kellerthür auffiel, die ihr wie Blut vorkam. Schlimmes ahnend hob sie die Kellerthür auf, bemerkte auf allen Kellerstufen theils Blutstropfen, theils größere Blutflecken, stieg nun bis zur untersten Stufe hinab, und sah von hier aus in dem von Wasser angefüllten Keller in einem Winkel etwas Weißes aus der Ferne schimmern. Frau Daumer eilte zurück, und forderte die Magd des Hausherrn auf, mit einem Licht in den Keller zu gehen, um nachzusehen, was darin Weißes liege. Kaum hatte diese auf den bezeichneten Gegenstand hingeleuchtet, so rief sie: »da liegt der Kaspar todt!« — Die Magd und der Sohn des Hausherrn, der indessen ebenfalls herbeigekommen war, hoben nun Kaspar, der kein Lebenszeichen von sich gab, und dessen todtenbleiches Gesicht mit Blut bedeckt war, vom Boden auf, und trugen ihn aus dem Keller. Oben angekommen, gab er durch ein gewaltiges Stöhnen das erste Lebenszeichen; dann rief er mit dumpfer Stimme: »Mann! Mann!« Er wurde sogleich in das Bett gebracht, wo er mit geschlossenen Augen, von Zeit zu Zeit folgende abgebrochene Worte und Sätze bald schrie, bald vor sich hin murmelte:

»Mutter! — Professor erzählen — Abtritt — Mann schlagen — schwarzer Mann, wie Kuchen[34]) — Mutter sagen — nit funden — mein Zimmer — in den Keller verstecken.«

Es überfiel ihn hierauf ein gewaltiger Fieberfrost, der bald in heftigere Paroxismen, endlich in völlige Tobsucht überging, in welcher einige starke Männer Mühe hatten, ihn zu halten. In seinen Wuthkrämpfen biß er von einer Porzellantasse, worin man ihm ein warmes Getränk beizubringen suchte, ein ganzes Stück heraus, und schluckte es mit dem Getränk in sich hinein. Beinahe 48 Stunden befand er sich im Zustand vollkommener Geistesabwesenheit. In seinen Delirien, während der Nacht, sprach er von Zeit zu Zeit folgende abgebrochene Sätze vor sich hin:

»Herrn Bürgermeister sagen. — Nicht einsperren! — Mann weg! — Mann kommt! — Glocke weg! — Ich nach Fürth herunter reiten. — Nicht nach Erlangen in Wallfisch — Nicht umbringen, nicht Mund zuhalten, nicht sterben! — Meine Nothdurft verrichten; nicht umbringen! — Hauser wo gewesen; nicht nach Fürth heute; nicht mehr fort; schon Kopfweh. — Nicht nach Erlangen in Wallfisch! — der Mann mich umbringen! Weg! nicht umbringen! Ich alle Menschen lieb; Niemand nichts than. — Frau Bürgermeisterin helfen! — Mann dich auch lieb, nicht umbringen! — Warum Mann mich umbringen? ich auch gerne lebe. — Warum Du mich umbringen? ich Dir niemals was than. — Mich nicht umbringen! ich doch bitten, daß Du nicht eingesperrt wirst. — Hast mich niemals herausgethan aus meinem Gefängniß, Du mich gar umbringen! — Du mich zuerst umgebracht, eh ich verstanden, was Leben ist. — Du mußt sagen, warum mich eingesperrt hast gehabt u.s.w.«

Die meisten dieser Sätze wiederholte er sehr oft unordentlich durcheinander.

34) Bezieht sich auf einen Fall, wo Kaspar von dem Kaminkehrer, der in der Küche fegte, sehr erschreckt worden war.

Die von dem Untersuchungsgericht — dem die Polizeibehörde endlich jetzt die Behandlung der Hauserischen Angelegenheit überlassen hatte — unter Zuziehung des Stadtgerichts-Physikus Dr. Preu, am 20. Oktober vorgenommene Besichtigung Hausers gewährte folgendes Ergebniß:

Man fand die Stirn des im Bette liegenden Hauser in der Mitte durch eine scharfe Wunde verletzt, über deren Größe und Beschaffenheit der Gerichtsarzt nachstehendes *Visum et repertum* zu Protokoll gab:

»Die Wunde befindet sich auf der Stirne, $10^1/_2$ Linien über der Nasenwurzel quer auslaufend, in der Art, daß $2/_3$ derselben auf der rechten Stirnhälfte sich befinden, das letzte Drittheil auf der linken. Die ganze Länge der in gerader Linie hinlaufenden Wunde beträgt $19^1/_2$ Linien. Gegenwärtig (20. October) sind beide Wundränder mit einander vereinigt, und lassen kaum noch einen Zwischenraum von $1/_4$ Linie bemerken. Doch ist dieser am linken Ende etwas breiter, als im ganzen Verlauf der Wunde; daher angenommen werden muß, daß sie hier am tiefsten eingedrungen.« — »Was die Entstehung der eben beschriebenen Wunde betrifft, so ist solche unverkennbar mit einem sehr schneidenden Instrumente mittelst Hieb oder Stoß (?) dem Hauser beigebracht worden. Die scharfen Ränder der Wunde sprechen für die scharfe Schneide des Instruments; das gleiche Auslaufen der Wunde bezeichnet deren Entstehung durch Hieb oder Stoß (?), weil, wenn die Wunde rein geschnitten worden wäre, Anfang und Ende seichter und schmäler, die Mitte aber tiefer und eben darum klaffender erscheinen müßte. Am wahrscheinlichsten ist aber ihre Entstehung mittelst Hiebs, weil beim Stoß mehr Quetschung der zunächst anliegenden Theile bemerkt worden wäre u.s.w.«

Die Wunde war, wie der Arzt erklärte, an und für sich unbedeutend und hätte an jeder andern Person leicht in sechs Tagen geheilt werden können. Allein bei Kaspars höchst reizbarem Nervensystem war er erst nach 22 Tagen von den Folgen der Verwundung genesen.

Kaspar erzählt das Ereigniß im Wesentlichen wie folgt:

»Am 17. hatte ich die Rechnungsstunde, die ich täglich bei Herrn E. von 11 bis 12 Uhr zu besuchen pflegte, aussetzen müssen. Ich hatte nämlich eine Stunde zuvor, als ich Herrn Dr. Preu besucht hatte, von diesem eine welsche Nuß erhalten, und fühlte mich darauf, obgleich ich kaum den 4ten Theil davon genossen hatte, höchst unwohl. Herr Professor Daumer, den ich hievon in Kenntniß gesetzt hatte, befahl mir, diesmal meine gewöhnliche Stunde nicht zu besuchen, sondern zu Haus zu bleiben. Herr Prof. Daumer ging aus; ich verfügte mich auf meine Stube. Ich wollte mich mit Schreiben etwas beschäftigen; aber Leibschmerzen verhinderten mich daran und ein natürliches Bedürfniß nöthigte mich auf den Abtritt zu gehen. Wegen Leibreißens mußte ich mich länger als eine halbe Viertelstunde auf dem Abtritt aufhalten, wo ich zuletzt von der untern Holzkammer her ein Geräusch vernahm, demjenigen ähnlich, welches mit der Eröffnung dieser Thür gewöhnlich verbunden und mir wohl bekannt ist. Auch nahm ich vom Abtritt aus einen leisen Ton der Hausthürglocke wahr, welcher mir jedoch nicht vom Anschellen, sondern von unmittelbarer Berührung der Glocke selbst herzurühren schien. Gleich nachher hörte ich leise Fußtritte vom untern Gang her und zugleich sah ich durch den Raum zwischen der vor dem Abtritt befindlichen Tapete (spanischen Wand) und der Stiege selbst, daß eine Mannsperson aus dem Gang daher schlich. Ich bemerkte den ganz schwarzen Kopf der Mannsperson und meinte es sei der Schlotfeger. Ich verweilte noch einen Augenblick auf dem Abtritt, um vom Schlotfeger nicht gerade im Aufstehen bemerkt zu werden. Als ich aber hierauf mich vom Sitze des Abtritts aufrichtete (und meinen Kopf, während ich meine Beinkleider wieder aufziehen wollte, aus dem engen Abtritt etwas hervorstreckte) stand plötzlich der schwarze Mann vor mir und gab mir einen Schlag auf den Kopf, in Folge dessen ich sogleich mit dem ganzen Körper auf den Boden vor dem Abtritt niederfiel. (Nun folgt die Beschreibung des

Mannes, welche nicht wohl mittheilbar ist.) Vom Gesicht und von den Haaren dieses Mannes konnte ich gar nichts wahrnehmen; denn er war verschleiert und zwar, wie ich glaube, mit einem über den ganzen Kopf gezogenen schwarzen seidenen Tuche.« —

»Nachdem ich geraume Zeit bewußtlos gelegen sein muß, kam ich endlich wieder zu mir, spürte etwas warmes mir über das Gesicht laufen und griff nach der Stirn mit beiden Händen, die hierauf blutig wurden.«

»Erschreckt hierüber wollte ich zur Mutter hinauf[35]), kam aber in der Verwirrung und Angst (denn ich fürchtete immer, der Mann, der mich geschlagen, sei noch im Haus und werde zum zweitenmal über mich kommen) statt zur Thür der Mutter, an den Kleiderschrank[36]) vor meiner Stube. Hier verging mir das Gesicht und ich suchte mich durch Anhalten mit der Hand am Schranke aufrecht zu erhalten[37]). Als ich mich erholt hatte, wollte ich abermals zur Mutter hinauf, kam aber, in weiterer Verwirrung, statt die Treppe hinauf, die Treppe herab und befand mich, zu meinem Entsetzen, wieder unten im Gang. Als ich die Kellerthür erblickte, gab mir die Angst den Gedanken ein, mich im Keller zu verstecken. Die Fallthür des Kellers war zu. Wie ich die Kraft erlangt habe, die schwere Fallthür aufzuheben, ist mir bis zur Stunde unbegreiflich. Gleichwohl that ich es und schlupfte in den Keller hinein«[38]).

»Durch das im Keller befindliche kalte Wasser, in das ich hinein mußte, kam ich zu besserem Bewußtsein; ich

35) So nennt er immer seine Pflegmutter, die Mutter des Prof. Daumer.

36) Jeder Schritt und Tritt Kaspars in der folgenden Erzählung wurde durch Blutspuren nachgewiesen.

37) Die Blutspuren am Schranke waren noch einige Tage zu sehen.

38) Die Wirkungen des Schreckens und der Angst, wie treffend, wahr und naturgemäß erzählt! — Daß Kaspar nicht durch die schon *offene* Kellerthür in den Keller sich verkrochen, daß er selbst zuvor diese Kellerthür *aufheben* mußte und wirklich aufgehoben hat, ist eine nicht zu bezweifelnde Thatsache; eben so gewiß ist es aber auch, daß dem Schwächling Kaspar die herkulische Arbeit des Aufhebens der Kellerthür zu jeder andern Zeit, unter andern Voraussetzungen, ganz unmöglich gewesen sein würde.

bemerkte einen trockenen Fleck auf dem Boden des Kellers und ließ mich daselbst nieder. Ich hatte mich kaum niedergelassen, als ich 12 Uhr läuten hörte, da dachte ich bei mir: nun bist du hier so ganz verlassen, es wird dich hier Niemand finden und du wirst hier umkommen. — Dieser Gedanke füllte meine Augen mit Thränen, bis mich Erbrechen überfiel, und ich hierauf das Bewußtsein verlor. Als ich mein Bewußtsein wieder erlangt hatte, fand ich mich in meiner Stube auf dem Bette und die Mutter neben mir.«

Was die Art der Verwundung betrifft, so vermag ich (der Verf. dieses) der Meinung des Gerichts-Arztes nicht beizupflichten. Ich habe mehre, jedoch zu öffentlicher Mittheilung nicht wohl geeignete Gründe zu glauben, daß die Wunde Hausers weder durch Hieb noch durch Stoß, weder mit einem Säbel, noch mit einem Beil, noch mit einem Meißel, noch mit einem gewöhnlichen zum Schneiden bestimmten Messer, sondern mit einem andern scharf schneidenden, bekannten Werkzeuge zugefügt worden, und daß es bei dieser Verwundung nicht auf die Stirne, sondern auf den *Hals* abgesehen gewesen, welcher aber — weil Kaspar bei Erblickung des Mannes und der nach seinem Hals sich plötzlich ausstreckenden bewehrten Faust, instinktmäßig mit dem Kopf sich bückte — vom Kinn bedeckt, den Streich von sich hinweg zur Stirn hinauf leitete. Der Thäter konnte, da Kaspar sogleich blutend zusammenstürzte, sein Werk für gelungen halten, und durfte auch, da er, vermöge der Beschaffenheit des Orts, jeden Augenblick befürchten mußte, von irgend Jemand betroffen zu werden, nicht länger bei seinem Opfer verweilen, um nachzusehen ob alles recht gelungen sei, und, falls es nicht gelungen wäre, das Unvollendete zu vollbringen. So kam Kaspar mit seiner Stirnwunde davon.

Bald ergaben sich auch mehre, Spuren des Thäters nachweisende, Anzeigungen. Dahin gehört z. B. daß an demselben Tag, in derselben Stunde, wo die That geschehen, der von Kaspar beschriebene Mann gesehen worden ist, wie er aus dem Daumer'schen Hause sich wieder entfernte; daß um dieselbe Zeit dieselbe von

Kaspar beschriebene, wohlgekleidete Person gesehen worden ist, wie sie nicht sehr weit vom Daumer'schen Hause in den auf der Straße stehenden Wasserkufen sich die (wahrscheinlich blutigen) Hände gewaschen hat; daß ungefähr 4 Tage nach der That, ein eleganter Herr, welcher Kleider trug, wie der von Hauser beschriebene schwarze Mann, sich vor den Thoren der Stadt zu einer gemeinen, eben nach der Stadt gehenden Frau gesellt, sich bei dieser angelegentlich nach dem Leben oder Tod des verwundeten Hausers erkundigt hat, dann mit dieser Frau bis unter das Thor gegangen ist, wo ein die Verwundung Haussers betreffender magistratischer Anschlag zu lesen war, und, nachdem er ihn gelesen, ohne die Stadt zu betreten, sich auf höchstverdächtige Weise wieder entfernt hat u. s. w.

Wenn nun aber die Neu- oder Wißbegier des Lesers noch mehr von mir zu vernehmen wünscht; wenn er mich nach den Ergebnissen der gepflogenen gerichtlichen Untersuchung fragt; wenn er gern wissen möchte, nach welchen Richtungen hin jene Spuren geführt haben, an welchen Orten die Wünschelruthe wirklich angeschlagen hat, und was dann weiter geschehen und erfolgt sei: so bin ich im Falle antworten zu müssen, daß, nach den Gesetzen, wie nach der Natur der Sache, ich dem Schriftsteller nicht erlauben darf, öffentlich von Dingen zu reden, welche vor der Hand nur noch dem Staatsbeamten zu wissen oder zu vermuthen erlaubt sind. Übrigens darf ich die Versicherung aussprechen, daß die forschende Justiz, unter Anwendung aller ihr zu Gebot stehenden Mittel, selbst der außergewöhnlichsten, ihre Pflichten eben so rastlos als rücksichtslos zu erfüllen, nicht ohne allen Erfolg, bemüht gewesen ist.

Allein dem Arme der bürgerlichen Gerechtigkeit sind nicht alle Fernen, noch alle Höhen und Tiefen erreichbar, und bezüglich mancher Orte, hinter welchen sie den Riesen eines solchen Verbrechens zu suchen Gründe hat, müßte sie, um bis zu ihm vorzudringen, über Josua's Schlachthörner, oder wenigstens über Oberons Horn gebieten können, um die mit Flegeln bewehrten hochgewaltigen Kolossen, die vor goldnen Burgthoren Wache stehen und so hageldicht dreschen, daß zwischen Schlag und Schlag sich unzerknickt kein Lichtstrahl drängen mag für einige Zeit in ohnmächtige Ruhe zu bannen.

Doch was verübt' die schwarze Mitternacht
Wird endlich, wenn es tagt, an's Sonnenlicht gebracht.

VIII.

Träte Kaspar, welcher jetzt zu den gesitteten Menschen von Lebensart gerechnet werden darf, unerkannt in eine gemischte Gesellschaft, so würde er bald Jedermann als eine befremdende Erscheinung auffallen. Sein Gesicht, in welchem die weichen Züge eines Kindes mit den eckigen Formen des Mannes und einigen, leicht gezogenen Furchen vorzeitigen Alters, herzgewinnende Freundlichkeit mit bedächtlichem Ernst und einem leichten Anflug von Melancholie sich vermischen[39]); seine Naivetät, zutrauliche Offenheit und oft mehr als kindische Unerfahrenheit, verbunden mit einer gewissen Art von Altklugheit und vornehmer, doch ungezwungener Gravität im Reden und Benehmen; dann die Schwerfälligkeit seiner, zuweilen nach Worten suchenden, oft fremdklingenden, harten Sprache, bei der Steifheit seiner Haltung und der Ungelenkigkeit seiner Bewegungen, lassen ihn jedem beobachtungsfähigen Auge als ein Gemisch von Kind, Jüngling und Mann erscheinen, ohne daß man sobald mit sich einig werden könnte, welcher Altersstufe dieser einnehmende Mischling wirklich angehöre.

39) Das diesem Werke beigegebene, nach dem Originalgemälde des Hrn. Greil verfertigte Bildniß, ist zwar sprechend ähnlich, zeigt aber nur den heiteren, freundlich lächelnden Kaspar. Seit Verfertigung dieses Bildnisses hat er sich merklich verändert. Sorgen, Gram und Verdruß haben die spärlichen Überreste verkümmerter Jugendblüthe fast gänzlich abgestreift. Auf seiner Stirn und um die Augen bilden sich Furchen, seine Backen werden hängend, die Gesichtsfarbe spielt in's Fahle. Er ist ein im Finstern gezogenes Gewächs, das, zu spät in's Sonnenlicht gebracht, nur auf kurze Zeit die Knospen einer Blüthe zeigt und bald verwelkt.

In seinem Geist regt sich nichts von Genialität, nicht einmal von irgend einem ausgezeichneten Talent[40]); was er lernt verdankt er beharrlichem, hartnäckigem Fleiß. Auch jener wildlodernde Feuereifer, womit er Anfangs die Pforten alles Wissens sprengen zu wollen schien, ist längst gedämpft, beinahe erloschen. In Allem was er unternimmt, bleibt er entweder beim Anfang, oder bei der Mittelmäßigkeit stehen. Ohne ein Fünkchen Phantasie, unfähig irgend einen Witz zu machen oder nur eine bildliche Redensart zu verstehen, ist er von trocknem, aber kerngesundem Menschenverstand, und, bezüglich aller Dinge, die zunächst seine Person betreffen, oder innerhalb des engbegrenzten Kreises seiner dürftigen Kenntnisse und Erfahrungen liegen, von so richtig treffendem Urtheil und Scharfsinn, daß er damit manchen gelehrten Schulfuchs beschämen oder in Verlegenheit bringen könnte.

An Verstand ein Mann, an Einsichten ein kleiner Knabe, in Manchem noch weniger als ein Kind, zeigt sein Reden und Benehmen oft eine seltsam contrastirende Mischung von Männlichkeit und kindischem Wesen. Mit ernsthafter Miene und im Tone großer Wichtigkeit thut er nicht selten Äußerungen, die bei jedem Andern desselben Alters dumm oder läppisch heißen würden, aus seinem Mund aber immer ein wehmüthig mitleidiges Lächeln sich erzwingen. Ganz possirlich nimmt es sich besonders aus, wenn er von seinen künftigen Lebensplanen spricht, von der Art, wie er, wenn er einmal etwas Rechtes gelernt und Geld verdient habe, sich einrichten und mit seiner Frau, die er als einen nothwendigen Hausrath betrachtet, es halten wolle. Unter einer Ehefrau weiß er sich nichts anders zu denken, als eine Haushälterin oder Obermagd, die man so lange behält als sie taugt, und wieder fortschickt,

40) Außer zum Reiten, das er noch immer leidenschaftlich liebt. An Gewandtheit und Eleganz im Reiten, wie im Aufsitzen und Absitzen kann er es wohl mit dem geschicktesten Stallmeister aufnehmen. Mehren unserer ausgezeichnetsten Offiziere ist Kaspar in dieser Beziehung ein Gegenstand der Verwunderung.

wenn sie öfters die Suppe versalzen, die Hemden nicht ordentlich geflickt, die Kleider nicht gehörig rein gebürstet hat u. s. w.

Mild, sanft, ohne lasterhafte Neigungen, ohne Leidenschaften und Affekte, gleicht sein immer sich gleichbleibendes, stilles Gemüth einem spiegelglatten See in der Ruhe einer Mondscheinnacht. Unfähig einem Thier wehe zu thun, mitleidig gegen den Wurm, den er zu zertreten fürchtet, dabei furchtsam bis zur Feigheit[41]), wird er gleichwohl rücksichtlos, sogar schonungslos nach seinem Sinne handeln, sobald es gilt, einmal gefaßte, für Recht erkannte Vorsätze zu behaupten und durchzusetzen. Fühlt er sich in seiner Lage bedrückt, so wird er lange duldend schweigen, dem Beschwerlichen auszubeugen oder dieses durch milde Vorstellungen zu ändern suchen, endlich aber, wenn nichts helfen will, sobald dazu die Gelegenheit sich bietet, die hemmenden Bande ganz gelassen abstreifen, ohne demjenigen, der ihm damit wehe gethan, dafür nachzuzürnen. Er ist gehorsam, willig, nachgebend; aber wer ihm mit Unrecht Etwas schuld gibt, oder als wahr behauptet, was er für unwahr hält, erwarte nicht, daß er, aus bloßer Gefälligkeit oder andern Rücksichten, in das Unrecht oder in die Unwahrheit sich bequeme; er wird bescheiden, doch immer fest, bei seinem Recht stehen bleiben und allenfalls, wenn der Andere hartnäckig gegen ihn das Feld behaupten will, schweigend davon gehen.

Als reifer Jüngling, der seine Kindheit und Jugend verschlafen, zu alt, um noch als Kind, zu kindisch unwissend, um als Jüngling zu gelten; ohne Altersgenossen, ohne Vaterland, ohne Ältern und Verwandte; gleichsam das einzige Geschöpf seiner Gattung: erinnert ihn jeder Augenblick an seine Einsamkeit mitten im Gewühl der ihn umdrängenden Welt, an seine Ohnmacht, Schwäche und Unbehülflichkeit gegen die Macht der über sein Schicksal gebietenden Umstände, vor allem an die Abhängigkeit seiner Person von der Gunst oder Ungunst der Menschen. Daher seine, ihm gleich-

41) Besonders seit dem an ihm verübten Mordversuch.

sam zur Nothwehr abgedrungene Fertigkeit in Beobachtung der Menschen, sein umsichtiger Scharfblick, womit er schnell ihre Eigenthümlichkeiten und Schwächen auffaßt, die Klugheit — von Übelwollenden Schlauheit oder Pfiffigkeit genannt — womit er sich in diejenigen, die ihm wohl oder wehe thun können, zu bequemen, Anstößen auszubeugen, sich gefällig zu erweisen, seine Wünsche geschickt anzubringen, den guten Willen seiner Gönner und Freunde sich dienstbar zu machen weiß. Kinderstreiche, Muthwille, Possen sind eben so wenig von ihm zu erzählen, als Beispiele von Bosheit und Tücke; für die ersten ist er zu ernsthaft und kalt verständig, für die letzten zu gutmüthig und bis zur Pedanterei rechtlich.

Einer der größten Mißgriffe in der Erziehung und Bildung dieses Menschen war unstreitig, daß man, statt ihm eine seiner Eigenthümlichkeit angemessene, gemein menschliche Bildung zu geben, ihn seit einigen Jahren auf das Gymnasium schickte, und ihn noch obendrein sogleich in einer höheren Klasse den Anfang machen ließ.[42]) Dieser arme verwahrloste Jüngling, der erst seit Kurzem den ersten Blick in die Welt gethan und noch nachzuholen hatte, was unsere Kinder schon an der Mutterbrust, im Schoos ihrer Wärterinnen lernen, mußte auf einmal mit der lateinischen Grammatik, mit lateinischen Exercitien, mit *Cornelius Nepos,* und endlich gar mit *Caesar de bello Gallico* seinen Kopf zermartern. In lateinische Schul-Schrauben eingezwängt, erlitt nunmehr sein Geist gleichsam seine zweite Gefangenschaft. Wie früher die Kerkermauern sperrten ihn jetzt die bestaubten Wände der Schulstube von der Natur und dem Leben aus; statt nützlicher Dinge gab man ihm

---

42) Aus welcher Lage er jedoch, während ich dieses Werkchen schrieb, durch die Großmuth des edlen Grafen Stanhope, der ihn als seinen Pflegsohn förmlich angenommen, endlich erlöst worden ist. Er lebt jetzt zu Ansbach, wo er einem tüchtigen Schullehrer übergeben wurde, in dessen häuslicher Pflege er sich zugleich befindet. Später wird er seinem geliebten Pflegvater, unter sicherer Begleitung, nach England folgen.

Worte und Phrasen, deren Sinn und Beziehung er nicht zu begreifen fähig war, und verlängerte so auf das widernatürlichste von neuem seine Kindheit. Während er an dürrem Schulkram seine Zeit und seine ohnehin geringen Kräfte vergeuden mußte, darbte er fortwährend an der nothdürftigsten Kenntniß von Dingen, die seine Seele nähren und erfreuen, seinem wunden Gemüth einigen Ersatz für die verlorne Jugend gewähren, und ihm zur Grundlage für irgend einen künftigen Beruf dienen konnten. »Ich weiß gar nicht — sagte er öfters in Unmuth und halber Verzweiflung — wozu ich alle die lateinische Sachen brauchen soll, da ich doch kein Pfarrer werden kann, und kein Pfarrer werden mag.« Als ihm einst hierauf ein Pedant erwiederte: »das Erlernen der lateinischen Sprache sei ihm der deutschen Sprache wegen unentbehrlich; um gründlich Deutsch zu lernen, müsse man gründlich Latein gelernt haben,« erwiederte sein gesunder Menschenverstand, »ob denn auch die Römer deutsch hätten lernen müssen, um gründlich lateinisch sprechen und schreiben zu können?« Wie das Latein zu Kaspar, Kaspar zum Latein paßte, mag man daraus abnehmen, daß dieser bärtige Lateiner, als er im Frühjahr 1831 bei mir lebte, noch nicht einmal die Erfahrung gemacht hatte, daß Gegenstände des Gesichts in der Entfernung kleiner scheinen als sie wirklich sind; er war ganz befremdet darüber, daß die Bäume einer Allee, in der ich mit ihm spazieren ging, immer kleiner und niedriger seien, und der Weg in der Ferne immer schmaler, so daß man am Ende gar nicht mehr hindurchgehen könne. Er hatte so etwas zu Nürnberg noch nicht beobachtet, und gerieth, wie über eine Zauberei, in Erstaunen, als er, mit mir die Allee hinabgehend, endlich fand, daß jeder dieser Bäume gleich hoch und der Weg überall gleich breit sei.

Das drückende Gefühl von seiner Unwissenheit, Unbehülflichkeit und Abhängigkeit; die Überzeugung, daß er nie im Stande sein werde, die verlorne Jugend wieder einzubringen, seinen Altersgenossen gleich zu kommen und ein in der Welt brauchbarer Mensch zu werden; daß man mit seiner Jugend ihm nicht blos den schönsten

Theil des Menschenlebens genommen, sondern auch sein ganzes übriges Leben ihm verkümmert und verkrüppelt habe; endlich zu diesem allen noch der grausenhafte Gedanke, daß dem kümmerlichen Rest seiner ihm gefristeten Tage jeden Augenblick ein unsichtbares Mordbeil, ein geheimes Banditenmesser drohe: — dies ist der schwere Inhalt der seine Stirn umziehenden Trauerwolken, die, wenn äußere Anlässe sie verdichten, nicht selten in Thränen und wehmüthigen Klagen sich ergießen. Zur Zeit seines Aufenthalts bei mir nahm ich ihn öfters mit mir auf meine Spaziergänge und führte ihn einst an einem freundlichen Morgen auf einen unsrer sogenannten Berge, von wo aus sich über die zu den Füßen liegende, niedliche Stadt und das liebliche, von Anhöhen begränzte Thal, eine schöne heitere Aussicht öffnet. Kaspar, Anfangs von diesem Anblick sehr erfreut, wurde bald still und traurig. Meiner Frage um die Ursache seiner veränderten Stimmung, antwortete er: »Ich denke mir eben, wie es doch so viel Schönes auf der Welt gibt, und wie hart es für mich ist, so lange schon gelebt und nichts davon gesehen zu haben, und wie glücklich die Kinder sind, die alles dies von ihren ersten Jahren an sehen konnten und noch immer sehen können. Ich bin schon so alt, und muß noch immer lernen, was lange schon die Kinder wissen. Ich wollte, ich wäre nie aus meinem Käfig gekommen; wer mich hineingethan, hätte mich auch darin lassen sollen. Dann hätte ich von allen dem nichts gewußt und hätte nichts vermißt und hätte keinen Jammer darüber gehabt, daß ich kein Kind gewesen und so spät auf die Welt gekommen bin.« Ich suchte ihn damit zu beruhigen, daß ich ihm sagte: »Was die Schönheiten der Natur betreffe, so habe er nicht eben Ursache, sich in Vergleich mit unsern Kindern und mit den Menschen, die seit ihrer Kindheit auf der Welt seien, zu beklagen. Die meisten Menschen, unter diesen Herrlichkeiten aufgewachsen, betrachteten sie, als etwas Gewöhnliches, Alltägliches, mit gleichgültigen Augen, nähmen diese Stumpfheit durch ihr ganzes Leben mit sich und empfänden in der Regel bei den Wundern der Natur nicht mehr, als das Thier auf der

Weide. Ihm aber (Kaspar), der als Jüngling in die ihm neue Welt getreten, seien diese Genüsse, in aller ihrer Frische und Reinheit vorbehalten geblieben, und hierin habe er einen nicht geringen Ersatz für den Verlust der früheren Jahre und einen bedeutenden Vorzug vor andern Menschen gewonnen.« Er erwiederte mir nichts, und schien, wo nicht überzeugt, doch einigermaßen getröstet. Doch wird er zu keiner Zeit jemals über sein Schicksal ganz zu trösten sein. Er ist ein zartes Bäumchen, dem man seine Krone genommen, dessen Herzwurzel ein Wurm zernagt.

Bei solchen Stimmungen, in solchem Gefühl von seiner Lage mußte wohl die Religion, Glaube an Gott und gläubiges Hoffen auf die Vorsehung, Eingang in seine des Trostes bedürftige Seele finden. Er ist jetzt im ächten Sinne des Wortes ein frommer Mensch, spricht mit Andacht von Gott und beschäftigt sich gerne mit vernünftigen Erbauungsschriften. Aber freilich würde er auf keines der symbolischen Bücher schwören und noch weniger in einer andächtigen Gesellschaft von Hengstenberg und Compagnie sich behaglich fühlen[43]).

Bei Zeiten den Ammenmährchen der Wärterinnen entrückt, als Kind begraben, als reifer Jüngling zu frischem Leben auferstanden, brachte er eine von Vorstellungen leere, aber auch von allen Vorurtheilen reine, von jedem Aberglauben freie Seele mit auf die Welt des Lichts. Er, dem es Anfangs so schwer war, seines eignen Geistes sich bewußt zu werden, ist noch viel weniger fähig und geneigt, gespenstige Geister sich zu denken. Über den Glauben an Gespenster spottet er als über die unbegreiflichste aller menschlichen Albernheiten und fürchtet nichts als den unsichtbaren geheimen Unheimlichen, dessen Mordwerkzeug er empfunden hat. Gäbe man ihm Bürgschaft, daß er gegen diesen Mann gesichert sei, so würde er zu jeder Stunde der Nacht auf einen Kirchhof gehen und ohne Grauen über Gräbern schlafen.

43) Er wurde in der Religion erzogen, zu welcher die Mehrheit der Bewohner Nürnbergs sich bekennt, nämlich in der lutherisch-evangelischen.

Seine Lebensweise ist jetzt fast ganz die gewöhnliche anderer Menschen. Er genießt, ausgenommen Schweinefleisch, alle Arten von Speisen, doch ohne hitzige Gewürze. Sein liebstes Gewürz blieben Kümmel, Fenchel und Koriander. Sein Getränke besteht noch immer in Wasser; nur Morgens wird dieses von einer Tasse Gesundheits-Chocolade vertreten. Alle gegohrnen Getränke, Bier, Wein, wie auch Thee und Kaffee, sind ihm fortwährend ein Gräuel, und würden, wollte man ihm davon einen Tropfen aufnöthigen, ihn unfehlbar krank machen.

Die außerordentliche, fast übernatürliche Erhöhung seiner Sinne hat ebenfalls gegenwärtig ganz nachgelassen und ist beinahe auf das gewöhnliche Maaß herabgestimmt. Er sieht zwar noch immer im Dunkeln, so daß es für ihn keine wahre Nacht, sondern nur Dämmerung gibt; doch ist er nicht mehr im Stande im Finstern, wie sonst, zu lesen oder in weiter Entfernung die kleinsten Gegenstände zu erkennen. Während er ehemals bei dunkler Nacht weit besser und schärfer sah, als bei Tag, ist es jetzt umgekehrt. Gleich andern Menschen verträgt und liebt er nun das Sonnenlicht, das nicht mehr, wie sonst, seine Augen verwundet. Von der Riesenhaftigkeit seines Gedächtnisses und andern staunenswürdigen Eigenschaften ist keine Spur mehr zu finden. Nichts Außerordentliches ist mehr an ihm, als das Außerordentliche seines Schicksals und seine unbeschreibliche Güte und Liebenswürdigkeit.

Anselm von Feuerbach
Memoire über Kaspar Hauser[1]

Wer möchte wohl Kaspar Hauser sein?

Die Rechtsgelehrten haben bei der Entscheidung über Verbrechen, einen *Beweis aus dem Zusammentreffen der Umstände.* Auch ich unternehme einen solchen, aus einer Reihe nebeneinander gestellter Vermuthungs-gründe zusammengesetzten Beweis, welcher freilich vor keinem Richterstuhle ein entscheidendes Gewicht haben würde, gleichwohl aber hinreichend sein dürfte, um eine sehr starke *menschliche Vermuthung,* wo nicht vollstän-dige *moralische Gewißheit* zu begründen.

Die lange Kette dieses Vermuthungsbeweises bildet sich durch folgende Glieder, welche, so fein sie sind, fest in einander greifen.

I. Hinsichtlich des Standes desselben
im Allgemeinen

ergibt sich aus den zu den gerichtlichen Acten gekomme-nen oder sonst bewahrheiteten Umständen Folgendes:

1) *Kaspar Hauser ist kein uneheliches, sondern ein eheliches Kind.* Denn wen auch *Kaspar,* wenn man sich ihn als uneheliches Kind denkt, zum Vater oder zur Mutter gehabt haben möge, so gab es, wenn es darauf ankam, die Paternität oder Maternität zu verheimlichen, weit leichtere, weniger grausame und bei weitem weniger für die Betheiligten gefährliche Mittel, als die ungeheure

1) Der Königin Caroline von Bayern [recte: Prinzessin von Baden, Königinwitwe von Bayern] übersandt.

That der vielleicht 16–17 Jahre lang fortgesetzten, geheimen Gefangenhaltung und endlichen Aussetzung des Kindes. Je vornehmer eines der Eltern gewesen, desto leichter konnte das Kind auf andere Weise entfernt werden, ohne daß es hierzu einer solchen That bedurfte. Leute geringen Standes und geringer Mittel hatten noch weniger Ursache, auf so gefahrvolle, bedeutende Anstalten und Vorrichtungen erfordernde Weise, ihr *uneheliches* Kind zu verheimlichen. Das Brod und Wasser, das Kaspar heimlich zugebracht wurde, hätte man ihm öffentlich dürfen verzehren lassen. Kurz: man denke sich Kaspar als *uneheliches* Kind vornehmer oder geringer, reicher oder armer Eltern: so steht das Mittel außer allem Verhältniß zu seinem Zweck. Ganz ohne Ursache, gleichsam blos zum Scherz, übernimmt Niemand die Last eines schweren Capitalverbrechens, zumal wenn er dabei noch obendrein die qual- und angstvolle Mühe hat, dieses Capitalverbrechen 16–17 Jahre lang sorgfältig *fortsetzen* zu müssen.

2) *Bei den an Kaspar begangenen Verbrechen sind Personen betheiligt, welche über gr o ß e a u ß e r g e w ö h n l i c h e Mittel zu gebieten haben.* Daß sowohl die Aussetzung Kaspar's, als auch der später an ihm verübte Mordversuch in einer Stadt, wie Nürnberg, am hellen Tage, gleichsam öffentlich geschehen konnte, dann aber alle Spuren des Thäters auf einmal verschwanden; daß alle Nachforschungen, die seit nun beinahe drei Jahren mit dem rastlosesten Eifer, geleitet vom vereinten Scharfsinn der erfahrensten Justiz- und Polizeimänner, nach allen Richtungen hin unternommen wurden, in der Art fruchtlos gewesen sind, daß kein juridisch geltend zu machender Umstand entdeckt werden konnte, welcher auf einen *bestimmten* Ort der Hauptthat, oder auf eine *bestimmte* Person geführt hätte; daß alle öffentlichen Aufforderungen, daß das große Interesse, welches fast alle Herzen in und außer Deutschland an dem Schicksale des unbekannten Unglücklichen genommen haben, daß ein auf die Entdeckung ausreichender Spuren öffentlich ausgeschriebener Preis von 1000 Fl. keine einzige befriedigende Anzeige herbeigeführt hat: — alles Dieses wird nur

daraus erklärbar, daß mächtige und sehr reiche Personen dabei betheiligt sind, welche über gemeine Hindernisse kühn hinwegzuschreiten die Mittel haben, welche durch Furcht, außerordentliche Vortheile und große Hoffnungen willige Werkzeuge in Bewegung zu setzen, Zungen zu fesseln und goldne Schlösser vor mehr als Einen Mund zu legen, die Macht besitzen.

3) *Kaspar* muß eine Person sein, *an dessen Leben oder Tod sich große Interessen knüpfen.* Dieses beweist unwidersprechlich der eben so listig angelegte, als keck ausgeführte Mordversuch. Das Ungeheure des Mittels nöthigt jeden gesunden Verstand, auf einen mit dem Mittel in Verhältnis stehenden großen Zweck zu schließen. Wer hätte das Interesse haben können, an einem armen, von fremder Barmherzigkeit lebenden Findling den Tod auf dem Schaffot zu wagen? wäre nicht an diesem Findlinge weit mehr gelegen, als an irgend einem Findlinge gelegen sein konnte. Er muß eine Person sein, deren Leben, selbst bei der entfernten Gefahr, es könne einmal ihr Stand und wahrer Name entdeckt werden, die Existenz anderer und zwar so hoch bedeutender Personen bedrohte, daß er, um jeden Preis, auf jede Gefahr hin, aus dem Wege geräumt werden mußte, und daß zugleich Menschen gefunden werden konnten, die solch ein Wagstück unternahmen.

4) Nicht *Rache,* nicht *Haß* konnten Motive zur Einkerkerung, dann zur versuchten Ermordung dieses unschuldigen, harmlosen Menschen gewesen sein. Es bleibt kein anderer Beweggrund denkbar als der *Eigennutz.* Er wurde entfernt, damit Anderen Vortheile zugewendet und für immer gesichert würden, welche von Rechtswegen nur ihm gebührten; er mußte verschwinden, damit Andere ihn beerben, er sollte ermordet werden, damit Jene in der Erbschaft sich behaupten konnten.

5) Er muß eine Person *hoher* Geburt, fürstlichen Standes sein. Dafür sprechen — seltsam genug! — doch auf die überzeugendste Weise — merkwürdige Träume, die Kaspar zu Nürnberg gehabt hat, welche Träume nichts Anderes gewesen sein können, als *wiedererwachte Erinnerungen aus seiner früheren Jugend.* Ich bemerke hierbei

zuvörderst im Allgemeinen, daß *Kaspar,* als er diese Träume hatte, noch auf sehr niedriger Stufe geistiger Entwickelung stand, nur noch sehr unvollkommen sich äußern konnte und Träume von wirklichen Erscheinungen und Erinnerungen noch nicht zu unterscheiden vermochte. Es ist ferner zu bemerken, daß von den Gegenständen und Scenen, welche Kaspar im Traume gesehen haben will, ihm zu Nürnberg nichts Ähnliches vorgekommen sein konnte. So hatte er z. B. folgenden Traum, welchen ich ihn selbst dieser Tage von Neuem niederschreiben ließ.

»Den 15. Aug. 1828 hatte ich nachstehenden Traum. Es kam mir vor, als wäre ich in einem sehr großen, großen Hause. Da schlief ich in einem sehr kleinen Bette. Als ich aufstand, kleidete mich ein Frauenzimmer an. Nachdem ich angekleidet war, führte sie mich in ein anderes großes Zimmer, in welchem ich sehr schöne Kommode, Sessel und ein Sopha sah. Von da führte sie mich in ein anderes großes Zimmer, worin Kaffeetassen, Schüsseln und Teller waren, die wie Silber aussahen. Von diesem Zimmer aus führte sie mich in ein größeres Zimmer, in welchem sehr viele und sehr schön gebundene Bücher standen. Von diesem Zimmer aus führte sie mich einen langen Gang vor und über eine Treppe hinab. Nachdem wir die Treppe hinuntergegangen waren, gingen wir im Innern des Gebäudes einen Gang herum, an dessen Wand Porträts hingen. Aus den Bogen dieses Ganges konnte man in den Hof hinaussehen. Ehe wir den Gang ganz umgangen hatten, führte sie mich zu einem, mitten im Hofe befindlichen Springbrunnen hin, an welchem ich eine sehr große Freude hatte. Von da führte sie mich wieder zu demselben Bogen, durch welchen wir zum Springbrunnen herausgegangen waren, hin, und dann kehrten wir auf dem Bogengange denselben Weg wieder zurück bis zur Treppe. Als wir zur Treppe kamen, sah ich ein Bildniß stehen, welches in Ritter-Kleidung ausgeschnitten oder ausgehauen war. Das Bildniß hatte auch ein Schwerd in der linken Hand. Oben am Handgriff war ein Löwenkopf angebracht. Dieser Ritter stand auf einer viereckigen Säule, welche mit der Treppe verbunden und angemacht ist. Nachdem ich den Ritter eine Zeitlang angesehen hatte, führte mich das Frauenzimmer die Treppe hinauf, den langen Gang vor und wollte mit mir zu einer Thüre hineingehen. Diese Thür war aber verschlossen. Sie klopfte an, allein man machte nicht auf. Darauf ging sie mit mir schnell zu einer andern Thür, und während sie dieselbe öffnen wollte, erwachte ich.«

Das Haus in diesem Traum ist offenbar ein Schloß, ein *Palast,* der nach seiner äußern Beschaffenheit und innern Eintheilung so genau beschrieben ist, daß ein Baukünstler einen Riß darnach entwerfen könnte. In der Reihe der Zimmer, welche *Kaspar* beschreibt, ist besonders das Bibliothekzimmer und das mit den Silberschränken bemerkenswerth, welches letztere entweder eine Silberkammer oder ein fürstliches Tafelzimmer mit *Buffets* sein soll: alles dergleichen hatte Kaspar, als er dieses träumte, nirgendwo in Nürnberg zu sehen Gelegenheit gehabt, Träume aber erfinden nichts und schaffen nichts, sie bilden und verarbeiten nur Stoffe, welche sie von Außen empfangen haben. Das Schloß mit diesen Zimmern existirt daher gewiß irgendwo. Daß *Löwenköpfe* (oder *Löwen?*) in jenem Traumbilde öfters mit vorkommen, ist sehr bezeichnend.

Aus der Verbindung aller obigen Umstände geht nun zuvörderst die dringende Vermuthung, ja die moralische Gewißheit hervor:

> *»Kaspar Hauser ist das eheliche Kind fürstlicher Eltern, welches hinweggeschafft worden ist, um Andern, denen er im Wege stand, die Sukzession zu eröffnen.«*

II. Die Gefangenhaltung Kaspar's insbesondere betreffend,

so stellt sich dieselbe, von Einer Seite betrachtet, als das an dem Unglücklichen begangene *Hauptverbrechen,* derjenige, der ihn gefangen hielt und ernährte, als ein *Bösewicht* dar. Bei *diesem* Gesichtspunkte blieb *von Feuerbach* in seinem neuerlich erschienenen Werkchen:

»*Kaspar Hauser*«, stehen, weil er dem Publicum hierüber nicht zu viel sagen durfte, um nicht noch mehr sagen zu müssen. Auf der S. 43[2]), erlaubte er sich nur auf das Wahre, das hinter dem *Scheine* des dem Auge zunächst sich hervorkehrenden Verbrechens verborgen ist, *hinzudeuten,* und die weiteren Schlüsse daraus dem Scharfsinn des Lesers zu überlassen. Die *ganze* Wahrheit ohne Schminke, und ohne theilweise Verhüllung zeigt sich aber im Folgenden:

1) *Kaspar* wurde freilich gefangen gehalten und spärlich ernährt. Aber man hat auch Beispiele von Menschen, welche gefangen gehalten wurden, nicht in verbrecherischer, sondern in *wohlthätiger* Absicht, nicht um sie zu verderben, sondern um sie zu *retten,* ihr Leben gegen ihre Verfolger in Sicherheit zu bringen. Die Art und Weise, wie *Kaspar* gefangen gehalten wurde, hat offenbar *diesen* Charakter.

Kaspar's Verwahrungsort war ein kleines, gewölbtes Gemach, das sehr gesund *gewesen* sein muß, weil *Kaspar* sich nicht erinnert, jemals krank gewesen zu sein oder Schmerzen empfunden zu haben. Dieses Gemach war sehr *reinlich* gehalten; denn *Kaspar,* der außer seinem Wächter kein anderes lebendes Geschöpf kannte, hat nicht einmal mit einem lebenden Ungeziefer Bekanntschaft zu machen Gelegenheit gehabt. Keine Ratte, keine Maus, keine Spinne, keine Fliege ist ihm während seiner Haft jemals zu Gesicht gekommen. Auch an seinem *Körper* wurde er äußerst *reinlich* gehalten; er spürte nie Ungeziefer an sich; es wurde ihm, während er schlief, die Wäsche gewechselt, es wurden ihm die Nägel beschnitten, wurde wahrscheinlich auch von Zeit zu Zeit gewaschen. *Kaspar* erinnert sich nicht, jemals lange Nägel gehabt oder irgend einen Schmutz an seinem Körper oder an seinen Hemden, die immer blendend weiß und von nicht grober Leinwand gewesen, bemerkt zu haben. Er erhielt immer regelmäßig sein Brod und Wasser; das Brod aber bestand in einem sogenannten Kipf von gemischtem Mehl, mit Fenchel

2) Siehe S. 32, Anmerkung 15 dieser Ausgabe.

und Koriander bestreut und war mit Einschnitten versehen, damit bequem die einzelnen Stückchen abgebrochen werden möchten. Es war sogar, so viel möglich, für einige *Beschäftigung* und *Unterhaltung* des Kindes gesorgt; zwei hölzerne Pferde und ein hölzerner Hund und seidene bunte Bänder waren ihm zum Spielzeug gegeben. Alles dieses beweist Sorgfalt, Milde, Menschlichkeit. Wäre die Absicht gewesen, den Unglücklichen für immer der Welt zu entziehen, warum hat ihn der Geheime, der ihn in seiner Gewalt hatte, nicht lieber ganz aus der Welt geschafft? Jener Unbekannte, der den *Kaspar* verborgen hielt, mischte zuweilen Opium unter das Wasser, damit er fest schlafe, wenn er gereinigt werde. Warum nicht einige Gran Opium mehr, damit er auf *ewig* einschlafe? In dem Kerker, in welchem der Lebende so lange verborgen war, konnte noch leichter der Todte verborgen liegen.

Aber warum so karge Kost? warum nur Wasser und Brod? Höchst wahrscheinlich nur darum, weil derjenige, welcher den Unglücklichen verborgen hielt, ihn auf andere Weise nicht ernähren konnte, *ohne Aufsehen* zu erregen. Wasser und Brod konnte er unbemerkt bei Nacht seinem Gefangenen heimlich zutragen; nicht aber warme Speise.

Das Schicksal eines Mannes aus der Familie des Grafen Stanhope kann hiermit in Vergleichung gestellt werden. Es war, wie ich glaube, der Ur-Urgroßvater des Grafen Stanhope; dieser war von Cromwell geächtet und wurde, bis ihm die Flucht gelang, von seiner ihn zärtlich liebenden Tochter in einem Grabgewölbe verborgen gehalten, wo sie ihn mit einzelnen Brocken, die sie beim Essen heimlich zu sich steckte, auf eigne Lebensgefahr kümmerlich ernährte.

Daß *Kaspar* für den *Mann, »bei dem er immer gewesen«,* noch immer eine große Zuneigung fühlt, mit Liebe und Dankbarkeit über ihn sich äußert, immer nur bittet, man möge diesen Mann, wenn man ihn entdecke, mit Strafe verschonen, ist ebenfalls ein Umstand, welcher, mit den obigen Thatsachen zusammengenommen, den sicheren Schluß begründet:

»der Mann, der unsern Kaspar gefangen hielt, war sein Wohlthäter, sein Retter; er hielt ihn gefangen, um ihn vor seinen Verfolgern, vor denen, die ihm nach dem Leben trachteten, zu verbergen.«

2) Wenn in *Kaspar's* Person, aus irgend einer hohen oder nur aus einer vornehmen, angesehenen Familie ein Kind *verschwunden* wäre, ohne daß man über dessen Tod oder Leben und wie es hinweggekommen, etwas in Erfahrung bringen könne: so müßte längst officiell bekannt sein, in welcher Familie dieses Unglück sich ereignet habe. Denn das *Verschwinden* eines Kindes ist eine offenkundige, Aufsehen erregende Thatsache. Da nun aber seit Jahren, und unerachtet *Kaspar's* Schicksal weltbekannt geworden, nicht das Mindeste von einer Familie bekannt geworden, aus welcher vor ungefähr 17–20 Jahren ein Kind heimlicher Weise abhanden gekommen und verschwunden sei: so ist Kaspar nur unter den *Todten* zu suchen:

»ein Kind wurde für todt ausgegeben, wird noch jetzt für todt gehalten; lebt aber noch in der Person des armen Kaspar.«

Dieser Umstand, mit den vorhergehenden zusammengereiht, combinirt sich zu folgender muthmaßlicher Geschichte:

»das Kind, in dessen Person der nächste Erbe, oder der ganze Mannsstamm seiner Familie erlöschen sollte, wurde heimlich bei Seite geschafft, um nie wieder zu erscheinen. Um aber den Verdacht eines Verbrechens zu entfernen, wurde diesem Kinde, welches vielleicht, als es beseitigt wurde, gerade krank zu Bette gelegen hatte, ein anderes bereits verstorbenes oder sterbendes Kind untergeschoben, dieses alsdann als todt ausgestellt und begraben, und so Kaspar angeblich in die Todtenliste gebracht.«

War der *Arzt* des Kindes mit im Spiel, hatte *er* den Auftrag das Kind umzubringen, fand er jedoch entweder in seinem Gewissen oder in seiner Klugheit Gründe, den Auftrag *scheinbar* zu vollziehen, aber das Kind heimlich beim Leben zu erhalten, so konnte dieser fromme Betrug auf das leichteste vollzogen werden.

Zwischen dem Zeitpunkte des *vorgespiegelten Todes* und der *Einkerkerung* Kaspar's liegt übrigens, wie sehr wahrscheinlich, ein nicht unbeträchtlicher *Zwischenraum.* Mancherlei führt nämlich auf die dringende Vermuthung, daß Kaspar, nachdem er zum Schein in Deutschland gestorben war, nach *Ungarn* geschafft worden ist, dort die ersten Kinderjahre in der *Freiheit* verlebt hat und erst *alsdann,* um ihn vor naher Todesgefahr zu retten, eingekerkert worden ist.

Was nun endlich

III. die Frage betrifft, in welche hohe Familie Kaspar gehören möge?

so ist nur Ein *Haus* bekannt, auf welches nicht nur mehrere zusammentreffende allgemeine Verdachtsgründe hinweisen, sondern welches auch durch einen ganz besondern Umstand speciell bezeichnet ist, nämlich — die Feder sträubt sich, diesen Gedanken niederzuschreiben — das Haus B– [Baden].

Auf höchst auffallende Weise, gegen alle menschliche Vermuthung, erlosch auf einmal in seinem Mannesstamme, das alte Haus der Z– [Zähringer], um einem blos aus morganatischer Ehe entsprossenen Nebenzweige Platz zu machen!

Dieses Aussterben des Mannesstammes ereignet sich nicht etwa in einer *kinderlosen,* sondern — seltsam genug! — in einer mit Kindern *wohlgesegneten* Familie.

Was noch verdächtiger; — *zwei Söhne* waren geboren; aber diese beiden *Söhne* starben, und *nur sie* starben, während die Kinder *weiblichen* Geschlechts insgesammt bis auf den heutigen Tag noch in frischer Gesundheit blühen. Die Frau Gr– St. [Großherzogin Stephanie] ist eine wahrhaft zweite Niobe, nur mit dem Unterschiede, daß

Apollo's tödtendes Geschoß ohne Unterschied Söhne und Töchter traf, dort aber der Würgengel an allen Töchtern vorüberging und nur die Söhne erschlug.

Und nicht blos seltsam, sondern einem Wunder ähnlich ist es, daß der Würgengel schon gleichsam an der *Wiege* beider Knaben steht und diese mitten aus der Reihe seiner Schwestern herausgreift. Zwischen den beiden Prinzessinnen L. [Luise] und J. [Josephine] stirbt der erstgeborene Prinz N. N. am *16. October 1812,* zwischen den Prinzessinnen J. [Josephine] und M. [Marie] stirbt am *8. Mai 1817* der Prinz A. [Alexander]. Diese Sterbefälle widerstreiten fürwahr jeder physiologischen Wahrscheinlichkeit. Wie wäre es erklärbar, daß eine Mutter demselben Vater lauter gesunde Töchter und als Söhne nur Sterblinge gebiert? In dieser ganzen Begebenheit scheint so viel System, so viel Berechnung hindurch, wie sie nicht dem Zufalle, sondern nur menschlichen Absichten und Planen zuzutrauen ist. Oder man müßte glauben, die Vorsehung selbst habe einmal in den gewöhnlichen Lauf der Natur eingegriffen und Außerordentliches gethan, um einen *coup de politique* auszuführen.

Wer bei dem Aussterben des Mannesstammes in der Linie des Gr– C. [Großherzogs Carl] das nächste, das unmittelbarste *Interesse* hatte, war unstreitig die *Mutter* der Herrn Grafen H. [Hochberg] mit ihren Söhnen. Denn waren ihre Kinder aus morganatischer Ehe für sukzessionsfähig anerkannt und war der Mannsstamm im Hause des Gr– C. [Großherzogs Carl] untergegangen; so mußte wohl nach kurzer Zeit die Sukzession an die H–sche [Hochbergsche] Familie kommen.

Die Gräfin H. [Hochberg] wird überdies als eine Dame bezeichnet, welche gegen die Gemahlin des Gr– C. [Großherzogs Carl] tiefen Haß getragen, welche dabei von unbegrenztem Ehrgeiz und eines solchen Charakters sei, der sie um die Mittel zu ihren Zwecken wenig verlegen mache.

Nun aber komme ich zu einem Umstande, der an sich selbst so klein und unbedeutend ist, daß er sich lange Zeit der Aufmerksamkeit entzog, bis er durch Zusammenhaltung mit einigen genealogischen Thatsachen, nach welchen der Verfasser dieser Schrift lange vergebens gestrebt hatte — sie sind ihm erst vor einigen Wochen aus Frankfurt mitgetheilt worden — seinen Verdacht bis zur moralischen Gewißheit steigerte.

In dem Briefe, welcher dem armen *Kaspar* bei seiner Aussetzung in die Hand gegeben worden ist, in Verbindung mit der Einlage zu jenem Briefe[3]), sind unter anderen folgende Angaben enthalten: es sei

1) *Kaspar* geboren am *30. April 1812;*
2) er sei dem Unbekannten *gelegt* worden am *7. October 1812.*

Hiermit treffen nun, bis auf unbedeutende, leicht erklärbare Abweichungen, die verhängnßivollen Epochen der Geburt und des Todes beider Prinzen, besonders aber des erstgebornen N. N. wunderbar zusammen. Nämlich:

1) der Prinz N. N. ist geboren im Jahre *1812,* gestorben im Jahre *1812.* In *demselben* Jahre *1812* ist, nach jener Angabe, *Kaspar* geboren, und auch in demselben Jahre 1812 angeblich als Findelkind dem Unbekannten *gelegt* worden (d. h. aus seiner Familie verschwunden, und in die Gewalt des Unbekannten gekommen).

2) Selbst der *Monat des Todes* des Prinzen N. N. trifft mit dem *Monat* der angeblichen *Aussetzung* des Kindes *Kaspar* bei jenem Unbekannten überein. Der *October* ist für beide verhängnißvoll; in diesem Monat *desselben* Jahrs stirbt Prinz N. N. und wird *Kaspar* ausgesetzt. Nun ist zwar

3) nicht nur eine kleine Differenz in dem Monats-Tag — dort der 16. October, hier der 7. October — sondern auch eine Abweichung in den *Geburts-Tagen,* indem der Prinz am *29. Sept.* geboren wurde, *Kaspar* aber am *30. April* zur Welt gekommen sein soll. Allein jene Differenz zwischen dem *7.* und *16.* desselben

3) Vergl. Feuerbach's Schrift über Kaspar Hauser (S. 14 ff. dieser Ausgabe).

Monats ist an sich höchst unbedeutend und leicht erklärbar, dagegen ist wieder

4) der *30. April,* welcher dem *Kaspar* als Geburtstag beigelegt wird, von höchster Bedeutung. Dieser ist nämlich gerade der *Geburtstag* des zweiten Prinzen A. [Alexander]

Die Ursachen dieser Übereinstimmungen und Abweichungen sind nicht schwer zu erklären. Es ist leicht möglich, daß der Unbekannte, der von dem Geburts- und angeblichen Todesjahr Kaspar's im Allgemeinen gute Kenntniß hatte, in den einzelnen Datis sich im Irrthum befand, den Geburtstag des zweiten Prinzen (30. April) mit dem des ersten verwechselte, und sich, während ihm der *October* als Sterb-Monat noch im treuen Gedächtniß lag, nur in dem Monats-*Tag* vergriff (statt des *16.* October der *7.* — ein unbedeutender Unterschied von 8 bis 9 Tagen).

Indessen scheint mir die Abweichung ganz *absichtlich* aus guten Gründen geschehen zu sein.

Derjenige, der unsern *Kaspar* in Gewahrsam hatte, ihn nach Nürnberg brachte oder schaffte und den Brief nebst Beilage schrieb oder schreiben ließ, war höchstwahrscheinlich ein katholischer Geistlicher, vielleicht ein Klostergeistlicher. Diesem, der auch, wie die demselben mitgegebenen geistlichen Büchlein bekunden, für *Kaspar's* Seelenheil besorgt war, mußte es eine große Verruchtheit dünken, den Unglücklichen ohne allen Ausweis über seine Geburt in die Welt zu stoßen. Wäre aber dieser Mann dem rechten Datum in Allem vollkommen getreu geblieben; so mußte er mit Recht eine nur zu schnelle Entdeckung befürchten. Um daher in der Hauptsache bei der Wahrheit zu bleiben, ohne das Geheimniß zu verrathen, mußte der Wahrheit etwas Lüge beigemischt werden, und so wurde denn, um auch so noch von der Wahrheit so wenig als möglich abzuweichen, blos ein Datum im richtig angegebenen Monat (October) um einige Tage zurückgeschoben, und ihm nebenbei der 30. April aus dem Leben seines jüngern Bruders beigelegt.

Nicht unbedeutend ist es, daß nicht lange nach dem Erscheinen Kaspar's zu Nürnberg sich das Gerücht — und zwar von B– [Baden] her, verbreitete: Kaspar sei ein für todt ausgegebener Prinz des B–schen [Badischen] Hauses und zwar ein Sohn der Gr– S. [Großherzogin Stephanie]; daß dieses Gerücht von Zeit zu Zeit wieder laut geworden ist, am lautesten aber in der neuesten Zeit; daß neuerlich unter der Form einer angeblichen Geistererscheinung, von welcher öffentliche Blätter erzählten, die Behauptung angedeutet wurde, die Familie H. [Hochberg] besitze durch Usurpation den Thron, es sei noch ein ächter Prinz am Leben; daß sogar erst vor einigen Tagen, aus einer *Stuttgarter* Zeitung, in einem *Augsburger* Blatt die Behauptung zu lesen war: »Kaspar Hauser sei *der muthmaßliche Prätendent von B–* [Baden]«. Gerüchte sind freilich nur Gerüchte, sind aber darum nicht zu verachten; sie fließen oft aus sehr echten Quellen; sie haben, wo es geheimen Verbrechen gilt, häufig darin ihre Entstehung, daß der eine oder andere Mitwissende geplaudert hat, mit seinem Vertrauen zu freigebig gewesen oder sonst eine verrätherische Unvorsichtigkeit begangen hat, oder weil ein Mitschuldiger, um sein Gewissen zu erleichtern, oder um sich wegen getäuschter Hoffnungen zu rächen und dergl., im Stillen die Entdeckung der Wahrheit herbeizuführen sucht, ohne an sich selbst zum Verräther werden zu müssen u.s.w.

Aus diesen Gründen zählen die Rechtsgelehrten auch Gerüchte (die *famam publicam*) zu den Anzeigungen (Indicien) von Verbrechen und deren Urhebern oder Theilnehmern.

———————————

Georg Friedrich Daumer
Erste Aufzeichnungen
über Kaspar Hauser

(1828–1830)

1. Psychisches.

Sein Gesicht zeigte sich wenn es keinen Affect äußerte, als ein gemeines und die untern Teile des Gesichts traten etwas vor. Späterhin verschwand diese Gesichtsbildung gänzlich was von dem Mangel an geistiger Entwicklung herkommen mochte. Sein Weinen war sehr unschön, er zog dabei den Mund weit herunter, dagegen hatte sein Lächeln und Lachen, wobei die untern Teile des Gesichts zurück traten einen unbeschreiblichen Reiz, — einen solchen Ausdruck rein kindlicher Freude habe ich nie gesehen. —

Septbr. 1828.

Einst hatte jemand eine Melodie gespielt, die ihm außerordentlich wohl gefallen. — Als er bald darauf neben meinem Klavier in eine Beschäftigung vertieft war, spielte ich absichtlich auf diesem Klavier die Melodie fortissimo und er hörte nichts, ob ihm gleich damals (Septbr.) das Klavier, mit dieser Stärke behandelt, sehr wehe tat. — Als er darauf mit seiner Beschäftigung zu Ende war, fiel ihm sogleich die von Abwesenden gespielte Melodie ein, und er fragte, ob ich sie nicht auch spielen könne, verwunderte sich auch, da ich sagte ich habe sie soeben gespielt. —

111

Daß er in seinem Käfig keinen Donner, kein Glocken-
geläute, noch andere Laute vernahm, läßt sich psychologisch erklären, da er noch lange zu Nürnberg, wenn
seine Aufmerksamkeit auf etwas gerichtet war, sehr
laute Töne in seiner Nähe nicht vernahm. —

Ich sah ihn noch im Sommer 1829 öfters auf einer
Stelle stehen, mit aufwärts gedrehten Augen, die nichts
sahen, mit zuckenden linken Mundwinkeln und linkem
Arme, wenn er über etwas nachdachte.

1829.

Noch am 15ten Decbr. sah ich infolge einer großen
Gemütsbewegung, eine sehr lange nicht mehr dagewe-
sene Erscheinung, jenes Versinken in sich selbst, in dem
er nichts sah und hörte, was um ihn herum vorging,
oder zu ihm gesprochen wurde. — Er stand mit nahe
zusammen gefalteten Händen, deren Finger in unwill-
kürlicher Bewegung waren, und erwachte aus diesem
Zustand mit einer ruckweisen Bewegung, fast wie wenn
aus tiefer Betrachtung durch irgend etwas aufgeschreckt wird. — So auch stärker noch. —

1828.

Wenn er nachdachte oder seine Aufmerksamkeit auf
irgend etwas gerichtet war, so konnte man ihm mit der
lautesten Stimme zurufen, ohne daß er etwas hörte. —
Er pflegte erst dann die Andern wieder zu vernehmen,
wenn er selbst wieder zu sprechen anfing. —

Allererste Zeit.

Die riegolente Redensart:
»ich möcht ein solcher Reuter werden«
brauchte er anfangs als gemeinschaftlichen Ausdruck
für alle Empfindungen, nicht als Rede. Wenn er z. B.
Schmerzen fühlte oder sonst für ein Leiden oder sonst
etwas begehrte sagte er so; um dies auszudrücken
ungefähr wie Tiere sich eines gemeinschaftlichen Lautes
zum Ausdruck ihrer Empfindung bedienen.

Als ich ihn zum erstenmale besuchte, zog unter dem Turm eine Bauern-Hochzeit mit Musik vorbei. — Töne dieser Art waren ihm damals noch etwas Neues. — Er horchte auf, und nahm eine ganz eigentümliche Stellung an, die ich später öfter an ihm bemerkte, wenn er über etwas nachdachte, oder sich auf etwas besann, er stand ganz starr, und hielt die Arme mit gebogenen Ellenbogen vor sich hin, Daumen und Zeigefinger waren, wie wenn er etwas zwischen den Fingern gehalten hätte, krampfhaft zusammen gedrückt. — Den Augen sah man an, daß sie nicht sahen, daß die Seele aus ihnen gewichen sei, die sich jetzt ganz und gar nur als *hörend* verhielt. — Er verblieb in dieser Stellung bis die Töne ganz in der Ferne verhallt waren. —

1828.

Als er einmal mit seiner Aufmerksamkeit auf etwas gerichtet war, jemand ihn anredete und als er nicht hörte noch sah, bei der Hand faßte, um ihm seine Gegenwart bemerklich zu machen, sah ich ihn heftig zusammenschrecken, — was wohl auch Folge des eigentümlichen Schauders war, der ihn bei Anrührung einer Menschenhand befiel. —

2. Sprache.

Noch im Jahre 1830 kam zuweilen noch manches eigentümliche aus früherer Zeit in seiner Sprache zum Vorschein. — z.B. er sagte eine *so Reue* (:mit betontem so:) statt eine solche Reue; er brauchte den unbestimmten Artikel im Plural, z.B. eine Äpfel statt Äpfel, *sein* sagte er statt *ihr,* die Frau hat seinen Fuß u.s.w. statt ihren Fuß.

1829.

Im März sagte er, der Ton der Violine sei *ausführlicher* als der der Guitarre. —

Das Wort schwermütig brauchte er vom Körper, und schrieb es *schwermüdig.* — Er behandelte es als ein Kompositum von schwer und müd. —

Nur weiße Tiere nannte er Anfangs Rosse, weil seine Spielpferde weiß gewesen. — Von braunen Pferden verneinte er daß es Rosse seien, aber weiße Gänse und Ochsen ließ er dafür gelten. —

Als er zum erstenmal einen Berauschten sah, brauchte er den Ausdruck von ihm: er brauche den ganzen Weg.

Wenn ihn in der Zeit, die seinem Eintritt in mein Haus vorherging, an öffentlichen Orten die Leute umringten, und dicht umstanden, so nannte er das einmachen (:erste Zeit:). Dichten nannte er zusammenmachen.

»Es fühlt mich« sagte er einmal nach Analogie von: es friert mich, und dergl., so bildete er sich das Wort *Fühlung.* —

Wurzeln und Zöpfe nannte er *Schweife,* Balken *Bäume,* Tanzen *Herumlaufen,* Schwimmen *Laufen.*

Statt: — Das ist ein ermüdender Weg, sagte er: — *das ist ein müder Weg,* statt: — es ist sättigend: *er ist satt.* —

In den Sätzen die er bildete brauchte er die Konstruktion das Verbum zuletzt zu setzen. — Er sagte zum Beispiel, *Sie mir das lernen* (:statt lehren Sie mir das:), *Mutter da bleiben* statt: Mutter bleibe da, *jetzt du sagen* statt sage du, — ich ihn gefolgt habe, der (dieser) *mir das nicht gelernt hat, ich das nicht weiß* usw. — Noch zu Ende des Augusts hatte man ihm diese Wortstellung nicht abgewöhnen können. — Den Konjunktiv des Imperfekts unregelmäßiger Verba pflegte er die ersten zwei Jahre dadurch regelmäßig zu bilden z.B. ich bekommt, oder bekommte statt bekomme.

1828.

Wenn ihm ein Ausdruck fehlte, half er sich gern durch negative Ausdrücke z.B. es ist mir nicht recht, statt es ärgert mich, es schmerzt mich, reut mich. —

August 1828.

Als er sagen wollte, daß er etwas gern durch eigenes Studium herausbringen möchte, drückte er sich so aus: Wenn ich nur schon alles gut lesen könnte, *daß ich mich selbst darauf hinein denken könnte.*

1828.

Noch im September ließ er meist bei den Zeitwörtern das Ich aus. — Was muß tun? sagte er z.B. was soll ich tun? Das muß gleich der Mutter sagen, statt das muß oder will ich gleich pp. (:er nannte meine Mutter so:).

1828.

Auch nachdem er Ich sagen gelernt hatte, sprach er doch gerne noch mehrere Monate lang von sich, und mit andern die er anredete, in der dritten Person z.B. »wenn die Nase nicht wäre, so wäre gar nichts vom Kaspar in dem Bild« (:als er gezeichnet worden war:) wo geht Herr Pr- hin? »An Herrn – ist der Zug« (:statt an Ihnen ist der Zug, — wo gehen Sie hin.:)

1828.

Setzte er dagegen das Ich, Sie, u.s.w. voran, so ließ er Kopula und Hilfszeitwort aus: z.B. *ich scho brav* statt ich bin schon brav, oder ich bin ja brav. — *Ich scho Juli sagen* statt ich will es dem Julius schon sagen. (der Sohn des Gefangenwärters im Turm).

1828.

Das Ich und Du verstand er Anfangs nicht. — Er sprach von sich in der dritten Person, wie ein Kind, und bezeichnete sich als Kaspar, was man gleichfalls tun mußte, wenn man mit ihm sprach, und verstanden sein wollte. — Das Wort Du soll er als den Eigennamen des Unbekannten bei dem er früher gewesen, gebraucht, und ihn den *Du* genannt haben.

3. Benehmen in der ersten Zeit; — Unbekanntschaft mit Gewöhnlichem.

Als man ihm einen Ring an den Finger gesteckt hatte, und er ihn ablegen wollte, streifte er ihn nicht ab, wie man zu tun hat, sondern er bemühte sich, ihn unmittelbar von der Stelle des Fingers an der er sich befand, hinwegzuziehen. Er reichte den Finger furchtlos hin, als ihn jemand aufforderte sich den Finger mit einem Messer abschneiden zu lassen. —

Als er zum erstenmale ein brennendes Licht sah, wünschte er die Flamme zu haben, um sie seinem Roß anzuhängen. —

Nachdem er ein Holzpferd und farbige Schnüre bekommen hatte, legte er diese, wie er in seinem Gefängnis mit den farbigen Streifen getan, als Schmuck des Pferdes ohne Befestigung über dasselbe hin. — Einmal legte ihm der Gefängniswärter Strumpfbänder an. Er sah sehr aufmerksam hin, um es ihm abzulernen. Band später eines derselben ab, und nachdem es ihm gelungen war, es sich wieder anzubinden, gebrauchte er diese Art der Befestigung beim Schmücken seiner Pferde mit jenen Schnüren.

Anfangs legte er alles was er bekam, um sich herum auf den Boden, auf welchen er saß. — Fünf Tage zuvor ehe ich ihn besuchte, fing er an, statt wie er beständig getan, wenn er nicht ausgeführt wurde, auf dem Boden mit ausgestreckten Füßen zu sitzen, vor seiner Bank zu knien, was ihn die ersten Tage hindurch schmerzte.

In den ersten Monaten bediente er sich gerne des Kniens statt des Sitzens auf Stühlen oder Stehens. — Hauptsächlich statt des Letzteren. — Wenn man ihm z. B. etwas auf dem Klavier vorspielte, so ließ er sich an dem Instrumente auf die Knie nieder, hielt sich mit den Händen an demselben, und überließ sich ganz dem Eindruck des Spieles. —

Wenn er in seinem Stübchen mit den Spielpferden herumfuhr, tat er es ganz leise, damit es der Gefängniswärter nicht hören solle, weil er sich fürchtete, wie in seinem Käfig von dem Unbekannten geschlagen zu werden.

Der ihn heimlich beobachtende Gefängniswärter trat einst herein, und fragte ihn, warum er so leise fahre. — Hauser deutete ihm seine Furcht an. — Da der Mann sagte, er dürfte nach Belieben fahren, so traute er ihm doch nicht, weil auch der Unbekannte ihn trotz der gegebenen Erlaubnis geschlagen hatte. —

Er putzte, soviel er sich später zu erinnern wußte, seine Spielpferde wohl zehn oder fünfzehnmal des Tages auf andere Weise auf. —

Im Turm.

So viel er sich erinnerte, putzte er seine Spielpferde des Tages wohl zehn oder fünfzehnmal auf immer andere Art. — Bei der Ausführung seiner Einfälle kam er zuweilen in Verlegenheit, und es tat ihm vom anhaltenden Nachdenken der Kopf weh. —

Nachdem er aufgehört hatte, mit seinen Pferden zu spielen, setzte er sich doch immer, wenn er zu lernen aufgehört, zu demjenigen seiner Spielpferde, das ihm das liebste gewesen, und das er am schönsten geputzt hatte, und vergnügte sich an seinem Anblick. —

Im August sah er zum erstenmal den gestirnten Himmel. Sein Erstaunen, seine Freude läßt sich nicht beschreiben. Er konnte sich nicht satt daran sehen, kehrte immer zu dem Anschauen zurück und bemerkte die Sterngruppen und die ausgezeichnet hellen Sterne in den verschiedenen Farben. Er sagte, das sei das Schönste, was er jemals gesehen und fragte, wer die vielen schönen Lichter da hinauf setze, anzünde und wieder auslösche. Als man ihm sagte, daß sie wie Sonne und Mond immer fortleuchteten, aber nicht immer gesehen würden, fragte er, wer sie zuerst da hinauf gesetzt habe, so daß sie immer fortbrennten. Endlich versank er in tiefes Nachdenken, indem er, wie gewöhnlich, unbeweglich und mit gesenktem Kopfe dastand, nichts mehr sehend und hörend. Als er wieder zu sich kam, hatte sich seine Freude in die tiefste Schwermut verwandelt. Er ließ sich zitternd auf einem Stuhl nieder und fragte: warum ihn jener böse Mann immer eingesperrt und nichts von allen diesen Schönheiten gezeigt habe, er habe doch nichts Böses getan. Er brach in ein langes, schwer zu stillendes Weinen aus. Man solle den Mann, sagte er unter anderm, auch einmal zwei Tage lang einsperren, damit er wisse, wie hart das sei.

Es ist dabei zu erinnern, daß er früher durchaus von keiner Strafe des Mannes etwas wissen wollte. Nur der Schlummer vermochte ihn zu beruhigen. Er schlief meist gegen 11 Uhr ein — etwas bei ihm nie vorgekommenes.

1828.

Beim Anblicke gezackter großer Blätter fragte er, wer das so ausgeschnitten habe, und es war vergeblich, ihm vorstellbar und glaublich machen zu wollen, daß dies so von selbst hervorwachse. —

Vom organischen Zusammenhang eines Gewächses hatte er keine Vorstellung. — Als man eine Blume abriß und ihm zeigte, sagte er, man müßte nichts abreißen und zerbrechen. Befestigte die Blume, so gut es gehen wollte, wieder an ihre Stelle, und glaubte sie nun in ihren vorigen Zustand zurückversetzt zu haben. —

Er brachte von einer Spazierfahrt Schwarzbeeren am Zweige nach Hause, und wollte von mir wissen, wer diese Beeren, da angebracht habe. Als ich ihm sagte, sie seien gewachsen, wie die Blätter und Zweige, wandte er mir ein, sie seien ja schwarz und diese grün. — Ich zeigte ihm Kirschen und anderes farbiges Obst an Garten-Bäumen, und machte ihn auf den organischen Zusammenhalt der Frucht und des Stieles und des Zweiges aufmerksam, die nun von einander gerissen, nicht

118

ungewaltsam abgenommen werden konnten. — Er versuchte dieses selbst mit der größten Aufmerksamkeit. —

Man führte ihn in eine Schenke, in welcher auf dem Tische Kerzen brannten, was Hauser nie gesehen hatte, und er freute sich an diesen schönen Gegenständen.

Man sagte ihm, man wolle ihm eine davon schenken, und er solle sie nur hinnehmen. —

Er langte in die Flamme, um den glänzenden Gegenstand zu ergreifen, — verbrannte sich die Finger, daß er Blasen bekam, schrie auf und weinte. —

Im Turm.

Das Spiegelbild für das zu nehmen, was es ist, dazu konnte er lange nicht gebracht werden. Als sich einmal in dem geöffneten Fenster die im Zimmer befindlichen Personen abspiegelten, fürchtete er sich davor, und sagte, man solle das Fenster zumachen, damit die Leute da draußen nicht hereinkommen könnten. Ich ließ ihn bemerken, daß die Bilder im Fenster und Spiegel alles nachmachten, was die davor stehende Person täte, und in allen Stücken so ausführe, wie diese, dann ließ ich ihn mit der Hand hinter das Fenster greifen, wo die abgespiegelte Person zu stehen schien, und als er in das Leere griff, so überzeugte er sich endlich von der Scheinbarkeit der erblickten Gestalt.

Wenn man in der ersten Zeit, Stock oder Säbel gegen ihn aufhob, als wenn man ihm einen Streich versetzen wollte, so blieb er, wie man erzählte, gleichgültig dagegen. — Die Empfindung der Furcht war ihm anfangs nach seiner eigenen spätern Aussage, völlig fremd. —

Als man ihm in der ersten Woche einen kleinen Brotlaib zum Essen reichte, — erkannte er ihn nicht für Brot, — und wußte nicht damit umzugehen. —

Nicht lange zuvor, ehe er wieder Spielpferde bekam, hatte man ihm in ein Brot versteckt (:er roch es aber:) Fleisch aufgedrungen, — wovon er äußerst leidend wurde. Als er aber die Spielpferde bekommen, war seine Freude so groß, daß er allen Schmerz darüber vergaß. — Überhaupt wurden durch Beschäftigung mit diesen, seine Leiden bedeutend vermindert da ihm sein Unwohlsein nicht so sehr ins Bewußtsein trat. — Nur wenn er sein Brot bekam, das er vor Ekel kaum hinunterbringen konnte, befiel ihn wieder die Sehnsucht nach der Rückkehr, und er aß es mit Tränen. —

Als einmal der Gefängniswärter in den ersten Tagen im Dunkeln mit einem Lichte zu ihm kam, meinte er vom Schlaf erwachend, es sei Tag. —

1828.

Den Mond, als er ihn zum erstenmale erblickte, hielt er für die wiedergekehrte Sonne. — Als er ihn betrachtete, verwunderte er sich darüber, daß er ein Angesicht habe. Augen, Nase, Mund, doch aber keine Ohren und Haare, die er für weggeschnitten hielt, indem er meinte, es sei ein am Himmel angeklebtes Bild. — Er meinte der Mond gehe durch die Wolken durch, und als ich ihn darauf aufmerksam gemacht, daß die Wolken vielmehr unter dem Monde hinweggingen, verwunderte er sich, daß derselbe von dem Anstreifen der schwarzen Gewölbe nicht befleckt werde, und immer wieder rein und glänzend hervortrete. —

Er wollte mir nicht eher glauben, daß der Mond und die Wolken weit von einander entfernt seien, bis ich ihm die perspektivische Wirkung an Gegenständen im Zimmer gezeigt hatte. —

Als er noch im Turme wohnte, war sein Speichel sehr zäh und dick und so klebricht wie Leim. — Er hatte lange darüber nachgesonnen, wie er es anfangen solle, seine Bilder an der Wand zu befestigen. Einmal — nachdem er ausgespuckt, — fiel ein Papierchen auf den Boden und blieb an dem Speichel hängen. — Da fiel ihm bei, daß dies ein Mittel zu seinem Zwecke sein könne. — Er nahm ein schlechtes Papierchen, das für ihn wertloseste zu dem Versuch und klebte es mit seinem Speichel an die Wand. — Er wartete nun ein paar Stunden lang mit den Augen auf das Papier geheftet, ob es nicht abfiele, — es blieb aber hängen, und da er es abriß, fand er es so fest angeklebt, daß etwas von der Wand mit wegging. —

In seinem Gesichte malte sich jede Empfindung und Regung seines Innern mit den stärksten Farben. Er konnte sozusagen in *einem* Zuge Lachen und Weinen. — Als man ihm seine Weste zum Ausbessern weggetragen hatte, konnte er nie daran erinnert werden, ohne daß sich sein Mund zum Weinen verzog, und ihm Tränen in die Augen traten. Man durfte aber nur bemerken, daß er seine Weste verschönert zurück erhalten werde, so ging sein Gesicht in dem Augenblicke in den hellsten Ausdruck der Freude über.

Sein Gesicht zeigte sich, wenn er keinen Affect äußerte, als ein gemeines und die untern Teile des Gesichts traten etwas vor, was von dem Mangel an geistiger Entwicklung hervorkommen mochte. Sein Weinen war sehr unschön, — er zog dabei den Mund weit herunter, dagegen hatte sein Lachen wobei die untern Teile des Gesichts zurücktraten, einen unbeschreiblichen Reiz, einen solchen Ausdruck von kindlicher Freunde habe ich nie gesehen. Diese Gesichtsbildung änderte sich in kurzer Zeit gänzlich. Schon dies Einzige könnte einen Beweis für die Wahrheit der Hauserschen Geschichte abgeben. —

Sommer 1828.
Das Tanzen begriff er leicht, meinte aber, wenn er mit einer andern Person tanze, so geschehe dieses nur um ihn zu unterstützen, weil er es noch nicht allein vermochte, wie man ihn auch gehen gelehrt hatte. —

Sommer 1828.
Als er auf Büchertiteln meinen Namen las, fragte er mich, ob ich das alles geschrieben hätte. Er hielt nämlich das Gedruckte alles für geschrieben im eigentlichen Sinne des Worts. —

Als er zu Ende Oktober des Morgens plötzlich ein beschneites Dach erblickte, (:es war in der Nacht der erste Schnee gefallen:) meinte er es sei des nachts weiß angestrichen worden. —

Als ein Arzt seinen Kopf untersuchen wollte, und mit beiden Händen daran griff, schrie er, man solle ihm seinen Kopf nicht herunternehmen. — Ebenso bei Untersuchung des Fußes, man solle ihn nicht wegnehmen.

Als er einen Einäugigen sah, sagte er zu ihm, er solle sich ein Auge einmachen lassen, und als man entgegnete, das ginge nicht, sagte er, wer das eine gemacht habe, könne auch ein anderes machen. —

Septbr./Oktobr.

Wenn er für sich las, so sprach er das Gelesene halb laut aus. —

Mitte Sommer 1828.

Als er jemand in den Fluß steigen sah, sagte er abmahnend, wenn er nicht mehr herauskomme, er (Hauser) könne ihm nicht mehr heraushelfen. Das Untertauchen mit dem Kopfe machte ihm die größte Angst.

An einer Statue im Garten nahm er große Ärgernis, weil er sich, wie er sagte, nicht reinige und putze. —

August 1828.

Beim Anblick eines Turmes sagte er, das müsse ein großer Mann sein, der diese Steine habe alle aufeinander legen können, den möchte er sehen. —

Bei seinen ersten Leistungen im Schreiben, Zeichnen und dergl. genügte er nie sich selbst. — Wenn man seine Schrift lobte, so wies er es zurück und sagte, das sei noch nicht schön geschrieben, es müsse so werden wie die Vorschrift. —

Noch 14 Tage früher als er zu mir kam, erzählte er, wünschte er in seinen Käfig zurückzukehren, weil er glaubte, dort würden alle seine Schmerzen aufhören. Er hoffte noch auf die Rückkehr des Unbekannten, der ihn nach Nürnberg gebracht, und er habe sich vorgenommen, wenn er wieder käme, zu erklären, daß er nicht mehr dableiben sondern mit diesem Manne fortgehen wolle. Was er geschenkt erhalten, hatte er alles mitzunehmen beschlossen. Nur war er in Verlegenheit,

wie er und der Mann die Dinge, die ihm so schwer vorkamen, fortbringen sollten. Er probierte deshalb zuweilen eines seiner Spielpferde einige Schritte weit zu
tragen, was ihm aber nur Müdigkeit und die Unmöglichkeit des Weitertragens verursachte. Er habe nicht
daran gedacht, erzählte er (geg. Ende Okt.) daß der
Mann ihn selbst, den bei weitem Schwereren getragen
habe. Das Geschenkte wolle er in seinen Käfig bringen
und sich hier damit unterhalten, auch den Mann auf-
fordern, ihn in dem Lernbaren, das ihm bekannt geworden, weiter zu unterrichten. Aber ohngefähr 14 Tage
vor seinem Eintritt in mein Haus, da die Schmerzhaftigkeit seiner Empfindungen etwas nachzulassen
begann, kam ihm der Gedanke, wenn es auch außer
seinem Käfig besser mit ihm werden könnte, und sich
seine Schmerzen verlören, möchte er doch nicht mehr
in seinen Käfig zurück und wolle nur bei dem Unbekannten leben, ohne eingesperrt zu sein. Es schien ihm
zuvor nicht anders möglich zu sein, daß ihm wieder
wohl würde, als wenn er in seinen Käfig zurückkehrte.

Er hatte bemerkt, daß man auf die eigentümlichen
physischen Erscheinungen, die bei ihm vorkamen, aufmerksam war und, soviel als möglich, über sie Kunde
zu haben suchte. Da gab er es einmal als eine Sonder-
barkeit an, die er an sich bemerkte, daß, wenn ihn
hungere, ihm sei, als ob etwas (in den Magen) hinunter
müßte. Er habe nicht gewußt, sagte er, da man darüber
lachte, daß Andern auch so sei.

Bald nachdem er mir übergeben worden, erblickte er
auf einem Spaziergang einen in Kohlen arbeitenden
Mann, — stellte sich vor ihm hin, — und brach in laute
Äußerungen des Abscheus und der Verwunderung über
den abscheulichen garstigen Mann aus, worauf jener,
zu mir gewandt, mit einer Art von Respekt sagte, nun,
Sie, (er meinte Hauser) sprechen doch schon ganz vernünftig. —

Er kannte nicht alle seine Glieder. — Einmal sei
jemand zu ihm gekommen, erzählte er mir, der ihn
damit bekannt zu machen, sich bemühte. — Als man

ihn mit den Händen an seine Ohren langen lassen, sei er sehr verwundert gewesen, und habe geglaubt, das sei etwas Ungehöriges, welches von seinem Körper weg müßte. — Erst als der Gefängniswärter ihn, der vermutlich dazu aufgefordert, es ihm wegzuschaffen, ein wenig an den Ohren gezogen, habe er gemerkt, daß es ein Teil seines Leibes sei. —

Was kaufen sei, konnte er lange nicht begreifen, wie er mir erzählte. — Als er aber es gefaßt, wollte er dem Gefängniswärter das ihm geschickte Geld geben, damit er ihm gutes Brot dafür kaufen möchte. (Solches meinte er, wie er in seinem Käfig gegessen).

Als er jemand baden sah, erschrak er und sagte, man solle ihn heraustun, und als ein anderer, um zu baden, ins Wasser sprang, sagte er, da wäre einer hinein gefallen. —

Noch nach Mitte Oktober hielt er sich sehr darüber auf, daß ein Pferd im Stalle vor allen Leuten sein Wasser ließ. —

Als ich ihn in einer Wanne baden ließ, fürchtete er sich, der Boden derselben möchte einbrechen und er ins Wasser hinunterstürzen, weil er sich auch unter der Wanne Wasser vorstellte. —

Als ihn jemand im Scherze aufforderte, einer Dame die Hand zu küssen, und es ihm vormachte, sagte er, nein hineinbeißen muß man nicht. —

1828.

Anfangs behandelte man ihn rauh, weil man sein Benehmen für Verstellung hielt. Er weinte damals acht Tage lang immer fort den ganzen Tag und die ganze Nacht.

4. Ansicht und Behandlung des Lebendigen.

1828.

Als er wieder Spielpferde bekam, weinte er vor Freude. Wenn er aß, so hielt er mit der einen Hand ein Stückchen Brot an den Kopf des Pferdes und steckte sich mit der andern ein Stück in den Mund, dann aß er das, welches er dem Pferde vorgehalten und hielt diesem ein anderes vor und so trieb er es fort, bis das Brot aufgezehrt war.

1828 im H.

Er hatte schon in seinem Käfig die Gewohnheit, seinen leblosen Gesellschaftern nicht nur Brot zum Fraße hinzuhalten, sondern auch sie mit dem Maule in sein Wassergefäß einzutauchen u. sie saufen zu lassen. Zu Nürnberg machte er es auch so und da geschah es, daß eines seiner Pferde, das von Gips war, von dem Eintauchen ein zerweichtes Maul bekam. Als er es bemerkte, verglich er das Pferd mit seinen übrigen und fand, daß diese zwar vom Wasser naß aber nicht verweicht würden. Dann trank er selber und befühlte sich den Mund, wobei es sich ergab, daß sein Mund zwar benetzt, aber nicht weicher als vorher wurde. Da er nichts weiter herausbringen konnte, so fragte er den Gefängniswärter um die Sache, der ihm sagte, dieses Pferd möge kein Wasser wie die andern, es tue ihm nicht gut, worauf er es zu tränken unterließ, indem er glaubte, das Pferd zeige ihm durch die am Maule zu bemerkende unschöne Veränderung seine Abneigung gegen das Trinken an.

1828 im H.

Wenn er seinen Pferden das Brot zum Fressen hinhielt, blieb öfters etwas am Maule hängen; damit wollte er einmal dem Gefängniswärter widerlegen als dieser ihn zu belehren suchte, daß seine Pferde nicht fressen könnten. Eines seiner Pferde hatte einen Zaum in dem etwas geöffneten Maule. Er wollte einem andern derselben auch einen solchen machen und forderte, nachdem er durch zusammengehängte Goldflitten einen nach seiner Meinung recht schönen gemacht, das Pferd auf, den Mund zu öffnen, damit er ihn hineinstecken könne. Er plagte sich zwei Tage lang mit dem Versuche, das Pferd hierzu zu bewegen.

125

Im Turm.

Er pflegte alle seine Habseligkeiten vor Schlafengehen in eine gewisse Ordnung zu bringen. — Einst verstellte ihm der Gefängniswärter während dem er schlief, seine Spielpferde, und als er es des Morgens bemerkte, glaubte er, sie seien von ihrer Stelle weggelaufen. — Wenn man ihm nachher sagte, diese Pferde können sich nicht selber bewegen und laufen, so berief er sich immer auf diese Begebenheit. — Als er sich einmal wegen Mangel an Raum seine hölzernen Reitgäule aus der Stube vor die Türe bringen ließ, bat er den Gefängniswärter, acht zu geben, daß er nicht davon laufe. —

1828.

Er schlief einst auf einem hölzernen Reitpferde ein, fiel und quetschte sich am Finger. Da beklagte er sich, daß ihn das Pferd gebissen habe.

1828 im H.

Da er ganz langsam (aus Furcht geschlagen zu werden) mit einem Zuge von Spielpferden auf dem Boden hin u. herfuhr, fügte es sich einmal, daß eines derselben mit einem der Hinterfüße in eine Lücke des Bodens geriet und aufstieg; darüber hatte er die größte Freude und suchte fortan immer wieder jenes Aufsteigen während des Fahrens herauszubringen, machte es auch allen Besuchenden vor. Als ihm der Gefängniswärter bemerkte: er solle doch nicht allen Leuten dasselbe vormachen, hörte er zwar auf dies zu tun, weinte aber sehr, daß er sein steigendes Pferd nicht mehr zeigen solle. Einmal fiel es beim Aufsteigen um, da glaubte er, es habe sich weh getan und weinte. Als man ihn zu überreden suchte, daß dem Pferde nichts weh tue, dachte er bei sich, diese wissen nicht, was ihm weh tut und fand sich nicht beruhigt. Er habe damals geglaubt, setzte er hinzu, als er dies erzählte, es tue andern auch alles so weh, wie ihm. Jenes aufsteigende Pferd hielt er für böse u. sagte: es beiße. — Der Fall mit dem Pferde wurde mir nicht vom Hauser allein erzählt, sondern auch vom Herrn Professor Held zu Nürnberg, einem von denjenigen, vor denen er das Pferd hatte aufsteigen lassen.

Er äußerte ein andermal: recht habe er es doch nicht geglaubt oder habe immer wieder daran gezweifelt; wenn er einem seiner Pferde etwas eingebohrt oder eingeschlagen habe, so habe er sich durch den Gedanken beruhigt in jedem Falle tue es dem Pferde nicht weh, da es nicht schreie.

Als der Gefängniswärter einmal einen Nagel in eines seiner Spielpferde schlug, weinte er sehr, weil er glaubte, es mache diesem Schmerzen.

Später, nachdem ihm jener gesagt, es sei nicht lebendig, und er wenigstens keine Äußerung des Schmerzens an dem Pferde wahrnahm, tat er selbst dergleichen.

Als er einen kleinen Wagen sah, der von selbst eine kleine Anhöhe herabrollte, meinte er (zu Anf. Okt.) er sei belebt, erkannte aber seinen Irrtum, als er bemerkte, daß er nicht eben so wieder bergan lief, sondern der Knabe, der darauf gesessen, ihn einherzog.

In der ersten Zeit hielt er selbst die Bilder lebendiger Wesen auf seinen Kupferbögen für belebt. Beim Anblick eines an einem Hause angemalten, im Galopp laufenden Pferdes, fragte er: warum dieses Pferd so ohne Führer daherginge.

1828.

Der Anblick von Kruzifixen in der Kirche machte ihm ein ungeheures Entsetzen. Er sagte: Man solle diese gequälten Menschen von den Kreuzen herunternehmen und wollte sich nicht dadurch beruhigen lassen, daß man ihm bemerklich machte es seien nur Bilder.

August 1828.

Als ein Kind auf einem gefällten Baumstamm saß und mit einem Stöckchen darauf schlug, fragte er: warum er den Baum schlage, indem er meinte, es wolle demselben etwas zuleide tun.

Mitte Sommers 1828.

Den Unterschied zwischen Lebendigem und Unlebendigem, Organischem und Unorganischem konnte er

fast gar nicht machen. In alles legte er Willen, Empfindung, Bewußtsein. Als der Wind ein Blatt Papier
vom Tische wehte, sagte er: es sei heruntergelaufen.
Als man ihm sagte: der Wind habe es herabgeweht,
sagte er: der Wind solle das nicht tun.

1828.

Daß seine kleinen Spielpferde nicht lebendig seien,
davon ließ er sich schon durch den Gefängniswärter vor
meiner Bekanntschaft mit ihm überzeugen, der ihm
z. B. zeigte, daß sie auf seinen Ruf nicht herbeikämen
und sich nicht bewegten, wenn sie nicht von andern
bewegt würden; aber noch nach seinem Eintritt in
mein Haus hielt er die Meinung fest, sein großer Holz-
gaul, auf dem er sich geschaukelt hatte, sei lebendig, ich
hörte ihn noch, da ich ihn im Turme besuchte, die Be-
sorgnis äußern, er möchte ihm davonlaufen, wenn die
Türen nicht verschlossen würden. Das kam daher, weil
er seine Beweglichkeit während des Reitens erfuhr,
deren Ursache er noch nicht in dem ihm gegebenen
Anstoß zu erkennen fähig war, und weil er sich einmal
an ihm blutig gestoßen hatte, was er für einen Biß des
Pferdes hielt. Erst als er sich überzeugte, daß die
rollenden Äpfel nicht lebendig seien, verschwand auch
die Meinung von der Lebendigkeit des hölzernen Pferdes.

Im Turme 1828.

Man zeigte ihm, ein Kupferblatt, auf welchem ein
Ritter auf seinem Pferde von der Seite dargestellt
war, so daß man den Kopf des Pferdes nicht zu sehen
bekam. — Er fragte, warum dieses Pferd keinen Kopf
habe. — Als man ihm sagte, der Kopf befinde sich auf
der andern Seite, — die man hier nicht sehen könne, so
wandte er das Blatt um, — und wollte auf der leeren
Seite desselben den Kopf erblicken. — Auf ähnliche
Weise machte er es bei andern Gelegenheiten. —

Als man einen Apfel im Garten hinrollen ließ verwunderte er sich, daß der Apfel laufen könne, — und
glaubte, es wäre die selbständige Bewegung eines Lebendigen. — Ebenso wenn der Apfel sich in die Hecken

und Beete verlief. — Der Apfel folge nicht, sagte er bei solchen und ähnlichen Gelegenheiten, z. B. wenn er ihn, wie einen Ball in die Hecke warf, und nicht wieder fangen konnte, und fragte, warum er andern folge, und ihm nicht. Als der Apfel im Laufen einmal plötzlich inne hielt, sagte er, er sei jetzt plötzlich müde, und man müsse ihn nicht länger plagen. Ich wollte ihm zeigen, daß es von mir abhänge, welche Richtung der Apfel nehmen müsse, — und daß er hinfalle, wo ich ihn hinwerfe. Da der Apfel aber nicht an der Stelle blieb, wo er auffiel, sondern absprang, so brauchte er dies als Gegenbeweis, und blieb bei der Meinung, daß der Apfel von selbst springen und laufen könne. — Als man aus Brot Kügelchen machte, hielt er sie nun gleichfalls für belebt, weil er sie rollen sah. — Nun schnitt jemand vor seinen Augen aus dem Brote, das er aß, ohne es zusammenzupressen eine Kugel und ließ sie rollen. An dem Brote nun, hatte er die Anschauung eines Unselbständigen, Leblosen, — und da er zugeben mußte, daß diese Kugel dasselbe Brot sei, das er selbst schnitt und aß, so glaubte er von nun an die Unlebendigkeit auch anderer Gegenstände. — Er griff von diesem Standpunkte aus nun sogleich so weit als möglich um sich, und fragte z. B. ob es sich mit der Natur im Garten, auch so verhielte, daß sie sich nicht reinigen und putzen könne. —

Mitte Sommer 1828.
Die Belehrung über die Äpfel hatte er bald wieder vergessen. Das sich bewegende blieb ihm lebendig. Als ein rollender Apfel einmal an einen andern im Wege liegenden anstieß und auf die Seite trieb, beschwerte er sich sehr über den garstigen Apfel, der dem andern etwas zuleide getan und weggestoßen habe und sagte, diesen möge er nun nimmer. Als jemand die rollenden Äpfel mit dem Fuße aufzuhalten suchte und diese an der etwas holperigen Stelle öfters in die Höhe u. über den Fuß wegsprangen, freute er sich sehr über ihre Klugheit und Lebendigkeit, ermahnte jeden, den er rollen ließ, zuvor, dasselbe zu tun und zeigte ihm, wie er es machen müsse.

Vom Brummkreisel glaubte er, er sei lebendig und laufe von selbst, bis ihm einmal vom Anziehen der Arm sehr weh tat. Da merkte er, daß der Kreisel nicht gelaufen wäre, wenn er nicht durch seinen Zug dazu getrieben hätte.

5. Wie er Tiere behandelte.

Mitte Sommer 1828.

Er ärgerte sich darüber, daß die Katze mit dem Munde äße, und sich mit demselben putze und ablecke. — Er wollte ihr das Essen mit den Händen lehren, nahm ihre Pfote, und ermahnte sie mit derselben den Fraß zu fassen, und an das Maul zu bringen. — Überhaupt sprach er mit der Katze wie mit einem Menschen und verwunderte sich, daß sie nicht darauf achte und nichts lernen wolle. —

1828.

Als er einen Hund sich sehr folgsam beweisen sah, wenn er nach Hause kam, wolle er der Katze sagen was für einen folgsamen Hund er heute gesehen, und sie ermahnen, eben so zu sein, was er auch tat. —

Mitte Sommer 1828.

Die Katze wollte er aufrecht gehen lehren.

Mitte Sommer 1828.

Als er eine graue Katze sah, sagte er, warum sie sich nicht wasche, damit sie weiß werde.

1828.

Noch zu Anfang des Oktobers nachdem er aufgehört hatte, Tiere wie Menschen behandeln zu wollen, sagte er zur Katze, da er eine andere, ihr sehr ähnliche gesehen hatte: Heute habe ich einen Vetter oder eine Base von Dir gesehen und meinte, sie solle es verstehen und sich darüber freuen.

Mitte Sommer 1828.

Sagte man von Tieren, sie könnten dieses oder jenes nicht, so sagte er sie sollten es eben lernen. Z. B. das Aufrechtgehen, das Essen mit den Händen. —

Da er Ochsen auf dem Pflaster gelagert sah, fragte er, warum sie sich auf den harten Boden legten und nicht lieber nach Hause gingen, um sich niederzulegen.

Mitte Sommer 1828.

Er beschwerte sich darüber, daß die Tiere z. B. Ochsen, Pferde, den Weg verunreinigten, und nicht auf den Abtritt gingen.

6. Geschmack, was Farben, Töne usw. für ihn sind.

1828.

An schmucken bunten Frauenkleidern fand er großen Geschmack, und wollte durchaus ein Mädchen werden, um solche tragen zu können, fand es auch unbegreiflich, warum er nicht für ein Mädchen sollte gelten können, wenn er Mädchenkleider anhabe.

Eine große Freude hatte er, als man ihm einmal wirklich einige weibliche Kleidungsstücke umlegte.

Mitte Sommer 1828.

Als er in ein Zimmer kam, auf dessen Boden etwas Stroh lag, ging er sogleich wieder hinaus und sagte: da möge er nicht bleiben, da sei es wie in einem Pferdestall.

1828.

Eine ganz weiße Katze, einen ganz weißen Hund fand er schön, schöner aber, meinte er, wäre es, wenn diese Tiere rot oder blau wären.

Mitte Sommer 1828.

An einem schwarzen Anzug lobte er allenfalls die Feinheit der Stoffe, der Farbe wegen mißfällt er ihm.

Mitte Sommer 1828.

Wenn er mich essen oder trinken sah, was er für garstig hielt und so nannte, schüttelte er sich vor Grauen.

Alle Menschen waren ihm schön, die nicht schwarz waren, wie ein Mohr oder Schornsteinfeger. Wenn man ihn fragte, ob ihm nicht einer schöner als der andere

scheine, so sagte er, sie wären alle gleich schön, denn sie
wären ja nicht schwarz im Gesicht.

1828 im Turm.

Als ein junger Mensch mit langen blonden Haaren
zu ihm kam, sagte er: sie seien garstig, obgleich er sonst
das Helle für schön erklärte. Lange Haare konnte er
sehr wenig leiden, als Bärte, Zöpfe, Haarbeutel, Schnur-
ren bei Katzen u. dergl.

M. Sommer 1828.

Als er jemand sah, der nach altdeutscher Art lange
Haare und Bart, beide von dunkler Farbe trug, befiel
ihn ein entsetzliches Grauen und er schüttelte sich vor
Abscheu, so oft er nur an ihn dachte. Er sagte: Dieser
Mensch könne sich ja gar nicht ordentlich waschen und
reinigen.

Juli 1829.

Als er den Ausdruck: schönes Geschlecht, hörte sagte
er: er begreife nicht, warum die Weiber schöner sein
sollten, als die Männer, sie hätten beide weiße Gesichter.

1829.

Als er (Ende Juli) angefangen hatte, mit Appetit
Schwarzbeerbrei zu genießen, fiel es ihm während des
Essens ein, sein Magen würde schwarz werden und ließ
das Essen mit Abscheu stehen.

1828.

Alle die Bilder, Spielsachen und andern Dinge, die
man ihm, als er noch auf dem Turm war, brachte,
klebte oder stellte er, nach eigener Wahl und Erfindung
in einer gewissen Ordnung u. Symmetrie auf. Die Wände
des kleinen Gefängnisstübchens waren an den zwei Seiten der Ecke, an der die Bank, die statt eines Tisches
diente, befindlich war, fast ganz mit Bildern überklebt.
Abends nahm er sie alle herunter, sowie er die aufge-
stellten Spiele und andere Sachen zusammenpackte,
Morgens war sein erstes Geschäft, alles wieder in die
gestrige Ordnung zu bringen.

1828.

Er sagte mir später, er habe die Bilder, die er bekommen, Anfangs nur nach ihrer Schönheit geordnet, die

ihm am besten gefallen habe er zuvörderst aufgeklebt, dann der Reihe nach, die ihm weniger schön vorkamen. Nachher habe ihm jemand gesagt, er müsse sie nach den verschiedenen Gegenständen, die sie vorstellten zusammenreihen. Gleichwohl behielt er eine gewisse Eigentümlichkeit in der symmetrischen Anordnung. Brachte man ihm etwas Neues, so besann er sich, wie er das am besten anbringen und mit dem übrigen in Verbindung setzen könnte und gab öfters deshalb einer ganzen Reihe von Bildern eine veränderte Ordnung. Noch in den ersten Tagen meiner Bekanntschaft mit ihm sah ich ihn jene erste Art der Anordnung befolgen. Ich hatte ihm Darstellungen verschiedener Völker u. Stämme nach den Eigentümlichkeiten ihrer Körperbildung und Tracht gebracht und er reihte sie auf seiner Bank so aneinander, daß die, welche die farbigsten Kleider und eine helle Gesichtsfarbe hatten, vorankamen, die braunen u. schwarzen Menschen und die mit dunkeln Kleidungsstücken kamen der Reihe nach, so wie ihm einer weniger gefiel als der andere, nach jenem Sinn für Symmetrie.

Ordnung und Reinheit war wie sich aus allem ergibt nicht durch äußere Anregung in ihn gekommen, sondern äußerte sich in ihm instinktartig. Als er in mein Haus kam, verschenkte er die Spielsachen, die er erhalten hatte an Kinder, denn er war bereits mehrere Wochen lang über das Spielen hinaus und nahm auch von den Bildern, die er aufgeklebt, nur einige, die ihm die schönsten zu sein schienen, mit. Diese klebte er in dem Zimmer, das ich ihm einräumte, mit symmetrischer Anordnung auf. In der größten Ordnung füllte er die Schubladen und das Pult, das seiner Verfügung überlassen war, mit den Kleidungsstücken und Werkzeugen, die er schon hatte, oder nach und nach erhielt, ohne daß man ihn hierzu anleitete, als wäre das etwas von Kindesbeinen an Eingeprägtes und Geübtes.

1828.

Sein bis zum Extrem des Pedantischen fortgehender Sinn für Ordnung, Reinheit und äußeren Glanz zeigt sich aber so sehr in Beziehung auf andere, als auf sich, und es ist ihm eben so widerlich u. ärgerlich an andern, als an sich etwas zu sehen und zu wissen, was er für unschön hält.

1828.

Zu Ende Augusts äußerte er: das Schönste, was er gesehen, sei der gestirnte Himmel, das Schönste, was er gehört, das Klavier.

1828.

Als ihm jemand (Sept.) etwas Ernstes auf einer Hausorgel vorgespielt hatte, sagte er: nachdem er ohne Interesse zugehört: er möchte doch einmal etwas spielen. *Etwas* nannte er nur ein für ihn Faßliches oder ihn Erheiterndes.

1828.

In Beziehung auf die Musik zeigt er bloß für das Lustige, Heitere und Muntere Sinn. Den meisten Eindruck auf ihn machte das Non più andrai aus Figaro, was er nicht oft genug hören konnte, und sehnlichst wünscht selbst spielen zu können.

Musikstücke, die ihn sehr ansprachen, waren das Non più aus Figaro, das Fin ch' han dal vino aus Don Juan, das Vivat Bacchus aus der Entführung, hauptsächlich aber lustige Volkslieder, z.B. Du lieber Augustin oder das Jägerlied: Fahret hin, fahret hin, Grillen geht mir aus dem Sinn.

Herbst 1828.

Als man ihm einmal etwas von ernstem Charakter vorspielte, sagte er: das gehe ihm zu traurig. *Traurig könne er selbst sein,* dazu brauche er keine Musik. Bei einem Musikstück aus Moll sagte er, es sei so tot.

1828.

Das Grün des Laubes, Grases u.s.f. findet er nicht schön. Es sollte, meint er, rot oder blau sein. Er würde sich und alles, wenn er gekonnt hätte, in Scharlach und Purpur gekleidet haben.

Aug. 1828.

Meine Wohnung hat die Aussicht in 2 Gärten. Als man ihn fragte, wer schöner wohne, ich oder ein Freund, der in keiner der schönsten Straßen von N. wohnt, sagte er, die Wohnung des letzteren liege schöner, weil rings herum schöne rot angestrichene Häuser wären, bei mir sehe man aber nichts als Pflanzen und Bäume.

Als er einst einen Baum voll roter Äpfel sah, sagte er, wie schön wäre dieser Baum, wenn die Blätter auch so rot wären.

August 1828.

Auf einer Anhöhe fragte man ihn: ob die Aussicht nicht schön wäre? Er sähe nichts Schönes, war die Antwort. Man bemerkte ihm, daß hier das Ganze der Ansicht das Schöne wäre. Es ist ja alles grün, sagte er.

1828.

Gegen das Ende des Septembers hin fing er an, an schönen ländlichen Aussichten und Naturformen Gefallen zu finden. Man hörte zuweilen die Ausdrücke: das ist ein schöner Abend, das ist ein schöner Tag u. dergl.

Den Mangel an Sinn für die Natur kann man zum Teil daraus erklären, daß ihm so viel Naturgegenstände weh taten, und ihm keine ungestörte Anschauung gestatteten. Er konnte sich früher hierüber nicht erklären, wodurch seine Scheu vor dem Aufenthalt in der freien Natur um so mehr auffallen mußte.

Nicht nur gegen das, was ihm physisch, sondern auch gegen das, was ihm ästhetisch zuwider war, gab er seinen Abscheu dadurch kund, daß er sich heftig schüttelte.

Lächerliches und Komisches gabs in den ersten Zeiten nicht für ihn, daher auch kein Lachen in dieser Beziehung.

Das für uns Komische war ihm meist häßlich oder grauenhaft.

1828.

Als er roten Wein trinken sah, sagte er: Wenn ich nur auch Sachen essen und trinken könnte, die so schön aussehen. (Anf. Okt;)

1828.

Er äußerte einmal bei einer Gelegenheit: sein Gesicht müßte recht schön aussehen, wenn es vergoldet wäre. (Anf. Okt.)

Für Kinderspiele hatte er keinen Sinn. Er fand es sehr lächerlich, als er sah, wie ein Kind, das von einem andern an einem Strick gehalten wurde, sich wie ein Pferd gebärdete.

Okt. 1828.

Beine an Menschen und Tieren konnten ihm nie zu dünn sein. Als er einen Storch sah, sagte er: der habe recht schöne Beine, nicht zu dick, nur etwas zu lang.

Sehr schön schienen ihm die dürren Beine eines Bauern, die, weil derselbe an Schenkeln und Gesäß fast kein Fleisch hatte, in Form einer zweizackigen Gabel herunterhingen.

August 1828.

Runde Waden hielt er für unschön und die zunehmende Dicke der seinigen ärgerte ihn. Wenn die Füße dünn, wie die Schienbeine wären, meinte er, wären sie schöner.

1828.

Man konnte ihm nichts Unangenehmeres sagen, als daß er immer dicker würde. Vor allem Dicken, auch vor dem Verhältnismäßigen und Gesunden hatte er einen Abscheu. Die Waden einiger Tyroler, die er sah, fand er äußerst häßlich. Über ein Windspiel äußerte er große Freude, weil es so dünn sei.

Als er im Sommer 1829 ein recht dünnes, dürres Frauenzimmer sah, sagte er: wenn er einmal heiraten *müßte,* so würde er diese heiraten.

1829.

Als er im August wieder dick zu werden anfing, beklagte er sich darüber sehr, betrachtete seine sich rundenden Waden mit großem Kummer und Verdruß und beneidete jeden, der dünne Füße hatte.

Uhren, Geldstücke und andere Gegenstände an denen er Gefallen fand, wollte er anfangs nur seinen Spielpferden als Schmuck anhängen.

1828.

Als er im Septbr. u. Oktober ins Theater kam, freute er sich blos über die glänzenden Anzüge der Schauspieler. Von dem Gesprochenen verstand er damals noch nichts, er fing überhaupt erst an, von dem in Gesprächen, denen er zuhörte, mit gewöhnlicher Schnelligkeit Gesprochenen, zwischendurch etwas zu verstehen. Kam auf der Bühne eine komische Figur vor, so bewog sie ihn nicht zum Lachen, sondern zum Abscheu u. zum Wunsche ihrer Entfernung. Er hatte sich Baumwolle mitgenommen, um vor zu lärmender Musik die Ohren zu verstopfen, doch konnte er nun schon die wenig angreifende Musik dieser Oper bis aufs Finale ohne jene Verwahrung hören. (Es war dies nämlich Parsiellos Oper: die Müllerin, die er im Oktober hörte.) Die Offizierskleider des Baron machten ihm große Freude, den stärksten Abscheu äußerte er aber gegen den Amtsverwalter, insbesondere gegen seinen Haarbeutel. So ein Zopf sei das Allergarstigste, was es gäbe, garstiger noch, als ein Bart, sagte er. Die Gegenwart des Amtsverwalters war ihm fast unerträglich, er wandte oft das Gesicht ab, ärgerte sich, wenn er erschien, und freute sich, wenn er abtrat. Er hielt sich darüber auf, daß diese mit ihm sprechen möchten. Als er die Kleider des Barons aus der Kammer hervorbrachte, mißfiel ihm ebenso die Berührung derselben. Als der Baron dem Notar mit dem Degen drohte, sagte er, er solle lieber den Garstigen erstechen. Es war das die erste Äußerung dieser Art die ich von ihm hörte. Es mochte ihm in diesem Augenblick ein ähnliches Gefühl ankommen, wie wenn wir ein grauenhaftes Insekt zu vernichten geneigt sind. Er forderte auch öfter dazu auf, dem Garstigen den Kopf abzuschneiden. Er sprach noch nach dem Theater von dem Manne mit einem Gesichte, als solle er ein Brechmittel einnehmen.

Sept. 1828.

Als er auf einem Wirtshausschilde ein rotes Pferd angemalt sah, sagte er: wenn die Pferde so schön rot wären, dann wären sie herrlich.

Wörter wie Schwanz, Sudeln, plumbum, kamen ihm garstig und befremdlich vor.

1828.
Das Hellfarbige nennt er schön, alles andere garstig.

1828.
Als er eine Katze betrachtete, sagte er: die Schnurre sei nicht schön an ihr, die soll man wegschneiden.

1828.
Sinn für die Natur fehlte ihm ganz. Sein Zimmer mit den darin befindlichen Bildern und Gegenständen gilt ihm für schöner, als eine ländliche Gegend oder Szene. Wenn man ihn durch ein gefärbtes, zumal rotes Glas sehen läßt, gefällt ihm erst dergleichen.

Mitte Sommer 1828.
Fräcke konnte er nicht leiden. Als ich einmal einen Frack angezogen hatte, hatte er ein großes Geschrei und sagte: die Schöße gingen ja hin und her, wie ein Ochsenschweif.

7. Tod.

1828.
Vor allen Spuren des Tot- oder Umgebrachtseins z.B. vor Knochen von toten Tieren, hatte er den ungeheuersten Abscheu. Von Tod überhaupt konnte man ihm anfänglich, um ihn nicht zu schrecken, nur die milde Vorstellung eines langen Schlafes geben. Als er fragte, wo denn die Eingeschlafenen hinkämen, sagte man ihm: sie würden in eigens dazu bereitete Betten gelegt und in Kammern gesetzt, die unter der Erde befindlich wären.

1828.
Gegen Ende des Septembers gelang es mir, ihm eine eigentlichere Vorstellung vom Tode beizubringen.

1828.
Als er auf einem Gemälde einen Totenkopf in der Hand eines Heiligen sah, fragte er nicht im Tone der Neugierde, sondern auffallender Ängstlichkeit, was das sei.

8. Eigentümlichkeit des Vorstellens.

Sommer 1828.

Als man ihm vom Winter erzählte, sagte er, den Winter solle man, wenn er käme, 3 Tag lang da lassen, damit er sehen könne, wie er aussehe, dann aber müsse man ihn fortschicken. —

1828.

Als ich ihm von der Kälte erzählte, die bei dem bevorstehenden Winter eintreten werde, sagte er: aber daß es den Winter nicht selber friert. —

1828.

Er suchte bei mehreren Personen zu erfragen wo die kleinen Kinder herkämen; daß er selbst einmal so klein gewesen, verneinte er und ließ sichs nicht einreden. Er sei immer gewesen, wie jetzt, behauptete er, und wollte nicht glauben, daß er einmal nur so groß gewesen, als ein Kind von wenigen Jahren, das man ihm gezeigt hatte.

Es kam ein paarmal der Fall vor, daß er ein Brot, das ihm seiner Form wegen auffiel und welches nicht für ihn bestimmt war, aß, weil er glaubte, es müsse auch dem Geschmack nach gut sein, da es der Form nach so artig sei. Er täuschte sich aber und ärgerte sich über diese Täuschung. Beim Anblick von Getränken mit glänzender Farbe äußerte er: er würde seine Speisen u. Getränke um vieles lieber genießen, wenn sie auch so schön aussähen und wünschte bloß um der Farbe wegen jene Getränke genießen zu können. Der Kaffee dagegen, meinte er, habe schon die rechte Farbe die seinen Wirkungen entspräche.

1828.

Ich hatte ihm zu Anfang des Oktobers zu der Einsicht gebracht, daß der Winter, von dem er zu wissen wünschte, wie er aussähe, keine irgendwie gestaltete Person sei. — Einige Tage darauf ging ich mit ihm auf der Straße und einer der Vorübergehenden nannte den andern, so daß wir es hören konnten: »Herr Winter.« Da meinte Hauser irre gemacht, dieser Mann sei der Winter und sagte zu mir, ich habe ihn belehrt, daß der

Winter kein Gesicht u.s.w. habe, und da sei er nun doch; das müsse nun doch der Mann sein, der so kalt mache.

1828.

Als er den betenden Christus an der Lorenzerkirche betrachtete, sagte er, das sei ein einfältiges Bild; der da bitte um etwas und könne doch nichts empfangen, da er von Stein sei und der andere (der gleichfalls dargestellte Gott Vater) könne ihm nichts geben, weil er auch von Stein sei. (Anf. Okt.)

August 1828.

Als er eine Sternschnuppe fallen sah, sagte er: es sei ein Stern herabgefallen, der nicht gut befestigt gewesen.

Mitte Som. 1828.

Alles Unwohlsein Anderer schob er darauf, daß sie nicht, wie er, Wasser und Brot, sondern so garstige Sachen genössen; meine Krankheit schrieb er meiner schlechten Diät zu, war jedoch sehr zufrieden, daß ich keinen Tabak rauche noch schnupfe. Einem meiner Freunde sagte er: er sähe deshalb blasser aus als ich, weil er Tabak rauche und ich nicht.

Als ich einmal von seiner Wassersuppe genoß, freute er sich u. sagte, nun würde ich bald gesund werden, wenn ich anfange, solche Kost zu genießen.

1828.

Im September, zu welcher Zeit er Lebendiges und Lebloses sehr wohl zu unterscheiden wußte, betrachtete er die in Stein gehauenen Bilder unter der Burg von Nürnberg, welche die schlafenden Jünger Christi vorstellen. — Über den Johannes, der ein Buch in der Hand hält, lachte er sehr weil dieser lernen wolle, und schlafe. — Als jemand mit dem Stock auf eines der Bilder schlug, sagte er abwehrend, man möge es nicht tun, es könnte ihm (dem Bilde) wehtun. — Da ich sagte, ob er denn noch immer glaube, daß ein Stein Empfindung habe, entgegnete er, er glaube nicht, daß es dem Stein wehe tue, aber wohl dem Manne, den dieses Bild vorstelle. — Ich sagte, das Bild und der Abgebildete, seien doch ganz verschiedene Dinge, und der Abgebildete könne weit entfernt von dem Bilde sein,

140

würde sodann auch den Kopfschlag nicht fühlen, den man seinem Bilde gäbe. — (daß er tot sei, oder sein könne, wollte ich nicht erwähnen). — Er sagte hierauf, der Abgebildete könne es so fühlen, wie er es fühle, wenn ich aus weiter Entfernung, die Hand gegen ihn ausstrecke.

Herbst 1828.

Als er (Anfangs Sepbr.) auf einem Platze der eine weite Aussicht bot, bemerkte, daß der Himmel in der Ferne bis auf die Erde herabgehe, und ihn jemand von der Irrigkeit dieser Meinung überzeugen wollte, sagte er ganz ungehalten, man sehe es ja ganz deutlich, daß der Himmel bis auf die Erde herabgehe, und ließ sich von dieser Meinung durch nichts abbringen, weil er es zu sehen glaubte.

1828.

Beim Gehen auf dem Pflaster, das seinen Füßen anfangs weh tat, sagte er einmal: daß doch die Steine nicht weich werden wollen.

1828.

Als er an einem frostigen Oktobermorgen zuerst den durch die Kälte sichtbar werdenden Hauch seines Mundes bemerkte, geriet er in Verwunderung und Bestürzung. — Er kam auf den Einfall, er habe viel Tabakrauch verschluckt, und müsse ihn nun wieder von sich geben, doch besann er sich, daß er nicht soviel Tabakrauch eingeschluckt haben könne, als er jetzt von sich geben könne, und beschloß daher, mich darüber zu befragen.

Als er seinen ersten Rock bekam, meinte er, er würde ihn nicht anziehen können, weil er nicht wie die Jacke sei, die er bis dahin getragen. —

9. Urteil, Scharfblick, Gewandtheit.

An einem Schauspieler lobte er (Sommer 1829) daß er sich gar nicht um die Zuschauer bekümmert habe, wie die andern zu tun pflegten. —

Mitte Sommer 1828.

Als ich ihn auf die Burg von Nürnberg führte, u. die Stadt überblicken ließ, fand er unter dieser Menge von Häusern ohne vorhergegangene Andeutung sogleich die Lorenzer Kirche und das Haus des ersten Herrn Bürgermeisters heraus. —

Wenn er etwas wollte, und sich, wie er pflegte es unumwunden zu sagen scheute, hatte er eine feine Art es zu verstehen zu geben. — Als er zu mir kam, und ich ihm auf einem Spaziergange zu schnell ging, sagte er: wenn ich doch auch so schnell gehen könnte, als Herr Professor. —

Von einer gewissen Schlauheit und Listigkeit die in Hausers Natur zu liegen scheint, zeigten sich zu meinem Erstaunen frühzeitige Spuren. — Da ich ihn noch im Turm besuchte, fragte er mich einmal um etwas, u. da ich ihm geantwortet hatte, sagte er dies habe ihm schon eine gewisse Person gesagt, u. er habe mich nur gefragt, um zu hören ob ich auch so sage. —

Für die Schwächen der Menschen hatte er einen ungeheuern Scharfblick. —

August 1828.

Als er portraitiert worden war, sagte er, die ganze Ähnlichkeit, die das Bild habe, liege in der Nase. Er legte ein kleines Stück Papier auf die Nase, u. sagte, man könne nun sehen, daß das Bild jetzt gar keine Ähnlichkeit mehr habe.

Mitte Sommer 1828.

Als man ihn abgebildet hatte, fand er sogleich die zweckmäßigste Art, das Bild mit seinem Gesicht zu vergleichen. —

Er hielt das Bild verkehrt an den Spiegel, und verglich nun im Spiegel selbst sein Gesicht und das Bild. —

Sommer 1828.

Als er abgebildet worden war, sagte er, es wäre in dem Bild nichts, was ihm ähnlich sei, als die Nase. — Ferner tadelte er die Stellung in der er gezeichnet worden war. — Es solle doch sagte er, der Kaspar sein, wie er nach

Nürnberg gekommen. In der ersten Zeit aber sei er
immer krumm (mit einwärts gekehrten Füßen) gegangen
und gestanden. — Hätte er sich die Stellung geben
wollen, wie sie das Bild hat, so wäre er umgefallen. —
Also hätte man ihn krumm zeichnen sollen.

Mitte Sommer 1828.

Von der Schärfe seiner Beobachtung und der Kraft
seines Gedächtnisses zeugt auch folgendes:

Jemand (Herr Dr. Klingsiech zu Nürnberg) schenkte
ihm ein Portrait und zeigte ihm als er später zu ihm
hinkam, ein anderes Exemplar desselben Bildes. — Er
bemerkte sogleich, daß auf dem seinigen der Backenbart
stärker sei, und wirklich hatte der Künstler auf demselben durch Hineinzeichnen den Backenbart etwas
verstärkt. — Auf dem nämlichen Portrait bemerkte er,
daß eine Warze nicht ganz am rechten Orte stehe, was
sonst vorher niemand bemerkt hatte. —

1828.

Er bemerkte einmal auf einem Spaziergang im September eine hin- und herwehende Fahne auf einem
Maienbaume in einer Entfernung in welcher andere
fernsichtige Augen nur den Baum, nichts aber von der
Fahne und ihren Bewegungen erkannten. Ich fragte
einige in der Nähe stehenden Bauernjungen, bei denen
ich gute Augen voraussetzte, ob sie etwas davon wahrnehmen könnten. — Ein paar davon behaupteten, das
Hin- und Herwehen zu bemerken. — Gut, sagte Hauser,
wenn sie wieder weht, so will ich auch fragen, ob ihr es
seht. — Er wartete nun einige Zeit, und sagte dann:
Nun weht sie jetzt oder nicht? Sie weht, antworteten
die Jungen. — Ich sehe, daß ihr nichts seht, sagte
Hauser, und gab den Jungen einen nachdrücklichen
Verweis ihrer Lügenhaftigkeit. —

10. Scherz, Humor.

1828.

Um die Mitte Oktober sagte er scherzweise, er müsse
seiner Königin (im Schachspiele) noch ein paar Augen

machen lassen, damit sie besser sehen könne, und sich nicht immer von den Spielern nehmen lasse. —

Wenn, ein paar Monate zuvor dies ein Anderer gesagt hätte, so hätte er es wahrscheinlich noch als Ernst genommen. —

Herbst 1828.

In einiger Entfernung von seinem Fenster stand ein Nußbaum, den er vermöge seines feinen Geruches bis in die Stube hinein roch, er sagte daher scherzend, wenn er einen angenehmen Geruch haben wolle, so dürfe er nur ans Fenster gehen. — (Der Geruch des Nußbaums war und ist ihm jetzt (1830) noch sehr unangenehm.) Diese Art des verkehrten Ausdrucks war ihm zu Anfang des September bereits sehr geläufig.

Ende Septbr.

Er sagte zu jemand, er werde ihn für gewisse Freundschaftsbezeugungen in Gold fassen lassen, eine Redensart, die er gehört hatte. — Als dieser sagte, er solle ihm lieber das Gold dafür geben, dann könne er sich wenn er wolle selbst vergolden lassen, sagte Hauser scherzhaft stotternd, und mit der Hand am Munde die Bewegung des Trinkens machte, so werde er sich vergolden lassen, nämlich mit Wein. — Man bedenke welche Menge von Verstandesoperationen die Möglichkeit einen solchen Scherz zu machen, voraussetzt. — Hauser hatte damals erst vor einigen Wochen Scherz und Ernst unterscheiden gelernt.

1828.

Im August fing er an Scherz und Ernst zu unterscheiden, was er zuerst nicht konnte, auch sich der Form des Spottes und der Ironie zu bedienen, welches er von nun an sehr gerne tat. —

1828.

Im August und September fing er sogar an, zu necken, und oft mit vielem Witz und Humor, der durch ganze Gespräche lief. —

11. Technisches Talent.

Er wurde im August und Sept. statt der seines krankhaften Zustandes wegen zu vermeidenden geistigen
Arbeiten unter anderm mit Papparbeiten beschäftigt.
Er machte deren im Septbr. zum Teil von großer Feinheit und Schönheit. Die Kästchen die er gefertigt
hatte liebte er an Personen zu verschenken, die ihm
wert waren oder denen er seine Dankbarkeit bezeigen
wollte. Ein schönes Nähpult, von welchem er die
Tischlerarbeit nach Anleitung eines Schreinermeisters
fertigte, die einzige Arbeit dieser Art, die er nicht voll-
endete, da er das bei derselben zu machende Geräusch
nicht vertragen konnte, besitzt die Gemahlin des Herrn
Bürgermeisters Binder zu Nürnberg.

Mitte Som. 1828.

Wenn man ihm einen Buchstaben vorschrieb, den
er noch nicht geschrieben hatte, so zog er zuerst die
Feder oder den Bleistift über den vorgeschriebenen
Buchstaben hin und machte ihn dann aus freier Hand
mit großer Leichtigkeit. So machte er es schon als ich
ihn kennen lernte.

12. Gedächtnis.

In Beziehung auf die ersten Eindrücke erschien sein
Gedächtnis als ungeheuer. Von mehreren Geldstücken
derselben Art wußte er einzeln zu sagen, wer sie ihm
geschenkt, er erkannte dies bloß an ihren zufälligen
Schmutzflecken. Namen von Personen, die zu ihm
kamen, wußte er nach mehreren Tagen wieder zu nennen und erkannte sie selbst wieder, nachdem doch eine
Menge von Personen und Namen ihm dazwischen bekannt geworden war. In der ersten Zeit bemerkte ich
nie, wiewohl späterhin, daß er sich confundierte.

1828.

Von jedem der vielen Dinge, die ihm geschenkt worden waren, wußte er zu sagen, wer es ihm gegeben; er

wußte die Namen vieler Hunderte von Personen die ihn besucht oder die er sonst kennen gelernt hatte; er konnte immer angeben, wie oft er seine Suppen, seine Chokolade, seinen Milchbrei genossen, wieviel Tage von diesem oder jenem Ereignis verflossen waren. Von mehreren 24 Kreuzerstücken, die ihm geschenkt worden waren, wußte er sogar vermöge der verschiedenen Schmutzflecken, die sie hatten, einzeln anzugeben, von wem er sie erhalten habe.

1828.

Einige Zeit vor meiner Bekanntschaft mit ihm sagte man ihm 22 Namen von Personen vor, die er, ohne irr zu werden oder einen davon zu vergessen nachher wieder sagen konnte, ebenso war es nicht lange nachher mit 34 Namen. In den ersten Wochen seines Aufenthalts zu Nürnberg sagte man ihm an einem anderen Ort 48 Namen anwesender Personen, die er ohne zu fehlen nachher wieder nannte. Noch nach 8 Tagen nannte er die 17 oder 18 von jenen Personen, die an demselben Ort zugegen waren, ohne in irgend etwas zu irren mit Namen. Er merkte in allen diesen Fällen zugleich die beigefügten Bestimmungen des Standes, Amtes, z. B. Ausdrücke wie Actuar, Officiant, Kreisrat, Oberlieutenant, Adjutant, Major, Oberst, die für ihn nur sinnlose Laute waren.

Kaum glaublich ist, was er später, nachdem diese Gedächtniskraft verschwunden war, und er seine gegenwärtige, nicht mehr ungewöhnliche, mit der frühern verglich, gegen mich behauptete, er habe alles, was in den drei Wochen, in denen ich vor seiner Erkrankung täglich zu ihm gekommen, mit ihm gesprochen, wörtlich behalten und öfters habe er es andern Wort für Wort wiederholt er habe bis zu seiner Erkrankung kein Wort vergessen, so daß er in der dritten Woche noch alles der Ordnung nach hätte sagen können.

Er merkte niegehörte lange Worte, die für ihn noch sinnlose Laute waren, z. B. Kavallerieregiment, Generallieutenant usw.

Er erinnerte sich, daß man ihm in der Woche nach seiner Ankunft zu Nürnberg 34 Namen vorsagte, die er nachher alle wieder zu sagen wußte.

Fast von allem, was ihn betraf, wußte er anzugeben, seit wieviel Tagen und Wochen lang es geschehen war. Von den Damen und Schachspielpartien wußte er zu sagen, wieviel er mit jeder einzelnen Person gespielt habe.

Mitte Sommer 1828.

Von fünf Partien des Damenspiels, die er gemacht hatte, wußte er den Gang jeder einzelnen der Reihe nach anzugeben.

Wenn er, bevor er in mein Haus kam, etwas Neues von mir hörte, so habe er, erzählte er später, eine körperliche Empfindung gehabt, als ob jedes Wort gewaltig in ihn hineinfalle oder stürze und wie für ewig fest in ihm stecken bliebe. Hauptsächlich habe er dies im Kopfe gefühlt, dabei sei ihm aber eine eigentümliche Empfindung durch alle Teile des Leibes gegangen.

Sommer 1828.
Von Dr. Osterhausen.

Er erhielt bei dem Besuch, den er bei meinem Schwiegersohn machte, und wobei er große Freude an den Blumen, welche in dessen Garten blühten, bezeigte, 13 Blumen zum Geschenk, und es wurden ihm dabei die Namen dieser Blumen, jedoch nur einmal gesagt. Er behielt sie nicht nur auf der Stelle, sondern auch nach acht Tagen, als er mich besuchte, konnte er die Namen aller dieser Blumen ohne sich zu besinnen wieder nennen.

1828.

Zu Ende des Septbrs. verbesserte sich wieder auf eine merkliche Weise sein physischer Zustand, und ich bemerkte zu dieser Zeit auch Spuren der Wiederkehr jener großen Gedächtniskraft, die er vor seiner Erkrankung gezeigt und die ausgenommen in gewissen Beziehungen, z. B. auf das Festhalten von Zeitbestimmungen, ganz auf das Gewöhnliche, ja selbst unter diese herabgesunken erschien. Er schlug einmal die Bibel auf, las den Anfang des Johannes-Evangeliums und sagte mir darauf auf einem Spaziergange, indem er mich um die Bedeutung fragte, ungefähr die erste Hälfte des für ihn ganz sinnlosen ersten Kapitels ziemlich genau her. Auch seine bis dahin sehr verminderte Fassungskraft stieg wieder.

13. Geistiges überhaupt.
Veränderung seines Wesens nach dem Genuß von warmen und Fleischspeisen.

1828.

Im September, da er wieder anfing das Klavier vertragen zu können, und es zu spielen, bemerkte ich, daß er sich selbst Accorde zusammensuchte, und melodische Gänge zu finden bemühte. —

Nach dem Traum vom Schloß 1828.

Er wollte recht viel lernen, äußerte er, sich durch Arbeiten viel Geld verdienen, und dann sich ein großes schönes Haus bauen lassen, darin müßten viele schöne Sachen kommen, die er sich kaufen werde, dann wolle er bei verschlossenen Türen sich immerfort nach Lust beschäftigen, und arbeiten. — Seine Bekannten wollte er alle auf einmal kommen lassen, — damit es mit einmal abgetan sei, — und dann werde er niemand mehr in sein Haus lassen, um ganz ungestört zu sein. —

Die Vorstellung einer Sache und ihrer Wirkung hatte häufig diese Wirkung selbst auf ihn. Als er aus dem geheizten Zimmer zu dem verschlossenen Fenster hinausschauend zum erstenmale bereiften Boden, und bereifte Dächer sah, schauderte er wie bei plötzlicher Erkältung und sagte, da dürfe er nicht hinausschauen, es friere ihn sonst.

Als er (18. Septbr.) in einer Naturaliensammlung Muscheln besah, die ihm gefielen, und der Eigentümer ihn fragte, ob er sich nicht eine heraussuchen wolle; sagte er stolz: Nein, das gehört für Kinder.

148

Schach spielte er im August so, daß er zwar nicht wohl anzugreifen, sich aber ziemlich gut zu verteidigen verstand. —

Im Damenspiele welches er mit sehr vielen Personen spielte, gewann er die meisten Partien, doch schätzte er diese Beschäftigung gering. — Wenn er wieder lernen könne, pflegte er zu sagen, müßten sie sogleich unterbleiben. — Er wollte dann in einem fort studieren, nur einmal des Tages spazieren gehen, und keine Besuche mehr machen, und annehmen.

1828.
Zu Ende Augusts war er geistig und physisch zu einer gewissen Bestimmtheit und Entschiedenheit gekommen. Er hatte sich vom alleinigen Genusse des schwarzen Brotes entwöhnt, seine Öffnung hatte sich regelmäßig eingerichtet, — und zwar umgekehrt statt des Abends stellte sie sich Morgens ein. — Er fing an sich ziemlich geläufig und verständlich auszudrücken, er unterschied ohne sich weiter zu confundieren, Lebendiges und Totes, Organisches und Unorganisches, er verstand Scherz und Ernst zu unterscheiden, hatte es gerne wenn man mit ihm scherzte, und in seine eigenen Äußerungen und Antworten kam viel Humor, seine Tätigkeit war nicht blos auffassend und nachahmend, sondern zum Teil produktiv. — Er entwarf selbst Briefe und Aufsätze, freilich in sehr mangelhafter Form. Zu Anfang September fing er an eine Geschichte seiner bisherigen Schicksale aufzusetzen. —

August 1828.
Als ihm einmal die Röte seiner früher blassen Wangen auffiel, fragte er, wer ihm das Rot hingemacht habe. —

Als ihm die Wassersuppe, zu der er sich zunächst verstanden, täglich mehr behagte, meinte er, sie werde täglich besser zubereitet, fragte wie das zugehe, und warum man sie nicht gleich anfangs so gut gemacht habe. —

Mit der größten Schnelligkeit entwickelte er sich in den ersten Zeiten bis zu seiner Erkrankung im Turme, — dann trat eine Zeit ein, in der er zwar noch sehr gut zu fassen vermochte, wegen Überreiztheit der Nerven aber zu Leistungen, und Anstrengungen sehr wenig fähig war, so wie ein krankhaft gereiztes Auge zwar klar erkennen kann, aber nichts ohne Schmerz und nachteilige Folgen zu leisten vermag. — Mit der Gewöhnung an Fleischkost trat ein anderartiger Zustand ein. — Seine geistige Regsamkeit verlor sich, die Augen büßten ihren Glanz und Ausdruck ein, sein Trieb zur Tätigkeit ließ nach, das Intensive seines Wesens ging in Großtuungssucht und Gleichgültigkeit über, seine Fassungskraft war herabgesetzt. — Sein Zustand war nicht mehr der der Überreiztheit und Schmerzhaftigkeit, sondern der Abstumpfung.

So glaubens- und autoritätslos er übrigens war, so hielt er doch anfangs in Sachen äußerlichen und begrifflosen Gegebenseins außerordentlich fest an Autoritäten. — Dabei hatte er die Eigenheit das, was ihm zuerst gesagt worden war, ein für allemal als das Wahre fest zu halten, selbst im Widerspruche mit dem, der es ihm gesagt hatte. Hatte ihm z. B. jemand seinen Namen gesagt, und er sagte ihm späterhin einen andern oder den ersten mit einiger Abänderung, so sagte er, das sei falsch: nannte den erstgesagten Namen ohne daß ihm, wie man deutlich sah noch der Gedanke kam man wolle ihn nur prüfen, und der Andere habe mit Absicht unrecht gesprochen. —

1828.

Im September und Oktober: äußerte er öfters daß er sich gar nicht mehr in seinen früheren geistigen Zustand zurückversetzen könne, er möchte sich nur selber sehen, wie er früher gewesen sei, und die Zeit mit Spielen hingebracht habe. — Oft wenn er allein war, beschäftigte ihn das Bestreben, sich jenen Zustand klar zu machen. Es sei ihm unbegreiflich, sagte er, wie er während seines Eingekerkertseins gar nicht an sich selbst gedacht, nicht darüber nachgedacht, ob nicht etwa noch Wesen außer ihm oder etwas außer seinem Käfig existiere, noch wo das Brot und Wasser herkäme, das er täglich fand und verzehrte. — Die ganze Zeit vor dem Anfang des Lesenlernens lag nur in dämmernder, unsicherer Erinnerung vor ihm.

1828.

Einige Tierfabeln von Gellert, die ihm nach Mitte Oktbr. eines Abends vorgelesen wurden, regten ihn so sehr auf, daß ihm vom Aufmerken und Nachdenken und von den lebhaften Äußerungen darüber und vielem Lachen der Kopf weh tat. Er bewunderte auch die Geschicklichkeit des Mannes, der alles so schön zusammengemacht habe.

1828.

Auf mehrere Vorteile beim Reiten kam er von selbst ehe man sie ihn gelehrt hatte.

14. Denken.

1828.

Zu Anfang des Septembers wurde er stufenweise so wie er sich erholte, zu den früher angefangenen geistigen Beschäftigungen zurückgeführt. — Aber die leidenschaftliche Beharrlichkeit, die beim Lernen früher an ihm bemerklich war, kam nur in Beziehung auf das Zeichnen wieder zum Vorschein. —

Überhaupt schien die Kraft jenes ersten Aufschwunges zur Bildung etwas gebrochen, sei es daß seine Krankheit und der aus ihr entstehenden Hemmung ihn abgestumpft, oder daß er früher in einem fieberhaften erhöhten Zustande war, der nicht andauern konnte. Der Bereich seiner Vorstellungen und Anschauungen war breiter geworden, und er fing an, Mehreres auf einmal zu fassen, aber das Intensive des ersten Lernens das immer mit ganzer Kraft auf einen Punkt gerichtet war, hatte nachgelassen. —

Septbr. 1828.

Zu Anfangs Septbr. äußerte er wie sonderbar es ihm vorkäme, daß er während seiner Einsperrung nichts

151

gedacht, noch gewollt habe, da er doch jetzt so viele Gedanken und Wünsche habe, und sei in einem immer gleichen Zustande gewesen, in den er sich jetzt schwer wieder hinein denken könne. —

August 1828.

Sein Abspringen von einem Gegenstand zum andern, gab zu possierlichen Gesprächen Anlaß. — Jemand z. B. wollte ihn folgendermaßen belehren:

»Sieh, die Ewigkeit ist ohne Anfang und Ende, daher muß man sie einteilen.«

(Ich gebe nur wieder, was gesprochen wurde) dadurch entsteht die Zeit, sonst könntest du nicht sagen heut oder *gestern. Hauser. Gestern* ich aufn Hahnenbergs Zwinger gewesen und viele Lichter gesehen, u.s.w. Der Zwinger war nämlich illuminiert gewesen. Das Wort gestern brachte ihm den am vorigen Tage gesehenen Glanz in die Erinnerung und machte die pathetische Belehrung zu nichte.

Derselbe sagte zu Hauser: »Leib und Seele ist miteinander verbunden, wie wenn man Wasser und Wein untereinander mischt.«

»So verdirbt man aber das Wasser,« fiel jener ein. Alles nämlich war ihm Verderbnis des Wassers, und Grauen was darunter gemischt wurde.

1828.

Seine Genesung wurde durch die erwachende Reflexion sehr verzögert. — Er fing an, Nachts an beunruhigenden Gedanken über sein Verhältnis und Schicksal nicht einschlafen zu können, Gedanken dieser Art verstörten ihn auch des Tages wenn er allein und nicht zerstreut war. — Ich suchte ihm die Nutzlosigkeit dieses Nachdenkens, so wie die Notwendigkeit sich dessen zu erwehren, vorzustellen, wenn er gesund werden wolle, und gab ihm einige Mittel an, es zu bewerkstelligen z. B. wenn er zu Bett gegangen, etwas im Kopf zu rechnen, oder sich lateinische Vocabeln zu verhören. — Erst von der Zeit an, daß er diesen Rat zu befolgen anfing, nahm seine Gesundheit merklich zu. —

1828.

Will sich viel Geld verdienen, und ein schönes Haus kaufen, niemand hinein lassen, um ganz ungehindert studieren zu können.

1828.

Will Stallmeister oder Professor werden.

Im Turm.

In der ersten Zeit meiner Bekanntwerdung mit ihm, fand ich noch große Schwierigkeit ihn zu abstrakten Dingen und Fassung von Gattungsbegriffen zu bringen.

Wenn man ihm sagte, er sei ein Mensch, so sagte er, nein er sei der Kaspar. — Auch vermochte er noch nicht den Unterschied zwischen Sein und Heißen zu machen. — Als man ihm z. B. jemand zeigte und nannte, der Wurm heißt, so sagte er, das sei kein Wurm, der Wurm krieche auf dem Boden. (Das nit Wurm —) (Ich nit Mensch, ich Kaspar.)

1828.

Von freier Schöpfung und Erfindung bei Gemälden hatte er noch zu Anfang Oktober keine Vorstellung. — Er glaubte, alles gemalte oder gezeichnete stelle etwas wirklich Vorhandenes oder Geschehenes dar, und fragte daher auch beim Anblick jeder Darstellung nach den wirklichen Gegenständen oder Vorfällen die es darstelle. —

Gegen die Mitte des Oktober fragte er mich, wie doch die Menschen zu all dem kämen, was sie wissen und verstehen. — Ich fragte ihn dagegen statt der Antwort, wer ihn gelehrt habe, die Glasperlen, womit er früher seine Spielpferde aufputzte, auf verschiedene Weise zu ordnen, und anderes dergleichen, worauf er selbst gekommen, und als er antwortete, er habe es selbst gefunden, suchte ich ihm eine Vorstellung davon zu geben, wie das Menschengeschlecht von Generation zu Generation Kenntnisse und Fertigkeiten durch sich selbst erworben und vervollkommnet habe, was ihm auch einging. —

153

Nachdem die Reflexion in ihm erwacht, und er über
sein Verhältnis zur Welt klar geworden war, nahm ein
schrecklicher Mißmut in der Tiefe seines Wesens Platz,
ob er gleich, seitdem er sich von seiner Krankheit zu
erholen angefangen im Ganzen heiter und zufrieden
erschien. — Bei Erregungen und Situationen die für ihn
qualvoll waren, trat oft dieser Mißmut hervor, und man
konnte dann einen Blick in sein Inneres tun.

Er sagte z.B. in einer solchen Situation, er wollte der
Mann, der ihn eingekerkert gehalten, habe ihn nie in die
Welt gebracht, sondern in jenem Zustand gelassen, in
welchem er keinen Schmerz, keine Sehnsucht erfahren,
jetzt würde er es nicht mehr ertragen können, eingesperrt zu sein, nachdem er die Welt gesehen, damals
aber habe er nicht gewußt noch gedacht und es sei ihm
wohl gewesen. —

Daß er gegen Ende des Sommers 1828 immer noch
kein vollkommenes Selbstbewußtsein hatte, so reich
auch schon die Welt seines Vorstellens war, zeigt folgendes Experiment das ich mit ihm machte. —
Ich sagte bei einer Gelegenheit sein bester Freund sei
doch der Kaspar, den er ja kenne. Er solle nur bedenken, wieviel Gutes ihm fortwährend dieser Kaspar tue.
— Er kleide ihn an und aus, gebe ihm, wenn er hungrig
sei, zu essen, u.s.w. Er war sehr frappiert über diese
Rede, und sagte er habe noch nie daran gedacht; diesen
Kaspar müsse er sehr lieb haben, da ihm derselbe so
viel Gutes erweise. — Ich fragte ihn, ob er ihm denn
nicht wiederum dafür etwas Gutes erzeige? Er wisse
nicht, war die Antwort, was er ihm erzeigen solle, und
wie er es anzufangen habe. — Ich fuhr fort ob er ihm
denn nicht auch zu essen gebe, ob er ihn denn nicht
auch an- und auskleide u.s.f. Da ging ihm auf einmal ein
Licht auf; er sagte, ja freilich, denn er wäre ja selbst der
Kaspar, und er sähe jetzt wie einfältig er gewesen sei. —
Ich fragte ihn ob er denn geglaubt, der Kaspar sei ein
anderer, als er selbst. — Er antwortete, er habe gemeint,
der Kaspar sei oder stecke in ihm drin, und ich möchte

das nur niemand erzählen, damit er nicht ausgelacht würde. —

Er kam mit mir in die Stadtbibliothek. Die Last dieses Anblicks erdrückte ihn fast, und das Weinen stand ihm nahe; denn es fiel ihm dabei wieder auf das Herz, wie sehr er durch seine Krankheit zurückgeworfen worden. — Er war noch nicht durch den Saal gewandert, als er schon wieder hinaus verlangte und sagte, er könne die Bücher vor Schmerz nicht lange ansehen. —

Einen erschütternden Eindruck machte auf ihn der Anblick meines Bücherrepositoriums. — So viele Bücher hatte er noch nicht erblickt. — Er verglich sogleich die Langsamkeit seines Lesenlernens mit der Menge der Bücher, die er auf dieselbe Art alle glaubte durchlernen zu müssen, und seit dieser Zeit klagte er unaufhörlich, daß es mit dem Lernen »so lange bei ihm hergehe.«

Als er zuerst mehrstimmigen Gesang hörte, verwunderte er sich, daß die Singenden so genau zugleich anfangen, und aufzuhören wußten.

Er lernte das Lesen auf die gewöhnliche Art durch die Methode des Buchstabierens, merkwürdig aber ist, daß er wenn er las, für sich selbst die Buchstaben nach der Lautierungsmethode leise versuchte und zusammensetzte, ehe er das Wort ganz und laut aussprach. —

Von seiner Naivität, die trotz den Höflichkeits- und Zurückhaltungsregeln, die er von dem . . . empfangen hatte zuweilen durchbrach, sind folgendes ein paar Beispiele. —

Er spielte einmal mit einem meiner Freunde Schach, und da er schon mehrere Partien gemacht hatte, fragte ich ihn, ob es nicht zu angreifend für ihn sei, wenn er, wie er im Begriff war zu tun weiter spielen würde.

O nein, sagte er, bei dem Herrn ... brauche ich nicht viel nachzudenken, er kann auch nichts wie ich. Als er mit einem Frauenzimmer das Damenspiel spielte, und dieses viele Versehen machte, sagte er unwillig, mit Ihnen mag ich nicht weiter spielen, Sie merken ja nicht auf. —

Im September fing er an, nach und nach, auch das schnellere Sprechen im Gespräche zu verstehen. —

15. Kleine Aufsätze — ein Gedicht von K. H.

I.

Septbr. 1828.

»Ich habe einen Traum gehabt ich habe ein recht großes Haus gehabt und da waren recht schöne Sachen darinn, viele Stielle und Kamoth, in einen Zimmer waren lauter Bücher, die habe ich alle lesen können, in einem Zimmer waren die schönsten von Silber, Schüssel und Teller die haben sehr schön geglänzt das ich mich selber so gefreut habe, daß ich es nicht sagen kann. In meinem Haus da hat die Mutter und Herr Professor die Kätha gewohnt u. mein Haus da sind schöne Sailen und Menschen von Stein ausgehaut gewesen. Die Mutter hat mir recht gut gekocht und die Käty hat recht schön gebutz.

Und da ist einer in Garten hereingekommen, hat viele Bire fortgetragen der hat mir meinen Namen zertreten da habe ich geweint. Dan hat Herr Professor gesagt: ich soll ihn wieder machen, ich habe ihn gemacht den andern Morgen haben mir wieder die Kazen zertreten.«

Sept.

Oder nach einem zweiten Entwurf:

»Ich habe einen Traum gehabt, ich habe ein recht großes Haus da waren recht schöne Zimmer in denen sind viele Sachen gewesen in jedem Zimmer waren 12 Stühle u. Komod, in einen Zimmer das war voll Bücher, diese habe ich alle lesen können. Dieses hat mich am

156

besten Freude gemacht, in einen Zimer da waren von Silber Schüssel und Tehler die haben so schön glänzt das ich eine solche Freude gehabt habe daß ich es nicht sagen kann. In meinem Hauß hatt die Mutter der Herr Profesor und die Kätha gewohnt, die Mutter hat mir so gut gemacht alles, die Kätha hat mir recht schön gebuzt. In den Haus sind Menschen von Stein ausgehaut gewesen und in Ganzen ist alles voll Sachen gewesen.«

»Gestern hat mir der Herr Baron v. Scheuerl einen köstlichen Ring gebracht, daß ich noch keine so große Freude gehabt habe, als wie gestern und dieser Ring soll ein Andenken sein so lange ich lebe so vergesse ich den Herrn Baron von Scheuerl nicht weil er mir ein so schönes Andenken gegeben hat.«

»Gestern bin ich auf der Peterheide gewesen. Da habe ich recht viele Menschen gesehen und viele andere Sachen auch Affen die haben viele Künste gemacht, aber diese sind abscheuliche Thiere und ich habe auch Hunde gesehen, die haben Tanzen können und haben schöne Kleider angehabt.«

»Vor etlichen Wochen habe ich von Gartenkress meinen Namen geformt u. dieser ist recht schön gekommen der hat mir eine solche Freude gemacht daß ich es nicht sagen kann und . . .«

Im Frühling des Jahres 1829 schrieb er Folgendes:

»Mein erstes Jahr begrüß ich heut
An Dank u. Liebe hocherfreut
Von vieler Noth u. Last gedrückt
von heute an genieß ich,
was mein Herz entzückt
Und fühl auch jetzt mich neu beglückt.

In meinem ersten Jahre steh ich nun
Da giebts erstaunlich viel zu thun
Zum Schreiben und zum Mahlen
Zum Rechnen oft mit Zahlen
Gott wollte, daß ich folge
wie's in der Welt hergeht

Und zu lesen, was in den Büchern steht
Und anzubau'n mein Gartenbeet

(Er wollte dies bildlich von der Ausbildung seines
Geistes verstanden wissen.)

Gott wird die Kraft mir geben in Jugendtagen
Um die Klugen auszufragen
Jetzt muß ich mich vorbereiten
Täglich fortzuschreiten
Ein Schritt ist nicht gar viel
Doch führt er mich noch zu mein erwünschtem Ziel.«

16. Ärzte.

1828.

Als Hauser hörte, daß die Ärzte diejenigen seien, welche
kranken Menschen die ihm so fürchterlichen Substanzen
der Apotheke verordneten, von denen er glaubte, daß
sie die Kranken noch kränker machen müßten, faßte
er gegen sie eine große Abneigung.

1828.

Er wunderte sich über die Torheit der Menschen, die
wenn sie krank seien, Ärzte kommen ließen, um noch
kränker zu werden.

1828.

Ärzte, sagte er, wären Leute, welche die Kranken
durch ihre Arzeneien noch kränker machten.

1828.

Die Ärzte, behauptete er, gäben den Kranken statt
guter diätetischer Ratschläge, die garstigen Dinge aus
der Apotheke nur deshalb damit er noch länger krank
bliebe und sie noch mehr Geld von ihm bekommen
konnten. Es war vergeblich, ihn von dieser gehässigen
Ansicht abbringen zu wollen.

Seinen gerechten Beifall hatte die Stelle aus einer
bekannten Gellert'schen Fabel: Hätt ich nur nichts eingenommen Sterb ich Ärmster so geschwind O so kannst
du sicher schreien Daß die vielen Arzeneien Meines
Todes Quelle sind.

So war Hauser durch seine eigentümliche körperliche
Beschaffenheit schon so früh zu der seltenen Ansicht
eines Goethe gekommen, der in seinem Alter die Genesung von einer Krankheit blos dem Umstande zuschrieb,
daß er alle ärztliche Hilfsleistung von sich entfernt habe,
oder des kranken Montaigne, der die Ärzte bat, ihn nur
so lange zu verschonen, bis er wieder gesund wäre, da
er dann ihre Tränke, Pillen u.s.w. eher zu überwinden
hoffen könne, oder jenes 140jährigen Mannes, der den
Rat gab, lustig zu leben, die Arzeneien zum Fenster und
die Ärzte zur Tür hinauszuwerfen.

17. Verhältnis zum weiblichen Geschlecht.

Sein Verhältnis zum weiblichen Geschlecht war in
physischer Hinsicht ein ganz indifferentes, da sein
Sexualvermögen bis zum Winter des Jahres 1829 gänzlich und unmerklich schlummerte.

1828.

Im Juli tat jemand die unpassende Frage an ihn, ob
er nicht einmal auch eine Frau wolle? Was soll ich mit
einer Frau tun, gab er zur Antwort, die kann mir ja
nichts lehren.

1829.

Zu Ende Juli ärgerte er sich darüber, daß er bei
einem Paradezug von Seiltänzern einer in diesem Zuge
reitenden Frauensperson, deren Putz, Figur und Reitkunst seine Aufmerksamkeit auf sich zog, ein paar
Straßen weit nachgegangen war, da sei ihm doch auch
passiert, was, wie er öfters höre, andern geschehe, er sei
einem Weibe nachgegangen.

1829.

Öfters hörte ich ihn männliche Schönheit preisen,
weibliche nie. Doch wußte er einmal (Decbr. 1829) die
Schönheit einer 72jährigen mir persönlich nicht bekannten Dame, in deren Gesicht u. Haltung ihn wahrscheinlich etwas Geistiges ansprach, nicht genug zu loben.
Auch ihr Portrait aus der Jugendzeit fand er schön.

Das männliche Geschlecht erschien ihm als eine höhere Gattung von Wesen, als das weibliche.

Wenn Hauser anfangs ein Mädchen zu werden begehrte, so geschah dies keineswegs, weil er sich zur weiblichen Natur hingezogen fühlte, sondern weil er als Mädchen in farbigen schmucken Kleidern zu prangen wünschte. Sein Geschmack änderte sich hierin so sehr, daß er etwa ein Jahr später beim Anblick geputzter Frauenzimmer sagte, es käme ihm vor, als hätten sich Narren aus dem Tollhause so herausgeputzt.

1828.

Frauenzimmer pflegte er zu sagen, äßen und tränken unaufhörlich und alles durcheinander und seien demzufolge immer krank.

Die Frauen, sagte er, hätten einander so viel zu erzählen von der Plage und Not, die sie hätten, und das alles um des Essens und Trinkens willen.

1828.

Als er bemerkte, daß die Natur das Männchen bei Vögeln, wie beim Hahn und Pfau durch Federschmuck ausgezeichnet, so sagte er, bei Menschen sollte es auch so sein, die Männer sollten schöner geputzt sein, als die Weiber, weil sie mehr verständen.

Da er einmal ausnahmslos auf die Frauenzimmer schalt und meine Mutter zu ihm sagte, sie sei ja auch ein Frauenzimmer, ob denn bei ihr auch der Fall sei, was er tadle, entgegnete er: sie sei kein Frauenzimmer, sondern eine *Mutter*.

1828.

Zu Anfang Okt. fand sich, daß er mit dem Wort Frauenzimmer die Vorstellung einer weiblichen Person verband, die nichts arbeite. Von weiblichen Personen meines Hauses, die er immer beschäftigt sah verneinte er, daß sie Frauenzimmer seien. Er verstand nämlich unter diesem Worte diejenigen weiblichen Personen, die sich ihm in Gesellschaften gezeigt hatten. Frauenzimmer, sagte er, seien zu nichts nütze, als zum dasitzen. Nichts, sagte er, käme ihm einfältiger vor als das Heiraten; denn zu was nehme man eine Frau? Als man ihm sagte, Frauen hätten das Hauswesen zu besorgen, erwiderte er, man könne sich ja eine Magd halten und da man sagte, mit einer Frau könne man freundschaftlicher und vertraulicher umgehen als mit Dienstboten daher sei dies Verhältnis annehmlicher und das Hauswesen werde so besser besorgt, als von bloßen Dienstboten, die weniger treu und zuverlässig seien, erwiderte er, wenn man mit einer Magd nicht zufrieden sei, solle man sich eine andere wählen, es gäbe recht brave Dienstboten. Er würde sich die alte Bärbel (die Magd des Herrn Bürgermeister Binder) nehmen, die würde ihm alles tun, was u. wie er es haben wolle. Frauenzimmer könnten nichts, als dasitzen und ein wenig nähen oder stricken, äußerte er verächtlich ein andermal.

Herbst 1829.

Als er ein komisches Bild sah, auf welchem bei einem Tanze, nachdem die jungen und hübschen Frauenzimmer an andere Tänzer gekommen waren, an einen eine alte, häßliche Alte kommt, begreift er nicht, was gemeint sei, u. fragte: ob denn die Alte nicht auch tanzen könne? Da man entgegnete, sie könne wohl, aber sie wäre alt u. häßlich, sagte er, das täte ja gar nichts, wenn sie nur gut ist. Er schien gar keine Ahnung davon zu haben, daß beim Weibe Schönheit gewünscht oder vermißt werden könne. Daß ihm der Sinn für menschliche Schönheit überhaupt nicht mangle, zeigte seine Aufmerksamkeit auf männliche schöne Gestalten und das Lob, das er ihnen erteilte.

Decbr. 1829.

Als einmal ganz im allgemeinen von Falschheit und Unzuverlässigkeit die Rede war, kam er gleich wieder auf die Frauen u. sagte: Zuweilen sage eine der andern: »Höre, ich will dir was vertrauen, aber du mußt ja niemand was davon sagen« was diese denn auch gar sehr zu unterlassen versprach. Dagegen letztere nur einer dritten auf dem Wege begegne, so sage diese wohl: Weißt du nichts Neues? worauf jene entgegne: »ich wüßte wohl etwas, aber du mußt ja nichts sagen«, und entdeckte das Anvertraute u.s.w.

Decbr. 1829.

Da von Schmeichelei überhaupt die Rede war, fiel er ohne nähere Veranlassung auf die Frauenzimmer u. sagte: die seien hierin die ärgsten. In ihren Gesellschaften schmähten sie diejenigen, denen sie nicht gut seien und schmeichelten diesen dennoch, wenn sie mit ihnen zusammenkämen.

Der gebildete Mensch achtet das Weib nicht gering, weil es nicht im Reiche des Wissens herrscht, gleich dem Manne; er kennt den eigentümlichen geistigen Wert und wesentlichen Anteil desselben an der allgemeinen menschlichen Bildung. Anders war es bei Hauser, dem das Wissen im engern Sinn des Wortes und das Vermögen kraft dieses Wissens als das Höchste erschien.

Bei einem Mann im Irrenhause fand ich dagegen die Ansicht, daß das Weib eine höhere Organisation sei, als der Mann. Er sei einmal, hörte ich ihn sagen, von einer bösen Fee in ein Schwein verwandelt worden. Eine gute Fee aber habe beschlossen, ihm die menschliche Gestalt wieder zu geben. Aus einem Schweine aber könne man nicht sogleich in ein Weib verwandelt werden, sondern müsse zuvor ein Mann werden. Deshalb habe er seine gegenwärtige männliche Gestalt erhalten und sah nun der Zeit entgegen in der es möglich sein würde, ihn wieder zum Weibe zu machen. Eine Weiberhaube hatte er bereits auf und ließ sich mit weibl. Namen nennen.

18. Religion.

Alle Versuche, ihm auf gewöhnliche Weise religiöse Vorstellungen beizubringen, waren fehlgeschlagen. Er beklagte sich, nachdem er mir übergeben worden, gegen mich, daß er nicht wisse, was die Leute mit diesen Dingen wollten und daß er nichts davon begreifen könne.

Kinder gewöhnen sich frühzeitig, auf Autorität der Erwachsenen, gedankenlos anzunehmen und nachzusagen, was diese ihnen vorsagen; so war es mit Hauser nicht. Wenn man ihm z. B. sagte: Gott sei allgegenwärtig, oder: er habe die Welt aus nichts gemacht, so sagte er: es sei ihm unglaublich, da er selbst ja auch nicht an mehreren Orten zugleich sein und nichts machen könne, wenn er nicht etwas habe, woraus er es mache. Gab man ihm nun eine für seinen Verstand unbefriedigende Antwort, so hatte dies nicht die Folge, daß sein Verstand zum Schweigen gebracht ward, sondern einzig die, daß er den Antwortenden verachtete und um so weniger glaubte, was dieser haben wollte. Ich versuchte einmal, da er sich gegen mich hierüber herausließ, ihm einiges von jenen Gegenständen auf folgende Weise näher zu bringen: ich fragte ihn, ob er nicht Gedanken, Vorstellungen u. Willen in sich habe und als er es bejahte: ob er dies sehen, hören könne. Da er mit Nein antwortete so sagte ich ihm, er sähe daran, daß es Dinge gebe, die man nicht sehen, noch sonst äußerlich wahrnehmen könne. Er gestand das zu und war sehr erstaunt und verwundert, als ich ihn auf die unkörperliche Natur seines Denkens zu reflektieren zwang. Ein Wesen, das Denken und Wollen könne, heiße man Geist. Gott sei nun eines von jenen Dingen, die man nicht äußerlich wahrnehmen könne und verhalte sich zu der Welt wie sein Denken und Wollen zu seinem Körper; wie er in seinem Körper durch sein Denken und Wollen Veränderungen hervorbringen könne, z. B. die Hand bewegen, wenn er es wolle, und noch viel mehr, so könne es auch Gott in der Welt. Er sei das Leben in allen Dingen und der in der ganzen Welt wirkende Geist. Ich hieß ihn dabei seinen Arm bewegen und sagte ihm, daß er dies nicht würde tun können, wenn nicht sein Denken und Wollen in seinem Arm wäre. Ich fragte ferner, ob er nicht auch zugleich den andern Arm aufheben und bewegen könne und als er es bejahte und tat, so sagte ich ihm, er sehe daraus, daß sein Denken und Wollen zugleich in zweien seiner Glieder sein könne, so sei auch Gott in allen Teilen der

Welt zugleich und so könne er verstehen was das heiße, Gott sei allgegenwärtig. Er bezeugte eine große Freude, als ihm dies klar geworden war und brauchte den Ausdruck das was ich da sage, sei doch etwas *Wirkliches,* dagegen ihm die andern Leute nie was rechtes darüber gesagt hätten. Das Denkbare war ihm gleichbedeutend mit dem *Wirklichen.*

Ein Geistlicher sagte früher einmal zurechtweisend zu Hauser:»Ja, Gott ist auch kein Mensch er ist ein Geist.« Abgesehen davon, daß der Mensch auch Geist ist, bedachte der Mann nicht, daß das Wort Geist für Hauser noch ein sinnloser Laut war.

Übrigens hatte jene Belehrung keine andere Folge, als daß Hauser gegen die Idee Gottes sich nicht mehr widerspenstig bezeigte. Es folgte eine Zeit der Abstumpfung und jetzt ging er allmählich in die gewöhnlichen Vorstellungsweisen ein. Ich hörte ihn wenigstens nichts mehr einwenden, bis nach dem Mordversuch der seinen Scharfsinn wieder in Freiheit setzte. Dazwischen hatte er nur eine kurze Zeit, da er, während Silicia wohltätig auf sein Denkvermögen wirkte, sich zu selbstgeschaffener positiver Ansicht religiöser Gegenstände ergab und eigentümliche Gedanken über Dreieinigkeit und Unsterblichkeit faßte, die ihm aber bald wieder aus dem Sinn kamen. Wenn er fragte, ob er von Gott etwas Unbestimmtes bitten dürfe, z.B. ihm von seiner Augenschwäche zu helfen und ob er das Gebetene auch dann erhalten werde? so war die Antwort, er dürfe bitten, müßte es aber der Weisheit Gottes anheimstellen, ob diese auch für gut finde, ihm seine Bitte zu gewähren. Wenn er nun fragte: er wolle ja seine Augen wieder haben, damit er lernen und arbeiten könne und das müsse doch gut für ihn sein, und Gott könne nichts dagegen haben, antwortete man ihm dann, Gott habe zuweilen seine unerforschlichen Gründe uns etwas, wovon wir glaubten, daß es uns gut und heilsam sei, zu versagen, er wolle uns öfters in Geduld üben und durch Leiden prüfen u. dergl. so hatte dies, wie zu bemerken war, nicht die gebührende Ergebung in die Fügung des Himmels, sondern Kälte und Gleichgültigkeit zur Folge.

164

Im Thurme.

Man sagte ihm, es sei nur ein Gott und der sei allgegenwärtig oder überall. Der erste Teil dieser Belehrung beunruhigte ihn nicht, weil er wohl Gott für den
Namen irgend eines Mannes hielt. Desto mehr der
zweite. Er stand lange Zeit in Nachdenken vertieft mit
convulsivischen Bewegungen und sagte endlich, das
könne nicht sein. Kaspar sei hier, nicht dort, jener
Gott könne auch nicht überall zugleich sein.

Sommer 1828.

Wie er es aufnahm, wenn man Religiöses auf die
gewöhnliche begrifflose Art an ihn bringen wollte, kann
man auch aus Folgendem ersehen: Einem Frauenzimmer das ihn besuchte, zeigte er seine Blumentöpfe und
die von ihm darin angepflanzten Gewächse. In dem
Tone, worin man Kindern gelehrte Redensarten ab-
fragt, sagte das Frauenzimmer: Sage doch, Kaspar, wer
hat denn das wachsen lassen? Ganz unwillig über die
ihm einfältig vorkommende Frage, sagte er: es muß doch
jemand sein, der es hat wachsen lassen. Hauser wür-
digte die Fragerin keiner Antwort mehr.

Im Sommer 1830 fragte er, ob denn Gott, da er all-
mächtig sei, auch die Zeit rückgängig machen könnte. —

Nov. 1829.

Nach seiner Verwundung hörte ich, wie jemand zu
ihm sagte, auch Unglücksfälle könnten zum Besten der
Menschen dienen, und ihm als Beispiel anführte, wie
jemand an Besteigung eines Schiffes durch einen Beinbruch gehindert worden, dieses Schiff aber nachher mit
seiner Mannschaft untergegangen sei, so habe auch der
Beinbruch jenem Menschen zum Besten gedient. Hauser aber blieb blos dabei stehen, daß ein Beinbruch
nichts Gutes sei und daß er kein Bein brechen wolle.

In Beziehung darauf, daß Gott ihn vor der Ermordung bewahrt hatte, sagte er, daran daß der Mann ihn
nicht habe umbringen können, sei der enge Raum und
die spanische Wand schuld, wäre diese nicht gewesen,
so hätte ihn der Mann niedergehauen und niemand

hätte ihn gerettet. Auf die Entgegnung, daß es ja Gott so gefügt haben könne, daß die spanische Wand an den Ort gekommen, sagte er: er selbst habe die spanische Wand angenagelt, deren vorheriges Wanken ihm mißfallen habe; deshalb weil sie angenagelt gewesen, habe sie der Mann nicht wegschieben und sich den gehörigen Raum verschaffen können. Der Bemerkung Gott habe es ihm vielleicht in den Sinn gegeben, die Wand anzunageln, setzte er zwar keine entschiedene Verneinung entgegen, aber Miene und Äußerungen zeigten, daß ihm diese Vorstellung nicht einging. Jenes: »in den Sinn geben« schob die fragliche Sache aus der Sphäre des Faßlichen in ein Unbestimmtes, Begriffloses hinaus, deshalb wußte er keine Antwort darauf; aber daß sein Mißfallen an der Lockerheit der Wand, die in seinem Sinn für Ordnung und Zweckmäßigkeit gegründet war, die Wirkung eines anderen Wesens gewesen sein soll, war seinem Gefühl widerstrebend.

Als man ihm sagte, das Vertrauen auf Gott müsse ihn in Hinsicht der ihm bereiteten Nachstellungen beruhigen und »auch jener Mordversuch sei nicht ohne Gottes Willen vorgefallen« so sagte er: hiermit habe Gott nichts zu tun, das täten die Menschen.

Niemand, sagte er, werde ihn das glauben machen es sei Gottes Wille gewesen, daß der Mordversuch an ihm begangen werde. Der Mann habe dies für sich getan und Gott werde ihn dafür bestrafen. Wäre Gottes Wille bei solchen Dingen, so müßte ja Gott seine Freude an dem Bösen haben, das in der Welt geschehe. »Das mache ihn zum Narren« so drückte er sich aus, daß er gelernt habe, Gott lasse den Menschen ihren freien Willen und strafe sie für ihre bösen Handlungen und doch sollten diese Handlungen auch Veranstaltungen Gottes sein. Zulassen Gottes bei dem Vorfall ließ er sich wohl gefallen, aber nur, weil Gott überhaupt die Menschen bei ihrem Tun gewähren lasse.

1830.

Es wäre von großem Interesse, wenn Hausers eigentümliche Äußerungen bei dem Unterricht, den er in der Folge von einem Geistlichen erhielt, hätten aufgezeich-

166

net werden können. Einiges weniges, worüber er nicht ins Reine kommen konnte, und wovon der Lehrer die Erklärung auf spätere Lektionen verschoben hatte, hörte ich von ihm. So z. B. hatte er gefragt, warum denn Gott jetzt nicht mehr, wie in alten Zeiten, zu den Menschen herabkäme, um sie über so vieles, was dunkel u. undeutlich sei zu belehren.

Mitte Sommer 28.

Vor zwei Ständen hatte er einen Abscheu, vor den Ärzten und den Geistlichen. Vor den ersteren hatte er ein Grauen, wegen der Arzeneien, die sie verschrieben, vor den zweiten fürchtete er sich, weil sie ihn verwirrten und ängstigten. Als einmal ein Pfarrer bei ihm gewesen, sagte er mir, er sei erschrocken als er gehört, das sei ein Pfarrer und als ich ihn fragte warum erzählte er mir, daß ihn diese Leute schon sehr gepeinigt hätten. Einmal seien vier auf einmal zu ihm gekommen, und hätten Dinge gesagt, die er nicht verstanden, z. B. daß Gott alles aus Nichts erschaffen; wenn er um Erklärung gebeten so hätten sie alle zusammen geschrieen und jeder habe etwas anderes gesagt und als er gesagt, das verstehe er nicht, er müsse zuerst lesen und schreiben lernen, so hätten sie ihm geantwortet, jene Dinge müsse man zuerst lernen. Auch wären sie nicht eher gegangen bis er ihnen seinen Wunsch geäußert, sie möchten ihn jetzt doch einmal allein lassen. Später erzählte er: Er habe gesagt, wenn er etwas machen wolle, so müsse er etwas haben, woraus er es mache, er könne nicht begreifen, wie Gott etwas aus nichts habe machen können, sie möchten ihm sagen, wie das zugegangen. Darauf hätten sie zusammen eine Zeitlang geschwiegen und dann miteinander zu reden angefangen, so daß er nun gar nichts mehr hätte unterscheiden und verstehen können.

Okt. 1828.

In den Kirchen war es ihm nicht wohl zu Mute. Die Kruzifixe erregten ihm ungeheuren Schauder. Das Singen der Gemeinde war ihm ein widerliches Schreien; zuerst sagte er, schreien die Leute und wenn diese aufhörten, fange der Pfarrer auf der Kanzel zu schreien an.

Oktober 1828.

Als er hörte, es gebe verschiedene Religionsparteien,
sagte er, es müsse doch eine geben, die am meisten wisse
u. verstehe; von diesem müßten alle sich überzeugen
lassen und zu *einer* Ansicht sich vereinigen. Als man
ihm sagte: er werde künftig einmal von einem Geistlichen Religionsunterricht empfangen, sagte er, den
werde er recht ausfragen, um zu erfahren, welche Partei
recht habe. Die Ansicht dieser werde er dann zu der
seinigen machen.

Was das Folgende betrifft, so wäre es unverständig
und unwissenschaftlich mir zu verargen, daß ich Hausers Benehmen und Äußerungen in Beziehung auf
Religiöses, zu denen ihn niemand bestimmt hat, und die
ganz und gar der Eigentümlichkeit seiner früheren
Geistesverfassung und Stellung zur Welt angehören
öffentlich bekannt mache, sie müßten vom psychologischen Standpunkte aus betrachtet werden und können
so weder der Religion noch denjenigen ihrer Diener die
in der Tat achtungswert sind, zur Verunehrung gerei-
chen.

Im Turme.

Als er während eines Gewitters fragte: was das für ein
Getöse sei und woher es komme, sagte man ihm, da
oben im Himmel sei Gott und der sei jetzt böse, zornig
u. zanke. Davon sprach er an einem andern Ort, indem
er die Furcht äußerte, wenn er in's Freie ginge, von dem
bösen Manne im Himmel geschlagen zu werden, und
daher entstand die Meinung, der Mann, der ihn eingekerkert gehalten, habe ihm gesagt, daß über ihm der Himmel u. darin ein Gott sei, der bös werde und ihn schlage,
wenn er hinaus wolle. Hierin als der bloßen Relation
eines Factums, dergleichen er schon unten auf der Erde
erlebt hatte und das er wohl auch in der Vorstellung in
eine obere Region des Raumes verlegen konnte, fand
Hausers Verstand keinen Widerspruch, wie wenn man
ihm sagte: Gott sei überall oder er habe alles aus nichts
gemacht.

19. Moralität.

Er kann nicht begreifen wie Menschen etwas tun können, was sie nicht sollen. Wenn man ihm Beispiele dieser Art erzählt, pflegt er zu entgegnen: aber sie *sollen* ja so oder so handeln und glaubt mit diesem Sollen die Unmöglichkeit eines Widerspruchs gegen dasselbe ausgesprochen zu haben.

Sommer 1828.

Als er in eine Kirche kam, glaubte er, der Pfarrer zanke mit den Leuten. Man sagte ihm, (denn religiöse Vorstellungen hatte er noch nicht) dieser Mann sagte den Leuten, wie sie leben sollten und ermahne sie, gut zu sein. Er verwunderte sich hierauf, daß es böse Leute geben könne, wenn man ihnen doch sage, daß sie gut sein sollten. Wenn er der Pfarrer wäre, sagte er, würde er die Leute an 9 Sonntagen in die Kirche kommen lassen und sie ermahnen gut zu sein, dann aber kein Wort mehr darüber verlieren. Man sagte ihm, daß der Vortrag des Predigers nicht so ganz einfach wäre, daß er Verschiedenes einzuschärfen, z.B. die Trägen zum Fleiß, die Unmäßigen zur Mäßigkeit zu ermahnen habe, daß er sagen müsse, niemand solle dem andern etwas zu leide tun oder ihm das Seinige nehmen, niemand den andern betrügen u. so vieles andere. Das wisse er alles schon, entgegnete er, dazu brauche er den Pfarrer nicht.

Sommer 1828.

Wer ihm auch nur im Scherze eine Unwahrheit gesagt, der hatte Achtung und Glauben auf immer bei ihm verloren. Als jemand, gegen den er viel Achtung und Dankbarkeit hegte, von einer Reise am vorher bestimmten Tage nicht zurückkam, wurde er ganz irre an ihm.

1828.

Der Druck der Lebensverhältnisse überwand auch seine Wahrhaftigkeit. Als ihm einst eine Dame gute Ratschläge gab um die gewöhnlichen Lebensmittel genießen zu können, er ihr eingewandt hatte, daß er alles dieses versucht, ihm aber immer sehr weh darauf geworden, sie aber nichtsdestoweniger in ihren Bestrebungen fortfuhr, so gab er ihr endlich recht und sagte er wolle es so machen, mit dem bestimmten Bewußtsein, eine Unwahrheit zu sagen. Er erzählte es mir nachher und setzte hinzu, er hätte sie sonst nicht fortgebracht.

1828.
Er merkte wohl, was die Leute gern hatten u. hörten und benahm sich darnach. Wenn er etwas zu erlangen suchte, so gab er zuweilen nicht den eigentlichen Grund an, warum er es wollte. Wenn ich dann den wahren Grund entdeckte und ihm vorhielt, er sei hierin nicht wahr gewesen, so half er sich durch Sophisterei, jenes, was er angegeben, sei doch auch ein Grund gewesen warum er es gewollt und er also nicht unwahr gewesen.

Mitte Som. 1828.
Wenn sich Buben auf der Straße rauften und schlugen, blieb er zuweilen stehen und hielt ihnen eine Strafpredigt.

1828.
Er bemerkte mit großem Unwillen die Art der Hühner sich den Fraß gegenseitig entreißen zu wollen.

1829.
Grausamkeiten, wenn er davon hörte brachten ihn gewaltig auf und er kehrte seinen ganzen Zorn gegen den Täter. So, als er im Sommer 1829 von einer grausamen Mordtat hörte, wünschte er den Täter bestraft zu wissen und sagte: er würde ihn nicht dauern.

1829.
Im August sagte er, er würde, wenn er in Portugal wäre, sich zu Don Miguel, von dessen Grausamkeiten er öfters gelesen, mit den Pistolen schleichen. Mit der einen würde er ihn, mit der andern sich selbst erschießen, damit man ihn nachher nicht martern könnte.

Nov. 1829.
Als er von einem türkischen Pascha las, der eine russische Mannschaft treuloser und schändlicher weise habe niedermetzeln lassen, geriet er in großen Zorn-

eifer und sagte: einen solchen Menschen solle man gleich aufhängen, aber so, daß er noch eine Weile zappeln müsse und nicht gleich tot sei.

20. Gutmütigkeit.

Im Novbr. 1829.

Als einer seiner Wärter eine auf einem Baume eingeschlafene Katze durch Schreck erwecken wollte, gab er es nicht zu, sondern sagte, man solle das Tier ausschlafen lassen. Um jedoch den Spaß zu haben, die Katze vom Baume herabflüchten zu sehen, lauerte er, bis sie Zeichen des Erwachens gab, dann ließ er sie erschrecken.

So pflegen auch gutmütige Menschen andern Wesen gern ein geringes Übel zuzufügen, um sich einen Spaß zu machen, ja man pflegt selbst eine solche Zufügung zu verzeihen, wenn man nachher mitlachen kann.

In den ersten Zeiten würde Hauser jenes Erschrecken garnicht zugegeben haben.

1828.

Seine Weichherzigkeit war in den ersten Zeiten außerordentlich, was um so merkwürdiger ist, da sich späterhin zeigte, daß er keineswegs zu den weichsten Naturen gehört.

1828.

Wenn er Vögel oder andere Tiere eingesperrt sah, betrübte er sich darüber und sagte, diese Tiere möchten auch gern frei sein, warum man sie einsperrte? So, wenn man ein Tier, z. B. ein Insekt umbringen wollte, dieses Tier möchte auch gern leben.

July 1828.

Einige Zeit früher, als er zu mir kam, sah ich ihn in die größte Angst und Ärgernis geraten als man eine Katze beim Kragen in die Höhe hob. Er schien überhaupt viel mehr dabei zu leiden, wenn er irgend ein Wesen leiden sah als wenn er selber litt.

1828.

Als jemand, da Hauser noch im Turme wohnte, einen Floh tötete, bezeigte er seinen Unwillen darüber. Da man ihm sagte, dieses Tier habe man umbringen müssen, weil er ihn plage und beiße, sagte er, man hätte es ja zum Fenster hinaus tun können. Erst als man ihm erwiderte, daß es von da auf einen andern Menschen gesprungen sein und ihn gebissen haben würde, beruhigte er sich.

1828.

Flöhe, die ihn in seiner Turmwohnung gewaltig plagten und im Schlafe störten, sah er mit Unwillen töten und begnügte sich, sie zum Fenster hinab zu werfen.

1828.

Er weinte, als jemand scherzend sagte, man werde die Hauskatze den Schlangen zum Fraße vorwerfen.

Sommer 1828.

Das erste, was er las, und zugleich verstand, war die Geschichte Josephs und seiner Brüder. Er hatte darüber eine unbeschreibliche Freude, aber über die Härte, womit Joseph seine Brüder in Ägypten anfangs behandelte, beklagte er sich sehr und sagte, das sei nicht schön von ihm gewesen. Er, an Josephs Stelle, würde die Brüder nicht geplagt; denen, die ihn verkauft, soviel als sie nötig gehabt, gegeben und sie fortgeschickt, den Ruben aber bei sich behalten haben.

1828.

Ich mußte ihm einmal erlauben, einem Vogel der zum Braten bestimmt war, die Freiheit zu geben da ich sonst fürchten mußte er werde in eine üble Stimmung gegen mich kommen.

1828.

Wenn er sah, daß ein Tier nach einem Fraße lüstern war, so forderte er fortwährend dazu auf, es zu befriedigen.

1828.

Er erzählte mir einmal mit einem unbeschreiblichen Ausdruck der Wehmut, N. N. habe heute einen Hasen und 2 Vögel auf der Jagd geschossen, die er noch blutend gesehen. Er verwunderte sich, daß er kein Erbarmen mit diesen Tieren habe, die doch niemand etwas zu leide täten. Als man ihm unter anderm sagte, daß man diese

Tiere töte um sie zu essen, sagte er, man könne ja etwas anderes essen, z. B. Brot, wie er.

1828.

Eine schöne Äußerung die er zu Ende Oktobers tat, ist folgende: Er denke auch deshalb, sagte er, ungern an seine Einsperrtage zurück, weil er sich die Angst vorstelle, in der der Unbekannte, der ihn gefangen hielt, gelebt haben müßte. Dieser habe wahrscheinlich immer auf seinen Tod gehofft, der nicht erfolgt sei, und so glaube er, daß der Unbekannte, bis er sich seiner entledigt habe, in qualvoller Unruhe gelebt habe was ihm weh tue, wenn er sichs vorstelle.

1828.

Als er hörte, das Pferd, das er gewöhnlich und am liebsten ritt, werde auf dem Theater einen Maulesel vorstellen, wurde er sehr unwillig u. sagte, dieses brave Tier müsse man nicht für den Narren halten. (zum Besten haben).

1828.

Als er gegen die Mitte des Oktobers hörte, das Pferd, das er gewöhnlich ritt, habe ein geschwollenes Bein, weinte er fast darüber.

1828.

Wenn er Kinder züchtigen sah, so weinte er und war in der größten Angst. Er erzählte mit Grausen wie einst ein Knabe einer Katze den Strick um den Hals gezogen und sie daran habe baumeln lassen.

1828.

Als ihn einmal jemand, der seine Zaghaftigkeit vermindern wollte, ihm einen kleinen Schlag mit einer Rute zu geben, war er nicht dazu zu bringen: es tue ihm das selbst zu weh, sagte er. Wenn er sonst wirklich einmal jemand wie schlagend berührte (denn einen eigentlichen Schlag zu versetzen war ihm unmöglich) so verzog er sein Gesicht, wie wenn er selbst einen tüchtigen Schlag empfangen hätte.

Herbst 1828.

Als er Affen sah, die allerlei Künste machten, hatte er eine große Freude. Da er aber sah, wie sie damit wieder von vorne anfangen mußten, um neu hinzu-

173

gekommene Zuschauer zu befriedigen, verlangte er mit dem Tone des Erbarmens fortgeführt zu werden. Er hätte vor Mitleid nicht mehr zusehen können, sagte er nachher, denn er habe selbst die Erfahrung, wie widerlich es sei, das, was er schon tausendmal den Neugierigen gesagt, und vorgezeigt habe, von Neuem sagen und vorzeigen zu müssen.

1829.

Als er einige Wochen nach seiner Verwundung sich im Schießen nach der Scheibe übte, und einmal gut getroffen hatte, kam er mit großem Jubel zu mir u. sagte, jetzt könne er schon einen Menschen totschießen. So umgestimmt war damals das früher so harmlose Wesen, das keinem Tierchen etwas zuleide zu tun vermochte.

Nov. 1829.

Nach dem Mordversuche äußerte er, wenn man den Mann früher entdeckt hätte, so würde er für ihn gebeten haben, da derselbe ihn doch als Kind nicht getötet sondern aufgenährt hätte. Jetzt aber, wenn man ihn ergriffe, könne man mit ihm tun, was man wolle.

21. Stimmungen.

In den ersten Zeiten seiner Anwesenheit zu Nürnberg sagte er, sei er immerfort nur von Sehnsucht nach seinem guten Brot und Wasser, und nach seinen Spielpferden erfüllt gewesen, nachdem er zu N – – Spielpferde bekommen, habe er nur ganz in diesen gelebt, und habe an seine frühere Kost nur zur Zeit des Essens zurückgedacht.

1828.

Als die freudigsten Ereignisse in seinem Leben, seitdem er nach Nürnberg gekommen, gab er im September folgende drei an:

Das erste war, als er wieder Spielpferde bekam,

das zweite war als er in das Haus des Herrn Bürgermeisters Binder kam, wo er die erste liebreiche Behandlung erfuhr, —

174

das dritte als er zufällig die Art des Brotes wiederfand, die er während seiner Einkerkerung genossen. —
Bei dem ersten und dritten weinte er vor Freuden.

1828.

Wenn er an die ersten Wochen dachte, die er zu Nürnberg verlebte, tat ihm alles im Leibe weh, wie er behauptete. — Wenn man ihm auch alle Herrlichkeiten der Welt dafür gäbe, so wollte er sich doch lieber tot schlagen lassen, als jene Zeit noch einmal durchleben. (M. Okt.)

1828.

Unter allen Schmerzen, die er zu Nürnberg erfahren, nannte er vier als die größten, die ihm durch das Löffelchen Kaffee, das ihm aufgedrungen worden, durch den Bissen eines eingemachten Huhns, das er bekommen, durch den Aufenthalt in einer Apotheke, und dadurch, daß ich einmal zu ihm gesagt, er könne nicht wieder in seinen alten Zustand zurückkehren verursacht wurden. —

Ich hatte, solange ich ihn auf dem Turm besuchte, keine Kenntnis von dem schlimmen Zustand, in dem er sich befand, und beurteilte daher auch seine Sehnsucht nach der Wiederkunft des Mannes, der ihn gefangen gehalten, und nach der Rückkehr in seinen früheren Zustand unrichtig. — Ich suchte ihn einst über sein Verhältnis aufzuklären, und sagte ihm dabei, der Mann werde nicht zurückkommen und er müsse jetzt in dieser Welt bleiben, in die er eingetreten sei. —
Darüber geriet er in einen drei Tage lang jammervollen Zustand. Auch körperlich tat ihm alles weh, — es war ihm, als habe ihn jemand an allen Gliedern geschlagen, er fühlte Drücken auf der Brust, und dieses physische Unwohlsein fand nur in Tränenergüssen einige Erleichterung. — Der Gefängniswärter, der ihm in diesem Zustand, von dem ich damals nichts erfuhr, sah, und klagen hörte, bestätigte was ich gesagt. — Erst am dritten Tage beschwichtigte Herr Bürgermeister Binder seinen Schmerz und seine Angst, — indem er ihm sagte, der Mann werde schon wiederkommen. —

175

Als er im November eine alte kranke Katze erschießen sah, äußerte er, das würde er sich noch einige Wochen vor dem Eintritt in mein Haus gern haben tun lassen, wenn er darum gewußt hätte, und wenn es ihm jemand hätte tun wollen, um ihn von seinen Leiden und Schmerzen zu befreien. —

Im Sommer 1830 ging er mit dem Gedanken um, sich durch einen Schluck Wein umzubringen. — Daran würde er sterben müssen, glaubte er.

22. Äußerungen in der ersten Zeit.

Septbr. 1828.

Er fragte einmal, warum, wenn Christus vom Tod erstanden, die Menschen nicht auch, wieder aufstehen könnten. — Als man ihm antwortete, das käme daher, weil Christus nicht bloßer Mensch, sondern zugleich Gott gewesen, so sagte er, die Menschen sollten aber auch so viel lernen, daß sie Gott würden. —

1828.

Als man ihm gegen Ende des Oktober mittels eines Erd-Globus die Stellung der Erde zur Sonne, ihre Umdrehung, das Tag- und Nacht- Winter- und Sommerwerden erklärte, sagte er, nachdem er seine Verwunderung bezeigt: Aber das müssen die Menschen eben nur so glauben, — gewiß wissen sie es doch nicht.

1828.

Als er im Oktober das Geschlechtsregister zu Anfang des Mathäus vors Gesicht bekam, da kam er zu mir mit großem Geschrei: was da für dummes Zeug stehe, da zeige immer einer dem andern etwas (er verstand das Wort zeugen nicht, und nahm es für zeigen) und doch stehe nicht da was er ihm zeige. —

Mitte Sommer 1828.

Als er Leute aus der Kirche gehen sah, ließ er sich wieder über das Unnötige des Predigens heraus; — es wäre ein übles Geschäft, den Leuten immer wieder das-

selbe sagen zu müssen, ein Pfarrer möchte er nicht
werden. —

1828.

In Beziehung auf die Zudringlichkeit der Neugierigen
sagte er im Septbr.: Wenn die Leute etwas sehen wollten,
so möchten sie doch den Hirtenknaben auf der Schütt
sehen, da trompete man den ganzen Tag, und doch
wolle niemand hineingehen, bei ihm trompete man
nicht, und doch strömten immer die Leute herzu, ihn
zu sehen, — als wenn er ein wildes Tier sei. — Als jemand scherzend zu ihm sagte, er möchte sich doch
auch für Geld sehen lassen, er würde viel damit verdienen können, erwiderte er: ein solches Geld möge er
nicht. —

1828.

Oft wurden ihm die Leute mit ihrem Loben sehr verächtlich. — Er sagte öfter nach solchen Vorgängen, sie
mögen mich loben, wie sie wollen, ich weiß doch, wie ich
daran bin. —

23. Physisches überhaupt.

Als er auf der Wachtstube zuerst in Nürnberg ein Spielpferd erhalten, wollte er es nach Hause tragen, kam
aber damit nur vor die ganz nahe äußere Tür des Rat-
hauses, wo ihm von der Anstrengung der Schweiß auf
der Stirne stand. Er bewunderte nachher oft die Kraft
eines anderthalbjährigen Kindes des Gefängniswärters,
welches jenes Pferd streckenweise ohne Mühe tragen
konnte.

1828.

Ich betrachtete seine Sohlen und fand noch bedeutende Spuren von vielen Blasen und wunden Stellen, die
er durch sein erstes Gehen erhalten hatte.

Die linke Seite war die um vieles reizbarere und krank-
haftere. Sehr heftig wirkten hier animalische und
mineralische Reize und zwar den ganzen Arm hinauf
und bis in die Augen, was sonst nur bis an den Ellen-

bogen reichte. Als er einmal ein Glas mit der linken Hand anfaßte, tat ihm der Arm sehr weh und die Augen wurden mit Wasser angefüllt. Als er es ebenso mit einer Karaffe machte, deren Wirkung im rechten Arme der des Beins gleichkam nur bis an den Ellenbogen ging, kam die Kälte den ganzen Arm u. Hals hinauf, um die Augen wurde es kalt und er empfand starkes Brennen in ihnen, bis vieles Wasser herausgelaufen und die Kälte sich wieder verloren hatte. Eine halbe Stunde darauf verdunkelten sich die Augen.

Von vielen Operationen der Natur von denen wir nichts oder nur im allgemeinen etwas spüren muß er nach seinen zwar meist sehr dunkeln Beschreibungen bestimmte Empfindungen gehabt haben. So als ich einmal bei seiner Erkrankung seine kalten Füße erwärmte, oder als er bei eingetretener Herbstkälte warme Strümpfe anzog, sprach er von plötzlichen Veränderungen des Empfindens und eigentümlichen Gefühlen im Kopf und Unterleibe so wenn er Kümmeltee trank oder als er vom Genuß der Fleischbrühe sein Befinden gebessert fand. In Beziehung auf erstern und auch einmal in Beziehung auf letztere drückte er sich unklar aus: er (oder sie) streiche in seinem Unterleibe etwas zusammen, wodurch sich die Beschwerung desselben verlöre.

Mit Wachen und Schlafen war er in der ersten Zeit seiner Anwesenheit zu Nürnberg ganz an Helle und Dunkel gebunden. Verschloß man den Fensterladen, so schlief er ein, entfernte man denselben, so wachte er wieder auf. Ermüdungen brachten sogleich Schlaf hervor. Als er ein hölzernes Reitpferd bekam und auf diesem einige Zeit geschaukelt hatte, schlief er, der Ermüdung wegen die ihm diese Bewegung verursachte, auf demselben ein. So schlief er auch während seiner Fußreise nach Nürnberg immer ein, wenn er einige Zeit geführt worden war. Während seiner Einsperrung mag er sehr wenig gewacht haben. Er selbst schätzt die Zeit seines Wachens auf drei bis vier Stunden, wiewohl seine eigenen Aussagen in diesem Punkt als sehr unsicher betrachtet werden müssen; denn in nichts täuscht man sich bekanntlich mehr, als in der Schätzung der Zeit und er zumal war offenbar in einem traumartigen dumpfen Zustand, ohne Selbstbewußtsein im strengen Sinn des Wortes und unbekannt mit Messung und Einteilung der Zeit.

Um Hausers physische Beschaffenheit hervorzubringen, vereinigten sich mehrere Ursachen. Die erste war die vieljährige gewaltsame Unterdrückung und Abschließung von all den Reizen, denen der Mensch sonst fortwährend ausgesetzt ist und die daher aufhören, Reize für ihn zu sein. Dies verbunden mit den physischen und psychischen Leiden, mit denen sein Eintritt in die Welt begleitet war, hielt ich anfangs für die alleinigen Ursachen seiner krankhaften Beschaffenheit. Zwei andere wurden mir erst später klar. Ein narkotisches Mittel das man ihm während seines Eingesperrtseins öfters unters Wasser mischte, um ihn einzuschläfern, mußte in der Nachwirkung eine erhöhte Reizbarkeit der Nerven hervorbringen. Psora aber war es, die alles dies zu einem so hartnäckigen chronischen Siechtum gestaltete. Sie hätte ich gleich vom Anfang an, wenn ich stärkere Einsichten schon damals gehabt hätte, in der vorherrschenden Schwäche und krankhaften Reizbarkeit der linken Körperseite erkennen können, dergl. nie etwas anderes sein kann, als ein miasmetisches Krankheitssymptom.

Anfänglich sollen seine Zähne sehr weiß und rein gewesen sein. Während er im Turme wohnte überzogen sie sich mit gelbem Schleim, von welchem er sie bei mir reinigte. Im September wurde bemerkbar daß er einen faulen Zahn bekam. Seine Nahrung bestand damals in Milchbreien, Kartoffeln, Gesundheitschokolade in Milch, schwarzem u. weißem Brot.

Noch im Sommer 1829 hatte er eine Art des Füßeaufsetzens, die ihm das Gehen sehr erschwerte. Er trat nämlich mit der ganzen Fußsohle, mit Ferse und Zehen zugleich auf und wurde daher nach wenigem Gehen sehr müde.

Die Erscheinung des Niesens, Gähnens und viel andere sonst gewöhnliche kannte er in der ersten Zeit an sich nicht. Zum erstenmale mußte er niesen und zwar sehr oft nacheinander und heftig, als man ihm Tabak zu schnupfen gab. Zum Glück war ihm die Weise, ihn in die Nase hinaufzuziehen unbekannt, so daß nur etwas an dem untern Teil der Nase hängen blieb, was fortwährendes Niesen verursachte bis Wasser aus der Nase floß und Hauser es abwischend, auch den Tabak wegnahm. Beim Niesen gingen Stiche wie von Messern durch den Kopf, ungeheurer Kopfschmerz erfolgte, die Augen tränten stark und er weinte heftig. Das Weiße des Auges wurde ganz rot und die Entzündung und die Schmerzen waren noch den folgenden Tag so stark, daß er nicht vermögend war, vom Turm auf die Wachtstube zu kommen.

Ein schmerzliches Drücken auf der Brust empfand er zu Nürnberg, soweit er sich zurückdenken kann. Wenn er ins Freie kam, wurde es ärger.

Als er mir übergeben wurde, hatte der Bartwuchs begonnen, so daß er etwa von Monat zu Monat rasiert werden mußte.

Mitte Som. 1828.

An seinen Genitalien zeigte sich erst eine kleine Spur der Behaarung.

August 1828.

In 14 Tagen ist er über einen Zoll gewachsen. Dabei wird er dicker, so daß ihm seine Kleider zu eng werden.

Anfangs war er so schwach, daß er mit beiden Händen keinen Stuhl in die Höhe bringen konnte; im Laufe des Septembers konnte er doch bereits ein Gewicht von 25 Pfd. mit einer Hand ein wenig in die Höhe ziehen.

Die Ruhe in dem Federbett, das er bei mir bekam, war, wie er sagte, das einzige physisch angenehme, was er seit seinem Eintritt in die Welt erfuhr. Dies einzige habe er in seinem Käfig nicht gehabt, übrigens sei dort alles besser gewesen.

Nach Anfang des Oktobers wurden ihm bereits die Finger vor Kälte blau, wenn er ohne Handschuhe ausging und er hüllte sich gerne wie vor strenger Winterkälte in warme Kleider ein. Die Augen füllten sich durch die kalte Luft gereizt, mit vielem Wasser an und litten dann an lästiger Trockenheit.

Gegen die Mitte des Oktobers hin bei einer in dieser Jahreszeit einst ungewöhnlichen Kälte wurden ihm schon die Finger blau, wenn er ohne Handschuhe ausging.

Als er im Oktober zum erstenmale Eis sah und berührte, fuhr ihm die Kälte durch alle Glieder seines Körpers.

Zu Anfang Oktobers bemerkte er daß er eine None auf dem Klavier spannen könne, da doch seine Hand, bevor er zu mir gekommen nicht für eine Oktave ausgereicht hätte.

1828.
Noch im November konnte er die Arme nicht über den Kopf emporheben ohne schmerzliche Empfindung in der Brust. Es war ihm als wenn etwas die emporgestreckten Arme herab und gegen die Brust zulaufe, wo alsdann ein schmerzlicher Druck entstand.

24. Physische Leistungen.
Reitkunst Mut und Fertigkeit.

1828.
Als er anfing reiten zu lernen verspürte er nie etwas an dem Gesäße, sondern nur etwas weniges an den Schenkeln. Er konnte überhaupt hierbei mehr aushalten, als manche andere, die mit ihm das Reiten lernten; er ritt stundenlang ohne unangenehme Empfindung, nachdem er sich etwa anderthalb Monat lang auf der Reitbahn geübt hatte. — Ich konnte mir das nicht anders, als dadurch erklären, daß er durch das beständige Sitzen in seinem Käfig die hintern Teile seines Körpers auf

eine ungewöhnliche Weise abgehärtet hatte. — Er scherzte zuweilen über die Härte seines Hinterteils, und sagte, er wäre sehr glücklich, wenn alles an ihm so gut wäre wie dieses.

1828.

Je ärger ein Pferd stieß, desto lieber war es ihm. — Er pflegte sich immer ein sehr unsanft gehendes Pferd auszubitten, vor welchem die meisten große Scheu hatten.— Im Traben war er unermüdlich. —

1828.

Am 4ten September: ritt er zum erstenmale in Gesellschaft aus, und galoppierte vor den Andern her, ohne sich viel um sie zu bekümmern. —

Ich ritt im September mit ihm einmal nach Erlenstegen, von da durch Morgeldorf an den Grütz hin, und durch den Wald über Zerzobelshof und die Peterhaide nach Nürnberg zurück, wobei er sein sehr stark stoßendes Pferd fast beständig im Trab laufen ließ. — Nachdem er vom Pferde gestiegen, sagte er, er spüre so wenig von der Anstrengung des Reitens, als wenn er eben aus dem Zimmer käme, und glaube, gleich noch einmal jenen Weg zu Pferd machen zu können. —

Sommer 1828.

Ich sah ihn ein paarmal in die ungeheuerste convulsivische Gesichtsverzerrung geraten, als er sich bemühte, ein Scheit Holz, welches jeder Knabe mit Leichtigkeit in die Luft geschleudert haben würde, auf einen Holzstoß zu werfen.

Als er seine Hand zum erstenmale auf dem Klavier versucht hatte, litt er zweitägige Schmerzen davon. —

1828.

Die geringe physische Kraft, die er sonst zeigte, schien im Reiten verdoppelt und verdreifacht. — Seine Haltung, sein Mut, die richtige Führung des Pferdes, sogleich bei den ersten Versuchen, setzten in Erstaunen. — Der Stallmeister sagte, mancher gehe zwei Monate lang bei ihm in die Lehre, er sitze nicht so auf dem Pferde. — Er hatte sich, ehe er noch auf das Pferd kam, vom Zusehen alles abgemerkt; er wußte es besser als diejenigen, die der Stallmeister eben vorgehabt hatte. —

August 1829.

Ritt nachmittags auf die alte Veste und wieder zurück. Dagegen taten ihm um dieselbe Zeit von mehreren Gängen die er den Tag über gemacht hatte, die Füße so weh, daß er sich schon um 8 Uhr zu Bette legte. —

(Ein paar Stunden früher als gewöhnlich.)

25. Empfindlichkeit überhaupt.

1828.

Gegen Ende November wurde bemerklich, daß ihm beim Gehen in freier Luft der Atem schwer wurde und Brustschmerzen sich einstellten. Einmal nachdem ihn, wie er später erzählte, beim Heraustreten aus dem wohlgeheizten Zimmer in die freie Luft ein starker Schauer überfallen hatte, wiewohl er warm und dicht gekleidet war, jedoch den Mantel anzuziehen vergessen hatte, wurde er während des Spazierengehens so krank, daß er kaum nach Hause zurückgebracht werden konnte. Der Atem wurde so schwer und kurz, daß ihm Stehen und Gehen fast unmöglich gemacht, Niedersetzen notwendig wurde, dabei starker Brustschmerz, Betäubtheit des Kopfes, die sich da er zu Hause angekommen, auf einige Zeit der Bewußtlosigkeit näherte, so daß er sich am nächsten Morgen von mehreren Umständen des Vorfalls nicht mehr erinnern konnte. Er mußte zu Bette gebracht werden, und war den nächsten Tag sehr unwohl und schwach. —

Oft schien er physisch und geistig bestimmt, wo er es nur physisch war. — Seine Zuneigung zu einer gewissen Dame hatte ihren Grund zum Teil darin, daß sie leise mit ihm sprach, und seinem reizbaren Gehör weniger als andere wehe tat. —

Er lernte erst bei mir die Ursachen der schmerzlichen Empfindungen kennen, die ihm das Leben zur Qual machten. — Früher sagte er mir, habe er aus Unkunde keine derselben anzugeben, und von sich abzuwenden gewußt. — Er erinnerte sich, daß ihm, wenn er während des Mittagsmahles bei Herrn Bürgermeister Binder war, alles weh tat und er am ganzen Leibe zitterte. — Wenn man ihn dann teilnehmend gefragt, was ihm sei, und warum er so zittere; so habe er keine Auskunft zu geben gewußt. —

Als man ihm den zu einem Spielpferdchen gehörigen Magnet brachte, der ihm so weh tat, glaubte er das Pferd wolle ihm etwas zuleide tun. —

Er litt sehr viel davon, daß er sich nicht zu äußern wußte, — oder wagte. — Es drängte ihn, einmal, irgendwo den Urin zu lassen, er verhielt ihn aber, weil er sich nicht zu reden getraute, und mußte hiervon zweitägige stechende Schmerzen im Unterleibe dulden.

Als ihm im August über den schnellen Verlust eines Schachspieles ein Ärger ergriff, bekam er Schmerz auf der Brust, einige Zeit nachher Zittern.

Als er seiner entzündeten Augen wegen öfters eine grüne Brille getragen, sah man an den Schläfen gegen die Ohren hin, einen roten Streif, der von dem Anliegen der Brille verursacht war. —

Herbst 1828.
Wenn er über Brücken oder an Brunnen vorbeiging, so fühlte er das Wasser, und zwar verschiedene Wasser auf verschiedene Weise. —

Sommer 1828.
Die stärksten Zuckungen soll er bekommen haben, als man ihm in der Nähe die Regiments-Musik zu hören gab. —

1828.
Als er an einem etwas luftigen Sommertage zum erstenmale in einem Wagen fuhr, machte ihn die Luft so heiser, daß er nach seiner Zurückkunft kein lautes Wort hervorzubringen vermochte. —

Mitte Sommer 1828.

Als er von ein wenig verschüttetem Weine etwas an den Finger, und von da an den Kopf brachte, empfand er ein unangenehmes Ziehen über die Stirne. —

Erste Zeit 1828.

Man ließ ihn rauchen und schnupfen, ungeheure Erschütterungen für seine bisher in der größten Reizlosigkeit gehaltenen Nerven, man ließ ihn Bier, Wein, Mineralwasser und dergl. kosten, was ihm den entsetzlichsten Schauder, Schmerzen und Übelbefinden erregte. — Vom Geruche des Branntweins, den er an seine Nase brachte, bekam er tagelange Kopfschmerzen. — Das Experiment mit dem Branntwein machte ein gewisser Regimentsarzt mit ihm. — An dem Ort, an welchem man ihn die Finger verbrennen ließ, mußte er etwas genießen, was er mir nicht mehr zu nennen wußte, darauf, sagte er, sei ihm so unwohl geworden, daß er kaum mehr nach Hause gehen konnte.

Er bekam solange er in dem Turme war, Ziehbrunnenwasser zu trinken, welches ihm im ganzen Leibe weh tat, wenn er es trank. — Von dem Brot das er daselbst erhielt, bekam er drückende und kneipende Schmerzen im Magen und Unterleib. — Von dem üblen Geruch der in seinem Stübchen war, litt er viel, noch mehr aber von den vegetabilischen Gerüchen, die öfters zu dem offenen ins Freie gehenden Fenster durch die Luft hereingetragen wurden, dieses Fenster hielt er soviel als möglich verschlossen. — Weh tat ihm der Geruch der Pigmente, mit denen er Kupferstiche zu illuminieren pflegte, auch die bleiernen Soldaten, die auf der Bank aufgestellt waren, wirkten unangenehm auf ihn, so alles Metallische, welches er hatte, das Glasfenster u.s.w. — Von diesem allen sagte er nichts, und niemand wußte es. —

Er hätte auch oft nicht anzugeben gewußt, woher die schmerzhaften Empfindungen kamen, erst später lernte er ihre Ursachen kennen.

Von Hauser geschrieben.

Sommer 1829.

Ich ging im Garten des Herrn Haubenstricker und fand eine Blume die mir sehr wohl gefallen hat, ich sah es lange an, betrachtete es recht, dann fragte ich den Herrn Haubenstricker, was dieses für eine Blume sei, er gab mir zur Antwort eine Kaiserkrone, den andern Morgen erzählte ich es dem Herrn Professor, daß ich eine sehr schöne Blume gesehen, und erzählte ich wie es aussah dann sagte der Herr Professor, ich solle eine bringen, ich ging in den Garten und holte eine, als ichs anfaßte, und abpflücken wollte, bekam ich die nämliche Empfindung, als ich von den Schlangen, die ich gesehen habe, bekam ich ein Frost, nach einiger Zeit wurde es mir sehr heiß, und bekam eine ganze Viertelstund Kopfschmerzen, und meine Hand in der ich die Blume trug, war als wenn es lahm wäre, dieses dauerte 5 Minuten, eh der Kopfschmerz verging gabs mir ein Schüttern dann sind die Empfindungen weg gewesen, aber einige Stunden war mir nicht mehr so wohl als zuerst ich bin sehr müde gewesen, und so ist es bei den Schlangen auch gewesen.

Von Hauser geschrieben.

Am 31. Januar 1830. Morgens um 3/4tel auf 9 Uhr ging ich zum Herrn Baron von Tucher und wollte mit in die Kirche gehen, als ich aber vor die Haustür (*mit*) hinauskam, fiel mich die Kälte sehr an, und überfiel mich eine kleine Betäubung, auch wurden die Augen trübe. — Und bis ich die Hälfte des Weges kam, überfiel mich eine reizbare Empfindung in den Hals, und bekam ein starken Husten, und ein *heftiges* Drücken auf der Brust. Ehe ich in das Zimmer kam, bekam ich ein Augenblick ein unbewußtes Gefühl. (d. h. einen Anfall von Bewußtlosigkeit). Als ich in dem Zimmer war, kam der Husten immer stärker, aber die Betäubung verlor sich allmählich. — Dann aß ich etwas mit Zucker vermischte Äpfel, worauf der Husten sich verlor; aber der Hals wurde immer schlechter, so daß ich wenig laut mehr sprechen konnte.

26. Gehör.

In den ersten acht Tagen schoß ein Polizei-Soldat in der Wachtstube und im Beisein eines Polizei-Officianten eine Flinte gegen ihn ab. Die Wirkung dieser für ihn entsetzlichen Erschütterung dauerte bis in die Nacht. (Vormittags geschah der Frevel). Den Maßstab für die Größe der Erschütterung kann man daraus abnehmen, daß er noch im Laufe des Septbr. 1828, da er schon so vieles besser ertragen konnte, vor dem Peitschenknall, den ein Bauer in der Nähe machte, so heftig zusammenschrak, daß er beinahe umfiel. — Obgleich jene rohen Menschen die furchtbare Wirkung des Schusses in Hausers Mienen und Bewegungen erkennen mußten, so ließ doch jener Polizei-Officiant später ähnliche Erschütterungen folgen. — Die eine geschah mit einem Hammer, die andere wie es scheint mit einer Pistole. — Hauser konnte mir diese letztere nicht deutlich beschreiben, ich erfuhr später daß man mit Zündhütchen gelärmt. — Was den Flintenschuß betrifft, so hatte Hauser gesehen, wie Papier und Pulver in den Lauf getan wurden, und erinnerte sich des Feuers, des Rauches und des Pulvergeruchs. — Was mit dem Hammer zerschlagen wurde, verwundete zwei Polizei-Soldaten in die Hand, und Hauser sagte, eines der zersprungenen Stücke wäre ihm in das Gesicht gesprungen, wenn es nicht einen von jenen Leuten getroffen hätte. —

Mitte Septbr.

Ein Schuß in der Ferne erschreckte ihn einst, auf einem Spaziergange sehr, er fuhr zusammen und äußerte, es sei ihm gewesen, als habe ihm jemand einen Schlag auf den Rücken versetzt.

Noch zu Ende Oktober sah ich ihn durch einen in einiger Entfernung von dem Fenster an dem er stand, fallenden Schuß erschreckt, in lang anhaltendes Zittern und konvulsivische Bewegungen geraten, wobei ihm alles im Leibe wehe tat. —

Den 27. Juny 1829 verglich er die gegenwärtige Schärfe seines Gehörs, mit dem noch feineren eines

Blinden, die z. B. jeden auch noch so leisen Tritt eines
Barfüßigen bemerkte, und sagte, früher sei sein Gehör
eben so beschaffen gewesen, habe aber, seit dem er
angefangen Fleisch zu essen, an Feinheit abgenommen,
so daß er jetzt so fein nicht mehr durchs Gehör unterscheiden könne, wie jener Blinde. —

Herbst 1828.

In einer verhältnismäßig sehr großen Entfernung, die
ich nicht mehr bezeichnen kann, unterschied er durch
das Gehör die Tritte mehrerer miteinander gehenden
Wanderer ihrer Stärke nach. —

1828.

Sein Gehör war nicht minder fein, als seine übrigen
Sinne. — Er hörte wohl drei- und viermal so weit als
Andere. — Je tiefer die Töne waren, desto stärker wirkten sie auf ihn, und desto weniger schön dünkten sie
ihm.

27. Gesicht.

1828.

Sein Gesicht war nicht nur für die Ferne, sondern auch
für die Nähe von ungeheurer Schärfe.

Ehe man wußte, daß er im Dunkeln sah, war es auffallend, daß er bei Nacht überall mit der größten Sicherheit vorwärts schritt, und daß er es ausschlug, wenn
man ihm, wie er an einen dunkeln Ort ging, ein Licht
anbot. — Mit Verwunderung und Lachen sah er öfters
zu, wenn sich Andere an dunklen Orten z. B. beim Eintritt in ein Haus und beim Treppensteigen des Nachts
durch Tappen und Anhalten zu helfen suchten. —

Es war ein Glück für seine Augen, daß er bei trübem
Wetter aus seinem dunkeln Gefängnisse herausgebracht
wurde. — Er erinnerte sich, daß ihm das Tageslicht
sehr weh tat, und er die Augen vor demselben nur halb
öffnen konnte, auch sah er fast nichts, so blendete es
ihn. — Schrecklich aber war es ihm, als er in den ersten
Tagen seines Aufenthaltes zu Nürnberg im hellen Son-

188

nen-Glanze von seiner Turmwohnung auf die Wachtstube geführt wurde. — Er fühlte heftige Stiche in den
Augen die durch sein Weinen noch schmerzlicher wurden, und fortwährend bis er Fleischkost zu gewöhnen
anfing, (Oktober) bekam er stechenden Augenschmerz
vom Sonnenschein und künstlichen Lichte.

In Beziehung auf die Beobachtungen des Fernsehens,
die man bei ihm machte, ist zu bemerken, daß er sich
dabei fortwährend beklagte, daß seine Augen noch
nicht die Schärfe wieder erlangt hätten, die sie vor
seiner Erkrankung gehabt. — Er pflegte dies nicht bei
hellem Tage, sondern in der Dämmerung zu erproben. —

Erst zu Anfang des November kam es vor, daß er sich
im Finstern stieß. —

Bei Zergliedrung von Blumen sah er Unterschiede
und Bildungen, die Andere nicht wahrnahmen. — Bei
Öffnung eines Bierkruges sagte er zuweilen, er rauche,
ohne daß sonst jemand etwas dieser Art wahrnahm. —

1828.

Vom Schloßzwinger zu Nürnberg aus konnte er eine
Reihe Fenster des Schlosses Marloffstein zählen, vom
Schloß zu Nürnberg aus ebenso die Fensterreihe eines
unter dem roten Berge befindlichen Hauses. (Septbr.-
Oktobr.)

Die Pupille eines Auges konnte ihm zum Spiegel dienen. — Er hatte sich einmal im Gesicht schwarz gemacht, und erkannte das, als er mir ins Auge sah. —
In der Pupille des einen meiner Augen sah er Wölkchen
oder Nebelgestalten, offenbar das, was als sogenannte
mouches davor zu erscheinen pflegte, so wie auch, wenn
diese stärker oder schwächer waren. — In diesem Auge
konnte er sich vor dem Wölkchen auch nicht ganz
sehen, wie in dem andern.

Wenn ein gewöhnliches weitsichtiges Auge bei einbrechender Dämmerung drei oder vier Sterne am Himmel sah, so erblickte er deren bereits eine große Menge
und unterschied sie nach Größe und Farbe. —

Von Herrmann aufgezeichnet.

Weites Gesicht.

Er unterscheidet die Hollerbeeren auf mehr als 60 Schritte von Schwarzbeeren. In der Dämmerung: Unterscheidung der Farben, selbst der dunkelsten, ja bei völliger Nacht für uns, noch dunkelbraun von dunkelrot. Überhaupt gebe es für ihn keine völlige Finsternis.

Herbst 1828.

Die einzelnen Beeren der Trauben eines Hollerbeeren-Baumes sah er 100 Schritte weit, in etwas kleinerer Entfernung unterschied er diese Beeren von den Schwarzbeeren. —

1828.

Vom Spazierweg unter der Burg von Nürnberg aus sah und zählte er auf einer Seite die Schießlöcher in den Mauern des roten Berges. —

1828.

An einem in hoher Luft und in weiter Entfernung schwebenden Papierdrachen, welcher andern fernsichtigen Augen nur als ein Punkt vorkam, unterschied er die Glieder der Papier-Kette, welche den Schwanz ausmachte, und noch Anderes, welches jedem andern verborgen geblieben war. —

Durch ferne Fenster hindurch, die dem gewöhnlichen Auge als das dunkelste Schwarz erschienen, sah er die im Zimmer befindlichen, z.B. die an der Wand hängenden Gegenstände. —

Herbst 1828.

Bei starker nächtlicher Dämmerung wollte er mich einmal auf eine Mücke aufmerksam machen, die in einem sehr entfernten Schirmgewebe hing. — Keine Dunkelheit war so groß, daß er nichts in ihr sehen und unterscheiden konnte. —

1828.

Eine Hausnummer von der Größe, wie sie in Nürnberg an den Häusern angebracht zu sein *scheinen* pflegen, las er nach Untergang der Sonne, deren Scheinen seine Sehkraft schwächte, auf ungefähr 180 Schritte weit. — (Mitte Septbr.)

Mitte Sommer 1828.
Er sieht im Dämmerlicht besser als in der Helle. —

In finsterer Nacht brauchte er kein Licht, um sich überall im Hause zurechtzufinden. —

28. Geruch.

Vom Geruche eines illuminierten Kupferbogens den er auf dem Turm erhielt, bekam er einmal lange Betäubtheit und Schwindel.

Mitte Okt.
Den Geruch des so stark riechenden Fenchelzuckers aus der Apotheke konnte er wohl leiden und nannte ihn gut; ja, er nahm einmal eine Messerspitze voll von diesem Fenchelzucker ein ohne etwas Auffallendes oder Nachteiliges zu verspüren.

1828.
Er erinnerte sich, aber nicht mehr mit Bestimmtheit fieberhafter Zufälle, die er vom Bratwurstgeruch bekommen.

In einer gewissen Apotheke sagte er, habe man ihm etwas, was jemand getrunken, zum Versuchen oder Riechen hingehalten, das habe so starken Eindruck auf ihn gemacht, daß er zurücktaumelte u. hingefallen wäre, hätte ihn nicht sein Begleiter aufgehalten. Es war Branntwein. Ebenso habe man ihn am Tage vor seiner Bekanntschaft mit Herrn B. Binder in der Wachstube etwas, was getrunken wurde, hingehalten, wovon er so krank geworden, daß selbst die Leute, die ihn so behandelten, besorgt oder nachdenklich geworden seien u. deshalb H. Aktuar Hüftlein hergeholt hätten. Der erste Fall ist wohl der nämliche, den ich von jemand, der zufällig dazu kam folgendermaßen hörte:

Man wollte ihm Branntwein mit der Bemerkung, es sei Wasser, aufnötigen. Als man ihm denselben an den Mund brachte, sank er erbleichend um und wäre rückwärts in eine Glastüre gestürzt, wenn ihn nicht jemand aufgefangen und gehalten hätte. Schon der Aufenthalt in der Apotheke mußte ihn fürchterlich angreifen und fast der Besinnung berauben.

1828.

Lammfleisch roch ihm besser als Rindfleisch.

August 1828.

Als ich einst ohne an ihn zu denken ein paar Tropfen Tinct. nerv. Bestuschew nahm und er in mein Zimmer trat, griff ihn der Geruch so heftig an, daß er sogleich Zuckungen bekam. Die Empfindung stieg ihm in den Kopf und verursachte Augenschmerz, dann zog sie sich nach beiden Seiten des Kopfes die Wangen herab durch den Hals in zwei Linien, die sich im Magen vereinigten. Im Vereinigungspunkt entstand Drücken, es erfolgte das gewöhnliche Laufen im Leibe, dann zweimaliges Aufstoßen mit heraufkommendem Wasser. Dies alles dauerte eine starke Viertelstunde lang. Es blieb Kopf- und Augenschmerz. Ich führte ihn nun auf seinen Wunsch ein wenig spazieren; auf dem Wege kam Frost und etwa nach einer halben Stunde zeigte sich mehrmaliges Aufstoßen; auf den Frost folgte Hitze und der Schweiß trat auf die Stirne, womit sich die Reihe der Erscheinungen wie öfters schloß. Das mit Pfropf verschlossene Gläschen jener Arzenei roch er drei Schritte weit.

1828.

Schmerzhaft afficierte ihn die Ausdünstung des Dutzendteiches bei Nürnberg und er sprach von ihm als von einem garstigen Gestank (ehe er zu mir kam).

1828.

Zu Ende Sept. äußerte er: im Hause des Herrn B. habe er anfangs vieles gerochen was ihm wehe getan und wovon er nicht sagen könne, was es gewesen, jetzt wisse er es nicht mehr. Dies zeigte, daß seine Sinne gegen gewisse Einwirkungen oder gewisse Grade derselben bereits abgestumpft waren.

Sonderbar war es, daß er verschiedene Gerüche, die gedrängt an ihn kamen, genau unterschied und die Gegenstände angab, von denen sie herkamen, z. B. wenn er vor verschiedenen und gemischt stehenden Blumen stand.

Weingeruch fand ich bei Hauser späterhin als ein unschädliches und in vielen Fällen hinreichendes Gegenmittel, wenn ihm andere Gerüche übles Befinden zugezogen hatten.

Noch im Sommer 1829 bekam er, wenn Eisen gebrannt wurde und er den Geruch einatmete, dünne Öffnung.

Nov. 1829.

Ein paar Wochen nach seiner Verwundung kam jemand in sein Zimmer und hielt sich eine halbe Viertelstunde darin auf, der starken Achselgrubenschweiß hatte. Der Geruch desselben afficierte ihn so sehr, daß er nach dem Weggehen jenes Individuums (4 Uhr nachmitt.) wässerige Öffnung bekam (seinen gewöhnlichen Stuhlgang hatte er etwa eine halbe Stunde vorher gehabt) und bis zum nächtlichen Einschlafen an starken Kopfschmerzen litt.

1829.

Am 6. November vormittags um 9 Uhr, da er auf dem Wege zum Rathause war, wohin er eines Verhörs wegen gebracht wurde, befiel ihn der Geruch von Kampferspiritus, da eben jemand eine Bouteille, worin dieser befindlich, ausgoß. Dies versetzte ihn in großes Unwohlsein. (Auf den Kampfergeruch fühlte er starken Kopfschmerz und Abgeschlagenheit der Glieder, die Augen brannten u. tränten, es war ihm, als fielen Goldstückchen von den Augen herab, was damals auch sonst öfters der Fall war, doch nicht so stark u. eine Menge säuerlichen Wassers kam ihm in den Mund. Bald befiel ihn brecherl. Übelkeit und bohrende Kopfschmerzen in den Schläfen, die Übelkeit verging nach einiger Zeit, Kopfschmerz und Abgeschlagenheit der Glieder blieb. Nachmittags hatte er zwei weiche Öffnungen und brach mit dreimaligen Aufstoßen bitteres Wasser aus. Der Kopfschmerz wurde darauf noch stärker. Er legte sich und schlief einige Zeit. Beim Erwachen Taumel.) So daß er nur mit Mühe und geführt von seinem Begleiter, jenem wohltätig auf ihn wirkenden Manne, den Weg fortsetzen konnte. Da das Führen aber zu lange dauerte und die stark werdende, vom Manne ausgehende Wirkung sich umkehrte, so vermehrte dies seinen krankhaften Zustand. Das Verhör dauerte mit Absätzen, die wegen Hausers Schwachheit gemacht werden mußten, bis Mittag, dann wurde er in Herrn Bürgermeister Binders Haus gefahren und kam gegen 5 Uhr nachmittags zu mir zurück. Ich ließ ihn in einiger Entfernung am unbeengten Stöpsel einer Weinbouteille riechen, worauf in ungefähr 5 Minuten der bohrende Kopfschmerz, woran er litt, verschwand. Als hierauf Mattigkeit in den Gliedern blieb, und sich nicht minderte, ließ ich ihn zum zweitenmale ebenso riechen, worauf auch diese Mattigkeit in weniger als 5 Minuten verging. Nach einiger Zeit verschwand auch der durch den eingesogenen Geruch stark eingetretene Schwind vor den Augen als wenn Goldstücke herabfielen und so war er wieder in den Zustand hergestellt, in dem er vor dem Riechen des Kampfers gewesen war.

Jemand hatte ihn, als er sich noch im Turm befand, ein Chokoladentäfelchen geschenkt worauf einige blanke Geldstücke gelegt waren. Jenes gab er sogleich mit Widerwillen gegen den Geruch weg und die Geldstücke ließ er sich abwischen, damit sie den von der Chokolade angenommenen Geruch verlören.

Winter 1829.

Mehrfacher Durchfallstuhl erfolgte auf Punschgeruch, der aus einem anstoßenden Zimmer zu ihm drang.

1830.

Am 13ten Juny fand ihn sein Vormund bei welchem er diesen Tag zubrachte, in dem an der Wohnung gelegenen Garten schlafend, und erweckte ihn mit Mühe. — Als er ihn fragte, wie er dazu komme, bei Tag einzuschlafen, so sagte er, an einer gewissen Stelle des Gartens habe der Wind einen Duft an ihn herangeweht, worauf er Kopfschmerz und Schläfrigkeit empfunden habe, und da er sich niedergesetzt, eingeschlafen sei. —

Er mußte sodann starken Durst durch Wassertrinken befriedigen, und klagte über Hitze und Schweißdurchnässung. —

Später kam Frost und er begehrte deshalb Warmes (warme Milch) zu trinken. — Auch bekam er sehr viele weiche Öffnung infolge jenes Geruchs. — Es mochte eine Stunde nach Tisch sein. — Kurz zuvor sah ich ihn noch sehr munter im Garten beschäftigt. — Schlafen bei Tag pflegte bei Hauser sonst nicht vorzukommen. —

Er spielte (Anfangs Oktober) einmal eine kleine Zeit lang (es mußte mit verstopften Ohren geschehen) mit dem Brummkreisel (er ließ ihn nur sechsmal los) und zwar abwechselnd mit andern. Nachher war der rechte Arm, in dem sich diese Erscheinung sonst nicht, oder nur wenig zu zeigen pflegte, konvulsivisch bewegt, die rechte Hand zitterte beim Halten eines Gegenstandes, im Gesicht, und zuweilen durch den ganzen Leib zeigten sich zuckende Bewegungen.

1828.

Von starken Gerüchen bekam er Erscheinungen vor den Augen, und diese wurden entzündeter. —

Bei dem Geruch, der ihm einst bei einer Apotheke entgegenkam, wurden ihm die Augen dunkel und er bekam Mouches volantes. Er sah auch zuweilen etwas wie Goldblättchen oder Goldkörner hernieder fallen. — So war es, als einst ein weißer Lebkuchen vor ihm hingehalten worden war. — Das Herabfallen der scheinbaren Goldblättchen dauerte einige Minuten, und er suchte sie darauf auf dem Boden. — Auch waren seine Augen geröteter. — Die Goldblättchen fielen herunter, meinte er, weil sie auch den Geruch nicht leiden konnten. —

Mitte Sommer 1828.

Jemand wollte ihm eine Apotheke zeigen. Er hatte kaum die Türe geöffnet, als er erblaßte und zurückschauderte; er erholte sich lange nicht von dem Eindruck, den der Geruch auf ihn gemacht hatte. —

1829.

Als er zu Anfang des Januars im Theater war, und auf der Bühne Champagner getrunken wurde, sagte er, es sei ihm, als der Geruch desselben zu ihm gelangte, außerordentlich leicht geworden. —

(Er saß in der Nähe des Orchesters im Parterre).

Mitte Sommer 1828.

Er unterscheidet Gerüche in einer Entfernung, in der niemand sonst das mindeste riechen kann.

Die Feinheit seines Geruches, vermöge welcher er oft in beträchtlicher Entfernung Dinge roch, die für jede andere Nase geruchlos waren, machte ihm sein Leben schon allein zu einer fortwährenden Qual und Bedrängnis, er konnte nicht einmal einen Spaziergang machen, ohne solche Qual. Wenn er z. B. vor einem Tabakfelde, einen am Wege liegenden Knochen, vor duftenden Blumen und Bäumen vorbei mußte. —

Mitte Sommer 1828.

Als man ihm Blumen, die für gewöhnliche Nasen geruchlos sind, zu beriechen gab, schüttelte er sich und fand sich durch ihren Geruch beleidigt.

1828.

Nichts roch oder schmeckte ihm gut, außer was den Geruch oder Geschmack des schwarzen Brotes oder des Kümmels hatte.

1828.

Wenn auf der Straße ein Schornsteinfeger mehrere Schritte weit vor ihm hinging so wandte er vor dem Geruch desselben schaudernd sein Gesicht ab.

1828.

Tabak auf dem Felde der in der Blüte stand, roch er auf mehr als 50, getrockneten, der an einem Gebäude aufgehängt war, auf mehr als 100 Schritte. Von jenem, sagte er, er rieche deshalb stärker als sonst, weil er Blüten habe.

1828.

Wenn er eine Zeitlang dem Tabakrauche ausgesetzt war, so wurde sein Mund trocken und er bekam Durst.

Herbst 1828.
Äpfel-, Birn- und Zwetschenbäume unterschied er
bloß am Geruch der Blätter. Taubnessel roch er auf 2
bis 3 Schritte, gemeinen Nachtschatten auf 11, Schaf-
garbe auf 6. — Einen auf dem Wege liegenden Knochen
von einem Tier, den andern auch an die Nase gehalten,
nicht rochen, auf 10 bis 11. — Taubnessel roch ihm
»süß« — Hopfen »bitter« wie er überhaupt für den Geruch
ganz die Ausdrücke der verschiedenen Geschmacks-
Affektionen zu gebrauchen pflegte. —

1828.
Wenn Wein auch in ziemlicher Entfernung von ihm
auf dem Tische eingeschenkt stand, so klagte er über den
widrigen Geruch u. es wurde ihm warm im Kopfe.

Mitte Sommer 1828.
Auf die Frage: was am besten rieche? antwortete er:
gar nichts.

August 1828.
Um an Blumen zu riechen, hielt er sie nicht an die
Nase, sondern weit von ihm weg und roch dann so
scharf, als andere, wenn sie die Blume an die Nase
halten.

1828.
Als er Essig roch der einen starken Schritt weit von
ihm entfernt stand, afficierte ihn die Schärfe desselben
so sehr, daß ihm das Wasser aus den Augen lief.

Oktober 1828.
Das, was wir übelriechend nennen, schien im allgemeinen ihn weniger schmerzhaft zu afficieren, als unsere
Wohlgerüche. Von Katzengestank sagte er z. B. er wolle
ihn weit lieber riechen, als Pomade, der tue ihm doch
nicht im Kopfe weh. Ebenso lieber Kot, als kölnisches
Wasser oder gewürzte Chokolade, doch röche ihm letztere nicht so garstig als Kot; nur vom Fleisch sagte er, es
sei noch stinkender als Kot; das allerhäßlichste was er
gerochen, waren, wie er sagte, Bratwürste. (Okt.)

1828.
Gestank von Abtritten oder sonst von Kot machte
ihm niemals jenes Drücken in einem Teil des Leibes, der

Brust oder des Magens, wie andere nicht gewöhnte Gerüche, nur verursachte es bald vorübergehenden Kopfschmerz.

1828.

Der Geruch des frischen Fleisches war ihm der schrecklichste. Bevor er sich an Fleischkost gewöhnte, brachte ihm dieser durch den ganzen Leib hindurch schmerzhafte Empfindungen hervor. Gestank von Katzenkot u. Geruch von gekochtem Stockfische zog er jenem Geruche vor.

Die Farbenstoffe an Wänden, Gerätschaften, Kleidern, Kupfern und die Pigmente mit denen er illuminierte, Tinte, Bleistift u.s.w., Speisen, Getränke, mineralische Düfte, Ausdünstungen und Hauche aller Art machten ihm schon in Hinsicht der Affection durch den Geruch das Dasein zur Qual.

Herbst 1828.

Er kam einmal mit mir an den Johanniskirchhof bei Nürnberg vorbei. Er war ungefähr sechs Schritt weit von dem Eingang entfernt als ihn der Totengeruch, den er nach seiner späteren Aussage schon in viel größerer Entfernung empfunden, ihn krankhaft afficierte. Es fror ihn stark und er machte die Gebärden heftigen Schauderns. Nach einiger Zeit kam Aufstoßen, bald darauf fing Wärme vom Unterleib an sich langsam nach oben zu verbreiten. Vom Hals an stieg sie schnell in den Kopf, dann kam sogleich Schweiß auf der Stirne und er empfand so starke Hitze, daß sein Hemd vom Schweiß ganz durchnäßt wurde und selbst der Hosenträger an demselben sich abfärbte. Solche Hitze, sagte er, habe er noch nie empfunden. In der Nähe des Tores ward ihm wieder wohl. Doch klagte er auf dem Wege, daß seine Augen durch jene Einwirkung dunkler geworden seien. Erst nach einem Ritt wurden sie wieder heller.

1828.

Er gab einmal (zu Ende Nov.) folgende Abstufung von widerlichen und wohltuenden Gerüchen, von denen er afficiert worden, an:

1. Fleisch (z. B. Rind- u. Lammfleisch)
2. Branntwein
3. Stockfisch
4. Kaffee
5. Wein
6. Bier
7. Käse
8. Katzenkot

Man darf es mit dieser Angabe wohl nicht genau nehmen, doch ist merkwürdig, daß er das Fleisch obenan
setzte, als das allerwiderwärtigste und daß ihm Kot und
zwar Kot von so penetrantem Geruch weniger war als
alle jene Substanzen.

Als er vor einem Tabakfelde vorbeiging, sagte er: am
stärksten riechen die an den Stauden herabhängenden
dürr gewordenen Blätter. Tabakfelder waren ihm überhaupt die fürchterlichsten Gegenstände, die ihm auf
Spaziergängen vorkamen. Als er einmal lange vor einem
solchen hinzugehen hatte (18. Sept.) wurde ihm sehr
heiß und weh und er bekam nach einiger Zeit wiederholt
starkes hörbares Aufstoßen, worauf ihm, wie gewöhnlich
leichter wurde. Er sagte bei dieser Gelegenheit, es tue
ihm bei solchen Fällen auf der Brust weh, dann senke
sich der Schmerz in die Herzgrube hinab, worauf in einigen Minuten das Aufstoßen und die Erleichterung erfolge.

Im Sommer 1830 erbrach er sich, nachdem ihm zuvor
unwohl geworden, auf das Riechen eines alt gewordenen,
übelriechenden Käses. — So wenig reichte hin, um
jenes Unwohlsein zu solchem Ausbruch zu bringen. —

29. Wirkungen von Genüssen.

Sommer 1828.

Vom Genuß einer Weichsel bekam er Brennen auf der
Zunge, Drücken im Magen und saures Aufstoßen mit
heraufkommendem Wasser. —

Als er ein wenig Schaum von Weizenbier auf die Zunge genommen, und sogleich wieder ausgespien hatte, bekam er zweimaliges Aufstoßen. —

Von aufgedrungenem Käse bekam er Tage langes Drücken im Magen. —

Mitte Sommer 1828.

Auf Milch bekam er saures Aufstoßen mit heraufkommendem Wasser.

Von Hauser geschrieben.

Den 5ten Septbr. 1828.

»Am Mittwoch den 5ten d. Mts. kam ich um Vierth über Zwölfuhr von meinem Unterricht nach Haus, da hatte der Herr Professor mich gefragt ob ich schon gegessen habe sagte ich nein. Der Herr Prof. fragte mich: ob ich schon eine Weintraube versucht habe. Sagte ich nein und fragte mich ob ich eine Versuchen will, und die Antwort war ja. — Er gab mir ein Ber von der Traube ich aß, es wurde mir ein wenig heiß im Kopf anfangs, nach diesem wurde mir sehr leicht im Kopf, auch ein kleiner Schwindel und es lief in den Armen und Füßen sehr stark, heraus, als hätte mir jemand Wasser hingeschüttet, das herunterlaufen würde, bis an die Fingerspitzen (und Zehen).«

Seine Wassersuppe mit Milch und Kümmel verursachte das Laufen anfangs nur wegen der Wärme, wenn er sie kühl werden ließ, empfand er nichts davon. —

Sommer 1828.

Vom Stückchen einer Birne bekam er jenes Laufen in großen Umkreisen.

Mit dem Laufen im Leibe war Zucken im linken Arm, und unwillkürliche Bewegung des kleinen Fingers der linken Hand verbunden.

Ging das Laufen im Leibe, wie er jenen Nervenreiz nannte, schnell vor sich, so war es bald vorbei: wenn langsam, verging es auch langsam. —

200

Von Hauser geschrieben.

»Am 9. Septbr.: am Mittwoch abends aß ich von blauen Weintrauben den Saft, und ich hatte ihn kaum zwei Minuten im Leibe bekam ich so im Rücken Schwindel daß ich kein Buchstaben mehr erkannte, ich konnte nichts mehr lesen und mußte mich schlafen legen. — Ich aß nur ein Kaffeelöffel voll.«

Es sei ihm stark in die Hände und Füße herausgegangen, sagte er, und alles mit ihm herum gelaufen. Hitze stieg ihm nicht in den Kopf, wie beim Genuß einer weißen Weinbeere.

1828.

Zu Anfang des Oktober kostete er einmal einen Tropfen sogenannten Weißen (nicht Fornbacher oder Weizen) Bieres auf einem Bissen Brot, den er, nachdem er ihn auf den Mund gebracht, sogleich wieder ausspie. — Er schüttelte sich öfters wegen der Widerwärtigkeit des Eindrucks, es stieg ihm betäubend in den Kopf, die Gegenstände schienen sich um ihn herum zu bewegen, in der Herzgrube empfand er Drücken, bis Aufstoßen erfolgte, worauf ihm besser wurde. — Ein minder heftiges Aufstoßen, als das erste, erfolgte einige Zeit nachher. —

1828.

Von dem Fleische das ihm außer meinem Hause zu kosten gegeben worden, hat er nie etwas in den Magen gebracht, er spuckte das in den Mund gesteckte und zerbissene Stück immer wieder aus. — Gleichwohl afficierte ihn dasselbe Stunden und Tage lang.

Herbst 1828.

Als ihn einst außer Hause durstete, und er Pumpenwasser zu trinken bekam, wurde ihm sogleich unwohl. Er bekam aufgetriebenen Leib, in der Nacht gegen 1 Uhr wachte er auf, was früher nie geschah, und es trieb ihn zum Stuhlgang, der hart war. — Den andern Tag blieb die Öffnung aus. —

Zu Anfang des Januars, nachdem er bereits so vieles ertragen gelernt, war in ein Viertel Maß Milch ein Tropfen schwachen Kaffees gekommen, und von dieser Milch kostend brachte er einen Tropfen an die Zunge. Ein viel stärkeres Ausströmen in Arm und Füßen, als je vom Fleische, erfolgte, und als dies nach einem starken Aufstoßen nachließ, ein sich verstärkendes Hämmern in der Stirn über den Augen, bis es in der Mitte der Stirn wie ein Punkt wurde, in dem sich alles von beiden Seiten her zusammenzog, dabei tränten die Augen und waren erhitzt. — Ich ließ ihn etwas frisches Wasser an die Stirne bringen, und als sich hierauf die Empfindung nicht viel vermindert hatte, von fern an Wein riechen. — Hierauf verschwand sogleich der Punkt der Zusammenziehung auf der Stirne, die Augen hörten in kurzem auf zu tränen und Hitze zu haben. Nur das Hämmern über der Stirn blieb noch. Als ich nach einiger Zeit das Riechen wiederholen ließ, verschwand auch dieses. — Nach ein paar Stunden erfolgte viel dünner wässeriger Stuhlgang, (was bei ihm sonst Ungewöhnliches), der gewöhnliche später zu erwartende Stuhlgang blieb aus. Dann empfand er den ganzen Tag über kleine hinauf- und hinabfahrende Stiche in der linken Seite des Körpers, die immer die afficierte war. —

1829.

Ich hatte ihm im September verboten, nachdem er schon einmal eine Weinbeere genossen, und ich ihre Wirkung gesehen, von Weintrauben zu kosten. Lüstern jedoch kostete er einmal ein paar Tropfen Weinbeersaft, und stellte hierauf das Bild eines Betrunkenen dar. — Er ging schwankend, sprach schwer, lachte beständig, indem er die Köstlichkeit des Saftes rühmte. Der kleine Finger der linken Hand zuckte und schlug stark, eine damals schon selten gewordene Erscheinung, mußte sich auch kurz darauf (8 Uhr abends) zu Bette legen. —

Im September 1829 spuckte er ein (unarzneiliches) Streukügelchen, welches er in den Mund genommen mit dem Zeichen des äußersten Ekels aus, so sehr war ihm noch das Süße zuwider. —

1829.

Am 17. Oktober: versuchte er außer Hause ein Stückchen von einer Nuß, das ihn, wiewohl er es gleich wieder ausspie, zur ungewöhnlichen Zeit zum Stuhlgang trieb. — Damals geschah am Abtritte der Mordversuch. — Er war damals wieder empfindlicher, als lange Zeit zuvor, was wahrscheinlich seinen Grund in der Ahnung des Mordversuches hatte, die ihn damals befallen hatte. —

Februar 1830: Die Gesundheitschokolade, die man in Potsdam durch eine Dampfmaschine fertigt, und die auch ohne Beisatz von Gewürzen sehr gewürzig riecht und schmeckt, roch ihm sehr widerlich, und da er sie bloß kostete, erfolgte Durchfallstuhl. —

Mitte Sommer 1828.

Gesottene und ungesottene Milch erregte ihm widerliches Aufstoßen. —

Als er durch den Gefängniswärter genötigt wurde, etwas Kaffee in den Mund zu nehmen, bekam er mehrmalige ganz wässerige Öffnung. (Er mochte nach seiner Erinnerung nicht viel mehr als einen Tropfen bekommen haben).

1828.

Im Juny trieb ihn Gelüsten oder Neugierde wie ihn damals öfter befiel, vom Weizenbiere zu kosten. Er mischte ein wenig davon mit Wasser und nahm einige Tropfen davon, zuerst nur in den Mund, ohne sie zu verschlucken. Davon wurde ihm schwindlich, und als er die Flüssigkeit verschluckte, bekam er Schmerzen im Leibe, hauptsächlich im Magen ungefähr eine Stunde lang. — Eine halbe Stunde lang Hitze anfangs mit stark herabrinnendem Schweiß am ganzen Körper. — Ehe die Schmerzen aufhörten, starkes Aufstoßen, dann kam Kopfschmerz der mit Frostschauder endigte. — Darauf war ihm wohl, und der Vormittagsanfall, den er damals zu haben pflegte, blieb aus. — Den andern Tag war er zu der Zeit, da er am vorigen das Bier zu sich genommen, etwa eine Viertelstunde lang fieberisch, hatte Frostschauder und Hitze, der Anfall blieb wieder aus. — Am dritten Tag kam der Vormittagsanfall mit Schwindel stärker, als früher. —

Sommer 1828 als er im Turm wohnte.

Jemand tat ihm Muskatnus unter braunes Bier. Er bekam nur etwa ein Teelöffelchen hinunter, aber die Wirkung die sich hauptsächlich im Kopfschmerz äußerte, dauerte seiner Erinnerung nach, ein paar Tage lang. —

30. Diät und Befinden.

Auf dem Marsch nach Nürnberg hatte er keine Öffnung, auch an dem ersten Tag, den er zu Nürnberg zubrachte, fehlte sie, und kam erst an dem zweiten. — Er deutete immer auf sein Hinterteil als er den Drang fühlte, und wußte nicht, wie er es machen solle, um sich zu entledigen, da ihn die Hosen hinderten. —

Einer der mit ihm in demselben Gefängnis saß, lehrte ihn die Hosen abziehen, und wieder anziehen. —

Ungefähr 14 Tage lang fehlte oder kam hierauf abwechselnd die tägliche Öffnung. —

Sie blieb zuweilen drei bis 4 Tage lang aus. —

Das Brot, das er während seines Eingekerkertseins erhielt, war fast steinhart, deshalb ihm auch zu Nürnberg kein Brot hart genug war. Desto widerlicher und unverdaulicher mußte ihm das weiße Brot sein, das er in den ersten Monaten daselbst erhielt. —

1828.

In der Art des Brotes, die er für ganz dieselbe erklärte, die er in seinem Käfig bekommen, war Kümmel, Anis, Fenchel, und Koriander. —

Ich ließ ihn diese Gerüche einzeln riechen und kosten, und er erkannte auch so in ihnen dieselben, die er mit seinem Brote genossen hatte. Durch diese Gewürze konnten ihm allein die Speisen in Delikatesse verwandelt werden. —

Das Essen, (nämlich der gewöhnlich vorkommenden Speisen) pflegte er zu sagen, als er sich noch im Turme befand, sei das Allerschwerste und Härteste, und er wolle es zuletzt lernen, wenn er einmal alles übrige würde gelernt haben.

Erkrankung im Turme 1828.

Der Kopfschmerz stieg zu einem hohen Grade, Füße und Arme waren kalt, die Sehkraft wich. —

Im Turm.

Die für ihn nicht geeignete Kost (er vertrug weder das Wasser noch das Brot, das er damals bekam) machte ihm schweren und aufgetriebenen Leib, harte Öffnung und Verstopfungen. Ich bemerkte schon acht Tage lang, bevor er in mein Haus kam, daß sobald er zu lernen anfing, ihm der Schweiß auf die Stirne trat, worauf Kopfschmerz erfolgte. — An dem Tage, an welchem er mir übergeben wurde, blieb die Öffnung ganz aus. —

So lange er im Turme war, war seine Öffnung so hart und schmerzhaft, daß er sich darauf fürchtete, und froh war, wenn sie ausblieb. — Sein Leib sagte er, sei oft gewesen, als wenn Steine darin wären.

1828.

Die Stärkung durch Speisen und Getränke, empfand er nicht bloß im allgemeinen, sondern auf eine sehr bestimmte Weise durch alle Glieder hindurch.

Hätte man ihm anfangs einige Tage lang Nahrungsmittel aufgenötigt, die in der homöopatischen Diätetik für unarzneilich naturgemäß und unschädlich ausgegeben werden, so hätte man ihn ohne Zweifel getötet.

Milch gekocht oder ungekocht, verursachte ihm jenes Laufen, tat ihm aber sonst nicht weh, von den Milchbreien die er genoß, empfand er von Anfang an nichts Auffallendes. — Kartoffeln verursachten ihm anfangs jenes Laufen fast unmerklich.

Unter den Arten von Milchbreien, die er genoß behagte und bekam ihm Hirsebrei am besten.

Die Milchbreie die er täglich genoß waren ihm niemals widerlich, doch schmeckten sie ihm anfangs auch nicht besonders.

So wie sie ihm aber recht gut zu schmecken anfingen, ging es wie bei der Chokolade; er empfand beim Genusse derselben auf bestimmte Weise, eine in allen Gliedern kommende Kraft, was zuvor der Fall nicht gewesen. — Diese Empfindung war aber viel schwächer als bei der Chokolade. —

Kümmel ist das einzige Arzneiliche, was er vertragen kann, und welches ihm fast Bedürfnis geworden ist. Am Brot und in seiner Suppe muß Kümmel sein wenn sie ihm schmecken soll. —

Nachträglich.

Als er sich einmal nicht ganz wohl fühlte, und ohne Appetit war, ließ ich ihn eine Tasse Kümmeltee mit etwas Milch und Zucker trinken, welcher ihm vortreffliche Dienste tat. — Schon der Geruch, sagte er, habe ihn leichter und seine Augen heller gemacht. —

1828.

Mit dem Essen einer Wassersuppe fing er den 14ten July an. — Bei achtmaligem Versuche war sie ihm widrig, erst das neuntemal kam sie ihm wohlschmeckend vor. — Er aß sie fast kalt, demungeachtet erregte die geringe Wärme, viermal jenes Laufen. — Das dreizehnte Mal aß er sie etwas lauer, und steigerte damit, wobei das Laufen nicht wieder kam. — Das zwanzigste Mal aß er sie ziemlich warm, die Öffnung änderte sich hierbei nicht, doch fühlte er Erleichterung im Unterleibe. —

Den 30ten July fing er an Gesundheits-Chokolade zu genießen. — Er verursachte ihm dreizehnmal das Laufen im Leibe. — Zwanzigmal kam er ihm so widrig vor, daß er sich die äußerste Gewalt antun mußte, um ihn hinunter zu bringen. Die Öffnung änderte sich hierbei nicht, im Unterleib fühlte er noch größere Erleichterung als bei der Suppe. — Das 21te Mal kam er ihm zum ersten Male gut vor, und was merkwürdig ist, diesesmal zuerst fühlte er sich nach dem Genusse gestärkt, es sei ihm gewesen, sagte er als ginge eine Kraft durch alle Teile des Leibes, Kopf und Leib wurden bedeutend erleichtert. — Die größte Müdigkeit und Erschöpfung wurde von der Zeit an, durch den Genuß dieses Getränkes hinweggenommen. — Den folgenden Tag nachdem ihm die Chokolade zum erstenmal behagt hatte, kam vormittags eine so reiche Öffnung, wie sie nie zu Nürnberg, sondern nur während seines früheren Eingestecktseins gewesen, doch richtete sie sich regelmäßig ein, so daß sie immer vormittags ungefähr um 9 Uhr kam. — Danach kam ihm die Chokolade noch besser vor, und die Kraft die in seine Glieder kam, war noch fühlbarer. — Es zeigte sich bei Versuchen körperlicher Leistungen, daß er jetzt mehr vermöge als früher. — Das 40te Mal war ihm die Chokolade noch wohlschmeckender und die Kräftigung war noch fühlbarer, seitdem blieb es so in Beziehung auf dieses Getränk. —

Erst nachdem er Gesundheitschokolade das 8te Mal als Frühstück genossen hatte, hörte sie auf, das Laufen zu verursachen.

Nachträglich.
Der Nervenreiz den die Gesundheitschokolade verursachte, und den er *Laufen* nannte hörte erst nach zweiwöchentlichem Genusse auf. —

1828.
An ihm bewährte sich die große Nahrhaftigkeit des Cacao, welcher allein einigermaßen das Fleisch ersetzen kann. Ich ließ ihn denselben zweimal des Tages als Frühstück und Abendkost genießen, und er nahm erst von der Zeit an, da dies geschah, an körperlicher Stärke zu. — So wie er ihn trank, fühlte er sogleich Kraft und Belebung durch alle Glieder strömen. —

Mittags aß er abwechselnd Reis- und Griesbrei in Milch gekocht (Mehlbrei war ihm zu süß) und eine oder ein paar Kartoffeln, die er ohne Salz und Butter genoß.

Salz das sich in den Speisen nicht verkocht oder aufgelöst hatte, konnte er nicht vertragen. —

1828.

Den 15ten August fing er an, Mittags Milchbreie zu essen, die gleichfalls vieles zu seiner Stärkung beitrugen. — Diese Art von Speise verursachte von Anfang an weder jenes Laufen, oder sonst etwas Auffallendes, noch war sie ihm übelschmeckend. — Hirsebrei mit Milch gekocht machte ihn kräftiger, als eben so bereiteter Gries- Mehl- und Reisbrei. —

1828.

In der letzten Woche des August fing er eine neue Lebensart an. — Er genoß als Frühstück und Abendkost Gesundheits-Chokolade, und zu Mittag Reis- oder Mehlbrei in Milch gekocht. — In dieser Woche vermehrte sich seine Körperkraft und Gesundheit auffallend. — Die Öffnung wurde in Hinsicht ihrer Beschaffenheit regelmäßig, und änderte sich in der Zeit ihres Eintritts. — Sie kam nun vormittags ungefähr um 9 Uhr, während sie früher meist gegen Abend sich einstellte. —

Es war ihm beständig leicht und wohl. —

Nachdem er sich an den täglichen Genuß von Milchspeisen, Kartoffeln und Gesundheits-Chokolade gewöhnt hatte, versuchte ich, ihn auf die behutsamste Weise an Fleischnahrung zu gewöhnen, hauptsächlich in der Absicht, durch die Abhärtung gegen den animalischen Reiz seine krankhafte Empfindlichkeit, die ihm so sehr zur Qual gereichte, aufzuheben, oder zu vermindern. — Ihn selbst machte ich hierzu willig, daß ich ihm sagte, wenn der Versuch gelänge, so würde ihm nicht mehr alles so wehe tun wie jetzt, und werde wie andere Menschen werden. — Ich fing damit an, ihn unmittelbar vor dem Einnehmen seines Mittagsmahles einen Tropfen Fleischbrühe auf einen Bissen Brot und etwas eingetrocknet auf demselben nehmen zu lassen. — Es dauerte über 14 Tage bis dieser Tropfen ihm den Nervenreiz, den er das Laufen nannte, zu verursachen aufhörte. —

Bis er den Tropfen Fleischbrühe vertrug, bekam er im Sonnen- und Kerzenlicht Reize in den Augen, die bis auf einen einzigen flüchtigen Stich bei der ersten Einwirkung von Helle vergingen, als er Fleischbrühe unerregt zu genießen anfing.

1828.

Nach der Lektion im Reiten, die er vor Tisch erhielt, waren die Augen heller als zuvor, und blieben so bis ungefähr 3 Uhr. — Dann verdunkelten sie sich wieder ein wenig. — Auf einem Spazierritt im September sagte er, nachdem er viel getrabt war, es würden ihm die Augen ungewöhnlich helle. Und von dieser Zeit an blieben sie so, ohne Rückfall. — Die frühere Schärfe jedoch erlangten sie nicht wieder. —

Im September bekam er zufällig Brot zu sehen, wovon er sagte, es sei an Farbe und Geschmack ganz und gar dasselbe gewesen, welches er in seinem Käfig genossen, und nach welchem er sich öfters mit Tränen zurückgesehnt hatte. — Es war ein mit vier inländischen Gewürzen stark gemischtes Roggenbrot, von der Art, wie es unter Landleuten als Fest-, Hochzeit- oder Herrschafts-Brot gebacken wird. — Dieses Brot mit jenen erwähnten Zusätzen, war ihm durch die lange Zeit und Gewohnheit zu einem so starken Bedürfnis geworden, daß ihm ohne dasselbe nie ganz wohl werden konnte. — Als er dieses Brot kostete weinte er vor Freude und bekam sehr starke Zuckungen. — Es wurde ihm außerordentlich wohl und er sagte, nun werde er gewiß recht gesund werden, da er sein gutes Brot wieder habe. — Er genoß auch abends in größerer Quantität davon, dies aber hatte nicht die erfreulichen Folgen, als das erste Stückchen, das er zu sich genommen. — Er war wie in einem Rausch und Taumel, alles schien sich um ihn herum zu bewegen und sehr erschreckliche und heftige Zuckungen erfolgten. — Die Heftigkeit der Wirkung brach sich mit der gewöhnlichen Erscheinung des Aufstoßens, welche er nach erregenden Gerüchen und Genüssen hatte. — Früher hatte er von diesem Brot nie solches Aufstoßen gehabt. Die lange Entbehrung und Entwöhnung von diesem Genusse machte ihn für Hauser so aufregend. —

Von nun an wurde ihm der Genuß solchen Brotes nur mit großer Vorsicht und Einschränkung erlaubt. — Man sah an Hauser überhaupt deutlicher, als irgendwo sonst, wie sehr der Mensch ein Produkt der Gewohnheit ist, und wie in der Diät alles nur relativ zu fassen und zu bestimmen ist. —

Wäre etwa noch eine andere Zutat in dem Brot gewesen, als Hauser in dem seinigen gehabt, so würde Hauser der darum ausdrücklich befragt wurde, bei seinem ungeheuren sinnlichen Unterscheidungs-Vermögen es ohne Zweifel gefühlt haben.

Von der Gesundheits-Chokolade, die er anfangs nur mit der größten Selbstüberwindung genossen hatte, sagte er schon in der Mitte des Oktobers, er würde sie jetzt nicht mehr entbehren können. —

Wenn er schläfrig wurde, bekam er Trockenheit der Augen mit stechendem Schmerz. — Dieser verging nachdem er um die Mitte Oktober vom Kümmeltee Gebrauch gemacht hatte. —

Er mischte seitdem etwas von diesem Tee nach Maaßgabe seines Appetits unter die Chokolade, die er täglich zweimal als Frühstück und Abendessen trank, und befand sich sehr wohl dabei. — Er nahm ihm körperliche Beschwerden jeder Art hinweg und machte ihn munter, lustig und zu geistigen Beschäftigungen fähiger und aufgelegter. — Die Schwere senkte sich fühlbar vom Kopfe herab, sobald er ihn genossen, die Augen wurden feucht, und wie er sich ausdrückte ganz mild. Wohlsein durchströmte den Körper. —

Vom Geruche jenes Tees sagte er, er gehe ihm wohltuend durch den ganzen Leib. —

1828.
Den 29ten Oktober vertrug er 4 Eßlöffel voll Fleischbrühe, den 30ten 6, den 2ten Novbr. verspürte er auf den Genuß der Fleischbrühe große Erleichterung im Unterleib. —

Seine Augen wurden noch Anfangs November durch den Genuß der Fleischbrühe so kräftig, daß sie, auch durch einen widrigen Einfluß krankhaft gestimmt, sich sogleich erholten, da ihm hiergegen, sonst das Unwohlsein blieb, bis er einen Ritt gemacht hatte. —

1828.

Am 4ten Novbr. fing er an, Suppe und Gemüse mit schwacher Fleischbrühe gekocht, statt der bisher genossenen Milchbreie zu genießen. Erst beim 10ten Löffel ließ sich das Laufen verspüren, das sogleich vorüber war. — Kaum beim fünfzehnten Mal war es so stark, wie damals, da er den Tropfen zu genießen anfing. — Jener Schwindel stellte sich wieder ein, und hatte nur Erleichterung zur Folge. — Nach der Mahlzeit sagte er, es sei ihm jetzt zum erstenmale, als wenn er garnichts gegessen hätte. —

Eigen war es, daß ihm das Gefühl der Stärkung beim Genusse schon jetzt kam, da ihm dieser noch äußerst zuwider war, da hingegen bei der Chokolade, erst dann die Kräftigung bestimmt und unmittelbar verspürt wurde, da sie ihm zu behagen anfing. —

Am 19ten November aß er 17 Eßlöffel ohne etwas zu verspüren. —

Am 29ten Tage nach dem Anfange des Versuches (26. Oktober) bekam er vom Geruch der asa foetida Aufstoßen, aber ohne vorhergegangenes Drücken in der Brust oder im Magen, das von der Zeit da er den Tropfen vertrug, auf Gerüche zu erfolgen aufgehört hatte. — An demselben Tage faßte er aus Versehen ein Glas mit der linken Hand an, was ihm zuvor Kälte durch den ganzen Arm hin, aber nicht mehr wie früher schmerzliche Empfindungen in den Augen machte. —

1828.

Nachdem er 3 Löffeln Fleischbrühe vertragen zu können angefangen, konnte er Einwirkungen aushalten, die ihm gewiß noch vor einer oder zwei Wochen eine bedeutende Erkrankung zugezogen hätten. — Er kam am 29ten Oktober, an dem Tage, an welchem er zum erstenmale 3 Eßlöffel Fleischbrühe vertrug in's Theater um eine Oper zu hören. Er setzte sich selbst unmittelbar an's Orchester an die Seite der Blasinstrumente hin, und dauerte so die ganze Oper aus, ohne sich, wie ich ihm aus Vorsorge geraten hatte, die Ohren mit Baumwolle zu verwahren. — In einer der Schluß-Szenen verbreitete sich infolge einer farbigen Beleuchtung ein höchst lästiger, scharf eindringender Geruch und Qualm über's Theater, viele mußten stark und lange husten, mir selbst schmerzten die Augen der empfindlichste Teil meines Körpers. — Hauser fühlte nur die gewöhnliche Unannehmlichkeit eines häßlichen Geruchs, kein Drücken auf der Brust, bloß mehrmaliges Aufstoßen, wurde in seiner Teilnahme am Stücke nicht gestört, und machte keine auffallende Äußerung oder Bewegung. —

1828.

Als er das 27ste Mal Fleischbrühe kostete, und nachdem er einen Eßlöffel voll, ohne etwas von jenem Laufen zu spüren, genommen hatte, dieselbe Quantität folgen ließ, hörte das nun entstehende Laufen bald auf, und er machte sich über seine Mittagskost. — Während er aber aß, erfolgte eine Art von Schwindel oder Taumel, so daß Gegenstände um ihn herum sich zu bewegen schienen wie er es früher von einem Tropfen Weißbier bekommen hatte. — Plötzlich machte er mit dem Kopfe eine zuckende Bewegung, und als ich ihn darauf befragte, sagte er, eben habe der Schwindel aufgehört und es sei ihm etwas von der Stirne die beiden Seiten des Kopfes hinabgegangen, es sei ihm ganz sonderbar zu Mute wie nie zuvor in Nürnberg, es sei ihm, als wenn er keinen Kopf mehr habe. Er langte auch wirklich an den Kopf und befühlte ihn, um sich von seinem Vorhandensein zu überzeugen. Nämlich ein Gefühl der Schwere und des Druckes im Kopfe hauptsächlich in der Stirn über den Augen hin, das er seitdem er so schwer erkrankte, gehabt hatte, war nun plötzlich verschwunden, und sein Kopf war frei völlig frei von krankhaften Gefühlen, die ihn beständig an ihn erinnerten.

Dieses war ihm so ungewohnt, daß er sich nicht genug darüber verwundern konnte. —

Auch blieb seitdem der Kopf so frei und heiter. —

Als er zwei Tage darauf zwei Eßlöffel Fleischbrühe ohne etwas zu verspüren genossen und noch zwei andere, die ihm das gewöhnliche Laufen verursachten, hatte folgen lassen, fühlte er in seinem Unterleib, der auch nie ganz frei von krankhaften Gefühlen war, sehr erleichtert. — Die Fleischbrühe, sagte er, habe jetzt ganz so gewirkt, wie sonst der Kümmeltee, auf den es ihm leichter zu werden pflegte. —

Nov. 1828.

Ein paar Tage zuvor (16. Novbr.) nachdem Suppe und Gemüse mit mittelmäßig starker Fleischbrühe gekocht, aufgehört hatten, spürbare Erregung zu bewirken, hatte ich angefangen, ihn an Fleisch selbst zu gewöhnen. Ich schnitt von einer Fleischfaser ein so kleines Stückchen ab, als es nur möglich war, so daß es nicht mehr mit dem Messer zerteilt werden konnte, und dem Auge als kleiner Punkt erschien. — Dieses ließ ich ihn nehmen, und es brachte die ersten zwei Tage das oft erwähnte Laufen im Leibe mit unwillkürlichen Bewegungen vorzüglich des kleinen Fingers der linken Hand und das von ihm sogenannte Zusammenstreichen im Unterleibe hervor, worauf große Erleichterung erfolgte. —

Am dritten Tag blieben bereits mehrere solcher Stückchen ohne Wirkung. — Es war derselbe Tag an welchem er zuerst von Fleischkost Wohlgeschmack empfand. (18. Novbr.)

1828.

43 Tage nachdem er den Tropfen, und 14 Tage nachdem er Fleischsuppe und Gemüse zu genießen anfing, (18. Novbr.) roch und schmeckte ihm zum erstenmale die Fleischkost gut. — Sogleich beim Auftragen des Essens bemerkte er es als etwas Verwunderliches, daß es ihm nicht übelriechend vorkäme, und glaubte eine Zutat sei die Ursache davon. — Wenn es ihm zuvor beim Genusse der Fleischkost war, als wolle das Genossene wieder heraus, so blieb es dagegen diesesmal wie

er sich ausdrückte ruhig im Magen. — Ein nie zuvor gehabtes Gefühl von Stärkung und Erleichterung stellte sich schon beim zweiten Löffel, dann von Tag zu Tag ein.

Die Gemüse die er im November mit Fleischbrühe gekocht ohne Aufreizung der Nerven genießen konnte, waren weiße Rüben, weißes Kraut, Blumenkohl, Bairische Rüben, grüner Kohl, Kohlrüben, blauer Kohl, Gelbe Rüben waren ihm ihrer Süßigkeit wegen widerlich. Spinat war ihm sehr widerlich und stark reizend. Von einem halben Löffel voll fühlte er etwa eine halbe Stunde lang Beschwerden, nachdem er schon mehrere Gemüse in Fleischbrühe zu genießen angefangen. —

Gegen Ende des November ließ ich ihn, da ihn die Gesundheitschokolade seit einigen Tagen etwas beschwert hatte, des Morgens einen Versuch mit warmer Milche machen. — Er fühlte sogleich nach dem Genusse derselben keine Unbequemlichkeit, — aber zwei Stunden nachher, Übelbefinden und Schmerzen im Unterleibe. — Auch blieb die Öffnung ungewöhnlich lang aus und war hart. Am folgenden Morgen zeigte sich der Urin außerordentlich trübe. —

1828.

Am 27ten Novbr. aß er, nachdem 5 kleine Abschnitte von einer Fleischfaser nichts gewirkt hatten, gegen meine Anweisung mehrere auf einmal, — worauf sich Eingenommenheit des Kopfes und nach einiger Zeit Nasenbluten einstellte, wodurch jene erleichtert wurde. —

1828.

Gekochtes Fleisch afficierte ihn weniger und war ihm weniger widerlich als gebratenes.

Einige Tage, nachdem er angefangen Fleisch in den oben erwähnten kleinen Quantitäten zu genießen, machte er den Versuch statt mit Rind- oder Lammfleisch wie bisher, mit Kalbsbraten. — Dieses roch und schmeckte ihm nicht so stark wie jene Fleischarten, und brachte das gewöhnliche Laufen nur in sehr geringem Grade hervor, — allein er bekam schmerzliches Magendrücken davon und das Gefühl der Stärkung, das er damals auf Fleischkost zu haben pflegte, stellte sich nicht ein. —

Jene Voraussagung, daß sich mit der Gewöhnung an Fleischkost seine Empfindlichkeit vermindern werde, wurde in vollem Maße erfüllt, als ich selbst geglaubt hatte.

So wie der Tropfen spürbar zu sein aufhörte, fand er die Heftigkeit vieler unangenehmer Einwirkungen gebrochen, auf Spaziergängen taten ihm die vegetabilischen Gerüche nicht mehr weh, das Animalische und Mineralische griff weniger seine Nerven an, als er einen Eßlöffel voll Fleischbrühe vertragen gelernt hatte, liefen ihm z. B. die Adern der Hand nach Annäherung des Fingers an Metalle oder Edelsteine nicht mehr auf, die Ohren vertrugen starkes Geräusch und helle Töne. — *Doch ist auch höchstwahrscheinlich die Abstumpfung des Geistes die um jene Zeit entstand, eine Folge der Gewöhnung an Fleischnahrung gewesen.*

Ich bereute daher später mein zwar von Ärzten gebilligtes Verfahren sehr. — Der Ekel vor Fleisch war ein chronisches Krankheits-Symptom geworden, und er hätte davon erst geheilt werden sollen, — dann hätte er sich leicht an Fleisch gewöhnt, und die Gewöhnung hätte ihm nichts geschadet, wie das aus den Wirkungen der Silicia erhellt, die er später zu riechen bekam. —

1828.

Sowie er Fleischbrühe vertragen konnte, sah er heller bei Tage und weniger gut im Dunkeln, da bis dahin die Tageshelle seine an starke Dämmerung gewöhnten Augen immer noch getrübt hatten. — Diese Umkehrung der früheren Verhältnisse war gerade an den Tagen auffallend, da er zum erstenmal einen Tropfen, dann zum erstenmal einen Eßlöffel voll Fleischbrühe ohne spürbare Erregung ertrug. —

Mit Gewöhnung an Fleischbrühe nahm seine große Fernsichtigkeit ab, dagegen verschwand das baldige Undeutlichwerden der Gegenstände beim Lesen und Schreiben und bei naher Besichtigung überhaupt, und die Augen wurden ausdauernder und leistungsfähiger. Die außerordentliche Schärfe seines Gesichts für nahe Gegenstände und fürs Kleine blieb ihm auch, da die Fernsichtigkeit abnahm. —

Nachträglich.

Als er den kleinen Bissen gebratenen Fleisches genommen hatte bekam er eine halbe Stunde lang Drücken im Magen. Der Kopfschmerz blieb bis zum Abend des folgenden Tages, dann erfolgte Nasenbluten und Aufhören des Kopfschmerzes.

Auf ein kleines Stückchen eines Fleischklöschens ohne gewürzhafte Zutaten erfolgten ähnliche aber minder schmerzhafte Erscheinungen. Am andern Tage morgens kam Nasenbluten. Ein andermal kam auf ein solches Stückchen an demselben Tage zweimaliges Nasenbluten, worauf wie immer die größte Erleichterung verspürt wurde.

Nachträglich.

Von dem Bissen eingemachten Huhnes bekam er starkes Drücken im Magen, zwei Stunden lang fieberhaften Frost mit fortdauerndem Drücken, dann Hitze, Schweiß auf der Stirne. Es blieb Kopfschmerz, der auch den folgenden Tag über bis gegen Abend fortdauerte; endlich kam Nasenbluten worauf der Kopfschmerz aufhörte.

Nachträglich.

Auf Fleischgenuß bekam er auch Augenbrennen, welches nachließ, wenn Wasser in die Augen trat.

Nachträglich.

Auf das Nasenbluten wurde wie zweimal beobachtet worden, die Stimme etwas rauher und undeutlicher wie bei Katarrhen.

Wildpret, wenn auch gekocht, und ohne Sahne und Gewürz, war ihm viel erregender und widerlicher als Rind- und Lammfleisch. —

Rindfleisch erregender als Lammfleisch.

Ungefähr 14 Tage vor Ende Dezember bekam er von Weingeruch nicht mehr Schwindel, sondern es wurde ihm darauf leichter im Kopfe, die Spannung über der Stirne an der er litt, verminderte sich. — Zu Ende Dezembers verschwand dieses Spannen und blieb aus auf Genuß von Kümmeltee. (Zwei Teelöffelchen voll auf eine Tasse Milch, wie er von der Zeit an als Frühstück genoß.) —

Nur durch eine ungewöhnliche Erregung kam es später wieder einmal, verschwand aber dann durch Geruch des Weines. — Es zog sich ihm nach dem Riechen von der Stirngegend in der es stammte, in die Nase herab eine Empfindung, und es floß Feuchtigkeit aus der Nase, worauf die Erleichterung erfolgte. — Ebenso wenn ihm Kümmeltee Erleichterung verschaffte, in diesem Falle aber war die Feuchtigkeit dicklicher als in jenem.

Als er zu Ende des Dezembers einen Tropfen Bratenbrühe genoß kam das Gefühl des Kraftausgehens nach seinem Ausdruck nicht Tropfen- und Absatzweis, wie bisher beim Fleischgenuß, sondern stromweise in Arm und Füße. —

Anfangs Januar hatte er ungewöhnlich viel Fleisch mit nur wohltuenden Empfindungen genossen. Einige Zeit nachher fühlte er ein Zusammenziehen auf der Stirne, dann war es ihm als senkte sich etwas von der Stirne in die Augen hinab. — Die Augen tränten und brannten stark, und als dies aufhörte, wurde es ihm außerordentlich leicht im ganzen Kopf, wie es ihm seit seiner Erkrankung nie gewesen war. — Eine geistige Arbeit die ihm des Vormittags mit aller Mühe nicht gelingen wollte, ging nun ganz leicht von statten.

Zu Anfang des Januars konnte er einen Bissen
Fleisch von gewöhnlicher Größe vertragen. — Zu Ende
Dezember konnte er ein ganzes Ei ohne Erregung ge-
nießen, — wiewohl er diese Nahrung nicht wie das
Fleisch mit einer geringen Quantität begonnen, und mit
Steigerung fortgenossen hatte. —

Er hatte davon die Empfindung von Kraftausgehen
in Arme und Beine sehr stark. — Die Stärke der Wirkung dieser Art beim Genusse von Eiern hielt die Mitte
zwischen Fleischbrühe oder darin gekochten Vegeta-
bilien und Fleisch selbst. —

Als er vom 6ten Januar an täglich ein Stückchen
gebratenes Fleisch genoß, war es ihm wenn er es verschluckt hatte mehrere Minuten lang als drehe es sich
im Magen herum. Nach einigen Tagen verlor sich die
Empfindung.

Öfters wenn er Braten genossen, sah ich ihn, wie von
Wein ergötzt. — Er war ausnehmend aufgeräumt, —
lebendig, beweglich und gesprächig, in einem Zustande
außerordentlichen Wohlseins.

Er träumte von Bratenessen.

Im August geriet er wie früher, da er Braten zu vertragen anfing, durch ein paar Bissen Krebsfleisch in
Entzückung und erhöhten Zustand. — Es lief ihm stark
in die Arme und Beine heraus.

In den ersten Zeiten ging er durch die mannigfaltigen
Anreizungen der Sinnlichkeit rein und verabscheuend
hindurch, — nichts wollend als Erkenntnis. Ebenso
groß aber, als früher sein Abscheu, wurde, da ihm Witze
Genuß zu machen anfingen, seine Lüsternheit und Be-
gehrlichkeit darnach, und sein Entzücken über ihre
Annehmlichkeit. — So wie ihm früher Fleischessen das
abscheulichste und fürchterlichste war, so wurde es ihm
jetzt zum höchsten Genuß, zumal gebratenes, — am

meisten aber sauer gebraten. — Er träumte von Bratenessen und von saurem Braten sprach er mit verzücktem
Gesicht und verdrehten Augen. Ich sah ihn (August
1829) vor Freude einen Sprung machen, als er sagte, er
habe heute (zum erstenmal) Kartoffel-Salat gegessen.

Säure wirkt nämlich der Arzneilichkeit des Fleisches
antidotarisch entgegen. —

Selbst jene Battas führen, wenn sie in den Krieg
gehen Salz und Citronensaft bei sich, — als Zutat zum
Fleische der Feinde, die sie erschlagen würden. — Das
Verlangen Brot zum Fleische zu essen, ist der Trieb, die
Arzneilichkeit des Fleisches durch ein Indifferentes zu
mäßigen. Es gehören starke Nerven dazu, um Fleisch,
ohne Salz und Brot vertragen zu können, von denen
jenes als Antidot dieses als Indifferentes zur Mäßigung
dient. — Saures brauchte Hauser nicht zu vertragen zu
lernen, wie er sich an Fleisch gewöhnt, so wie er dieses
vertrug, vertrug er auch Säuren, und saures Fleisch war
ihm das Angenehmste. —

Selbst das so stark arzneiliche Schweinefleisch, (ich
kenne einen im gewöhnlichen Sinne des Wortes gesunden
und kräftigen Mann, der einen Ausschlag bekommt,
wenn er Schweinefleisch ißt) vertrug er mit Salpeter als
Schinken. — Ich selbst hatte eine Zeit in der ich auf
gebratenes Fleisch nur dann nicht in fieberhaften Zustand geriet, wenn ich es mit Salat genoß, oder wenn es
sauer gebraten war. —

Fleischnahrung mit Ausnahme gewisser Fleischarten
für allgemein unarzneilich auszugeben ist eine große
Unbedachtsamkeit. — Animalische Kost überhaupt ist
ein starker Reiz, gegen den wir im gewöhnlichen Zustande abgestumpft sind, der aber bei langer Entwöhnung und in Krankheiten, wo die Reizbarkeit der Nerven krankhaft erhöht wird, als solcher deutlich her-
vortritt. — Je arzneilicher etwas ist, desto widerlicher
vermag es den zu afficieren, der nicht daran gewöhnt
ist, oder dessen Nerven dem Genusse nicht gewachsen
sind. Desto annehmlicher und potenzierender ist es für
den, dessen Natur es sich anzueignen vermag, wiederum

vermindert sich diese erhöhende Wirkung durch längere Gewöhnung. — Diesen Gang sehen wir in Hinsicht der Fleischnahrung bei Hauser. — Nichts war anfangs für Hauser so widerlich als Fleisch, — nichts später so anlockend und entzückend. Nach und nach verloren sich diese Entzückungen. Rohes Fleisch ist das arzneilichste, gebratenes arzneilicher als gekochtes. Deshalb war für Hauser das rohe Fleisch das widerlichste, und gebratenes widerlicher als gesottenes, — später hingegen jenes schmackhafter und das Befinden erhöhender, als dieses, — wie auch insgemein gebratenes Fleisch für schmackhafter gehalten wird. — An rohes Fleisch sind wir nicht gewöhnt, und es pflegt uns widerwärtig zu sein. Fleischfressende Tiere ziehen gebratenes Fleisch dem gesottenen, rohes allem andern vor, durch nichts kann man sie zu größerer Gier und Wut bringen als durch rohes blutiges Fleisch. —

Ich kenne einen sehr robusten Mann, der ein Stück rohes Rindfleisch mit größtem Vergnügen zu verzehren vermag. —

Je arzneilicher etwas ist, desto mehr vermag es auch den daran gewöhnten Organismus zu beherrschen, desto nachteiliger ist die Entbehrung, — desto schwieriger die Entwöhnung. (Auch war Hausern anfangs die wenig genossene Gesundheits-Chokolade äußerst widerlich, und als er sie aber vertragen gelernt, und sich daran gewöhnt hatte, erklärte er, daß er jetzt nicht mehr imstande wäre, sie zu entbehren. — Die Entbehrung des von ihm im Käfig genossenen stark gewürzten Brotes war ohne Zweifel eine der hauptsächlichsten Ursachen des schlimmen physischen Zustandes, in dem er sich nach seiner Befreiung befand, und sein Wunsch, in den Käfig zurückkehren zu können, rührte vornehmlich daher.)

Die Unbefriedigtheit die der an Fleisch gewöhnte empfindet, wenn er es entbehrt, kommt nicht bloß von der großen schwer zu ersetzenden Nahrhaftigkeit des Fleisches, sondern hauptsächlich von seiner Arzneilichkeit. John Anderson in seinem Buche — Mission to the East Coast of Sumatra (Edinburg 1823) erwähnt eines

Häuptlings der menschenfressenden Battas, der sich so sehr an Menschenfleisch gewöhnt hatte, daß er Magenkrämpfe bekam, wenn er nicht täglich solches genießen konnte, und der in Ermangelung getöteter Feinde seine Sklaven aussandte, um den ersten besten zu erschlagen und einzupökeln.

Ganz das Gegenbild von Hauser sind jene verlorenen in der Wildnis lebenden Kinder, die man entdeckt hat, jene beiden Mädchen in Champagne, die in einem Alter von 9 bis 10 Jahren eine kaum glaubliche Stärke, List und Gewandtheit zeigten, auf Baumästen schliefen, mit Knitteln bewaffnet sich der Tiere des Waldes bemächtigten, — laufend die Hirsche, kletternd die Eichhörnchen, schwimmend die Fische und Frösche verfolgten. — Als man eines dieser Mädchen von der gewohnten Nahrung des rohen blutigen Fleisches, der Blätter und Wurzeln entwöhnen wollte, fiel sie in eine tötliche Krankheit, aus welcher nur durch Saugen warmen Blutes, die sie wie ein Balsam durchdrang, zurückgebracht werden konnte. Zähne und Nägel fielen ihr aus, da sie sich zu unserm Essen gewöhnen sollte, unerträgliche Schmerzen zogen ihr Magen und Eingeweide, besonders die Gurgel zusammen, die lechzend und ausgetrocknet war. (Herders Ideen p. VI)

Von der Arzneilichkeit des Fleisches zeugt auch das Verlangen, es mit Zutat von Säure zu genießen.

Im Sommer 1830 half er sich öfters in Ermangelung anderer Hülfe durch Kümmelsuppe gegen häufiges Unwohlsein. —

Im Sommer 1830 kam er sehr herunter. Er klagte über Kraftlosigkeit und daß er fast nichts mehr fassen und merken könne. Sein Aussehen war schlecht er fiel vom Fleisch, sein Gehör wurde so schlecht, daß er den Lehrer beim Diktieren häufig nicht verstand. Der Appetit war gänzlich gestört. Er mußte damals zu Mittag bald um 12 bald um 1 oder 2 Uhr essen. Abends bekam er erst um 9 Uhr etwas Kaltes (z. B. kalte Mehlspeisen oder Schinken bloß mit Brot) und mußte sich dann mit vollem Magen ins Bett legen. Nachdem es mit

vieler Mühe dahin gebracht worden war, daß er keine
Gewürze mehr mit den Speisen genießen mußte, (Ge-
würzkräuter bekam er fortwährend) so mußte er doch
täglich diese Reizmittel an Speisen riechen, ja die ganze
auf dem Speisetische stehende Gewürzbüchse. Er machte
sich keine gehörige Bewegung mehr. Beständiger Verdruß und Aufgeben der Hoffnung verstörte sein Inneres.
Nach nicht langem aufmerksamen Lesen sah ich seine
Hand beim Halten des Papiers zittern, er klagte über
Kopf- und Brustschmerz und warf Blut aus. Das Sprechen tat ihm weh. Er müsse jetzt seit 3 Wochen Blut
spucken, sagte er mir. Seit einem Ärger sei es so. Es
komme teils regelmäßig zu einer bestimmten Stunde,
teils nach Anstrengungen des Geistes. Jede Witterungs-
verschlechterung warf ihn nieder. Die Nächte waren
zum Teil schlaflos, Schweiße entkräfteten ihn. Nachts
quälten ihn Brustschmerzen. Der Leib war aufgetrieben. Er aß wenig. Seine Lieblingsspeisen reizten ihn
nicht mehr. Fleisch widerstand ihm. Am 13. Juli kam
Blutbrechen. Er mußte sich legen. Seine Empfindlichkeit war wieder außerordentlich erhöht.

31. Gewitter.

Von Hauser niedergeschrieben.

»Im vorigen Jahr 1828 als ich das erste Gewitter gehört
habe beschreibe ich was für besondere Eindrücke und
Wirkungen gemacht hat, eine halbe Stunde vor dem
Gewitter bekam ich einen starken Frost, so daß ich
nicht mehr auf der Blasharmonika spielen konnte, ich
mußte mich niederlegen und deckte mich zu, aber ich
konnte mich doch nicht erwärmen, der Frost dauerte
vielleicht ein viertel Stund, nachdem bekam ich starke
Hitze und Schmerzen im ganzen Leib besonders im
Kopf. Ich stund auf ging zu den Pferden hin und dachte
warum sie mich nicht nach Hause führen und mich
immer so plagen, auf einmal fängt es zu donnern an, ich
bin sehr erschrocken weil ich einen schmerzhaften
Druck empfunden habe, ich fing zu weinen an, setzte

mich ganz in den Winkel hielt mich ganz ruhig. Dann kam die Mutter (die Gefängniswärterin, die er damals Mutter nannte) fragte mich warum ich weine, ich sagte: Mutter mich ham weissen, dann sagte sie: jetzt derfen wir nicht hinausgehen da ist ein großer Mann außen der zankt ist bös, ich deutet zum Fenster hinaus und sagte, was däs ist, wenn Du nicht brav bist dann zankt er, ich gab zur Antwort: ich scho brav. Sie wollte fortgehen, ich ließ sie nicht fort, ich sagte Mutter da bleiben, dann sagte sie mit Dir ist er nicht bös, nur mit solchen Kindern die immer auf der Gasse sind. Wenn es donnert hat, bückte ich mich immer, dann sagte sie, Kaspar fürcht Dich nicht, ich bleib schon bei dir, ich gab Ihr zur Antwort: Dieser Mann solle mit den andern auch aufhören zu zanken ich scho July sagen daß er brav sein soll, wenn es donnert hat gabs mir ein Schmerzhaften Drukt auf den Kopf; als hätte mir jemand auf den Kopf geschlagen mit einer Hand nachdem gabs mir auch einen kleinen Schütter, als hätte mich sehr stark gefroren. Das Gewitter dauerte dreiviertel Stund, als es vorbei war, stund es etliche Minuten an bekam ich ein kleine Hitze diese dauerte eine zeitlang dann gabs mir ein schütter dann waren die Schmerzen in den Leib weg, aber Kopfschmerzen hatte ich stärker bekommen, der dauert noch dritthalb Stund nach dem Gewitter eh ich den Kopfschmerzen verlor gabs mir wieder ein solchen Schütter, dann sagte ich wie das Gewitter vorbei war, Mutter jetzt Du sagen das der Mann nicht mehr zanken soll und den July auch sagen er soll nicht mehr bös sein, dan sagte sie ja ich sage es den Mann er solle nicht mehr zanken.«

In den ersten Zeiten war er während eines Gewitters in einem höchst schmerzhaften Zustand.

1829.
Von Hauser geschrieben.

»Am 7. April kam ein Gewitter dieses hat ein sonderliche einwirkung gemacht, ein viertlstund, eh das Gewitter kam, hatte es mir ein kleinen schütter gegeben; als wollte mich ein Frost anfallen, dann wurde es mir auf der Brustn als wenn mich einer sehr fest gebunden hätte, dann bekam ich eine Art schwindel in den Kopf, dieses hat gedauert, bis das Gewitter vorüber war. Dann habe ich mich so leicht gefühlt in den ganzen Leibe dan hat es mir noch ein kleinen schütter gegeben, seit diesen wird es alle Tag leichter.

Jetzt kann ich es erst sagen was ich in den vorigen Sommer für ein Gefühl gehabt habe, ich habe immer gesagt das ich mir so fürchte weil ich es nicht verstanden habe das ich imer an diesen Tage mehr schmerzen fühlte als sonst darum habe ich mir so gefürchtet wenn ein Gewitter gekommen ist.«

Noch im Mai 1829 bemerkte ich während eines Gewitters Zuckungen in Hausers Gesicht und Gliedern (eine damals sonst nicht mehr vorkommende Erscheinung.) Er bekam immer Frost mit öfterem Schütteln und Schaudern. Während des Donners, sagte er, sei es ihm, als sei alles in seinem Leibe locker und bewege sich und er fühle von oben den Kopf herab einen Druck. Auf der linken Seite war der Frost stärker. Er mußte die Augen unwillkürlich zudrücken und zitterte. Der Frost dauerte, bis das Gewitter vorüber war. Mitten auf der Brust fühlte er einen ganz kalten Fleck und es war ihm, als wäre dieser Fleck ganz locker. Der Druck war stärker, je nachdem der Donner stärker war. Beim Blitzen fühlte er Schmerz in den Augen wie von Nadelstichen. Ungefähr eine halbe Stunde nachher kam Nasenbluten, darauf war ihm sehr leicht im Kopfe.

Sommer 1829.

Ob ein Gewitter kurz oder lange dauern würde, konnte er aus seinem Gefühl abnehmen. Wenn es kurz dauerte war die Kälte an Händen und Füßen mehr der Temperatur des übrigen Körpers gleich, wenn es aber lange dauerte, waren Finger und Zehen sehr kalt und viel kälter als die andern Teile des Leibes.

1829.

Zu Ende des Juli machten Gewitter keinen Eindruck mehr auf ihn. Der Mordversuch regte später auch diese Empfindlichkeit wieder auf.

Im Sommer 1830 fühlte er vor Gewittern an der Stelle der zugeheilten Schußwunde ein Brennen.

32. Krätzansteckung durch Anhauch.

Diese Ansteckung ist um so merkwürdiger, da sie sich zweimal durch den Hauch nicht skabiöser (mit Ausschlag der Krätze) sondern nur mit *innerer Krätzkrankheit* behafteter Personen ereignete, ein Factum, welches für Hahnemanns große Entdeckung (Eine Entdeckung, die wie ein Blitz in die uralte Nacht der Medicin hineinleuchtet und mit einem Schlage eine ganze Welt psychischer u. physischer Erscheinungen aufhellt.) mächtig spricht und einzig durch sie erklärbar ist. Im Dezember 1828 wurde er von jemand, der, wie ich weiß, vor mehreren Jahren scabiös gewesen, angeblasen und es erzeugte sich an der angeblasenen Seite des Gesichts ein juckendes und brennendes Bläschen, das nach einer Stunde aufging und eine gelbliche Feuchtigkeit ausfließen ließ. Ungefähr drei Wochen nachher am 12. Januar wenn er dem starken Anhauch eines an entwikkelter Psora (nach Hahnemanns Theorie) Leidenden der mit Lachen herausplatzte, ausgesetzt und wieder an der angehauchten Seite des Gesichts brach in kurzem ein Eiterbläschen hervor. Unmittelbar beim Anblasen oder Anhauchen hatte er, wie das erstemal, an der Stelle, wo das Bläschen hervorbrach, ein Brennen empfunden. Ungefähr eine Stunde nachher traf es sich, daß er etwas was am Schwefelfaden angelegen oder angerieben war, an das Bläschen kam. Sogleich ließ das Jucken und Brennen nach, das Bläschen nahm sichtlich ab (wie ich selbst bemerkte) und war nach dreiviertel Stunden verschwunden. (Wir haben hier also eine Krätzevertreibung, die der durch äußere Anwendung des Schwefels bewirkten entspricht.) Erst bei dem zweiten Falle erfuhr ich den ersten. Am folgenden Tage kam neben der Stelle des verschwundenen Bläschens ein neues hervor, verschwand aber bald wieder, als Hauser ausging, wahrscheinlich durch die kalte Luft ohne aufzugehen.

Dieses bemerkte ich mir sogleich und kann es als gewiß angeben. Ungefähr ein Jahr später (freilich eine lange Zeit, doch behauptete er, die Sache noch gut im Gedächtnis zu haben) gab er mir über jene beiden Ansteckungen folgendes Nähere an:

Erstes Bläschen: Nach dem Anhauchen fühlte er an der angehauchten Stelle ein Brennen, das über eine Stunde dauerte, dann hörte das Brennen auf, deshalb sah er in den Spiegel und bemerkte ein Aufgeschwollensein der Stelle und nach einiger Zeit ein weißes Bläschen. Vor dem Niederlegen ging es auf und gelbliche Flüssigkeit ging heraus. Am andern Tag war bis zum Mittag nichts mehr zu bemerken.

Zweites Bläschen: Nach dem Anhauchen starkes Brennen, etwa nach einer halben Stunde erscheint ein Bläschen, welches jückte, auf das Reiben daran folgte Brennen, das den andern Morgen hervorkommende jückte noch stärker. Nachdem das Bläschen auf den Arzneigeruch aufgegangen, blieb es 2 Tage lang offen und zuweilen ging eine helle gelbliche Flüssigkeit heraus, worauf das Jücken, das die 2 Tage lang fortdauerte, stärker wurde. Das Reiben an dem ersten Bläschen war weniger wohltuend, als am 2ten und das Brennen erfolgte schneller, das Reiben war so wohltuend, so daß er die Augen zublinzte.

Diese späten Erinnerungen zumal die Zeitbestimmungen sind zwar unverlässig, doch sieht die Angabe, daß er beim Reiben die Augen habe schließen müssen weder wie Erfindung noch wie Gedächtniswehtun aus. Es scheint hiernach ganz jenes eigentümlich »unerträglich wollüstige« Jücken der Krätze gewesen zu sein.

Den Wunsch, nie aus seinem Käfig gekommen zu sein, tat er bei mehreren Gelegenheiten.

33. Verhältnis zu Tieren.

Ich habe bei mehreren Gelegenheiten zu bemerken geglaubt, daß er auf Tiere eine besondere magnetische Gewalt und Beziehung ausübe. —

Mit meiner Katze, die bei mir ernährt wurde, stand er in einem auf gewöhnlichem Wege nicht wohl erklärbaren Verhältnisse. — Dieses Tier ließ sich zwar im Zimmer berühren und herumtragen, — nie aber wenn es im Fressen war. — Wenn dagegen Hauser in den Garten kam, so lief sie sogleich auf ihn zu, wenn nicht etwa andere Personen sie abschreckten, ließ sich von ihm ergreifen und herumtragen, und jagte sich spielend mit ihm im Garten umher, wie ein Kind mit dem andern. — Sie schmeichelte ihm an den Füßen herum, wovon er, wie er sagte, eine sehr wohltätige Empfindung eigner Art bekam. — Diese genoß sonst nichts als Fleisch und Milch. — Brot z. B. fraß sie auch dann nicht, wenn sie sehr hungrig war. — Allein aus Hausers Hand fraß sie viel schwarzes Brot, wenn es sie auch nicht sehr hungerte, sogar (gekochtes) Obst. — Ich hielt ihr einmal zuerst etwas von gekochten Äpfeln hin, — was sie beroch und liegen ließ, dann nahm Hauser dasselbe in die Hand, und bot es ihr an, worauf sie es sogleich verzehrte. —

Einmal kam die Katze zu Hausern, der sich im Garten befand, mit einem großen Band, daß sie irgendwo gefunden haben mochte, herbeigerannt, ihn gewissermaßen zum Spiele auffordernd. — Ich sah es einst selbst mit an, als sie ihn, — der in den Garten kam und das Band suchte, — wie es scheint, sogleich verstand, in das Gesträuche sprang, und mit dem Bande herauskam. —

Hauser behauptet auch, dieses Tier habe erst dann nach ihm gehauen, wie es andern zu tun pflegte als er anfing Fleisch zu essen.

34. Eigentümliche Empfindung des mineralischen Metallfühlens.

1828.

Er saß einmal einen Schritt weit von einem Pulte; in welchem ein Päckchen mit verschiedenen Edelsteinen gefüllt, befindlich war. (Sie waren einzeln in Papier eingewickelt). So wie es geöffnet wurde, sah er mit verstörten Blicken nach demselben hin und sagte, da sei etwas darin, was ihn ziehe.

Schwefel, wenn er sich ihm mit dem Finger näherte, zog stärker als Gold und erregte die Empfindung nach größerer Kälte, in beiden Stücken wirkte er aber schwächer als Quecksilber.

Mitte Okt. 1828.

Ein ihn besuchender Fremder legte ihm einmal um ihn zu prüfen, ein ausländisches Goldstück von der ungefähren Größe und Dicke eines Kreuzers, ohne daß Hauser es ansehen konnte, in die Hand. Er ließ sich nicht täuschen, sondern sagte, der Empfindung nach, die es ihm verursachte, es müsse Gold sein. Ich war nicht selbst zugegen, aber eine mir nahe verwandte Person, auf die ich mich vollkommen verlassen kann.

Herbst 1828.

Ich legte in seiner Abwesenheit einen goldenen Ring, einen Zirkel von Stahl und Messing und eine silberne Reisfeder unter Papier, so daß man nicht sehen konnte, daß etwas darunter verborgen war. Ich ließ ihn über dieses Papier mit den Fingern herfahren, so daß er das Papier nicht berührte und er unterschied durch die Stärke des Zuges den das Metall gegen seine Finger ausübte, alle jene Gegenstände. Wenn er mit seinem Finger über den unter Papier gelegten Zirkel und Reisfeder hinfuhr, fühlte er den Zug, sank recht herab wenn er oben oder unten über die Enden hinausfuhr, schief zu den Enden hin.

Von Hauser niedergeschrieben.

Wenn ich einen Bleistift in die Hand nehme, so bekomme ich immer ein Ziehen an der Hand nach den Bleistift und besonders wenn ich einen spietze, da ziehet es viel stärker und ich werde auch blaß im Gesicht eine Zeitlang.

Herbst 1828.

Als er in ein Gewölbe, das mit Messingwaren angefüllt war, trat, zog es ihn am ganzen Leib von allen

Seiten, er eilte, wieder hinauszukommen, und machte außen eine Bewegung heftigen Schauders.

Einst lag ein Blatt Papier auf dem Tisch, unter welchem nichts weiter lag. Ich sagte zu Hauser im Beisein Herrn Dr. Osterhausens und Herrn Kronanwalts Brumm aus München: er solle versuchen ob kein Metall darunter liege. Er fuhr mit dem Finger darüber hin und sagte an einer Stelle da ziehe es. Diesmal hast Du Dich getäuscht, sagte ich, und hob das Papier auf. H. war betroffen, fühlte aber nach einiger Zeit wieder an die Stelle hin, wo er den Zug gefühlt und behauptete, nachdem das Papier hinweggenommen war, es ziehe noch immer. Wir vermuteten nun, daß unter der Wachsdecke des Tisches etwas verborgen sei, wiewohl wir nicht sogleich durch Betasten der Stelle etwas entdecken konnten; doch kam endlich nach genauerer Nachforschung eine Nadel zum Vorschein, die also Hauser durch die Wachsdecke und das Papier hindurch gespürt hatte.

1828.
Von Professor Herrmann geschrieben.

Magnets Nordpol zieht ihn stärker als Gold. Zufällig von mir in der Hand gehalten und auf ihn gerichtet, greift er seine Weste vorn auf der Brust in der Gegend der Herzgrube und zog sie heraus gegen mich: so ziehe es ihn, er fühle es innen es gehe ein Luftzug von ihm her. Der Südpol bläst ihn an, obgleich weniger stark. Erst dadurch erfuhr er, was ihm in seinem Körper unangenehm gewesen. Als er es zum Geschenk erhielt, Erschütterung und Übelgefühl im ganzen Leib, wußte aber nicht woher, verschloß ihn daher im Kästchen und öffnete ihn nie, als zufällig beim Ausräumen, wo wir eben zugegen. Er stellte das Kästchen immer so, daß der Nordpol des Magnets von ihm abgekehrt lag, wenn er hinzutrat. Während wir mit ihm darüber sprachen, berührte er den Magnet nie, der überhaupt meist der Quere nach auf dem Tische lag, wo er ihn nicht afficierte und doch stand ihm nach wenigen Minuten der Schweiß auf der Stirne. Man hat es jetzt weggeräumt.

Einst, als er noch auf dem Turme war, brachte ihm jemand ein Spielpferdchen und einen kleinen Magneten (stange), womit jenes, welches vorn ein Eisen hatte, im Wasser schwimmend herumgezogen werden konnte. Er fand sich sogleich durch den Magnet, indem er ihn nach Anweisung gebrauchen wollte, aufs unangenehmste afficiert; er habe den Schmerz sagte er durch den ganzen Leib hindurch in allen Gliedern gespürt. Er verschloß dieses Spielzeug in dem dazu gehörigen Kästchen und öffnete es nie, wie er mit seinen andern Sachen zu tun pflegte, den Besuchenden. Als er zu mir kam, hielt er das Kästchen in einem Koffer verschlossen und es kam nur einmal zufällig beim Aufräumen zum Vorschein. Es fand sich daß ihn der Nordpol zog, der Südpol abstieß. Er verstärkte diese Wirkung auch wenn man den Magnet im Kästchen verschlossen gegen ihn richtete. Um die Wirkung des Nordpols zu bezeichnen, griff er an seine Weste vorn in der Gegend der Herzgrube und zog sie auswärts, indem er sagte: so ziehe es ihn, es gehe wie ein Luftzug von ihm hin. Der Südpol wehte ihn an, wirkte aber überhaupt weniger stark.

Wenn der Magnet der Quere nach gegen ihn gerichtet wurde, empfand er nichts. In einer Entfernung von 85 Schritten machte der Magnet noch ziemlich starke Wirkung auf ihn.

Ich probierte einst im Freien, wieweit er den Magnet spüre. Ich entfernte mich von ihm 200 Schritte weit, zog einen Handschuh an und umwickelte die Hand noch dazu mit dem Sacktuche, damit ihre Wirkung gehemmt werden und der Magnet allein wirken sollte. Bald nachdem ich die Hand mit dem Nordpol des Magnets gegen ihn ausgestreckt gab er mir das verabredete Zeichen, daß er den Magnet gespürt, worauf ich die Hand sogleich sinken ließ. Als ich vernahm, die Wirkung sei in dieser Entfernung schwach gewesen, ging ich noch einige Schritte zurück und da er bei hierauf wiederholtem Versuche nichts mehr empfand, ging ich mit dem hingehaltenen Magnet langsam vorwärts, worauf in einer Entfernung von etwas mehr als hundert [Hier scheint ein Versehen im Niederschreiben stattgefunden

zu haben. Es soll wahrscheinlich zweihundert heißen.]
Schritten das Zeichen erfolgte. Obgleich ich diesen
Versuch auf eine für Hauser unschädliche Weise ange-
stellt zu haben glaubte, so hatte doch die Wiederholung
des Hinhaltens eine heftige und unangenehme Wirkung.
Beim zweiten Male kam sogleich die Empfindung des
Kaltwerdens im ganzen Körper, Pochen der Brust, wie
bei großer Angst. Angst dann Hitze und Schweiß auf
der Stirne.

Salpeter zog ihn wie Glas etwas stärker als Gold, Salpeter und Schwefel kam mit seiner Wirkung wie Gold,
Silber u.s.w. nur bis an den Ellenbogen. Von Salz empfand er garnichts dergleichen.

Das mit Wasser gefüllte Trinkglas machte geringere
Wirkung als das leere.

Wenn er aus einem Glase trank, so zog sich die eigentümliche Empfindung, die ihm die Berührung des Glases
verursachte, in drei Linien vom Munde das Kinn herab;
die eine dieser Linien ging von der Mitte der Unterlippe
an und war am empfindlichsten, die andere von den
beiden Mundwinkeln. Unter dem Kinn vereinigten sie
sich in eine, die bis an den Hals ging. Als sich das
Schmerzliche der Empfindung verlor, blieb nur die in
den beschriebenen Linien herabziehende Kälte.

1828.

Als er einen mit Papier umwickelten Kristall anfaßte,
ging die Wirkung nur bis an das Handgelenk, als er ihn
ohne Papier befühlte, bis an die Schulter.

Von Kristall und unechten Steinen sagte er, sie zögen
ihn wie Glas und die Empfindung ziehe sich wie bei
diesen durch den ganzen Arm durch.

1828.

Als er zuerst bei mir mit einem silbernen Löffel aß
und wegen des metallischen Reizes so sehr zittern
mußte, daß er ihn kaum zum Munde bringen konnte,
glaubte er, die Schwere des Löffels sei schuld und verlangte einen leichteren.

Jaspis zog wie Zinn, wirkte aber mit der Langsamkeit des Messings erkältend den Arm hinauf bis an den Ellbogen.

Von Zinn und Blei zog sich die Kälte am langsamsten den Arm hinauf.

Herbst 1828.

Beim Reiten fühlt er durch den Sattel den Zug des darunter befindlichen Eisens, auch behauptet er, er sei deshalb so wenig in Gefahr, den Steigbügel zu verlieren, weil das Metall desselben ihn an sich ziehe. Er sagte er werde von dem Eisen unter dem Sattel gezogen und sitze deshalb so fest darin.

Wenn er Sporen anhatte, so war es, als wenn etwas an den Füßen gegen den Boden hinzöge. Silberne Sporen empfand er stärker als Sporen von Messing.

Amethyst wirkte wie Zink; Aschenzieher oder Essigkriecher wie Kupfer.

Bei Anfassung und Berührung eines wenn auch für die Empfindung anderer nicht kalten Metalles fühlte er eine eigentümliche Kälte und eine den Arm hinaufgehende Empfindung, deren Schnelligkeit bei verschiedenen Metallen verschieden war. Am schnellsten lief es ihm die Finger und den Arm hinauf bei Anfassung oder Berührung des Goldes, minder schnell bei der des Silbers, noch langsamer der Reihe nach bei des Stahles, Messings, Zinns und Bleies. Glas war fast dem Golde gleich, aber es lief den ganzen Arm hinauf, während Metall nur bis an den Ellbogen wirkte.

Kalk brannte ihm auf den Händen wie Feuer, sonst spürte er nichts davon.

1829.

Platina spürte er im März nicht, Quecksilber am Spiegel im Turm noch ein wenig. Im Juni spürte er beim Anfühlen von niemand mehr etwas, außer von mir ein wenig.

1828.

Gold wirkte zu Ende Dezembers nicht mehr auf ihn, und auch Glas nur, wenn er es mit der Linken berührte.

In diesem Falle ging die Empfindung der Kälte ganz langsam aufwärts und nicht weiter, als bis zum Ellbogen.

1828.

Zu Ende November zog sich noch vom Glase die Empfindung den ganzen Arm hinauf, aber langsam und schmerzlos. Damals spürte er das Quecksilber noch so stark, daß ihm als er den Finger an die Kehrseite eines Spiegels, die mit einem Brot überdeckt war, hinhielt, der kalte Schauder durch den ganzen Körper fuhr.

1828.

Zu Ende November kam er in das Haus des Goldarbeiters, wo er sonst im ganzen Leibe schmerzliche Empfindungen bekommen hatte (sogleich beim Eintritt in das Haus und in den Zimmern) und fühlte nichts Unangenehmes mehr.

1828.

Zu Anfang November bemerkte er, daß er Silber nicht mehr fühle. Zu Ende November wirkte Gold nicht mehr.

Oktober 1828.

Er saß einst am Klavier als der Mann hereintrat der mir meine Besoldung zu bringen pflegte und den Sack, worin er das auszutragende Besoldungsgeld hatte, drei bis vier Schritte weit von ihm auf den Tisch legte. Er hörte auf zu spielen und blickte mit verstörten Mienen auf den Tisch und den Mann hin, stand endlich auf und begab sich, den Schweiß von der Stirn wischend, in ein Nebengemach, wartend, bis sich der Mann entfernt hatte. Das Metall hatte diese Wirkung auf ihn gehabt.

Zu Anfang Dezembers als er schon für Gold keine Empfindung mehr hatte, setzte ihm jemand ein verschlossenes, mit Papier umwickeltes kleines Glas, welches halb mit Quecksilber gefüllt war in die Hand, ohne daß er wußte, was es war. Brennender Schmerz und Anziehen wurde auf dem Fleck der Hand verspürt, auf welchem es aufgesetzt worden. Ein starker Kälteschauer ging durch den ganzen Körper, worauf ihm bald heiß wurde und Schweiß auf die Stirne trat.

Smaragd wirkte wie Zink, *Bernstein* wie Stahl, *Calcedon* wie Glas den ganzen Arm hinauf, *Malachit* wie Blei, *Lapis Lazuli* etwas stärker als Messing. Ächte *Perlen* wirkten etwas schwächer wie Glas, aber nur bis an den Ellbogen, *Karniol* wie Blei, *Korallen* ebenso, *Marquasit* wie Kupfer. Diese Vergleichungen der Wirkung der Edelsteine mit der der Metalle gab er selbst nur als ungefähr an.

1828.

Beobachtungen die gemacht wurden als seine Empfindlichkeit schon im Abnehmen war, sind folgende: *Jaspis* wirkt wie Eisen (nicht so stark als Stahl) *Granit* wie Zink. *Steinkohle* schwächer als Blei und nur bis ans Handgelenke. Der Granit zog, Braunkohle nicht, machte bloß eine Kälte. Eine Muschel wirkte wie Zinn, eine andere weniger stark als Blei, Alaun (der 28. Okt.) etwas stärker als Blei. Schon der Geruch des letztern verursachte, daß ihm der Mund voll Wasser wurde, welches, nachdem er den Finger angenähert, stark aus dem Munde floß, bis die Kälte im Arm sich verloren hatte. Dabei bitterer Geschmack im Munde. Er roch den Alaun einen Schritt weit sauer und bitter.

Die quantitative Verschiedenheit der Metallmassen änderte nichts in der Art des Zuges, durch welches er die Metallarten unterschied. Eine kleine Quantität Goldes zog nach seiner Aussage stärker, als die viel größere Masse andern Metalls.

1828.

Nach dem Quecksilber wirkte Platina am stärksten. Ein dünner Ring von diesem Metall zog ihn ungefähr drei Schritte weit.

Schwefelfaden zog stärker als Gold, nicht ganz zwei Schritte weit.

1828.

Das Quecksilber machte noch viel stärkere Wirkung als das Gold auf ihn. Als ich die Kehrseite eines kleinen Spiegels gegen ihn hielt fühlte er den Zug gegen denselben auf 9 Schritte.

Diamant war der Stärke des Zuges nach zwischen Platina und Gold.

Diamant zog ihn stärker als Gold. Er fühlte seine Wirkung den ganzen Arm hinauf. Wenn er mehrere Minuten lang den Finger gegen den Diamant hielt, zog sich die Wirkung vom Arm in die Herzgrube hinüber, wo er schmerzlichen Druck empfand.

Einen Diamant spürte er zwei starke Schritte weit.

Als man einen mit Papier umwickelten Diamant gegen ihn hielt und ihn um die Wirkung dessen befragte, was darin sei, sagte er, was in dem Papier sei, wirke wie der Diamant eines ihm gehörenden Ringes.

Wenn die Kälte von Metall, Edelsteinen oder animalischen schnell den Arm hinaufkam, dauerte es verhältnismäßig länger, bis er wieder warm wurde, als wenn die Kälte aufwärts stieg. Sowie die Kälte von den Fingern an aufwärts stieg, so nahm sie auch beim Verschwinden von oben herab ab, bis sie zuletzt nur noch in der Fingerspitze, die zunächst den Eindruck empfangen, verstärkt wurde.

Wenn ihm der Arm durch Anfassen oder Annäherung von Metall oder Edelsteinen kalt wurde, so schwollen sichtlich und auffallend die Adern der Hand auf, die der Wirkung ausgesetzt gewesen.

35. Eigentümliche Empfindung für animalisch Lebendiges.

Hausers Besuch bei einer Sonnambülen, von ihm selbst beschrieben.

(Ich wollte selbst mitgehen um bei der Hand zu sein, wenn wie zu vermuten, die Sonnambüle auf Hauser eigentümlich wirken würde, wurde aber durch Krankheit verhindert und erschien erst, als Hauser schon abgeführt worden war.)

»Als ich an das Zimmer kam und die Türe von der Kranken, die ich nicht kannte, geöffnet wurde, fühlte ich ein plötzliches Ziehen auf beiden Seiten der Brust, als wenn man mich in das Zimmer ziehen wollte; als ich hineintrat und an der Kranken vorüberging wehte mich eine sehr starke Luft an und als ich die Kranke im Rücken hatte, wehte es von hinten und der Zug, welchen ich vorher an der Brust fühlte, fühlte ich nun an den Schultern. Als ich auf das Fenster zuging, folgte mir die Kranke von hinten nach; indem ich Herrn von Tucher fragen wollte, wo sie sei, bekam ich ein Zittern im linken Fuß und es wurde mir unwohl, sie ging wieder zurück und das Zittern verlor sich; sie setzte sich auf das Kanapee und sagte: wollen sich die Herren nicht setzen? Darauf sagte Herr Professor zu ihr, sie sollte mich ansehen; so wie sie sich mir bis auf 2 Schritte näherte, wurde mir noch unwohler als vorher und ich bekam in allen Gliedern Schmerzen. Herr Professor sagte, daß ich der Mensch sei, der geschlagen wurde. Indem bemerkte sie meine Narbe und deutete darauf hin, da ging mir die Luft stark an die Stirne und ich bekam Schmerzen davon, auch fing mir der linke Fuß stark an zu zittern. Die Kranke setzte sich auf das Kanapee und sagte, daß ihr übel sei und ich sagte auch, daß mir so unwohl sei, daß ich mich setzen müsse. Ich setzte mich in das andere Zimmer, nun fing auch der andere Fuß an zu zittern; obgleich mir Herr v. Tucher die Knie hielt, so konnte ich sie doch nicht stille halten; nun bekam ich starkes Herzklopfen und mir wurde im ganzen Körper heiß, das Herzklopfen ließ nach und ich bekam Zittern im rechten Arm welches nach einigen Minuten aufhörte und mir wurde wieder etwas besser. Dieses Befinden blieb sich gleich bis den andern Morgen, da bekam ich wieder Herzklopfen und Zittern in den Gliedern, doch nicht so heftig, nach einer halben Stunde verlor es sich wieder; Nachmittag um 3 Uhr kam es wieder etwas weniger stark und verlor sich noch früher; ich bekam

eine weiche Öffnung und eine halbe Stunde darauf
wieder eine, darauf wurde mir wieder ganz wohl.«

Die Sonnambüle wurde von Hausers Gegenwart sehr
angegriffen. Ich hörte sie nachher, da sie in Schlaf
gefallen war, noch sagen, das war ein harter Sturz für
mich. Sie fühlte noch den andern Tag ein Unwohlsein
davon. Durch eine Frage veranlaßt, sagte sie, Hauser
werde die Wirkung, die sie auf ihn gemacht, spüren bis
sie den folgenden Tag wieder in Schlaf kommen würde.
Dies geschah um 4 Uhr, Hausern wurde jedoch schon
eine halbe Stunde früher wohl. Ich selbst konnte es im
Zimmer der Sonnambüle nicht aushalten. Größte Ange-
griffenheit der Augen, die nachließ, wenn ich in's Neben-
zimmer trat, sich wieder verstärkte, wenn ich zurückkehrte und zuletzt Glut im Gesichte nötigte mich zu
gänzlicher Entfernung. Als ich mich am andern Tage
bewegen ließ, die Sonnambüle bei der Hand zu fassen,
die ich bald wieder zurückziehen mußte, und da mich
auf Geheiß derselben der Magnetiseur dreimal anbließ,
geriet ich in einen fieberischen Zustand und fühlte noch
den nämlichen Tag die widerwärtigste Gereiztheit.

1830.

Am 3. April fiel die zufällige Verwundung durch eine
losgehende Pistole vor. In der folgenden Nacht, als er
sich sehr übel befand, war ihm ein Frauenzimmer durch
Mesmerismus sehr hilfreich.

Hauser sagte mir: »die hat gerade solche Hände, wie
der Kohl«, nämlich jener damals entfernte Polizeisoldat,
der so wohltätig auf ihn zu wirken vermochte. Doch
rühmte er noch größere Wirkung von diesem, nachdem
derselbe auf mein Ansuchen geholt worden war. Besserung des Befindens und eine sehr gute Nachtruhe war
die Folge. Es zeigte sich damals auch daß ein anderes
Frauenzimmer einige gute Wirkung auf ihn äußerte,
doch, sagte er dürfe diese stundenlang ihre Hand auf
der seinigen ruhen lassen bis er jenen Stoß fühle, bei
welchem aufgehört werden müßte. Bei Kohl kam derselbe in kurzer Zeit. Am 5. April fand ich ihn in einem
Zustand von Bewußtlosigkeit mit Augenstarrheit und

Röcheln; da er zu sich kam, waren die Augen verdunkelt, dann folgte ein kurzes Delirieren. Man schickte nach dem Polizeisoldaten und als dieser kam und sich ihm gegenüber ans Bett setzte, so blickte ihn Hauser, der das schon zuvor durch eine weibliche Person angewandte Handauflegen noch nicht wiederholen ließ, lange in die Augen, dann wandte er sich weg. Später sagte er, es sei ihm ein starker Feuerfunke von den Augen gegangen, deshalb habe er sich wegwenden müssen. (15. April) Er fiel nachmittags infolge des angewandten Mesmerismus in einen sanften Schlaf und auch die Nachtruhe war sehr gut. Tags darauf war er sehr heiter und gestärkt.

1828.

In der freien Luft, sagte er, sei ihm die Berührung und Annäherung Anderer minder empfindlich als im Zimmer. Gegen mich ist er unter allen Menschen am empfindlichsten. Durch die Kleider, äußerte er, gehe bei der Berührung der Wind oder Hauch durch, lederne Handschuh aber verwahren ihn vor dergl. Empfindungen. Auf einem Spaziergang machte ich einst im Beisein eines Freundes folgenden Versuch mit ihm. Ich ließ ihn in ziemlicher Entfernung vor mir hergehen und sagte ihm, ich wolle einmal gegen ihn mit der Hand herabfahren und er solle sagen, wann er etwas empfinde. Ich fragte ihn zweimal ob er nichts spüre, indem ich die Erwartung und Vermutung einer solchen Bewegung in ihm erregte aber keine machte. Er sagte, daß er nichts empfinde; als ich aber hierauf wirklich und zwar sehr schnell, um ihm nicht wehe zu tun, mit der Hand herabfuhr, sah man in diesem Augenblick die Äußerung des Fröstelns an ihm; er drehte sich sogleich hierauf um und sagte, nun sei ich mit der Hand herabgefahren.

Seine Empfindlichkeit war so groß, daß wenn man ihn gelinde mit der Hand z. B. an den Schultern berührte, er zuckte und auch wohl sagte: man möge ihn nicht schlagen, indem er unter Schlagen eben jene Berührung verstand. Auf die Bemerkung eines Freundes (Professor Herrmann aus München) diese Empfindlichkeit möge wohl von tieferer Natur sein und er sich in einer Art von magnetischem Zustande befinden, trat ich, ohne daß er es bemerkte, leise hinter ihn und fuhr in einiger Entfernung von seinem Körper mit der Hand an seinem Rücken herab, um zu sehen, ob er es empfinde. Er drehte sich mit dem Ausdruck des Erschreckens um und fragte, was ich mache, warum ich ihm den Rücken gestrichen habe und wollte es nicht glauben als ich sagte, ich habe ihn nicht berührt. Er sagte mir später: Zuerst als ich an den Kopfhaaren zu streichen begonnen, habe er geglaubt, es gehe vom Fenster ein Wind herein, wie ich aber weiter herabgekommen, sei ihm ein kalter Schauder gekommen und er habe gemerkt, daß jemand hinter ihm sei und dies verursache. Als jemand vorn in einiger Entfernung mit den Händen herabstrich, behauptete er, er blase ihn an, ein kühler Wind gehe an ihm hin (zuerst brauchte er auch den Ausdruck *Schatten*) die Stirn wurde heiß, die Hände kalt, er bekam Drücken in der Herzgrube, wie wenn nach seinem Ausdruck, ein Brocken oder Stein sie belästige. Als Aufstoßen erfolgte, war die ganze Empfindung vorüber. Ich forschte ihn nun weiter aus über die Erscheinungen dieser Art und fand, daß er es empfand, wenn ein Mensch auf ihn zuging, oder von hinten, auch ungehört an ihm hinging. Blos, wenn er in Betrachtung, Aufmerksamkeit oder Nachdenken versunken war, in welchem Fall er auch nicht sah oder hörte, was um ihn vorging, hatte er diese Empfindung nicht. Auch wenn er andere berührte, z. B. jemand die Hand gab, empfand er einen kalten Schauer, die Hände wurden kalt und es kam ihm kalt die Arme hinauf. Nur von der Nähe und Berührung meiner Mutter empfand er nichts. Auch wenn die Katze um seine Füße herumgeschmeichelt, hatte er jene Empfindung des Unwohlwerdens, das aber, sagte er, tue ihm sehr wohl, wenn die Katze sich an seine Füße hinschmiege. Am stärksten war nach seiner Äußerung der Schauder bei Fassung der Hand eines andern damals, als er nach Nürnberg gebracht wurde und am Anfang seiner Anwesenheit daselbst: er sei völlig zusammengeschrocken, wenn er jemand die Hand gereicht. Das habe sich später gemindert; als er aber so krank geworden, sei dieser Zustand wieder in sehr hohem Grade eingetreten. Schrecklich sei es ihm auch in dieser Beziehung gewesen, wenn so viele Menschen zu ihm auf den Turm gekommen. Als ich nun dieses in Erfahrung gebracht wurde er noch vorsichtiger als vorher behandelt und vor aller Berührung anderer möglichst verwahrt.

1828.

Wenn ich ungehört hinter ihn trat und einige Schritte weit, ohne die Hand gegen ihn zu kehren, stehen blieb, so drehte er sich nach nicht langer Zeit um, weil ihm seine Empfindung meine Nähe zu erkennen gab.

Die magnetische Strömung, die er anblasen nannte, empfand er am meisten, und schmerzlichsten, wenn man eine Spitze des Körpers, wie die Finger oder Knöchel der Hand gegen ihn kehrte.

Als jemand, der neben ihm stand, zufällig im Gespräche einem seiner Finger die Richtung gegen ihn gab, sagte er sogleich zu ihm, er solle ihn nicht anblasen.

Jeder gegen ihn gekehrten Spitze eines menschlichen Körpers suchte er auszuweichen. Als jemand neben ihm ging und nach seiner Gewohnheit den Arm mit etwas gebogenem Ellenbogen an den Leib hielt, so wich er zuerst nach vorn oder hinten aus und bat endlich, den Ellbogen nicht gegen ihn zu kehren weil er ihn anblase.

Alternde und greise Personen wirkten meist gar nicht auf ihn, jugendliche und lebenskräftige vor der Periode des Alterns immer. Unter den von letztern gefühlten Wirkungen war ein großer Unterschied. Sie waren meist übler Art in verschiedenen Graden, selten wohltätig. (In den ersten Zeiten, wie es scheint, gar nie; erst nach der Verwundung wurde dieser Fall bemerkt.) Oft wirkten schwächere Personen stärker und heftiger als kräftige; sehr gesund scheinende und sich wohl fühlende wirkten oft sehr übel. So war mir diese Verschiedenheit lange ein Rätsel, bis ich mit Hahnemanns Beleuchtung der in den Körpern latenten oder entwickelteren Miasmen bekannt wurde. Jetzt sah ich wohl daß sich die Stärke der üblen Wirkungen nach den verschiedenen

Stärken und Entwicklungsgraden dieser Miasmen richtete. Nur rein (unmiasmatisch) Gesunde oder solche, bei denen das Miasma sehr latent war, vermochten gut zu wirken. Alte wenn auch psorische Personen pflegten keine Wirkung zu haben. Vielleicht kann man richtig so sagen: Menschen, bei denen die Pubertät noch nicht eingetreten, wirkten schwach und ohne Schmerz zu verursachen, Menschen deren Zeugungskraft verschwunden war, wirkten gar nicht.

Von Professor Herrmann spürte er längere Wirkung als von mir, aber sie tat ihm nicht so weh. Weniger als beide spürte er z. B. Herrn Bürgermeister Binder, aber diesen noch stark. Weniger als diesen z. B. Herrn Biberbach. Von Dr. Preu hatte er nie eine Empfindung. Von obigen Personen spürte er ein Anwehen, nicht so von letzteren, sondern, wo er ihn anfaßte, brannte es; an der Stirn kamen einmal Geschwülste. Er fühlte die Berührung schmerzhaft durch den ganzen Leib. Berührung durch den Polizeisoldaten Kohl hob diese Schmerzen. Als er in den ersten Zeiten von einer männlichen Person geküßt wurde, bekam er Schmerzen am Munde. Frauenzimmer wirkten schwächer als Männer, doch waren auch hier Unterschiede, sowie bei den Kindern, die auch schwach wirkten.

1830.

Als er aus meinem Hause gekommen war, litt er, der veränderten Diät wegen unter anderem auch an Verstopfungen, wogegen er sich dadurch zu helfen pflegte, daß er von dem Polizeisoldaten Kohl den Mesmerismus an sich anwenden ließ. Er selbst schrieb über einen solchen Fall Folgendes: »Am 6. Januar hatte ich den ganzen Tag keine Öffnung bekommen. Abends gegen halb 8 Uhr war mir der Kopf sehr eingenommen. Ich hatte auch wenig Appetit zum Essen, ein wenig vor 8 Uhr wurde gegessen. Ich aß sehr wenig, nach Tisch ging ich in mein Zimmer und legte mich nieder, gegen halb 9 Uhr bekam ich einen kleinen Frost etliche Minuten lang, ich stand auf, ging ein wenig im Zimmer auf und ab. Auf einmal bekam ich eine kleine Hitze und Durst. Ich trank ein Glas Wasser, legte mich zu Bett und schlief ein. Am Morgen als ich erwachte, war mir nicht ganz wohl, ich sagte zum Kohl: ich weiß nicht wie mir heute ist. Mit diesen Worten stand ich auf, wusch mich und wollte mich ganz ankleiden. Auf einmal bekam ich wieder den nämlichen Frost, als wie am Abend zuvor, eine gute Viertelstunde lang. Nachdem bekam ich Leibschmerzen; ich sagte zum Kohl: er möchte mir seine Hand ein wenig auf den Leib herlegen. Er legte seine Hand auf den Magen und sie lag keine 4 Minuten auf dem Leibe, so fing es gleich an kreisförmig sich zu bewegen und nach 5 Minuten bekam ich eine ganz weiche Öffnung.

April 1830.

Wenn Kohl Hausers Arm über dem Handgelenke mit seiner Hand umfaßte, so ging die Wirkung selbst durch einen dicken Flauschrock durch. In 4 Minuten wurde der Arm Hausers und des Mannes Hand heiß und Hauser hatte nachher die Empfindung, wie er sagte: als wäre ein eiserner Ring um seinen Arm herumgeschmiedet.

1828.

Ich hatte ihm verboten, Kommenden die Hand zu geben. Gleichwohl geschah dieses oft, weil er es gewöhnt war. Als er einmal mehreren Personen (Anf. Okt.) die Hand gereicht hatte, worunter vorzüglich eine ihn stark afficiert hatte, bekam er Zittern in die Hand, Schweiß auf der Stirne und nach ungefähr einer Stunde dünnen Stuhlgang. Letzteres geschah am Mittag, nachdem er schon zuvor vormittags seinen regelmäßigen Stuhlgang gehabt hatte. Solcher Stuhlgang, erzählte er mir bei dieser Gelegenheit, sei auch einmal erfolgt, als man ihm von oben nach unten einen magnetisierenden Strich mit der Hand gegeben, ebenso einmal, als man die Hand, ein andermal als man einen Magnet gegen ihn gehalten, und als er mit mehreren Metallen versucht, wie sie auf ihn wirkten. (Alles dieses im Septbr.) Einwirkungen ähnlicher Art hatten seiner Erinnerung nach früher als er noch im Turme wohnte, nicht dünnen Stuhlgang zur Folge, sondern machten daß der Stuhlgang härter und schmerzhafter wurde.

Von mir und Professor Herrmann fühlte er die magnetische Einwirkung am stärksten, doch war das, was er von letzterem empfand, bei weitem schwächer als das, was von mir. Wir traten einst in sein Zimmer, ohne daß er es hörte oder merkte, als er bei einer Arbeit sehr aufmerksam beschäftigt war. Da er in einem solchen Fall auch die magnetische Wirkung schwächer fühlte, so versuchte Professor Herrmann, ob er es merke, wenn er den Finger gegen ihn hinhalte. Als er dies eine Zeitlang getan, hatte er noch nichts empfunden, kaum aber hatte ich den Finger gegen ihn gerichtet, so schrak er zusammen und sah sich ganz verstört nach der Ursache dieser Einwirkung um.

1828.

Zu Anfang Novbr. erfuhr er eine kitzelnde Berührung von jemandes Finger in der hohlen Hand. Zuerst empfand er Kälte den Arm hinauf, die sich mit einem Stich schnell in Brennen verwandelte, wie von einem glühenden Eisen. Die ganze Wirkung, die früher wohl bei weitem heftiger gewesen wäre, war bald vorüber.

Kitzeln oder Berührtsein durch animalisch Lebendiges brachte die gewöhnliche Art der Empfindung nur in Stärken und Graden hervor.

Er erinnerte sich noch, wie er Kälteschauer und dann Hitze schmerzhaft empfand, als der Unbekannte zu ihm in den Käfig kam und seine Hand anfaßte. Als er ihn heraustrug, hatte er die Empfindung der Kälte noch stärker, auf dem von ihm sogenannten kleinen Berg kam Hitze, wie er an die Luft kam, wurde es wieder sehr kalt, wie er zuerst auf dem Weg erwachte, hatte er Hitze im Kopf, der Schweiß rann ihm über das Gesicht.

Er erzählte, daß ihm von der Nähe und Berührung so vieler Menschen, die sich oft im Turme in sein Stübchen drängten, so fieberhaft heiß geworden, daß ihm der Schweiß von der Stirne floß, er habe oft des Tages zwei und einmal sogar drei Sacktücher gebraucht, die er durch Abwischen des Schweißes durchnäßte.

Er erinnerte sich später noch, daß ihn einmal 18 Menschen auf einmal in einem sehr kleinen Stübchen umstanden. Die Nähe so vieler ihn gehäuft umringender Menschen erzählte er, habe fortwährend krankmachend auf ihn eingewirkt. Der Schweiß sei ihm immer auf der Stirne gestanden.

Ich und ein Freund führten ihn einmal auf einem Spaziergange, als er sehr müde war, mit dem Arme. Nachher sagte er: er fühle auf beiden Seiten, an welchen wir ihn geführt hätten, einen kalten Fleck.

Beim Anfassen oder Drücken der Hände pflegte er das Gesicht zu verziehen. Er fühlte es nach seiner Aussage, kalt hinauf, der Andere mochte kalte oder warme Hände haben.

1828.

Von der Annäherung und Berührung einer Frau von 55 Jahren und ihrer um mehrere Jahre jüngeren Schwester empfand er nichts.

1828.

Wenn er an etwas arbeitete und ich, ohne daß er mich sah oder hörte, mich, wenn auch mehrere Schritte weit hinter ihn stellte, so zuckte er nach einiger Zeit mit dem Körper und sah sich um.

1828.

Nur alte Personen waren es, von deren Berührung oder Annäherung er gar nichts empfand. Von einer alternden Frau sagte er: wenn er sie anfaßte, sei es ebenso, als wenn er Holz anfasse.

Übrigens war der wahre Grund, warum er jemand stärker oder schwächer fühlte, nicht auszumitteln.

Jugend und Kraft und Fülle des Körpers waren es nicht allein, welche die Empfindung bestimmten. Kein noch so robuster, jugendlich kräftiger und gesunder Mensch hatte die starke Wirkung auf ihn, die ich, der ich gegenwärtig nicht der gesündeste und kräftigste bin, auf ihn ausübte. Vielleicht hatte auch die Krankhaftigkeit eines Menschen eine gewisse Fehlbarkeit für ihn. Bei mir war es vielleicht der nähere Umgang, der ihn empfänglicher für meine Einwirkung machte.

Wenn er sich selbst berührte, so hatte er auch die Empfindung, die andere ihm bewirkten, aber sehr schwach. Die Gegend der Herzgrube und die der Stirn zwischen den Augen waren so empfindlich, daß er sich hüten mußte, auch nur fern mit seiner Fingerspitze hinzukommen.

Auf unorganische und leblose Dinge kann er stärker und mit weniger schmerzlicher Empfindung schlagen, als auf Menschen.

Tauchte ich meinen Finger in kaltes Wasser, so fühlte er bei Berührung desselben keine oder weniger innere Kälte, die desto stärker war, je wärmer die Hand war.

Überhaupt war bei vermehrter Wärme und Ausdünstung eines Körpers auch die Wirkung, die es auf Hauser machte, stärker.

1828.

Berührungen, Annäherungen menschlicher Körper wirkten nach erfolgtem kaltem Schauer, auf Unregelmäßigkeit der Öffnung; sie wurde, wie es scheint, durchfallartig. Wenn er sich selbst anrührte, fühlte er gleichfalls kalten Schauer, aber schmerzlos und minder heftig.

Noch nach Mitte Januar 1829, als ich zufällig einmal die Hand gegen ihn hielt, wurde der Arm, gegen welchen sie gerichtet war, ganz kalt und schmerzte sehr.

1828.

Große Menschenmengen oder zahlreiches Umherstehen von Menschen war ihm schon wegen des magnetischen Einflusses, den menschliche Körper auf ihn machten, peinlich und krankmachend; der Schweiß trat in solchen Fällen auf die Stirne, übrigens fühlte er sich kalt, vermutlich fieberhaft frostig.

36. Fühlen der Tiere.

1829.

Am 9ten September nachmittags ließ sich auf **seinen** Kopf eine Spinne an ihrem Faden herab. — Als sie an den Oberkopf kam, fühlte er Frost und besonders starke Kälte in der Stirne, ohne daß er wußte was es war. — Als sie tiefer herunter kam, fühlte er hin und zerdrückte die Spinne an der Unterlippe. — Hierauf fühlte er über eine Viertelstunde einen brennenden Schmerz auf der Stelle, der mit einem Schauder vorging. — Als er zu Bette ging, kam der Brennschmerz wieder. — Nachts schwoll die Stelle und er bekam deshalb mehrere kleine Bläschen, aus welchen morgens weiße Flüssigkeit ging. In der folgenden Nacht kamen wieder mehrere Bläschen neben jener Stelle. —

Sommer 1829.

Eine Katze hatte einige schwarze Blätterchen auf ihrem Balge. — Wenn er mit dem Finger nahe daran kam, auch ohne sie zu berühren, bekam er Schauder und Schüttelfrost. —

Herbst 1828.

Als er den Finger gegen eine große Spinne etwa drei Spannen weit hielt, behauptete er, es wehe ihn an, und ziehe ihn zugleich hin. — Bei Annäherung oder Berührung von Menschen empfand er blos ein Wehen, keinen Zug. —

1828.

Wenn er ein Pferd anfaßte, ging es ihm, wie er sagte, kalt den Arm hinauf. — Bei einem Pferde war die Empfindung stärker, als bei den andern. — Wenn er sich aufs Pferd setzte, so war ihm als ginge ihm ein Luftzug durch den Leib hinauf. — Diese Empfindung verschwand, wenn er ein paarmal auf der Reitbahn herumgeritten war.

1829.

Am 15ten März sah er fremde Tiere, die zu Nürnberg zu sehen waren. Er wurde auf den dritten Platz gestellt, weil er sich scheute, näher zu treten, als in ziemlicher Entfernung von den Tieren. So wie er hineinkam, empfand er einigen fieberhaften Frost, der stark wurde, als die gereizte Klapperschlange, die unter den Tieren war, zu klappern begann. Es folgte Hitze und Schweiß. Der Blick der Schlange war nicht dahin gerichtet, wo er stand. — Furcht oder Schreck war hierbei nicht im Spiele, er fühlte sich frei davon. —

Wenn er (als er noch Menschen und Metalle wohl fühlte) eine Katze beim Schweif angriff, bekam er einen starken Kälteschauder, es war ihm als hätte er einen Schlag auf die Hand bekommen, und die Hand war wie gelähmt, so daß er nicht gut anfassen konnte. Nicht so war es wenn er eine Katze wo anders berührte. —

37. Eigentümliche Empfindung für animalisch Totes.

1828.

Tote Maus zog ihn, ebenso Bein, nur ruckweise dieses. — Er roch dieses auf 10 bis 11 Schritte, während wir es in der Nähe kaum rochen.

Als er zuerst in ein Federbett kam, behagte ihm zwar dessen Weichheit, aber die Federn machten ihm lange Zeit einen gewissen Schmerz, bis er sich daran gewöhnte. — Eben so war ihm nach seiner Verwundung, die ihn auf seinen früheren Nervenzustand zurückgeführt hatte, das Liegen in seinem gewohnten Federbette schmerzhaft. — Damals erfuhr ich es erst, denn in der frühern Zeit da er zuerst bei mir ein Federbett erhielt, sagte er darüber nichts, sondern bezeigte nur seine Freude über die Weichheit des Lagers. —

39. Träume.

In meinem Hause schlief Hauser zum erstenmale in einem ordentlichen Bette, welches ihm im Gegensatz gegen die Härte seiner früheren Lagerstätte ungemein behagte. Er hatte in der ersten Nacht, die er in diesem Bette zubrachte, auch seinen ersten Traum, der damit zusammengehangen zu haben schien, daß sich in dieser Nacht seine Krankheit brach und zur Besserung entschied. Es träumte ihm, Frau Bürgermeisterin Binder, zu der er die größte Zuneigung hatte, käme an sein Bette und frage ihn, wie er sich befinde. Sein Kopfschmerz sagte er sei noch nicht vergangen. Sie habe ihm hierauf entgegnet, er solle nur Geduld haben, es werde schon besser werden, habe ihm die Hand gereicht, ihn gegrüßt und sich entfernt. Hierauf sei ihm etwas aus dem Kopf herab in die untern Teile des Körpers gegangen, sein Kopfschmerz sei vergangen und vor Freuden habe er sehr gelacht. Frau Bürgermeisterin behauptete er, habe seinen Kopfschmerz mit fortgenommen. Man suchte ihn davon zu überzeugen, daß dieser Vorgang ein Spiel der Einbildungskraft gewesen, aber vergebens; er wisse gewiß, sagte er, daß Frau B. bei ihm gewesen; er habe ihr ja die Hand gegeben und sie habe gesagt: Adjeu Kaspar. Auch als die Dame selbst erschien und jene Aussagen bestätigte, glaubte er ihr nicht; drückte sich auch zuweilen mit komischem Widerspruch so aus, er müsse freilich glauben, was ihm Frau B. und Herr B. sage, aber *er wisse es doch gewiß,* daß sie bei ihm gewesen. Als sie nun beim Fortgehen fragte, ob er sie heute noch besuchen wollte, und nicht etwa noch zu schwach wäre, auszugehen, sagte er, es gehöre sich, daß er der Frau B., die heute nacht bei ihm gewesen, seinen Gegenbesuch mache. Erst als er später wieder träumte, sah er ein, welche Bewandtnis es mit den Träumen habe. An dem Tag, der auf jene wohltätige Nacht folgte, hoben sich die Obstruktionen und er hatte zweimalige Öffnung. Der Kopfschmerz war, wie er geträumt hatte, verschwunden. Aber die ungeheuerste Nervenschwäche, schwere Verdauung und harte Öffnung blieben noch lange.

Sommer 1828.

In einem Traume (es war der zweite den er hatte) erkannte er einen Todesfall. Es träumte ihm, er sei mit Herrn B. Binder und dessen Gemahlin zu dem kranken Vater desselben gefahren, auf halbem Wege aber hätten sie gehört, es sei schon zu spät, er sei bereits *ganz eingeschlafen.* (Unter dem Bilde des Einschlafens kannte er damals den Tod.)

In der Nacht des 10. Nov. träumte ihm, seine Mutter käme vor sein Bett und rufe ihn. Auf ihren Ruf glaubte er zu erwachen, die Dame legte ihr blaues Oberkleid zu ihm und begoß sein Gesicht mit heißen Tränen. Vieles sprach sie mit ihm, was er vergaß. Doch erinnerte er sich, daß sie ihn Gottfried genannt; welchen Namen er zuvor, seitdem er zu Nürnberg war, nicht gehört hatte. Er weinte im Traume sehr, so daß am Morgen in seinem Kopfkissen ein durchnäßter Fleck zu sehen war; seine Augen waren entzündet; er erzählte den Traum mit Weinen und befand sich den ganzen Tag sehr krank und angegriffen. Das Frauenzimmer, das ihm in einem frühern Traum in einem Schlosse an sein Bett gekommen war, hatte ein anderes Gesicht als seine Mutter, das ihm unbekannt war. Die letztere erkannte er gleich beim ersten Blick.

1828.

Um die Mitte des Novembers fand ich ihn einmal mit der Zeichnung eines männlichen Kopfes beschäftigt, der einen portraitähnlichen Charakter hatte. Er sagte mir, dieses Gesicht stehe vor ihm und sehe ihn von der Seite an, so wie er es hingezeichnet habe. Als ich ihm bemerkte, daß das eine Auge nicht nach derselben Richtung wie das andere blicke, so sah er abwechselnd auf die Zeichnung und dann nach der Gegend hin, in der der Kopf vor ihm zu schweben schien, wie jemand, der ein Portrait mit dem vor ihm stehenden Originale vergleicht. Hierauf sagte er, der Kopf schiele auch wirklich, so wie er ihn gezeichnet habe. Er könnte wegen eintretender Augenschmerzen das Bild nicht vollenden und machte erst nach einiger Zeit lang und wild herabhängende Haare an denselben. Als ich nach der Farbe der Haare fragte, sagte er, er wisse sie nicht mehr, der Kopf sei verschwunden und die Haare habe er nur nach einer unbestimmten Erinnerung gemacht.

Im Frühling 1829 hatte H. folgenden Traum: Eine schöne männliche Gestalt mit weißem Gewande trat vor sein Bett und reichte ihm einen Kranz mit dem Bemerken, daß er in vierzehn Tagen sterben werde. H. sagte zurückweisend, er sei noch nicht lange auf der Welt und möge noch nicht sterben, worauf jener entgegnete, es sei um so besser, wenn er ohne lange gelebt zu haben, von der Welt scheide. Der Mann legte den Kranz auf einen Tisch. H. stand auf ihn zu nehmen, da begann dieser zu glänzen und wie er immer heller glänzte, sagte H.: ich will sterben und wachte bald nachher auf. Ich ließ ihn den Traum aufzeichnen, er schrieb folgendes:

»Am 2. April Nachts hatte ich einen Traum:

Als hätte ich würklich einen Mann gesehen, er hat ein weißes Tuch um den Leib hängent, seine Hände und Füße waren bloß und wunderschön hatte er ausgesehen. Dann reichte er mir die Hand mit etwas das einem Granz gleicht, dann sagte er ich sollte ihn nehmen, dann wollte ich ihn nehmen, dann gab er mir zur antwort in vierzehn Tagen mußt Du Sterben; weil ich nicht lange auf der Welt bin und nahm den Granz nicht, als er mir zuerst antwort gibt es ist desto besser. Dann stundt er eine Zeitlang vor mir, als ich den Granz nicht nahm ging er rückwerts gegen den Tisch; so bald er ihn auf den Tisch gelegt hatte, stundt ich auf und als ich näher kam hatte er einen herrlichen Glanz bekommen. Dann nahm ich ihn und ging auf mein Bett zu, als ich näher den Bett zukam, bekam er immer einen stärkern Glanz, dann sagte ich, ich will Sterben, dann war er fort ich wollte in das Bett hineinsteigen dan wurde ich wach.«

Der Kranz ist in der Symbolik dieses Traumes offenbar der Tod; er ist anfänglich glanzlos, d.h. er hat keine Bedeutung für Hauser, der deshalb nicht sterben will. Allein der Kranz fängt an zu leuchten und wie er immer heller und heller glänzt, erwacht Sehnsucht nach dem Tode und eine höhere Anschauung desselben in Hauser, der nun sterben will.

Im Frühling 1830 äußerte er gegen mich: »es ist mir in Dunkelheit, als hätte ich einmal gelernt.« Es sei ihm, sagte er, infolge einer traumartigen Phantasie (nach dem Erwachen noch halb im Schlafe) als sei er als ein vierzehnjähriges Kind von seinem Vater in ein unteres Zimmer des Schlosses von dem er früher geträumt, geführt und mit einem Lehrer zusammengebracht worden. Der Vater habe ihn zu lernen ermahnt weil er (Hauser) einmal an seine Stelle treten müsse und ihm mit Strafe gedroht, wenn er nachlässig sein würde.

Am 27. März kam ein Fremder zu ihm, der Erinnerungen aus seiner Kindheit durch ungarische Wörter in ihm erregte. Er sagte, daß er in der Nacht vor der Ankunft dieses Fremden denselben im Traume gesehen habe, auch erinnerte er sich um die Zeit da er die Nacht geträumt auch ungarisch im Traume geredet zu haben. (Er habe nicht gewußt, daß die Wörter ungarisch seien, sie hätten aber so gelautet, wie die ungarischen, die er wachend hörte.) Von mehreren Wörtern aus dieser Sprache auf deren Bedeutung er sich nicht besinnen konnte, sagte er, er habe sie doch schon im Traume gewußt. Auch der Mann, der ihn nach Nürnberg gebracht, habe einmal ungarische Wörter gesagt, die Hauser leicht nachgesprochen, dann habe er sie aber nicht mehr hören lassen und Hauser nur die »harten« deutschen Wörter vorgesprochen.

40. Der Mordversuch und Näheres was sich infolge desselben ereignete.

Oktober 1829.

Ahnung des Mordversuchs.

Merkwürdig ist die Ahnung, die er vor dem Mordversuch hatte und von der er nichts äußerte, bis nach dem Vorfall, weil er verlacht zu werden fürchtete. (Seiner großen Zaghaftigkeit wegen hatte man ihm zuweilen im Scherze den Namen Hasenfuß gegeben; diesen zu hören, war ihm so schrecklich, daß er aus Furcht vor demselben jede andere Furcht zu unterdrücken oder zu verbergen pflegte. Als ihn nach der Verwundung jemand besuchte, der ihm zuweilen jenen Namen gegeben hatte, fiel es ihm sogleich ein und er sagte: »Ich bin schön angekommen mit Ihrem Hasenfuß.«) Am Mittwoch vor dem Sonnabend an welchem die Tat geschah, befiel ihn des Morgens ein Angstgefühl, Drücken und Graben in der Brust. (Doch ist ungewiß, ob er diese Empfindung in der Brust gleich anfangs gehabt.) und Frostschauder mit der Vorstellung verbunden, es werde jemand kommen und ihn umbringen. Dieses Gefühl hatte er die vier Tage lang und wenn es ihn verließ, so kam es doch nach einer halben oder ganzen Stunde wieder. Am Sonnabend vormittags vor der Tat war es am stärksten. Es befiel ihn mitten auf dem Markt unter vielen Menschen ein Frostschauder und Vorstellung von Ermordung, die heute oder morgen geschehen werde, so daß er die ihn begleitende Person ohne jedoch den Grund zu nennen, antrieb, nach Hause zu gehen. Er hatte bestimmt die Vorstellung vom Erschlagenwerden (nicht z. B. vom Erstochenwerden). Die Vorstellung, daß er in seiner Wohnung ermordet werden sollte, hatte er nicht; er fühlte nur im allgemeinen Angst vor Ermordung. Bis zum Sonnabend ward es mit jedem Tage ärger. Gleich, als er am Sonnabend aufwachte, befiel es ihn mit der größten Stärke, höchst schmerzhaft sei das Graben in seiner Brust gewesen. Nicht lange vor der Tat klagte er mir (Daumer) Unwohlsein, weshalb ich ihm eine Lehrstunde erließ. Ich glaube mich zu erinnern, daß er auch sagte, es sei ihm so heiß und ich meine ihn noch vor mir stehen zu sehen, wie er dabei mit der Hand nach dem Kopfe griff oder deutete. Ich schrieb dies andern Ursachen zu; es war die mir unbekannte Ängstigung, die ihm das Blut in den Kopf trieb. Es könne sich niemand vorstellen, sagte er, wie ihm gewesen sei. Als ich fragte, ob es bis zur Tat von diesem Morgen an gleich geblieben oder gestiegen sei, antwortete er, damals habe es nicht ärger werden können. Als er den Mann den Gang vorkommen hörte (s. unten) schrak er zwar zusammen wegen damaliger Schreckhaftigkeit überhaupt, aber er hatte nicht die Vorstellung daß jetzt der Mörder nahe. Doch scheint er von diesem Moment keine frühern Erinnerungen gehabt zu haben. Er äußerte auch einmal: es sei ihm

»ganz dumm« geworden, da er den Mann habe vorschleichen hören und nicht unterscheiden können, ob es
der Tritt eines Mannes oder Weibes sei. Nicht lange vor
dem Vorfall rettete ihn ein Angstgefühl, wie das oben
beschriebene, da ihm, wie es scheint in der sog. Platanenanlage bei Nürnberg aufgelauert wurde, wovon man erst
etwas erfuhr, als er im Fieber davon sprach. Er war
ohne Erlaubnis allein dahin spazieren gegangen. Hat er
sich getäuscht, so ist eben diese Täuschung wieder zu der
Ahnung selbst zu rechnen.

Für erdichtet kann man die Erzählung dieser Ahnung
nicht wohl halten. Das von mir selbst beobachtete, von
Hauser vor dem Vorfall angegebene Unwohlsein macht
die Sache zwar unwahrscheinlich, Hausers Verschwei-
gung der Ahnung dagegen kann Zweifel erregen. Doch
verschwieg er ja auch den Vorfall in der Platanenanlage,
von dem er ganz unverständlich in Paroxysmen sprach
und deshalb zu glauben ist. Die physischen Empfindungen aber, die Hauser beschrieb, würden, wenn sie
erdichtet wären, Einsichten voraussetzen, die bei Hauser
nicht stattfinden konnten. Man kann hierbei an Heinrich IV. denken, der eine ähnliche Ahnung von seiner
bevorstehenden Ermordung gehabt haben soll. (Es ver-
steht sich, daß nur das Gefühl in Vergleichung gezogen
wird). Schiller im Wallenstein erwähnt derselben bekanntlich mit den Worten:

Es machte mir stets eigene Gedanken,
Was man vom Tod des vierten Heinrichs liest.
Der König fühlte das Gespenst des Messers
Lang' vorher in der Brust, eh' sich der **Mörder**
Ravaillac damit waffnete. Ihn floh
Die Ruh, es jagt ihn auf in seinem Louvre
Ins Freie trieb es ihn; wie Leichenfeier
Klang ihm der Gattin Krönungsfest, er hörte
Im ahnungsvollen Ohr der Füße Tritt,
Die durch die Gassen von Paris ihn suchten. —

Er war unruhig, aß wenig, sprach abgebrochen und zu
Sully sagte er: Ich weiß nicht, was das ist, aber mein
Herz weissagt mir Unglück. Bei Gott, ich werde in dieser

Stadt sterben, ich werde nicht herauskommen, sie werden mich ermorden.

Wenn er [Hauser] im Zimmer allein war, sagte er, sei ihm gewesen, als sei ein Mann darin; auf der Straße, als gehe ihm ein Mann nach, weshalb er sich auch umgesehen habe.

Sein Toben in den Paroxysmen kam meist daher, daß er den Mann mit dem schwarzen Gesicht auf sich zukommen zu sehen glaubte, was aus den abgebrochenen Worten, die er sprach hervorging. Auch nachher, da die Paroxysmen aufgehört hatten, war ihm öfters, als sehe er das schwarze Gesicht vor sich, wobei er aber ruhig blieb. Dasselbe Bild kam ihm im Schlafe vor und schreckte ihn lange Zeit aus jedem Schlummer auf.

In der Nacht den 2. Nov. träumte ihm, er sei auf dem Abtritt, da höre er wieder die Holzkammer öffnen und den Mörder vorschleichen. Er aber hatte eine Pistole bereit und schoß ihn, als er herankam, in das Bein. Er fiel, Hauser rief die Leute herbei, aber der gefallene Mörder zog einen Dolch hervor und stieß nach Hauser. Darüber fuhr er schreiend im Bette auf, da ihn dann die Wärter faßten und durch Anrufen zu sich selbst brachten.

Während sich Hauser in besinnungslosem Zustande befand, schickte mir der Arzt ein mit Akonitverdünnung befeuchtetes Streukügelchen, um Hauser daran riechen zu lassen. Ich nahm von dem Gläschen, in welchem das Kügelchen lag, den Stöpsel, setzte nur einen Augenblick lang einen neuen reinen Stöpsel darauf und hielt ihn sodann gegen Hausers Nase. Sogleich fuhr er auf, tobte sehr und die Anfälle wiederholten sich schnell nacheinander mit Ungestüm. Dabei stieß er Worte aus, die zeigten, er habe ein Bewußtsein davon, daß etwas mit ihm geschehen sei, z.B.: »Stinkt, stinkt — warum mir so garstige Sachen geben?« (Er sprach in den Delirien in der abgebrochenen und mangelhaften Weise früherer Zeit, indem er die Sätze mit Infinitiven bildete, z.B.: »Warum Du mich schlagen« statt: Warum schlägst Du mich oder warum hast Du mich geschlagen. Auch sprach er wieder in seinem früheren Dialekt, z. B. »Julli weck! nit alles zammareißen« (Er meinte einen Knaben namens Julius, der ihm einst öfters seine Spielsachen zerstört hatte). Dagegen sprach er nach Rückkehr der Besinnung ungewöhnlich rein und gut, (s. unten) Dann rief er nach mir, daß ich helfen und abwehren solle. In ungefähr zehn Minuten verminderten sich jedoch die Anfälle und er wurde so ruhig, daß die Wärter in ihrer Aufmerksamkeit nachließen und glaubten, es würde nichts mehr geschehen. Auf einmal aber brach er los und riß sich den Verband herab. Man hatte früher einen Umschlag mit Leim gemacht und wahrscheinlich war der hartgewordene Leim, der auf der empfindlichen Stelle einen großen Reiz verursachen mußte und so die Heilwirkung der Arznei vernichtete, die Ursache des neuen Ausbruchs. Ein wiederholter Versuch mit Riechenlassen wurde nicht gemacht. Als das Bewußtsein zurückkehrte, verlangte er nach mir und erzählte in der reinsten Aussprache, gewählten, oft fast poetischen Ausdrücken, zusammenhängend und periodisch, wie er nie zuvor getan (zuvor hatte er sich den bair. Volksdialekt nie ganz abgewöhnen lassen) das Vorgefallene, indem er scharfsinnige Vermutungen u. Erklärungen untermischte. Er war in einem erhöhten Zustande, den mit mir auch Herr Dr. Osterhausen beobachtete. Auch fand sich daß er gegen Metall, Glas und Lebendiges wieder so empfindlich war, wie früher. Noch im Zustand der Sinnlosigkeit schauderte er zurück, als ich einen silbernen Löffel, mit dem ich ihm Wasser geben wollte, dem Munde näherte; aus der Schale aber trank er mit solcher Wut daß er ein Stück davon abbiß und zum Teil verschluckte. Er war schon auf dem Weg zu sich zu kommen und erkannte einen Eintretenden; da dieser aber parfümiert war, fühlte er großes Unwohlsein davon, daß er sich nachher noch erinnerte und verfiel wieder in tobendes Phantasieren. Da er mir später klagte, daß er große Schmerzen habe, und seine Finger so aufgeschwollen seien, und ich, die Ursache vermutend, ihm die Ringe wiewohl mit Mühe von den Fingern zog, verschwanden jene Beschwerden. Als er noch nicht lange zu sich gekommen war und der Arzt, den Mesmerismus anwendend mit den Händen die Brust herunterzustreichen anfing bewog ich ihn zwar sogleich von seinem Vorhaben abzustehen, dennoch klagte der Kranke sogleich über Vermehrung der Schmerzen, und hatte bald wieder einen Paroxysmus. Bald bot sich mir jedoch zufällig eine Gelegenheit dann den Mesmerismus mit großem Nutzen in Anwendung zu bringen, indem ich unter den zu Wärtern und Wächtern bestellten Männern einen fand, der allem Anschein nach *rein* (sowohl kapsorisch als unvenerisch) gesund und sehr robust, dabei wohlwollend gegen Hauser gesinnt, mir hierzu als vollkommen tauglich erschien.

Ich ließ ihn die Hände auf die mit einem dicken wollenen Wams bekleideten Arme legen, worauf Linderung der Schmerzen und allgemeines Wohlseinsgefühl erfolgte. Das zweite Auflegen hatte Einschläferung und den ersten erquickenden Schlummer zur Folge, den folgenden Abend, 20. Okt., als sich der Mann, der ihm auf mein Ansuchen jetzt beständig beigegeben wurde, wieder einfand, machte ein kurzes Auflegen, daß er urinieren konnte, was er sonst bei vielem Trinken zu seiner Beschwerde nicht sobald vermochte, bald darauf fiel er, wie den vorigen Tag in einen kurzen erquickenden Schlummer, worauf ihm nun um recht vieles besser war. Der nachher erfolgende Nachtschlaf war gleichfalls sehr gut und lang. Auf der bloßen Hand konnte er des Mannes Hand nicht leiden, auch nicht auf der bekleideten Brust, die jetzt der schmerzlichste Teil des Körpers war, die Auflegung auf den unteren Teil der Arme aber zog nach seiner Aussage die Schmerzen von der Brust hinweg, eine später öfters vorkommende Erscheinung.

Die Wirkung äußerte sich bei Auflegen der Hände sobald dadurch Wärme entstand. Als der Mann mit der Hand einmal ein wenig herabrückte, fing Hausers Hand zu zittern an, es entstand Kopfschmerz. Ein erneutes ruhiges Auflegen ließ beides fast zugleich verschwinden. Auch dieses Auflegen jedoch durfte nicht lange und nur nach Wunsch des Kranken geschehen, wenn es ihm wohltätig sein sollte. Verschwinden der Müdigkeit, leichteres Urinieren, Schlaf und Linderung der Schmerzen war fortwährend die Folge dieses Auflegens. Vorzüglich wohltätig war es ihm, dem Mann in die Augen zu schauen, was er oft sehr lange tat. Schon ein kurzes Anblicken verminderte die Lichtscheue der Augen. Am empfindlichsten war er wieder gegen mich. Wenn er mich ansah taten ihm die Augen weh; wenn ich mich ihm stark näherte, z. B. mich seinem Ohre, um ihm etwas zu sagen, zuneigte, bekam er Frost. Eine Person die eine Zeitlang an seinem Bett stand, empfand er sehr übel und er bekam dadurch Aufstoßen, mit Heraufkommen bitteren Wassers aus dem Magen. Von einer Katze empfand er Ziehen, dann unangenehmes Abstoßen. Als er in einen Spiegel schaute, empfand er in der Wunde und in den Augen ein starkes Ziehen zum Spiegel hin; es war ihm, als stürze Blut aus der Wunde und im Körper fühlte er Frost. (Das Quecksilber des Spiegels bewirkte dies.)

Vom Professor Wurm
nach Hausers Angabe niedergeschrieben.

Von den Stellen an denen er die meiste Mattigkeit empfand, von den Gelenken zog es wie Wassertropfen sich nach denjenigen, die der Magnetiseur berührte; ließ dieser seine Hand längere Zeit auf derselben Stelle, so bemerkte er eine einem Stoße ähnliche Empfindung und Hauser eine Erleichterung seiner durch alle Glieder u. Gelenke verbreiteten Mattigkeit. Ließ er seine Hand noch etwas länger auf derselben Stelle, so bekam Hauser wieder einen Gegenstoß den er stark fühlte und jene Schmerzen und Müdigkeit strömten alle wieder in den Körper durch dieselben Glieder und Gelenke aus denen sie kamen und ebenso zurück, wie sie ausgingen. Dasselbe geschah auch, wenn der Magnetiseur und Kaspar mit gegen einander gerichteten Augen sich anblickten.

Kaspar fühlte nach einigen Minuten einen Stoß, der wie ein Gold- oder Lichtfunke im Auge blitzte; sah er ihn noch länger an, so bekam er den Gegenstoß, der ihn aber so unangenehm afficierte, als jener ihm wohltuend war. Blickte er den Magnetiseur an, ohne daß derselbe ihm in die Augen sah, so hatte er angenehme Empfindungen und Erleichterung in den Gliedern und so lange er dies fortsetzte. Wenn andere Personen ihm in die Augen sahen und er entzog sich, so fiel es von seinen herab wie Goldstückchen oder Funken, und veranlaßte ihm ein unangenehmes Gefühl.

Nach Rückkehr des vollen Bewußtseins äußerte er unter andern, es liege ihm eine Gegend im Sinn, aus der er hergebracht worden sei, aber er könne darüber nicht ins Klare kommen. Von dieser Äußerung wußte er später nichts mehr.

Nach seiner Verwundung und der Rückkehr des Bewußtseins nach den Delirien hatten seine Augen wieder einen eigentümlichen Glanz und Ausdruck, wie sie ihn früher vor der Gewöhnung an Fleischkost gehabt hatten; das Fleischessen schien jetzt seiner geistigen Verfassung keinen Eintrag mehr zu tun, es war nun Gewohnheit und Verlangen der Natur.

Nach der Verwundung hatte Hauser noch Krankheitsbeschwerden, die vor derselben vorhanden gewesen. Ungefähr 14 Tage nachher hörten diese fast alle auf, was ich dem Moschus zuschreiben möchte, der hier vielleicht als homöopatische Arzenei wirkte und nach mehrtägigen Verschlimmerungen in wohltätige Nachwirkung überging.

(Die Wirkung des magnetisierten Wassers milderte vielleicht den Moschus soweit, daß er in Nachwirkung übergehen konnte.)

In der 5ten Woche nach der Verwundung, nachdem zwar andere starke Einwirkungen dazwischen getreten waren und den Moschus wohl gänzlich ausgelöscht hatten, verschwanden alle krankhaften Gefühle; nur noch über Augenschwäche hatte er zu klagen.

Als ihn der Arzt einmal ober und unter der Wunde mit den angesetzten Fingern etwas stark drückte, bekam er an den vier Stellen, wo die Finger anlagen, schmerzliche Geschwülste.

Beim Pulsfühlen des Arztes bekam er zunächst Kälte, beim dritten Pulsschlag fühlte er einen starken Stoß und Schmerzen in allen Gliedern von der Stelle des Pulses ausgehend. Dies war öfters, so oft ihm der Puls gefühlt wurde, empfunden. Nachher ließ er sich daher immer von dem Magnetiseur die Hände auflegen, wodurch die Schmerzen vergingen.

In den ersten Tagen nach Rückkehr des Bewußtseins genoß er bloß Bratenbrühe und allmählich auch gebratenes Fleisch. Dann genoß er einige Wochen lang zum Frühstück Gesundheits-Chokolade und übrigens Braten. Dies ist in Beziehung auf seinen früheren so großen Abscheu vor Fleischkost, zumal vor Braten, bemerkenswert.

Auch von andern Menschen bekam er Frost, doch von mir am meisten. Von mir bekam er auf 3 bis 4 Schritte weit Frost, von andern auf 1 bis 2 Schritte weit.

1829.

Seit seiner Verwundung hatte er am 22. Okt. noch keine Öffnung gehabt. Um diese zu bewirken, machte ich einen Versuch mit magnetischem Wasser. Wasser auf gewöhnliche Weise magnetisieren und ihn trinken zu lassen, war nicht zu wagen; ich durfte zur Probe nur ganz behutsam anfangen. Ich ließ den erwähnten Mann die Hand ein paar Augenblicke lang über eine mit Wasser gefüllte Tasse halten und Hauser an diesem Wasser riechen. Er rieche nichts, sagte er, darauf ließ ich des Mannes Hand über dem Wasser ein wenig zurückstreichen, da er hierauf ein paarmal gerochen hatte, sagte er, das sei sonderbar, er rieche nichts und doch werde ihm im Kopf besser. (Er war nämlich gewohnt bei Arzneien einen bestimmten Geruch zu haben. Hier roch er dreimal. Gleich beim erstenmal des Riechens ward ihm im Kopfe leichter und es war ihm, als ziehe sich etwas den Kopf herab bis zum Magen, wo eine drehende Empfindung begann. Bei jeder Wiederholung des Riechens wurden diese Empfindungen stärker. Nach der Öffnung mehrmaliges Aufstoßen. Auch nach der zweiten Öffnung am folgenden Tag Aufstoßen, was fast nie der Fall war.) Zugleich fing er an in seinem Leibe eine Bewegung zu spüren. Er bekam eine Begierde, das wohltuende Wasser zu trinken, was ich nicht zuließ. Ich goß so daß er es zufällig nicht bemerkte, die Tasse bevor ich aus dem Zimmer ging, aus und füllte sie mit frischem Wasser, damit kein Mißbrauch damit geschehen könne. Als ich hinausgegangen trank er die Tasse aus und verwunderte sich, keine weitere Wirkung darauf zu verspüren. In etwa einer Viertelstunde kam abends reichliche Öffnung doch mit schmerzlicher Anstrengung, eine nochmalige in den ersten Nachmittagsstunden des folgenden Tages. Ich hatte ihm nicht gesagt, daß ich durch jenes Wasser Öffnung bewirken wollte, er aber hatte das bestimmte Gefühl, daß dies die Ursache derselben gewesen sei. Das Befinden wurde nachher verhältnismäßig außer ordentlich gut, er verließ ein paarmal auf kurze Zeit das Bett und versuchte frei zu gehen. Die Brust ward freier, die Empfindlichkeit nahm sehr ab. Am 23. Okt. konnte er auf seiner bloßen Hand die jenes Mannes eine kleine Zeit lang mit bestem Erfolg leiden.

Von nicht weniger leiböffnender Folge war es später einmal, als ich ein kleines Gläschen mit frischem Wasser füllte und jenen Mann dasselbe etwa eine Minute lang in der Hand halten ließ. Auf einmaliges Riechen stieg ihm die Wirkung in den Kopf, dann senkte sie sich herab, es entstand eine Bewegung im Unterleib und in ein paar Minuten erfolgte Stuhlgang (18. Novbr.) Als ich einmal ein solches mit Wasser gefülltes Gläschen von dem Manne hatte halten und nur mit Kork verschlossen im Zimmer hatte stehen lassen, um gelegentlich zu sehen, ob es nach der Hand noch eine Wirkung äußere, nahm Hauser, dem das Riechen wohltat, das Gläschen, das schon mehrere Stunden gestanden, mir selbst aus der Hand, und hielt es sich geöffnet an die Nase; die Erstwirkung war dieselbe, aber es erfolgte nun eine verschlimmernde Nachwirkung. Es wirkte als ein enantiopatisches Mittel, das wohl ein und das anderemal gut sein konnte, eine nicht im gewöhnlichen Gleise des chronischen Siechtums liegende Stockung zu heben, aber auf andere Weise gebraucht, schadete. Die erste Wirkung war Hausern wohltuend, wie ein Potenziermittel, daher die Lust dazu; sie steige ihm wie die des Weingeruchs in den Kopf, sagte er, aber letztere sei gleich vorüber und bringe keine Bewegung im Leibe hervor.

Sowohl im Kopfe als im Unterleibe sei ihm die Wirkung jenes Wassers äußerst wohltuend, er wisse garnicht, was ihm wohler tue.

Am 6. Okt. glaubte er sich durch langes Ansehen des Magnetiseurs Öffnung bewirkt zu haben.

Am 7. Okt. blieb er ganz außer dem Bette und war heiter und gesprächig.

Wenn ich lange im Zimmer verweilte, wurde das unangenehme Gefühl, das ich erregte schlimmer. Wenn ich hinausgegangen war, verging ohne Magnetiseur das Unwohlsein nur langsam, wenn er aber jenen anblickte, schnell.

Wenn ich einige Schritte ins Zimmer hineingegangen fühlte er Frost, dann kam Beengtheit und Schwere in den Gliedern und in der Stirne.

Von einem andern Wärter, dem deshalb nebst jenem ausschließlich die Wache und Wartung übergeben wurde, fühlte er nichts Übles, auch konnte er doch in weit geringerem Grade wohltätig auf ihn wirken. Außerdem fand sich noch eine Person, deren Berührung und Nähe ihm wohltätig war. Auch jener zweite Wärter fühlte wie der erste bei Berührung nach einiger Zeit einen Stoß. Der erste war 68 Jahre alt, der andere ein schon etwas bejahrter Mann, weshalb wahrscheinlich die Wirkung schwächer war.

Mehrere Wochen nach der Verwundung hatte er gerade um die Zeit wo sie geschah 5 Minuten auf 11 Uhr ein von unten den Körper herauf in den Kopf steigendes Gefühl von Hitze, dann kam Kopfweh und ein bohrendes Gefühl in den Schläfen. Ein über die Wunde herablaufende Ader war ganz aufgeschwollen. Am 18. Novbr. kam dies Gefühl auch abends, dauerte aber nur eine Viertelstunde, da es hingegen vormittags bis nach 12 Uhr währte. Am andern Tag blieb es auch vormittags aus und kam auch nachher nicht wieder.

Seit seiner Verwundung hatte er öfters Anfälle folgender Art:

Es war ihm, als fielen Goldstückchen von oben herab, er fühlte Blutwallung und die Augen brannten ihn nachher eine Viertelstunde lang. So war es, als er mir es am 17. Nov. sagte. Eine kurze Berührung von der Hand jenes Mannes reichte hin, um die schmerzhaften Empfindungen sogleich zu mindern und in Kürze verschwinden zu machen. Dann aber tränten ihm auch die Augen, was bei der Berührung sogleich aufhörte. Es ziehe ihm alles von den Augen auf die berührte Stelle weg, äußerte er. Der gefühlte Zug ging von den Augen die beiden Wangen herab, dann beugte die Linie, die rechts herabging, links hin und vereinigte sich im Übergang zur linken Schulter mit der andern, die sodann den linken Arm herunter bis auf die berührte Stelle ging; denn auf das Gelenk der linken Hand hatte der Mann seine Hand aufgelegt. Jene Erscheinung war frühe des Tages vier oder fünfmal, am vorletzten Tag dreimal gekommen, seit jenem Handauflegen kam sie nicht wieder.

Am 5. Novbr. ging er zum erstenmal aus.

41. Zur Geschichte und Untersuchung.

Die Aussage einer Sonnambüle, die unter vielem Falschen, das sie angegeben, doch auch einiges Wahres geschaut haben kann, reizte mich, Hauser über einiges näher auszufragen. Es ergab sich Folgendes:

1.) In seinem Käfig, sagte er, habe er öfter schlechtes Wasser bekommen, worauf er eingeschlafen sei. Sei er aus diesem Schlaf erwacht, so habe er wieder gutes Wasser gehabt, was aber nicht gelangt habe, so daß er habe Durst leiden müssen. Ohne Zweifel war ein schlaf-machendes Mittel unter das Wasser getan worden, durch welches auch nach dem Schlaf ein krankhaft vermehrter Durst entstand, der verursachte, daß seine gewöhnliche Portion Wasser ihm nicht genügte.

2.) Eh er aus seinem Gefängnis gebracht worden, sei ihm ein Wasser aufgedrungen worden, welches schlechter als je gewesen. Auf dem Rücken des Mannes der ihn herausgetragen, sei er sodann eingeschlafen. Im Hause eines Apothekers habe er einmal etwas Ähnliches gerochen als das schlechte Wasser. Offenbar war damals der Schlaftrunk stärker als je bereitet worden, um ihn in eine lange Betäubung zu versetzen. Auch sein vieles Trinken nach dem Erwachen aus dieser Betäubung erklärt sich daraus.

3.) Als er auf dem Wege das erstemal erwacht sei, habe er einen abscheulichen Geruch in der Nase gehabt. Auf die Frage: ob etwa wie vom Abtritte oder wie vom Kirchhof oder wie sonst, sagte er; wie von toten Tieren. (Die Sonnambüle gab an, er sei bei einer Fallmeisterei herausgebracht worden.) Später sagte er, es habe nicht ganz so gerochen, wie von einer toten Maus oder einem toten Hunde, sondern die meiste Ähnlichkeit habe der Geruch mit einem Tierknochen gehabt, den er einmal auf einem Spaziergange im Vorbeigehen gerochen und der ihn sehr widerlich afficiert habe. Wenn Hauser von einem starken Geruch afficiert wird, so hat er diesen auch nach Entfernung des riechenden Gegenstandes noch lange in der Nase, daher man nicht annehmen muß, er habe sich bei seinem Erwachen noch in der Fallmeisterei befunden. Vielleicht ist er schlafend auf dem Schinderkarren fortgeschafft worden, welche Art des Transportes die verdachtloseste und sicherste war, und er konnte um so eher den Geruch nach einer vielstündigen Fahrt noch in der Nase haben.

1828.

Zufällig entdeckte Hauser vor einiger Zeit die Art des Brots, welche er in seinem Gefängnis täglich bekam. Das, welches er sah und kostete, war nach seiner Aussage in Farbe, Geruch und Geschmack in nichts von jenem unterschieden.

Es ist feines Roggenbrot sogenannter Vierlauf vom Roggen, von der Art, wie es auf dem Lande meines Wissens als Fest-, Hochzeits- oder Herrschaftsbrot gebacken wird. Gemeines Bauernbrot welches er auch ganz und gar nicht leiden und vertragen kann, bekam er also während seiner Einkerkerung nicht.

Als Hauser in Nürnberg zuerst mit Menschen in Berührung kam, sagte er wahrscheinlich öfters Worte nach, die diese sprachen, wie er den Mann, der ihn nach Nürnberg gebracht, nachgesprochen hatte. Daraus läßt sich manche sonst unglaubliche Aussage erklären. Wenn z. B. der Mann, der ihn fand, vom neuen Tor zu ihm sprach, mochte Hauser diese Worte nachsprechen; der Mann konnte glauben, Hauser frage, ob dies etwa ein neugebautes Tor sei und in seiner Einbildung stand nachher unerschütterlich fest, Hauser habe gefragt, ob dies Tor etwa deswegen so heiße, weil es neugebaut sei.

Wenn Hauser auf die Frage, woher er komme, keine Antwort gab, auf die Frage aber, ob vielleicht von Regensburg, dies Wort nachsprach, so stand nachher fest, daß Hauser von Regensburg gekommen zu sein geäußert habe, obgleich für diesen alle diese Worte nur sinnlose Laute waren.

Hauser scheint, nachdem er nachts aus seinem Gefängnis fortgebracht worden war, den Weg nach Nürnberg an einem einzigen Tage gemacht zu haben. Er sagt aus, daß er auf dem Wege nie Stuhlgang gehabt, noch Wasser gelassen. Noch an dem Tage, der auf seine Herreise folgte, hatte er keine Öffnung (in seinem Käfig hatte sie sich täglich und regelmäßig eingestellt) nur Urinabgang hatte er an diesem Tage. Wäre die frühere Angabe richtig, daß er drei Tage lang auf dem Wege gewesen, so müßte er demnach 3 Tage lang kein Wasser gelassen und vier Tage lang keine Öffnung gehabt haben. Zu essen bekam er auf dem Wege nur zweimal, öfters jedoch zu trinken. Dies zusammen deutet auf eine bloß eintägige Reise. Darin aber, daß Hauser früher selbst glaubte, es sei auf dem Wege zweimal Nacht und wieder Tag geworden hatte er sich selbst getäuscht. Der Fall des Dunkelwerdens trat zweimal ein bei äußerster Ermattung und Erschöpfung, das zweitemal wurde es dunkler als das erstemal, doch nicht so dunkel, wie es in der Nacht zu sein pflegt. Es kam aber auch zu Nürnberg ein paarmal vor, daß Hauser im krankhaften Zustand bei Tag glaubte, es werde Nacht, weil ihn eine plötzliche Augenschwäche befiel und er hält es jetzt selbst für wahrscheinlich, daß auch das Dunkelwerden auf dem Wege von dieser Art gewesen sei.

Der Mann, der ihn verpflegte, war nicht öfter als zweimal in seinen Käfig gekommen, um ihn zu belehren.

Eingeheizt wurde dem Hauser wohl nicht, da er weder überhaupt noch in Beziehung auf einen besondern Ort, einen Unterschied der Temperatur verspürte. Das Wort Einkenten wurde ihm von dem Manne angelehrt offenbar um zu täuschen. Daß man glaubte, es sei ein runder bienenkorbförmiger Ofen in seinem Gefängnis gewesen ist ein Mißverstand. Hauser wollte sagen, die Decke seines Gefängnisses sei gewölbt gewesen und zeigte dies mit der Hand am Boden und an der untern Wand des Zimmers, in dem er sich befand. Dies gab auf eine sehr begreifliche Weise zu jener Annahme Veranlassung, daß er jetzt, da er sich mündlich besser auszudrücken weiß, bestimmt widerspricht.

Ein Freund von mir brachte in gelegentlicher Unterhaltung und durch zweckdienliche Befragung folgendes heraus:

Hauser war in seinem Gefängnis hinten am Boden festgebunden, so daß er sich nicht ganz auf die Seite legen, noch mit dem Oberleib, wenn er saß, vorbeugen, sondern nur eben aufsitzen und zu dem gleich an seiner Seite befindlichen Nachttopf sich hinbewegen konnte. In den Hosen, die er anhatte, war hinten eine Öffnung gemacht, durch welche er, ohne die Hosen abzuziehen, seine Notdurft verrichten konnte.

Das Gefängnis, in welchem er sich befand, war ein Keller oder ein kleines kellerartiges Gewölbe. Ich führte ihn in einen kleinen Hauskeller und er sagte: Wölbung und die in ihr befindlichen Fenster seines Gefängnisses seien so gewesen wie hier, nur sei sein Aufenthalt noch kleiner und dunkler gewesen. Indem ich auf dieser Spur weiter nachfragte, erwachte in ihm die bestimmtere Erinnerung, daß er, nachdem er aus seinem Gefängnis herausgekommen, zuerst einen kleinen Berg, wie er sich ausdrückte, dann einen großen hinaufgetragen worden sei. Auf dem ersten Berg habe ihn der Gang des Mannes stärker gestoßen, als auf dem zweiten. Die Luft sei ihm nicht so kalt vorgekommen, als auf dem zweiten. Ersterer sei gleich vorüber gewesen und er sei vor ihm nicht wieder herabwärts getragen worden, wie von dem zweiten. Den Weg habe er von dem ersten nicht gesehen, weil sein Gesicht auf dem Rücken des Mannes gelegen, auf dem zweiten sei er ihm grün erschienen. Auf beiden Seiten des Weges, als er den ersten Berg hinaufgetragen worden, sei er wie an Wänden angestreift. Alles dies gibt zu erkennen, daß der erste Berg eine kleine schmale Treppe gewesen.

1830.

Geimpft ist Hauser nicht. Gleich anfangs behaupteten dies 2 Ärzte (Medizinalrat v. Hoven und Dr. Osterhausen). Auch Dr. Preu nimmt jetzt seine Behauptung zurück. Wollte man aber wagen, ihn in seiner gegenwärtigen krankhaften Verfassung zu impfen, so würde dies ohne Zweifel sehr schlimme Folgen, wahrscheinlich den Tod nach sich ziehen. Daß selbst gesunde Kinder von gewöhnlicher Beschaffenheit nachdem sie geimpft worden, zu kränkeln anfangen und fortfahren, ist eine nicht selten vorkommende Erfahrung.

Im Frühling 1830 ließ Dr. Preu Hauser in seinem Hause an Opium riechen. Hauser sagte, dies sei der Geruch des Wassers in seinem Käfig gewesen, wenn es ihm schlecht vorkam. Er wurde auf das Riechen schläfrig, schlief über 2 Stunden, hatte nach dem Erwachen Durst, trank ein paar Gläser Wasser und mußte, als er nach Hause gekommen, noch mehr nachtrinken.

So lange er eingesperrt war, hat er, so weit er sich erinnerte, nie ein Ungeziefer z. B. eine Laus oder einen Floh gesehen, oder an sich verspürt. —

———————————

Johannes Mayer
Entstehung und Überlieferung
der Daumerschen Aufzeichnungen

Über die inneren Beweggründe einer Hinterlassenschaft und über die äußere Veranlassung, sie in Buchform erscheinen zu lassen, sind wir selten unterrichtet.

Im vorliegenden Fall konnte für eine Klärung der Genesis nach über 160 Jahren bisher unveröffentlichte Korrespondenz zwischen Georg Friedrich Daumer, Anselm von Feuerbach, Gottlieb von Tucher, Philip Henry Lord Stanhope, aber auch anderen Zeitgenossen zugrunde gelegt werden. Sie beleuchtet sowohl den historischen Zusammenhang als auch den nicht ganz einfachen Prozeß, der letztlich zu zwei der bedeutendsten Werke der frühen Kaspar-Hauser-Literatur geführt hat. Es handelt sich um Feuerbachs klassische Schrift *Beispiel eines Verbrechens am Seelenleben des Menschen* und Daumers *Mitteilungen über Kaspar Hauser*. Beide erschienen sie im Januar 1832, und beide gehen sie auf die Materialien Daumers zurück, die hier erstmals vollständig vorgestellt werden.

1. Der »Augenblick« — Die Zeit und die Folgen

»Die Tat ist geschehen« und »manches ist bei dieser noch nie erhörten Begebenheit ein Rätsel«, schreibt im September 1828[1] Feuerbach an Elise von der Recke, die alte

---

1) *Anselm Ritter von Feuerbachs Leben und Wirken aus seinen ungedruckten Briefen und Tagebüchern, Vorträgen und* *Denkschriften,* veröffentlicht von seinem Sohne Ludwig Feuerbach. Bd. 2. Leipzig 1852.

Freundin aus Karlsbader Tagen. Daß er ihr in diesem, aber auch anderen Briefen Gedanken und Ansichten anvertraute wie kaum einem anderen Menschen seines weitreichenden Umkreises, hing mit dem kontemplativen Charakter dieser Beziehung zusammen, die schon zu Beginn des Jahres 1815 das selten zugelassene »Du« und ein bezeichnendes »Mutter Elise« erlaubt.

Am 26. Mai 1828 war Kaspar Hauser in Nürnberg erschienen und nach ersten Verhören zur weiteren Beobachtung in polizeilichen Gewahrsam übergeben worden. Im Turm Luginsland, dem Gefängnis der Nürnberger, sieht Feuerbach ihn am 11. Juni — 46 Tage nach seinem Auftreten — zum ersten Mal und ist betroffen und fasziniert zugleich von diesem Menschen, »wie ihn die Welt noch nicht gesehen«.

Für die »Daumerschen Notizen« ist dieses Erlebnis die begründende Voraussetzung. Damals schreibt Feuerbach an Elise: »Er [Kaspar] konnte, als man ihn zuerst in Nürnberg traf, nur wenige Worte sprechen und hatte von den alltäglichsten Erscheinungen der Natur nicht die allermindeste Vorstellung, wie er denn z.B. in die Flamme der Lichter griff, die Nähe oder Entfernung der Gegenstände nicht zu unterscheiden wußte, Belebtes und Unbelebtes miteinander verwechselte, vielmehr diesen Unterschied ebensowenig als die Verschiedenheit der Geschlechter kannte usw. Nur mit großer Mühe konnte er vor sich hintappen, und zwar die Hände, aber die Finger einzeln höchst unbehülflich gebrauchen.«[2] Im weiteren Verlauf des langen, inhaltsreichen Briefes kommt Feuerbach dann zu jenem Beobachtungsresultat, das in den folgenden Tagen einen bestimmten Entschluß reifen lassen wird. Zunächst schildert er Elise von der Recke noch das Phänomen dieser bemerkenswerten Existenz: »Kaspar ist übrigens ein Mensch von den herrlichsten Naturanlagen, begabt mit der schnellsten Fassungskraft und einem bewunderungswürdigen Gedächtnisse. Seinen Durst nach Wissen, um alles das nachzuholen, ›wovon ihm der, bei dem er gewesen‹, nichts gesagt, äußert er immer auf eine wahrhaft rührende Weise. Was

2) Ebenda.

er nur immer sieht, davon will er die Erklärung, und hängt diese von Begriffen ab, die ihm noch fremd sind, so sagt er traurig: ›Auch das noch lernen! Auch davon hat der, bei dem ich gewesen, mir nichts gesagt.‹ Seine Fortschritte sind außerordentlich; wozu andere Monate oder Jahre brauchen, lernt er in Tagen. Gegenwärtig ist er schon so weit, daß kaum noch interessante psychologische Betrachtungen an ihm zu machen sind.«

Alle Freude am Erreichten steht in diesem Satz übergangslos neben dem Gewahrwerden des Versäumten. Das Bedauern über die schwindenden Beobachtungsmöglichkeiten, über die vertane Chance der ersten Stunde, weckt nun das Verlangen nach Zeugnis und Beleg für jene Zeit. Auch der Kriminalist und Richter in ihm fordert das. Bis in sein hohes Alter bleibt Feuerbach dem Leitgedanken seines Lebens treu, den er aus Anlaß seiner Promotion formulierte. In deutscher Übersetzung lautet er: »Dich also, der Wahrheit, dich, der wahrhaftigen Gerechtigkeit Bild, dich will ich lieben, dir nachgehen, dir immer auf dem Fuße folgen. Du mögest den Irrenden führen, du mir in Zweifeln die Hand, im Streit der Meinungen Vertrauen, zur Überwindung von Hindernissen Standhaftigkeit, in Sorgen Trost gewähren. Dich will ich lieben, dir folgen, dir weihe ich mich und mein Leben! Ihr, die ihr zugegen seid, meine Zuhörer, und ihr, die ersten unter meinen Freunden, legt ihr Zeugnis ab für dieses mein Versprechen!« Gustav Radbruch, sein Biograph (s. Anm. 12) kommentiert diesen emphatischen Ausruf mit den Worten: »Selten ist ein Gelübde so unverbrüchlich wie dieses ein Leben hindurch gehalten worden.«

Schon in diesem ersten Brief an Elise von der Recke gibt Feuerbach einen Hinweis auf sein Vorhaben: »Von der äußersten Wichtigkeit wäre es, wenn man von Anfang an ein umständliches Tagebuch über die vielen psychologischen und physiologischen Erscheinungen an Kaspar geführt hätte. Aber das fiel den Nürnberger Philistern nicht ein, ich selbst habe erst die Veranlassung gegeben, daß die Bruchstücke jener merkwürdigen Erfahrungen nachträglich gesammelt werden.«

In einem folgenden Schreiben vom 13. Oktober 1828[3], ebenfalls an die Freundin, findet sich eine Variation des Gesagten, allerdings mit dem Zusatz, daß nun Entsprechendes veranlaßt sei. Feuerbach geht es aus gutem Grund um die ersten sechs Wochen nach Hausers Erscheinen, in denen die Empfindungen und Mängel des Findlings, von allen denkbaren Beeinflussungen ungetrübt, am lautersten zutage getreten waren. »Kaspar wurde in der ersten Zeit zwar von vielen Neugierigen gesehen, von manchen auch beobachtet, aber entweder nicht zusammenhängend oder nicht mit gehörigem Blick. Ein Tagebuch wurde gar nicht über ihn geführt; ich zuerst schlug Lärm darüber, daß man zu Nürnberg diese Erscheinung mit so brutaler Gleichgültigkeit behandle; dann war es aber größtenteils schon zu spät wegen des raschen Ganges der geistigen Entwicklung dieses Menschen. Das einzige, was ich noch erwirken konnte, war, daß ich einzelne veranlaßte, dasjenige, was sie entweder selbst noch in ihrem Gedächtnisse hatten oder von anderen glaubwürdigen Männern erfuhren, niederzuschreiben.«

Da ist zuerst an Daumer zu denken.

Kaspar war am 18. Juli in das Haus des 28jährigen Gymnasialprofessors übergesiedelt, der ihn schon etwa seit dem 25. Juni kannte. Den Tag, an dem er begonnen hatte, Hauser auf dem Turm Luginsland zu unterrichten, konnte er später nicht mehr genau angeben.

Daumer ist somit *der* unbefangene Kronzeuge für das Phänomen *in situ* wie sonst niemand in Nürnberg. Nur er ist über längere Zeit täglich mit Hauser befaßt; durch Rede und Antwort orientiert, wie dessen Entwicklungsstand tatsächlich beschaffen ist. Zudem war diese früheste Zeit noch unbelastet vom Streit der Meinungen und Verdächtigungen, der bald danach die Gemüter erfaßte. Aber auch andere, wie etwa der Gefängniswärter Andreas Hiltel, Beobachter der ersten Stunden, Stadtgerichtsarzt und Gutachter Paul Siegmund Preu und Bürgermeister Jakob Friedrich Binder, der die erste

3) Ebenda.

Vernehmung festgehalten hat, werden einbezogen. Daß Deutung und Interpretation die Niederschrift, besonders die Daumers, beeinflussen könnten, ahnte Feuerbach aber schon zu Beginn des Unternehmens.

Daumer war in jungen Jahren Schüler Hegels am Alten Lyzeum in Nürnberg gewesen. Als Student besuchte er auch dessen Vorlesungen und die Schellings in Erlangen. Der prägende Einfluß dieser Gestirne bleibt später ebenso unverkennbar wie der Schillers und Reinholds in Jena auf Feuerbach. Reinhold, der Jena zu einer Hochburg der Kantschen Philosophie gemacht hatte, war zwei Jahre lang Feuerbachs Lehrer, ehe 1794 der Lehrstuhl an Fichte ging. Feuerbach erlebte beeindruckt den Atheismusstreit von 1799, in dem er leidenschaftlich Partei gegen Fichte bezog, der noch im selben Jahr das Feld räumen mußte. Daumer ist der geborene Hegelianer; Feuerbach Kantianer. Und daß Sohn Ludwig, der Philosoph, zeitweise vehementer Antihegelianer wird, ist gewiß auch väterliches Erbteil.

Dieser biographische Hintergrund ist einzubeziehen, wenn Feuerbach hinsichtlich der Daumerschen Notizen die Befürchtung äußert, »daß die Hegelsche Philosophie dabei allzu laut das Wort führen möge«.

Das gegenseitige Verhältnis von Daumer und Feuerbach bleibt zeit ihres Lebens vom Diskurs der Positionen bestimmt; und so kann es nicht weiter verwundern, daß Einsichten über Hauser vor dem Hintergrund der jeweiligen philosophischen Grundüberzeugungen zu bestehen haben. Doch gerade die scheinbare Gegensätzlichkeit der beiden historischen Quellen erlaubt erst die notwendige Urteilsbildung auf breiter Grundlage, so daß aus gegenwärtiger Sicht der freundschaftliche, noch zur Sprache kommende Streit um Sinn und Nützlichkeit bestimmter Mitteilungen über Hausersche Wesenszüge ein kaum zu überschätzender Gewinn für die Quellenkritik darstellt.

Den von Feuerbach angestrengten Bemühungen, die ersten Tage und Wochen der Hauserschen Existenz so genau und vollständig wie möglich festzuhalten, folgen schon bald erste Resultate. Am 30. August 1828[4] schreibt Gottlieb von Tucher, der amtlich bestellte Vormund Kaspar Hausers, nach Ansbach: »Sollten sich besonders merkwürdige und interessante Erscheinungen ergeben, oder Daumer sonst auf eine Weise Hülfe von oben bedürfen, so werde ich Ihre gütige Nachsicht weiter in Anspruch nehmen und Sie mit Briefen belästigen. Wir machen uns jetzt darüber, die sehr große Sammlung von Notizen und Erfahrungen zusammenzustellen.«

Tucher, Jurist wie Feuerbach, spricht über »die«, also nicht über irgendeine zufällige Sammlung von Notizen, sondern über die vom Gerichtspräsidenten initiierte, und überliefert nebenher den interessanten Hinweis auf eine in Anspruch zu nehmende »Hülfe von oben«, was sich auf die Aussagegenehmigungen der amtlich befaßten ersten Zeugen bezieht. Diese Tatsache verleiht dem Daumerschen »Urmanuskript« neben höchster Glaubwürdigkeit und Authentizität von vornherein die Qualität der ungefilterten historischen Quelle.

Mit welch wissenschaftlichem Impetus Feuerbach die Sammlung zu befördern gedenkt, erhellt seine Antwort vom 10. Dezember 1828[5] an Tucher: »Teilen Sie mir doch *alles — alles* mit; es ist hier nichts zu klein, was nicht bedeutend wäre. Wenn Sie und Daumer und wer sonst noch dazu geeignet ist, zu beobachten und mit Geist zu untersuchen fortfahren, so wird Kaspar eine Fundgrube für die Menschheit, und die Gerechtigkeit findet und erreicht noch die Seelenmörder, die sie sucht. Wie außeramtlich, so amtlich behalte ich diesen Gegenstand fest im Auge. Daß er nicht so bald in die plumpen Hände amtlicher Tagwerber oder gedankenloser Philister gerate, die alles verderben könnten und würden, dafür habe ich bisher gesorgt und werde, so viel an mir liegt, noch ferner sorgen.«

Kann das Gelübde von einst, zur Einleitung des Promotionsaktes abgelegt, unverbrüchlicher eingelöst werden? Man gewinnt den Eindruck, daß Feuerbach in die-

4) Abschrift im Archiv des Autors. 5) Ebenda.

sen Tagen energisch dem Ziel zustrebt, ein möglichst vollständiges, von allen Zeugen des ersten Auftritts zusammengetragenes objektives Dokument zu schaffen. Schon wenige Tage später, am 15. Dezember 1828[6], geht ein weiterer Brief an Tucher: »Erinnern Sie Professor Wurm an die mir versprochene Mitteilung der Beobachtung des Professor Daumer über Hauser. Könnten Sie mir nicht auch die Beobachtungen des Münchner Professors, dessen Sie neulich erwähnten, durch Ihre Vermittlung zugänglich machen?«

Für den Zeitraum Dezember 1828 bis April 1830 schweigen die archivischen Quellen, was freilich nicht bedeutet, daß Feuerbachs Drängen nachgelassen hätte. Eher ist anzunehmen, daß vermehrt Gespräche in Nürnberg stattfinden, zumindest ab Oktober 1829, nach dem ersten Mordanschlag auf Hauser.

Am 19. des Monats hat Feuerbach Hauser am Krankenlager besucht und dessen Todesangst verspürt. »Wenn ich auch diesmal davonkomme; ich werde doch von dem Manne noch umgebracht werden.« Und dann die flehentliche Bitte: »Ach, Herr Präsident, sorgen Sie doch, daß man mich nicht umbringt!«

Am hellichten Tag, inmitten der Stadt auf das »Kind von Europa« mit einer Art Schlachterbeil einzuschlagen, hat das Faßbare überstiegen und beträchtliche Schlagzeilen im In- und Ausland hervorgerufen. Vermutlich sind es jetzt Gefühle der Ohnmacht und Empörung über Tat und Täter, die sich zur treibenden Kraft entwickeln, publizistisch früher als geplant vor die Öffentlichkeit zu treten. So regt Tucher in einem Brief vom 15. April 1830[7] an Feuerbach an, nun »könnte man die Aufmerksamkeit des ganzen Publikums schärfen, wenn man zugleich damit etwas über die merkwürdigsten Erfahrungen an der Person Kaspars drucken ließe und damit verbreitete«, und einige Zeilen weiter: »Über den Vorschlag, etwas drucken zu lassen, habe ich mit Daumer gesprochen, und auch dieser ist bereit, darüber aus seinen Notaten mehreres zu geben, und solches, nachdem es

6) Ebenda.   7) Ebenda.

Euer Exzellenz zur Einsicht und Genehmigung mitgeteilt worden ist unter dem Titel: *Vorläufige Mitteilungen über Kaspar Hauser von G. F. Daumer* drucken zu
lassen. Er hat bereits eine Vorrede entworfen, in der er
auseinandersetzt, daß es jetzt noch nicht möglich sei,
alles zu geben, da unter den Wahrnehmungen gar viele
seien, welche in engstem Zusammenhang mit der Totalität der Erscheinung stünden und letzteres noch gar
nicht als geschlossen angenommen werden könnte, indem
es sich schon vielfach gezeigt, daß frühere Erscheinungen
durch spätere ergänzt werden mußten und nur durch
solche verstanden werden konnten. Dagegen scheine es
an der Zeit, das Publikum auf das Hochwichtige der
Erscheinung aufmerksam zu machen und die vielen verkehrten und falschen Mitteilungen, die von unberufenen
Schreibern ausgegangen, damit zu berichtigen.

Gegeben werden sollen interessante Erfahrungen in
psychologischer Hinsicht in Beziehung auf Magnetismus
und Somnambulismus, von seinen Traumgesichten und
dergleichen, dagegen will er alle übrigens so hochwichti-
gen und wunderbaren Wahrnehmungen in medizinischer
und pathologischer Hinsicht als noch nicht gereift genug
weglassen.«

Bis zu diesem Zeitpunkt steht fest, daß Feuerbach
zwar der Spiritus rector des Materials ist und Daumer
mit der Idee umgeht, selbst zu schreiben, aber noch
nicht, daß Feuerbach Gleiches planen könnte und auf
diese Vorarbeit zurückgreifen würde. Durch den Mordversuch an Hauser erhält die Angelegenheit nun aber
eine unvorhergesehene Dynamik, vor allem aus Berlin.

Zunächst jedoch schreibt Tucher, und zwar nur fünf
Tage später, am 20. April 1830[8], erneut an Feuerbach
mit nicht zu überhörender Empörung: »Euer Exzellenz
werden mit mir nicht wenig erstaunt gewesen sein, in
dem letzten Sonnabend-Korrespondenten eine vorläufige
Ankündigung der Buchhändler Bauer und Rosse dahier
zu lesen, daß diese sich *entschlossen hätten,* zur Berichtigung der einigen und falschen Nachrichten über *Kaspar*

8) Abschrift im Archiv des Autors.

Hauser dessen Leben und Erscheinen dahier auf *authentische* Weise *bearbeiten zu lassen.* Die Keckheit und Unverschämtheit dieser Leute fiel mir nicht wenig auf; ich verfügte mich sogleich zu Herrn Bauer, um ihn darüber zur Rede zu stellen, und da er sich weigerte, mir den anmaßlichen Verfasser dieser *authentischen* Nachrichten zu nennen, eröffnete ich ihm, daß mir nun nichts anderes übrigbliebe, als das Publikum über diese Authentizität aufzuklären. Er versprach mir, mit dem Verfasser zu sprechen und diesen zum Benehmen mit mir zu veranlassen. Letzteres ist nun geschehen, und so war ich aufs neue nicht minder erstaunt, unseren Gerichtsarzt Dr. Preu als den Verfasser kennenzulernen. Dieser versprach mir, nichts ohne mein Wissen zu tun und sein Manuskript mir seiner Zeit mitzuteilen, was ich dann unverzüglich auch Euer Exzellenz vorlegen werde. Es ist möglich, daß es etwas Gutes wird, da es Preu nicht an Geist, Beobachtungsgabe und guter Darstellung fehlt, ebenso leicht ist aber auch das Gegenteil möglich, da Preu ein grenzenlos leichtsinniger Mensch und, wenn er nicht gerade bei sich ist, unbegreiflich oberflächlich und abgeschmackt sein kann. Das Gute, was in ihm liegt, taucht jetzt nur selten mehr aus der flachsten Gemeinheit, in die er durch das ausschweifendste, liederlichste Leben geraten, hervor. Ich bin nun mit Daumer übereingekommen, abzuwarten, was das opus werden wird, und dann erst zu überlegen, ob man die Notizen, welche Daumer geben wollte, mit zu vereinigen oder besonders erscheinen zu lassen.«

Ob dem armen Preu eine gerechte oder gar zutreffende Charakteristik widerfährt, sei dahingestellt, wohingegen die Sorge, ein Unbefugter könnte sich vordrängen, Feuerbach deutlich vor Augen geführt wird. Schweigen die Wissenden, melden sich — wie zu allen Zeiten — die Unwissenden zu Wort.

In Berlin hat inzwischen der alte Freund und Kollege Julius Eduard Hitzig, Kriminalist, Verleger und Schriftsteller, Freund Clemens Brentanos, Wielands und Chamissos, Gründer der *Zeitschrift für die preußische Kriminalrechtspflege* und der *Annalen für deutsche und aus-*

ländische Kriminalrechtspflege, Feuerbachs Brief vom
15. Mai 1830[9] empfangen, in dem der wie vom Schicksal
bestellte Schützer Worte seltener Größe und Eindring-
lichkeit findet, wenn er Hitzig »über den allermerkwür-
digsten aller merkwürdigen Kriminalprozesse« berichtet,
»dergleichen in Jahrtausenden vielleicht nicht ein ein-
ziges Mal vorgekommen, über meinen lieben, wunderbar
rätselhaften Findling Kaspar Hauser. Seit Jahren ist er
der erste und wichtigste Gegenstand meines Beobach-
tens, Forschens und Sorgens, meiner höchsten Teilnahme
als Mensch, Gelehrter und Staatsbeamter. Wenn es im
Saturn menschenähnliche Wesen gäbe und durch irgendein Wunder solch ein Saturnbürger mitten in die weite
und freie Reichsstadt Nürnberg herabversetzt würde, so
wäre gewiß die Frage: woher? welcher Abkunft? kein
größeres Rätsel, als es bis jetzt noch dieselben Fragen
bei Kaspar Hauser sind. Es ist ein Phänomen, das
gleichsam aus sich selbst geboren, außer allem regelmäßigen Naturzusammenhang, in sich selbst abgeschlossen dasteht.«

Hitzigs Antwort vom 5. Juli 1830[10] trifft in Feuerbach
eine Disposition, die offenbar nur noch des Anstoßes
bedarf. Der zündende Gedanke ist übertragen, der zur
Tat wird. »Es ist«, so Hitzig, »von je an meine schwache
oder starke Seite — Gott weiß, was das rechte ist —
gewesen, rasch zu handeln, wo mir handeln not schien,
und so bin ich denn auch dem Impuls meines Naturells
in der wichtigen Angelegenheit gefolgt, die mir Ihr herr-
liches Schreiben vom 15. Mai ans Herz legt. Wieviel
Zeit, dachte ich, geht über das Abgeben des schriftlichen
Gutachtens wegen der besten Einleitung der Sache, das
doch am Ende nur darauf hinauslaufen kann: Feuerbach
muß darüber laut vor ganz Europa sprechen!«

So umreißt Hitzig — Ausruf und Appell zugleich —
seine Idee. Er erbittet einen Beitrag für seine *Annalen*
und lockt: »Fordern Sie für einen solchen Aufsatz an

9) *Annalen für deutsche und
ausländische Kriminalrechtspflege.* Bd. VII. Berlin 1830.

S. 434 f.
10) Abschrift im Archiv des
Autors.

Honorar, was sie wollen; es wird Ihnen bewilligt werden, und wollen Sie es nicht für sich, so wird es Hauser zugute kommen.«

Generös und respektvoll versucht Hitzig den berühmten Mann — »Glauben Sie mir, ein Name wie der Ihre wirkt wie ein Zauber!« — zu gewinnen. Nebenher weckt er die Schreiblust Feuerbachs, indem er ihm nahelegt, »dasjenige zu tun, was Sie zu unternehmen sich schon ohnehin vorgesetzt, weil ich glaubte, daß in Ihrer amtlichen Stellung es Ihnen angenehm sein dürfte, eine Veranlassung zu haben, über die Bayern gewiß nicht angenehmen Sache öffentlich zur reden.«

Das ist ein empfindlicher Punkt, und Hitzig weiß, wovon er spricht. Um Feuerbach in dieser Frage, die ja auch eine politische ist, zum Schreiben zu bewegen, ist die Veranlassung von außen vielleicht überhaupt die zwingende Voraussetzung. Baden und Bayern sind involviert, und nicht nur in den deutschen Staaten ist ein vorrevolutionäres Grollen unüberhörbar. Die Monarchien stehen ernsthaft in Gefahr, was die Juliaufstände in Paris bald verdeutlichen werden.

In Karlsruhe hat im März des Jahres 1830 nach dem Tod Großherzog Ludwigs, des letzten Zähringers, Leopold, der erste Hochberg, den Thron bestiegen, und Feuerbach hat sich schon weit hervorgewagt, indem er in einem vertraulichen Schreiben an seinen König schrieb, »unser rätselhafter Findling sei ein vertauschter, ausgewechselter und auf die Seite geschaffter Sohn Karls und Stephanies von Baden, folglich keine geringere Person als der nunmehrige *echte* Großherzog von Baden«.[11] In einem solch explosiven Klima das Schicksal des »Fürstensohnes« Kaspar Hauser öffentlich abzuhandeln, kann auch das eigene Ende bedeuten. Das erklärt, weswegen sich in Feuerbachs Buch nur Andeutungen über dynastische Hintergründe finden, während er selbst den wahren Sachverhalt längst vor Augen hat.

Wie der Fall Kaspar Hauser sich entwickeln wird, ist auch für Feuerbach schwer vorhersehbar. Unschwer

11) Ebenda.

dagegen Rückschläge auf die eigene Person. Er geriete nicht zum erstenmal in »allerhöchste« Kritik, zu Recht und zu Unrecht. Letzteres wegen angeblich geheimer Verbindung mit Preußen, worüber er nach brachialen Drohungen, »an Bayerns Grenzen eine Flamme anzuzünden, welche leuchten und verzehren werde«[12], eine Ehrenerklärung des Königs verlangt und erhält. Heikler und höheren Orts unvergessen dagegen sind im konfessionell ungeteilten katholischen Bayern die aufbrausenden Äußerungen des Protestanten über Konkordat und Papstherrschaft: »Leibhaft ist er [der Papst] aus seiner Verwesung wieder auferstanden, das blutige Kirchenschwert in der einen, den Bannstrahl in der andern Hand, sein Fuß auf eines Königs Nacken, umqualmt von schwarzem Höllenbrudel, der in dichten Wolken über das Land sich lagert und die Sonne verfinstert und worin viele tausend Teufelslarven in Mönchskutten und Bischofsmützen auf- und niederschweben und durch ein gellendes Hohngelächter über Menschheit und alle menschliche Weisheit, Wissenschaft und Tugend die Sinne betäuben.«[13]

Waren es hier geistliche Querelen, kamen zu anderer Zeit weltliche hinzu. 1824 war der Sohn Karl wegen demagogischer Umtriebe verhaftet worden. Bei seiner Vernehmung erklärte er in aller Unschuld, »daß er erst aus den konterrevolutionären Maßregeln der Regierung seinen Glauben an eine bevorstehende Revolution in Deutschland geschöpft habe«.[14] Solche Gesinnung wurde auch dem Vater zugerechnet, dessen stete liberale Opposition in Regierungskreisen meist als rebellische Aufsässigkeit vermerkt worden war.

Trotz aller dieser Bedenken, die Feuerbach bewegen mögen, sieht er sich dem entscheidenden Argument Hitzigs verpflichtet: »Denn alles wird meines Erachtens darauf ankommen, daß *Sie!* und nur *Sie* mit Tatsachen zum Publikum sprechen.«[15]

---

12) Gustav Radbruch, *Paul Johann Anselm Feuerbach. Ein Juristenleben,* Wien 1934.

13) Ebenda.
14) Ebenda.
15) Archiv des Autors.

Das ist zu diesem Zeitpunkt leichter gesagt als getan. Gerade Feuerbach kann in ein schwebendes Verfahren nicht eingreifen. Konnte gegenwärtig auch nichts geschehen, so doch später, und so fordert er von Daumer umgehend das von ihm angeregte bzw. veranlaßte Material, auf das er, der Entstehungsgeschichte nach, ein ideelles Anrecht besitzt.

Da Daumer zu dieser Zeit schon unter einer erheblich nachlassenden Sehkraft litt, schreibt statt seiner wiederum Gottlieb von Tucher, von dem wir am Rande ein wichtiges quellengeschichtliches Detail erfahren. Feuerbach erhält nicht das Original, sondern eine Abschrift der Daumerschen Aufzeichnungen, und wir wissen auch, wer sie vorgenommen hat: der schon erwähnte »Professor Wurm, ein ehemaliger Kollege von mir« (Daumer). Wichtig zu wissen, weil zu klären war, warum sich »das Manuskript« weit bis in dieses Jahrhundert in Feuerbachschem Besitz befand, Daumer aber für seine Werke von 1832, 1859 und 1873 ebenfalls diente, der darauf Bezug nimmt. Daumers Original ging verloren[16], erhalten hat sich dagegen die Abschrift von 1830, die für Feuerbach angefertigt worden war.[17]

»Euer Exzellenz«, beginnt Tucher sein Schreiben vom 20. Juli 1830[18], »lege ich hiermit die abgeschriebenen Notizen über Kaspar Hauser vor. Wenn zwar auch vieles an dieser Sammlung zu vermissen ist, so glaube ich doch, wird sie Euer Exzellenz auch in Beziehung auf ihren Zweck nicht uninteressant sein. Ich bitte inständigst, die lange verzögerte Einsendung dieser Abschrift nicht einer Gleichgültigkeit oder gar Nachlässigkeit von meiner Seite zuschreiben zu wollen; mir liegt das Wohl des Armen so sehr am Herzen, daß ich gern alles tue, was dazu beitragen kann, seine Lage zu verbessern; um so mehr drängte mich die Sorge, dieses Geschäft zu beschleunigen, da nach dem, was Euer Exzellenz mir

---

16) Nach Auskunft der Stadt- und Universitätsbibliothek Frankfurt im Nachlaß Daumer nicht vorhanden.

17) Nach Auskunft von Peter Feuerbach 1945 von französischen Soldaten verbrannt.

18) Abschrift im Archiv des Autors.

sagen ließ, alle Hoffnung einzig auf die von Ihnen zu verabfassende Schrift gesetzt werden konnte, — und längerer Verzögerung mit heilsamem Einschreiten den Unglücklichen dem größten Verderben täglich näher führen mußte. Dieser Gedanke sowohl als die Furcht, Euer Exzellenz Ungeduld und etwa gar Unwillen zu erregen, war peinigend genug für mich und danke nun Gott, daß ich mich dieser Sorge entledigt habe.«

Daß Hitzig mit seinem befeuernden Wort zur rechten Zeit indirekt auch die Entwicklung gegen das eigene Vorhaben in Gang gesetzt hat, deutet ein späterer Satz desselben Briefes an, mit dem auch eine mündliche Unterredung über das geplante Projekt bezeugt wird: »Der Brief des Herrn Hitzig, für dessen gütige Mitteilung ich untertänigst danke, scheint etwas vorauszusetzen, was mit dem, was Sie mir mündlich sagen ließen, in Widerspruch steht.«

Das mündlich Gesagte enthält eine Absage an Hitzig für dessen *Annalen* und die Ankündigung, sich nun selbst zu dem Jahrhundertfall zu äußern. Tucher verbindet das mit der besorgten Überlegung, »nötigenfalls Ihre Maßregeln treffen zu können, auch damit die Meinung Daumers, ob es nicht rätlich sein möchte, das Publikum auf Ihr Unternehmen aufmerksam zu machen . . .« Nun bewegen nämlich zwei Autoren dasselbe Thema, und Tucher weiß, daß es für die Sache Hausers entscheidender ist, zuerst Feuerbachs Wort zu hören.

In diese angespannte Lage, in den sich anbahnenden Konflikt zweier »Hauserianer«, die beide das Beste wollen, platzt die Nachricht: »Bei August Rücker in Berlin wird (. . .) in ein paar Wochen eine Schrift aus der Feder des Polizeibeamten Johann Friedrich Merker erscheinen, *Kaspar Hauser nicht unwahrscheinlich ein Betrüger*«, so Tucher in einem Schreiben vom 1. August 1830.[19]

Jetzt ist Feuerbach endgültig gefordert. Der Zeitpunkt, zu dem ihm als oberster richterlicher Instanz des Kreises[20] die Hände nicht mehr von Amts wegen gebun-

19) Abschrift im Archiv des Autors.
20) Seit 1810 war Bayern in acht Kreise aufgeteilt. Wie alle trug auch der Kreis II, der Rezatkreis, nach französischem

den sein werden, ist abzusehen. Im unmittelbaren Anschluß muß die öffentliche Antwort auf die publizistische Vorverurteilung durch Merker erfolgen.

Eine Anfrage bei Hitzig, ob er nicht einen Verleger für das jetzt fällige Buch wüßte, beantwortet der Kollege humorig: »Da ist kein Mensch und Gott da, der helfen kann, als Cotta.«[21] Ob Feuerbach dem »Bonaparte der Buchhändler« ein Angebot unterbreitet hat, ist nicht überliefert, wohl aber, daß das Manuskript schließlich »für ein Spottgeld«[22] dem Drucker Dollfuß in Ansbach überlassen wurde.

Unterdessen hatte einer der fragwürdigsten Akteure im Drama um Kaspar Hauser die Bühne betreten: Philip Henry, 4. Lord Stanhope. Seine konspirative, bisweilen mysteriöse Geschichte in Kürze auch nur annähernd vorstellen zu wollen, läßt der Rahmen dieser Studie nicht zu. Die Fülle subtiler Eingriffe, die Hintergründe der nationalen und europäischen Verflechtungen, die ihn letztlich zum Protagonisten der Schattenseite werden ließen, sind erforscht und dargestellt.[23]

Stanhope, Pair von England, Mitglied des Oberhauses, war diplomatischer Agent, eine Tätigkeit, die im 18. und 19. Jahrhundert durchaus nicht als anrüchig galt. Die »reisenden Lords« waren vielmehr eine inoffizielle diplomatische Einrichtung, in der England führend war. Für ihr gezieltes Wirken, knapp unterhalb der offiziellen Politik, konnten sie im Gegensatz zu den formell rechenschaftspflichtigen Gesandten in keinem Fall für ihre Handlungen verantwortlich gemacht werden, und außerdem konnte man sich von ihnen jederzeit kommentarlos

Vorbild den Namen des wichtigsten Flusses. Der Kreis entsprach ungefähr dem heutigen Regierungsbezirk.

21) Feuerbach in einem Brief vom 16. 12. 1831 an seinen Sohn Anselm (1798–1851), den Archäologen, Universitätsbibliothek Berlin.

22) Ebenda.

23) Johannes Mayer, *Philip Henry Lord Stanhope. Der Gegenspieler Kaspar Hausers.* Stuttgart 1988. Des weiteren Johannes Mayer/Peter Tradowsky, *Kaspar Hauser. Das Kind von Europa.* Stuttgart 1984, und Johannes Mayer, *Kaspar Hauser. Das Buch zum Film.* Stuttgart 1994.

distanzieren. Ihre diplomatischen Erfolge, zumal an den kleinen deutschen Höfen, waren gleichwohl beachtlich, da sie sich mit Hilfe eines vom Oberhaus ausgestellten Dokumentes, das sie als Mitglied der hohen Kammer beglaubigte — eine Art Dienstausweis —, jederzeit einführen konnten. So im Dienste der Krone stehend, war der gut Deutsch sprechende Stanhope, »der alte Tory aus Mr. Pitts Schule«, im Mai 1816 von Dresden nach Wien gereist, um sich zunächst mit Friedrich von Gentz, dem Sekretär des Wiener Kongresses und rechte Hand Metternichs, und später mit dem Kanzler selbst bekannt zu machen. Durch sie erhielt er Kenntnis über die badische Frage, die nichts weniger bedeutete, als daß in nicht allzu ferner Zeit ein womöglich im verborgenen erzogener »Napoleonide« — der erste Sohn der Großherzogin Stephanie von Baden — einen deutschen Thron besteigen könnte. Seitdem bereiste Stanhope regelmäßig den süddeutschen Raum und suchte das Geheimnis zu lüften, das in Wien zu sorgenvollen Überlegungen geführt hatte. Bereits 1823 gelang ihm eine erste Begegnung mit der Mutter des Gesuchten, der Großherzogin Stephanie von Baden, in Mannheim und mit dem Hof in Karlsruhe. Seitdem verging kein Jahr mehr, in dem Stanhope nicht versuchte, dem Politikum näherzukommen. Als Hauser 1828 erschien und sich erste Gerüchte über seine badische Herkunft verbreiteten, war auch der Lord bald darauf zur Stelle und trachtete mit allen Mitteln danach, sich des Findlings zu bemächtigen.

Es gelang Stanhope, sich das uneingeschränkte Vertrauen Feuerbachs, eines ansonsten unbestechlichen Menschenkenners, zu sichern, was am anschaulichsten dessen Widmung in seinem Buch *Beispiel eines Verbrechens am Seelenleben des Menschen* belegt. Erst in letzter Lebenszeit, als er fast entschlossen ist, »den edlen Lord« vor Gericht zu stellen, erkennt auch Feuerbach die brillante Täuschung, der anfänglich außer der Mutter Daumers alle erlagen. Aber da sind die unbegreiflichen Sätze längst gedruckt, die samt und sonders das Gegenteil dessen ausdrücken, was Stanhope war und wollte. Auch das ist ein Rätsel seiner Zeit.

Stanhope ist noch keine zwei Monate in Nürnberg — die »Freundschaft« mit Feuerbach erst vier Wochen zuvor besiegelt —, als letzterer am 3. Juli 1831[24] an den Lord berichtet: »Die drei Wochen, welche ich mit dieser reinen, ganz unbefleckten Kinderseele zugebracht habe, werden mir ewig unvergeßlich und für mein literarisches Unternehmen von großem Nutzen sein.«

Feuerbach will für sein Werk also nicht nur Daumers Aufzeichnungen heranziehen. Das ist für die Textgestalt insofern eine aufschlußreiche Bemerkung, weil durch sie deutlich wird: Feuerbach schreibt aufgrund eigener Beobachtungen und benutzt die Daumerschen Aufzeichnungen nur dort, wo für den Zeitraum der ersten Wochen die eigene Wahrnehmung fehlt.

Für die verhältnismäßig zurückhaltende Einbeziehung der Daumerschen Aufzeichnungen lassen sich Gründe angeben. Neben Umfangvorstellungen gewiß auch das Vorurteil, inwieweit »die Hegelsche Philosophie dabei allzulaut das Wort« ergriffen haben mochte. So übergeht Feuerbach bestimmte Beobachtungen über »Empfindlichkeiten«, von denen er, wie er festhält, »nur einige heraushebe«.[25] Welche Motive darüber hinaus auch noch zugrunde liegen mochten — für die Daumerschen Aufzeichnungen in ihrer Gesamtheit erhöht sich gerade dadurch ihr wissenschaftlicher Stellenwert. Um so mehr, als auch Daumer selbst sie in seiner Veröffentlichung weder chronologisch noch vollständig und nur vereinzelt wortgetreu wiedergibt.

Zunächst aber befindet sich das geplante »Werklein«, dessen lebendiger Gegenstand während dreier Wochen reichliche Selbstauskunft erteilt hat, noch *in statu nascendi,* worüber wir eine Mitteilung vom August 1831[26] an Stanhope besitzen, die am Rande auch das Wagnis der Schrift betont: »Euer Herrlichkeit gebe ich mir das Vergnügen zu melden, daß ich noch ununterbrochen fleißig mit Kaspar Hauser beschäftigt bin und meine

---

24) Abschrift im Archiv des Autors.

25) Anselm von Feuerbach, *Beispiel eines Verbrechens am* *Seelenleben des Menschen.* Ansbach 1832.

26) Abschrift im Archiv des Autors.

Arbeit — ein kleines Werklein, allein das mühseligste, in vieler Beziehung delikateste, welches aus meiner Feder gekommen — schon so weit gediehen ist, daß ich schon, wie man zu sagen pflegt, mit halbem Auge auf das Ende hinsehen kann.

Wenn mein Genius mir günstig bleibt und mein kränklicher Körper seine Dienste mir nicht versagt, so hoffe ich bereits in 14 Tagen im *Rohen* fertig zu sein, wo mir dann weiter nichts zu tun übrigbleibt als das Ausfeilen.«

Der Zeitpunkt einer Veröffentlichung rückt offensichtlich erst jetzt in greifbare Nähe. Früher kann die Schrift nicht erscheinen, da erst am 13. September 1831 die von Feuerbach angeordneten gerichtlichen Untersuchungen eingestellt werden sollten. Erst danach ist auch Feuerbach von amtlichen Schweigepflichten befreit.

Im Oktober 1831 stehen Daumers und Feuerbachs Arbeiten nahezu gleichzeitig vor ihrer Vollendung. Daumer scheint die Drucklegung seines ersten Heftes *Mitteilungen über Kaspar Hauser* zu forcieren, vielleicht auch, um Feuerbach zuvorzukommen, dem größere Aufmerksamkeit sicher ist. Dieser gönnt sich Zeit, überläßt Freunden sein Manuskript oder liest auch selbst daraus vor. Sein Amtskollege, der Appellationsrat J. Schumann, berichtet im Oktober 1831[27] begeistert an Stanhope: »Der Herr Präsident hatte die Gnade, die Schrift, soweit sie fertig ist, mir vorzulegen, und ich war davon ganz entzückt. Ich hatte dadurch nicht bloß einen Augenschein des Ganzen erhalten, sondern den vielleicht schwierigsten Teil des Werkes vor seiner Vollendung vor meiner Seele gehabt. Eure Herrlichkeit können sich kaum einen Begriff davon machen, mit welchen Schwierigkeiten die Aufgabe verbunden ist. Feuerbachs Genie hat sie besiegt und wird sie ferner zu besiegen wissen. Denn noch liegt ein größeres Stück Arbeit vor ihm. Das Ganze wird ein klassisches Werk und gewährt nicht nur hinsichtlich Kaspars, sondern auch für die Wissenschaft das lebhafteste Interesse, da es als ein wahrer Conductor

27) Abschrift im Archiv des Autors.

über Psychologie angesehen werden kann ... Herr Merker wird es noch sehr bereuen, vorlaut gewesen zu sein.«

An die Adresse des Polizeirats Merker in Berlin ist die Schrift nicht ausschließlich, aber doch auch gerichtet. Als vorläufige Entgegnung läßt Feuerbach in Hitzigs *Annalen* »Einige wichtige Aktenstücke, den unglücklichen Findling Kaspar Hauser betreffend« einrücken, dem auch zwei ärztliche Gutachten zur Seite stehen. Im Spätherbst 1831[28] (etwa 30. November) lädt Feuerbach nun auch Stanhope ein, um ihm aus seinem »Werkchen«, wie der Autor ironisch kokettierend untertreibt, vorzulesen.

»Bei diesem Stand der Sache wäre es mir nur sehr angenehm, wenn ich die Ehre haben könnte, Eure Herrlichkeit zu sprechen, nicht nur, um Ihnen durch Vorlesung einiger Partien des Werkchens, wie ich hoffen darf, Vergnügen zu bereiten, sondern auch wegen des Drucks desselben, welcher ohne Mitwirkung Eurer Herrlichkeit, zum Besten des Unglücklichen, nicht besorgt werden könnte.« Am 3. November[29] bestätigt Stanhope die Einladung. »Mein lieber Herr Staatsrat, ich habe heute das Glück, Ihren Brief zu erhalten, der mir die allergrößte Freude verursacht hat, und ich erkenne mit der innigsten Dankbarkeit Ihr gütiges Anerbieten, den schon fertigen Teil Ihres Werkes mir vorzulesen.«

Daß die Tage der Zusammenkunft nicht nur damit verbracht werden, muß angenommen werden. Daumers Sicht der Dinge spielt hier ebenso eine Rolle wie dessen literarisches Vorhaben. Daß er zu diesem Zeitpunkt sein Manuskript aber bereits abgeschlossen hat, ahnt man nicht. Noch aus Ansbach schreibt Stanhope an Daumer und Tucher auskunftsfreudige Briefe, welche die Situation etwas genauer beleuchten. An letzteren am 8. November 1831[30]: »Mein lieber Freund, ich eile Ihnen die Beschlüsse des Präsidenten mitzuteilen, und ich habe mit ihm zwei lange Unterredungen gehabt,

---

28) Ebenda.   30) Ebenda.
29) Ebenda.

wovon die heutige nicht weniger als sieben Stunden dauerte. Er empfing mich sehr gütig und freundschaftlich und entschuldigte sich über sein früheres Benehmen, indem er sagte, daß er wie eine Henne auf dem Ei zu brüten hatte. Ich machte ihm meine Gratulation über seine glückliche Entbindung und bemerkte ihm, ich wüßte sehr gut, daß mit einer Frau im Wochenbett gar nichts anzufangen ist, bis das Kind geboren ist. Sein Werk soll, wie er denkt, etwa aus acht oder zehn Druckbogen bestehen und ist fürwahr schon fertig, indem er jetzt die Erzählung des Mordversuchs schreibt und nachher nur etwas weniges zu sagen hat über Kaspars Besuch bei ihm im vorigen Sommer. Einen Teil davon habe ich schon gelesen und hoffe, den größten Teil, wo nicht das Ganze desselben auch durchgehen zu können. Der Stil ist edel, aber einfach und daher für die Erzählung ganz passend und dabei ist eine solche Klarheit und eine solche richtige Darstellung, daß der Leser alles mit eigenen Augen zu sehen glaubt. Er sagt gar nichts darin vom Traume, von Ungarn oder von irgend etwas, welches auf die Spuren Bezug hat.«

In dieser letzten Bemerkung wird wieder die Trennlinie zu Daumer deutlich. Feuerbach will sich nicht die geringste Blöße geben, weder psychologisch noch juristisch. Nichts, was ihn angreifbar machen könnte, darf in Druck gehen, ganz im Gegensatz zu Daumers universellem Anspruch auf die Totalität des Phänomens. Da Feuerbach seine Vorbehalte Daumer nicht direkt mitteilen will, bittet er Stanhope darum.

Am 9. Dezember 1831[31] empfängt Daumer den süffisanten Rat Stanhopes, sich die Anstrengung einer eigenen Veröffentlichung doch lieber zu ersparen, auch des »kränklichen Zustandes« wegen. Daß Feuerbach, der zu dieser Zeit selbst um Gesundheit ringt, die rücksichtslose Empfehlung gab, ist sehr unwahrscheinlich, denn nicht das Ob, das Wie war seine Sorge. »Sie werden mit vielem Vergnügen vernehmen«, so Stanhope an Daumer, »daß mein verehrtester Freund, der Präsident von Feuer-

---

31) Ebenda.

bach, ein vollständiges, gründliches, höchst interessantes
Werk über Kaspar geschrieben hat, welches jetzt ganz
vollendet ist und hoffentlich bald im Druck erscheinen
wird. Er hat die Güte gehabt, es mir mitzuteilen, und
ich kann es gar nicht genug bewundern, nicht nur wegen
des herrlichen, ihm eigenen Stils, sondern auch wegen
der Bearbeitung des Stoffes selbst und einer unendlichen
Menge höchst merkwürdiger Tatsachen, welche die
Wahrheit der Geschichte bestätigen und für den Psycho-
logen unschätzbar sind. Er hat darin die von Ihnen
gesammelten zahlreichen Notizen dankbar benützt und
in mehreren Stellen Ihnen und Ihrer Familie mit geehr-
tem Lobe erwähnt. Dieses Werk, welches Ihren Wünschen ganz gemäß sein wird, erspart Ihnen nur eine
Mühe, die in Ihrem jetzigen leider! sehr kränklichen
Zustande viel besser zu vermeiden wäre, indem sie eine
gar große Anstrengung erfordern würde, eine Schrift
über Kaspar herauszugeben. Für die Sache selbst, die
uns allen so sehr am Herzen liegt, scheint es mir auch
sehr wünschenswert, daß die zwei Schriften nicht zusammentreffen und dadurch die Aufmerksamkeit des
Publikums teilen.«

Weihnachten 1831[32] teilt Stanhope dem Bürgermeister
Binder in Nürnberg unter anderem mit: »Das Werk des
Präsidenten soll bei dem hiesigen Buchhändler Dollfuß
verlegt werden, und die zwei ersten Bogen sind schon
gedruckt. Es hat, seitdem ich es zu lesen bekam, viele
Veränderungen erlitten, durch das Ausstreichen mehrerer Stellen, so wie durch Zusätze und neue Noten. Es
wird ungefähr aus zehn Bogen bestehen.«

Wie wird sich Daumer verhalten? Zu diesem Zeitpunkt stampfen die Druckpressen von Dollfuß in Ansbach und Haubenstricker in Nürnberg buchstäblich im
gleichen Takt. Als Daumer Feuerbachs Buch in Händen
hält, vermag er in letzter Minute gerade noch die freien
Zeilen am Schluß seines Vorwortes für den Hinweis zu
nutzen: »Auf die vortreffliche Feuerbachsche Schrift
über Kaspar Hauser konnte ich bei Gestaltung dieses

32) Ebenda.

Heftchens keine Rücksicht nehmen, weil ich sie eben erst empfange, da der Druck des Vorliegenden sich schließt und nur noch diese Bemerkung anzufügen verstattet ist.«

Wenn Dollfuß Weihnachten 1831 erst zwei von zwölf Bogen gedruckt hat und Daumer Feuerbachs Schrift gerade noch erwähnen kann, gleichwohl mit seiner Arbeit selbst im Januar an die Öffentlichkeit tritt, kann das Kopf-an-Kopf-Rennen nur nach Tagen gerechnet werden. Denn schon am 31. Januar 1832[33] sendet Daumer ein fertiges Exemplar seiner Schrift an Stanhope mit den Worten: »Eurer Herrlichkeit erlaube ich mir hiermit das erste Heft meiner Schrift über Kaspar Hauser mit dem Wunsche zuzusenden, daß es eine genehmigte und nachsichtige Aufnahme finden möge. Krankheit verhindert mich, etwas Besseres zu leisten, doch bin ich mir dabei eines redlichen Eifers für Hausers Sache und für das Interesse der Wissenschaft bewußt. Ich gedenke das Werk in drei oder vier Heften zu vollenden, wovon das zweite in kurzer Zeit folgen wird.«

Daumer hat also Stanhopes Rücktrittsforderung ignoriert und kündigt statt dessen weitere Aktivitäten an. Es wird aber nur zu einem zweiten Heft kommen, das noch im selben Jahr erscheint.

Feuerbachs Kommentar zu Daumers Veröffentlichung ist knapp und cholerisch. Am 4. Februar 1832[34] schreibt er an Stanhope: »Daumers Finis ist nun doch wirklich erschienen; er selbst hat mir sie zugeschickt. Was ich besorgte, ist in Erfüllung gegangen. Ohne alle Kritik ist der ganze Haufe von Materialien, welche sich Daumer gesammelt hat, *nude et crude* dem Publikum aufgetischt.« Der alte Streitpunkt. Was dem Juristen und Kantianer mißfällt, ist dem Geisteswissenschaftler und Hegelianer Bedürfnis. Feuerbach kann nur gebrauchen, was letztlich auch gerichtsverwertbar ist. Daumer hingegen hält ohne vorgreifende Bewertung alles fest, was die Anschauung hergibt. Für die Zeitperspektive ist

33) Abschrift im Archiv des Autors. 34) Ebenda.

Feuerbachs Standpunkt einleuchtend. Bestimmte Beobachtungen geraten inzwischen zum naturwissenschaftlichen Streitpunkt und nähren die Position der »Zweifler«. Für Feuerbach samt und sonders Angriffsflächen, die in seinen Augen vermeidbar waren: »Wer nur irgend Lust hat, den armen Kaspar als einen Betrüger darzustellen und den Professor Daumer als einen Simpel, kann dazu in Daumers Notizen die sprechendsten Belege finden. Es sollte mich wundern, wenn nicht H. Merker den ihm nun gegebenen reichen Stoff benutzt, jetzt auch über mich herzufallen, wie er früher über Kaspar hergefallen ist.«

Deutlicher kann der Stand der internen Auseinandersetzung zwischen Feuerbach und Daumer nicht umrissen werden. Deswegen verwundert es auch nicht, daß Daumer sich später seinerseits zu Feuerbachs Schrift äußert: »Soviel ist allerdings richtig, daß sich bei Feuerbach einige falsche Angaben finden, die ich selbst berichtigen kann und muß; es ist aber zugleich auch zu sagen, daß Feuerbach selbst daran nicht schuld ist. Ein böses Verhängnis hat in der Hauserschen Geschichte bis in ganz kleine und nebensächliche, durch die Folgen ihrer Korruption aber doch wichtig gewordene Umstände hinein gewaltet. Ich schickte meine Bemerkungen über Hauser an Feuerbach mittelst einer von fremder Hand gefertigten Abschrift, welche ich, meiner leidenden Augen wegen, nicht selbst durchsehen und von Fehlern reinigen konnte; der Abschreiber machte solche, die nicht geändert wurden, unglücklicherweise gerade bei den in Rede stehenden Notizen, und so kamen sie auch in Feuerbachs Buch. Über Feuerbachs Darstellung ärgerten sich die Gläubigen, weil sie ihrer Sache so nachteilig war.«[35]

35) Georg Friedrich Daumer, *Kaspar Hauser. Sein Wesen, seine Unschuld, seine Erduldungen und sein Ursprung.* Regensburg 1873.

2. Bedeutung der Daumerschen Aufzeichnungen

Feuerbach wird Daumer nicht ganz gerecht, wenn er ihm letztlich die wissenschaftliche Grundhaltung abspricht. Vereint sind die beiden Streiter für Hauser in der Wahrheitsfrage, tendenziell getrennt in Ansatz und Ziel. Feuerbach, der Verteidiger säkularer Gerechtigkeit, geht mit den Verhältnissen ins Gericht, durchdringt gesellschaftliche Hintergründe, will die Täter verurteilt sehen und Sühne für ein Kapitalverbrechen.

Daumer, dem die Frage Prinz oder nicht gleichgültig ist, spürt dem exemplarischen Menschen nach, der Entelechie. Er fühlt sich über die Ewigkeit — »o du mein Freund zu allen Zeiten!« — mit Hauser verbunden und gelangt mit den Methoden seiner Wissenschaft zu zeitlosen Aussagen über das Wesen des Menschen Hauser.

Bezeichnenderweise schreibt Daumer in der Vorrede zu seinem ersten Heft:[36] »Zu einem wissenschaftlichen Werke über Kaspar Hauser habe ich von Anfang meiner Bekanntschaft mit ihm die Materialien gesammelt; aber Umstände, die ich schon an anderen Orten angedeutet, verhindern die im Sinne gehabte Durcharbeitung. Was ich dem Publikum unter diesen Umständen in mehr vereinzelter und zerstreuter Weise bieten kann, folgt in dem vorliegenden und in den künftigen Heften. Nichts, was ich hier mit Bestimmtheit und ohne Beisatz ausspreche, weiß ich aus unsicherer Erinnerung oder ist aus bloßer Konversation und Sage geschöpft, sondern ich habe es selbst an Hauser beobachtet, von ihm gehört, im Umgange mit ihm erforscht und bei noch frischer Erinnerung durch genaue Aufzeichnung bewahrt ... Zu dem Beweis, der aus den beobachteten physischen Erscheinungen geführt werden kann, tritt der psychologische aus Hausers hier treulich geschildertem Benehmen in der ersten Zeit und den hier mitgeteilten schriftlichen Darstellungen desselben.«

Daumer weist, wie zu Beginn seiner Vorrede erwähnt, selbst darauf hin, daß seine »Materialien« keineswegs

---

36) Georg Friedrich Daumer, *Mitteilungen über Kaspar Hauser.* 1. Heft. Nürnberg 1832.

durchgearbeitet seien und er dieses und jenes in »mehr vereinzelter und zerstreuter Weise« aufgegriffen habe. Ein Verfahren übrigens, das auch Feuerbach den Materialien widerfahren läßt, so daß Urschrift und Komposition der reich gegliederten Aufzeichnungen bei keinem von beiden in der frischen Originalität des ersten Wurfs zutage treten.

So entsteht durch das hier erstmals — nach der Abschrift Wurms — vorgelegte vollständige Manuskript Daumers zwar kein grundsätzlich neues Bild Hausers, wohl aber eine überraschende Verlebendigung und Bereicherung der Vorstellung vom inneren und äußeren Habitus des Findlings. Noch unbehauste, geheime Bezirke leuchten auf, Grenzen und Schnittstellen des erwachenden Bewußtseins gewinnen Kontur. Für diese Werdeprozesse bleibt das unbefangen Notierte, noch nicht bearbeitete Material durchlässig. Wie die erste hingeworfene Ideenskizze das ausgeformte Bild nicht selten an Aussagekraft übertrifft, erlauben die Daumerschen Materialien den unverstellten Blick auf den Menschen. Das kann bei der Zuverlässigkeit des Zeitzeugen Daumer nicht hoch genug bewertet werden.

Für seine Veröffentlichungen übernimmt Daumer zwar, vielfach wortgetreu, auch Texte seiner Materialien, aber die endgültige Gestalt seiner Werke zwingt überwiegend zu Einflechtungen, Kürzungen, Neuformulierungen und gefeilterem Stil, was zwangsläufig den Charme der Ursprünglichkeit überlagert. Daumer weist auch auf die Notwendigkeit solcher »steten Berichtigung und Ergänzungen durch das Spätere« hin, um den Anspruch einer kritischen Methode festzustellen. Aber auch dieser, im übrigen berechtigte Umgang mit dem Stoff geht zu Lasten des ersten Zugriffes: »Nach einer großen Menge von Versuchen, Beobachtungen, Prüfungen, steter Berichtigung und Ergänzung des Früheren durch das Spätere darf ich glauben diese außerordentliche Erscheinung genau zu kennen und vor jeder Art von Täuschung sicher genug zu sein, um einen für das Interesse der Wissenschaft nicht ganz ungeeigneten Berichterstatter abgeben zu können.«

Vollends verloren gehen in Daumers und Feuerbachs Veröffentlichungen fast unvermeidbar die chronologische Struktur der datierten Materialien und die thematischen Zusammenfassungen. Nicht grundlos hatte Daumer Aussagen über »Tod«, »Sprache«, »Ansicht und Behandlung des Lebendigen« oder »Wie er Tiere behandelte« et cetera in 41 kleinen Kapiteln zusammengefügt. Versammelt erreichen die rund 650 zugeordneten Notate eine Verdichtung des Wesentlichen, wie sie verstreut nur hier und da gelingt.

Bleibt zum Schluß die Frage: Wie war die Beziehung zwischen Feuerbach und Daumer im wesentlichen beschaffen, wie standen sie sich im großen und ganzen gegenüber? Waren sie für- oder gegeneinander eingenommen? Gelegentliche kritische Töne sollten nicht darüber hinwegtäuschen, daß sie auf dem Hintergrund einer bestehenden Freundschaft und gegenseitiger Hochachtung beurteilt werden müssen.

Hermann Pies äußert hinsichtlich der Daumerschen Materialien ganz zu Recht, daß sie »die Überzeugung Feuerbachs von der Wahrheit Hausers endgültig befestigt«, mit anderen Worten: letzte moralische Verbindlichkeit hervorgerufen haben. Verstand und Gefühl standen beiden reichlich zu Gebote, überwiegend aber nur zugunsten jeweils einer Schicht der inneren oder äußeren Biographie des Findlings. Das war, wie wir heute wissen, ein Glücksfall. Denn die in der Zusammenschau nahezu vollständige Erfassung und Würdigung des Persönlichkeitsbildes von Kaspar Hauser wäre bei anderer Konstellation wohl nicht zu erwarten gewesen.

3. Die Wiederentdeckung und Weitergabe des Daumerschen Manuskriptes

Gustav Radbruch, zeitweiliger Reichsjustizminister der Weimarer Republik, unter anderem Verfasser einer *Kulturlehre des Sozialismus,* im Jahr der Machtergreifung

Professor der Rechte in Heidelberg, gehörte mit zu den
ersten Hochschullehrern, denen von den Nationalsozia-
listen die Lehrberechtigung entzogen wurde. Bereits
1933 erfolgte seine Entlassung aus politischen Gründen.

Text einer Postkarte von Gustav Radbruch an Hermann
Pies in Saarbrücken mit Poststempel vom 7. Dezember
1933.

Einer begonnenen Biographie über Anselm von Feuerbach sollte das zugute kommen. Am 27. Oktober 1933[37] schrieb er an Hermann Pies[38], den prominentesten Kaspar-Hauser-Forscher seiner Zeit:»Meine jetzige unfreiwillige Muße gibt mir die Möglichkeit, die Arbeit zu vollenden. Sie ist schon im Rohbau fertig — nur der Abschnitt über die Kaspar-Hauser-Geschichte fehlt noch.«

Im Verlauf des folgenden Briefwechsels berichtet Radbruch am 7. Dezember 1933:[39] »Inzwischen war ich in Lindau bei Feuerbachs. Ich sah dort ein umfangreiches

37) Abschrift im Archiv des Autors.

38) Die Veröffentlichungen von Hermann Pies (1887–1983) bilden die Grundlage für die wissenschaftliche Kaspar-Hauser-Forschung. Die noch zu Beginn des Jahrhunderts für jegliche Benutzung gesperrten Aktenbestände der Regierung von Mittelfranken (Collegial- und Präsidialakten), die Ansbacher und Nürnberger Gerichts- und Magistratsakten sowie die des Bayerischen Justizministeriums und des Ministeriums des Inneren hat Pies in den Jahren 1923/24 systematisch ausgewertet und exzerpiert. Nachdem die 49 Aktenbände im Hauptstaatsarchiv München 1945 durch Kriegseinwirkung verlorengegangen sind, stellen die Forschungsarbeiten von Pies im gesamten Bereich der behördlichen Ermittlungen heute die einzige zuverlässige Quelle dar. Besonders hervorzuheben ist seine Rekonstruktion des entscheidenden, aber schon Ende 1860 verlorengegangenen Aktenbandes des Nürnberger Magistrats mit dem Rubrum »Einen, in widerrecht-licher Gefangenschaft gehaltenen und gänzlich verwahrlosten, dann aber ausgesetzten jungen Mannes, namens Kaspar Hauser betr. 1828«. Veröffentlichungen: *Augenzeugenberichte und Selbstzeugnisse.* Erster und zweiter Band. Stuttgart 1925; *Fälschungen und Tendenzberichte einer »offiziellen« Hauserliteratur. Aktenmäßige Feststellungen.* Nürnberg 1926; *Die amtlichen Aktenstücke über Kaspar Hausers Verwundung und Tod.* Bonn 1928; *Altes und Neues zur Kaspar-Hauser-Frage. In memoriam Adolf Bartning* aus dem literarischen Nachlaß des Verstorbenen herausgegeben von Luise Bartning (und Hermann Pies). Ansbach 1930; *Die Wahrheit über Kaspar Hausers Auftauchen und erste Nürnberger Zeit. Augenzeugenberichte, Selbstzeugnisse, amtliche Aktenstücke, Fälschungen und Tendenzberichte.* Saarbrücken 1956; *Kaspar Hauser. Eine Dokumentation.* Ansbach 1966; *Kaspar Hauser. Fälschungen und Tendenzberichte.* Ansbach 1973.

39) Archiv des Autors.

Kaspar-Hauser-Manuskript, nämlich die Aufzeichnungen Daumers über seine Beobachtungen (Abschrift, die Feuerbach als Grundlage zu seiner Broschüre gedient haben). Herr Feuerbach ist bereit, Ihnen das Manuskript zuzuschicken.« Pies notierte später hierzu handschriftlich: »Ich habe das Manuskript von Herrn Feuerbach/Lindau zur Benutzung erhalten.«

Nach Erhalt ließ Pies eine maschinenschriftliche Abschrift der handschriftlichen Abschrift von Daumers Materialien anfertigen, die er selbst Wort für Wort abglich, wie die eigenhändigen Korrekturen belegen.

Die Recherchen Radbruchs, besonders was das Problem Feuerbach — Hauser angeht, mit ihrem überraschenden Fund der Daumerschen Materialien führen zu einer kurzen, gedankenreichen Korrespondenz. In deren Mittelpunkt steht ein Brief von Hermann Pies, in dem auf unvergleichliche Weise das Thema erörtert wird. Dazu ein kritischer Blick auf die Forschungslage, soweit sie Pies 1934 übersehen konnte. Einer seriösen Hauser-Literatur standen mittelmäßige, ja undiskutable Pamphlete gegenüber, die alles andere als Lösungen für die Hauptfrage anboten. Ansonsten hochgerühmte Autoren wie Eduard Engel ließen sich dazu hinreißen, mit zusammenfabulierten Prämissen, andere mit untauglichen Ideen dem komplexen Zusammenhang beizukommen oder entgegenzutreten. Auch darauf nimmt der Brief Bezug.

Am 20. April 1934[40] kündigt Radbruch an, ». . . den Abschnitt über Kaspar Hauser zur Einsicht vorzulegen«.

Die Antwort von Pies und die Entgegnung Radbruchs sollen die Studie beschließen. Sie bezeugen nicht nur den achtungsvollen Umgang zweier Gelehrter untereinander mit ihrem »Gegenstand«. Sie werfen auch ein Licht auf eine rar gewordene Bewußtheit. Anstelle eines belanglosen Positivismus sprechen sich ethische Grundhaltungen aus. Jenseits üblichen Faktenschotters entzündet sich das Interesse an Sinn und Bedeutung von Geschichte, die hier auf einen historischen, gleichwohl zeit-

40) Ebenda.

losen Vorgang trifft. Vom Ursprung her verlangt die eine Ebene dieser Geschichte zwingender als anderswo ein Pro oder Kontra; letztlich eine Positionsbestimmung, die nach historischen Kategorien eigentlich nicht zu erbringen ist, durch den besonderen »Fall« aber gefordert wird.

Vier Tage nach Erhalt des Radbruch-Manuskriptes antwortet Pies am 24. April 1934:[41] »Zuerst muß ich um Entschuldigung bitten, daß ich Ihnen nicht schon längst den versprochenen Aufsatz über Feuerbach und Hauser gesandt habe. Aber meine Tage waren vor allem vor Ostern, aber auch heute noch derartig mit dienstlichen Arbeiten in Anspruch genommen, daß ich alles andere auf die lange Bank schieben mußte.

Besten Dank sage ich Ihnen ferner für die freundliche Übersendung Ihres Feuerbach-Manuskriptes[42], soweit es sich auf das Verhältnis Feuerbachs zu Hauser bezieht. Daß mich Ihre Schrift sehr interessiert hat, brauche ich Ihnen nicht zu versichern! Die ›Einleitung‹ über den ›Mythos‹ Kaspar Hauser halte ich für das Beste, was ich bisher über diese Seite des weiträumigen Themas gelesen habe (ich habe in der Gedenknummer zum 100jährigen Todestag Hausers in der *Fränkischen Zeitung* über das gleiche Thema geschrieben). Ebenso stellt meines Erachtens die ›Ehrenrettung‹ Feuerbachs durch Henriette[43], dieses große Zeugnis innigster Liebe, frommster Verehrung und mächtigsten Wahrheitsgehaltes den geeignetsten Abschluß Ihres Feuerbach-Hauser-Kapitels dar.

41) Abschrift im Archiv des Autors.

42) Gustav Radbruch, *Paul Johann Anselm Feuerbach. Ein Juristenleben*. Wien 1934.

43) Henriette Feuerbach, geb. Heydenreich, Schwiegertochter Feuerbachs, verheiratet mit dem Archäologen Joseph Anselm Feuerbach. Entgegnung Henriette Feuerbachs am 31. 12. 1876 auf Otto Mittelstädt, *Kaspar Hauser und sein badisches Prinzentum*. Heidelberg 1876, der unter anderem schwere Anschuldigungen gegen Feuerbach vorgebracht hatte und öffentlich damit drohte, jeder, der die Prinzentheorie wiederhole, werde wegen »Verleumdung an dem Andenken des Verstorbenen« überführt und gezüchtigt werden«.

Der dazwischenliegende Abschnitt gefällt mir weniger gut. Der Stil ist glänzend! Vor allem verrät die Zusammenstellung der Zitate den scharfen Blick und den sicheren Geschmack des Kenners! Aber — gestatten Sie ein freies Wort — ich habe das Gefühl, als wollten Sie Feuerbach ›herauspauken‹, als könnten Sie sich des leisen Verdachts nicht erwehren, daß sich Feuerbach im Falle Hauser ›verhauen‹ hätte. Statt auf Einzelheiten einzugehen, möchte ich Ihnen (gleichsam auch als Ersatz für meinen noch nicht fertigen Aufsatz) meine Gedankengänge über das Verhältnis Feuerbach — Hauser kurz darlegen.

Zunächst die äußeren Daten: Feuerbach erfährt von der Nürnberger ›Moritat‹, er überzeugt sich durch Augenschein von der Sachlage, die Briefe an v. der Recke geben seinen Eindruck wieder.[44] Das Intermezzo Appellationsgericht contra Binder (und Kreisregierung gegen Binder, Regierungspräsident v. Mieg, der Vorgänger v. Stichaners, und Kreisregierung — Appellationsgericht) ist nicht so wichtig, hauptsächlich Ressortstreitigkeiten der betreffenden Behörden! Natürlich ist der ›Bindersche Roman‹[45] anfechtbar! (Übrigens ist die Meyersche Sammlung — ›Authentische Mitteilungen‹[46] — unvollständig! Die Schriftstücke des Appellationsgerichts tragen meistens die Unterschrift: v. Gruner, Appellationsgerichtsrat). Feuerbach scheint damit hauptsächlich als Präsident des Appellationsgerichts zu tun zu haben. Seine Ansicht über Hauser steht fest! Natürlich kann er damals noch die badische Hypothese als ›romantische Sage‹[47] betrachten. Bis Oktober 29 flaut das Interesse ab. Da kommt das ›Attentat‹ und die Hausersache wird

44) *Anselm von Feuerbachs Leben und Wirken.* A.a.O.

45) *Amtliche Bekanntmachung vom Magistrat der königlichbayerischen Stadt Nürnberg* vom 7. Juli 1828, die Feuerbach inhaltlich und formal kritisiert hat.

46) Julius Meyer, *Authentische Mitteilungen über Kaspar Hauser, mit Genehmigung des königlich-bayerischen Staatsministeriums der Justiz und des Inneren, zum ersten Male aus den Gerichts- und Administrativ-Akten zusammengestellt und mit Anmerkungen versehen.* Ansbach 1872.

47) Bericht an den König von Bayern vom 8. April 1830.

zur europäischen Berühmtheit! Feuerbach überzeugt sich wieder durch Augenschein von der Sachlage. (Sein Eindruck in der eigenhändigen Niederschrift, abgedruckt im Bartningbuch.)[48] Damals wurde ihm, glaube ich, die ›moralische Gewißheit‹ von der Identität des Hauser mit dem badischen Prinzen, denn weshalb sonst Attentat, wenn Opfer nicht ›von hoher Geburt‹ und welche andere ›hohe Geburt‹, wenn nicht badische? Nach 1829, vor Abfassung seiner Broschüre Ende 1831 erhielt Feuerbach die Abschrift von Daumers Notizen.[49] Die jüngsten dieser (mehreren hundert) Notizblätter sind 1830 datiert. Diese Notizblätter sind viel überzeugender als die darnach gearbeiteten Daumerschen *Mitteilungen über Kaspar Hauser,* 2 Hefte 1832, (ich habe diese Abschriften von Herrn Feuerbach/Lindau erhalten). Einzelne Stücke sind ihrem Inhalt nach unerfindbar, alle tragen den Stempel der Wahrheit unverkennbar in sich (Daumer erscheint *hier* keineswegs als der ›Phantast‹, als der er verrufen ist!), und ich glaube, daß diese ›Notizen‹ die Überzeugung Feuerbachs von der ›Wahrheit‹ Hausers endgültig befestigt haben.

Nun setzen die Erörterungen in der Fachpresse ein: Für Hauser Hitzig in den *Annalen*[50], gegen Hauser bei der Konkurrenz Merker in seinen *Beiträgen*[51]. Merker war schon von vornherein verärgert worden: Sein Antrag

Feuerbach bezieht sich auf einen anonymen Brief vom 13. Dezember des Vorjahres, aus dem er bezüglich der badischen Abstammung referierend von einer »schon damals leise umhergetragenen, jedes juridisch tatsächlichen Anhaltspunktes ermangelnden, romantischen Sage« spricht. »Romantisch« hier in der üblichen Begriffsbedeutung der Zeit. Das Klassische und Romantische steht für Antike und Moderne.

48) *Alles und Neues zur Kaspar-Hauser-Frage.* In memoriam Adolf Bartning aus dem literarischen Nachlaß des Verstorbenen herausgegeben von Frau Luise Bartning (und Hermann Pies). Ansbach 1930.

49) Feuerbach erhielt die Notizen bereits am 20. Juli 1830.

50) *Annalen für deutsche und ausländische Kriminalrechtspflege.* A.a.O. Siehe auch S. 277.

51) *Beiträge zur Erleichterung des Gelingens der praktischen Polizei,* hrsg. von Johann Friedrich Karl Merker, Polizeirat im preußischen Ministerium des Inneren und der Polizei.

auf Akteneinsicht, gerichtet an den Bürgermeister Binder, von diesem weitergegeben an das Stadtgericht (1829), war von letzterem abschlägig beschieden worden (weil laufendes Verfahren), Hitzig dagegen schöpfte aus dem vollen! (Die Sache wuchs sich so aus, daß Merker auf Requisition der Nürnberger Behörde sogar in Berlin regulär vernommen wurde und dabei keinerlei konkrete Anschuldigungen gegen Hauser vorbringen konnte.) Feuerbachs ›Aktenstücke‹[52] gaben den *Annalen* schlagendes Material gegen den Konkurrenten, und Merker war vorerst erledigt. Nun kam Feuerbachs erschöpfende Broschüre[53], die den Fall für jeden Uninteressierten, Unparteiischen endgültig klarlegte. Für Feuerbach war es natürlich klar, daß es sich um ein ›Rätsel‹ handelte, daß es eben die Eigenschaft des Rätels ist — rätselhaft zu sein! Für den ›feinriechenden‹[54] Polizeimann Merker gab es dagegen (verständlicherweise) keine ›Rätsel‹: Auch heute gibt es ja für den engagierten Polizisten nur zwei Sorten von Menschen, Verbrecher und solche, denen man nichts nachweisen kann! Zudem zeigen sich in Feuerbachs Schrift natürlich auch ›Fehler‹[55], wie z.B. die Geschichte von Hausers ›angeborener Reitfähigkeit‹, und manches andere, das für den Skeptiker genügend Angriffsflächen bot. (Um den Fall Merker abzuschließen: Nach Feuerbachs Tod lieferte Stanhope seine und des Lehrers Meyer ›Materialien‹[56] an Merker und dieser konnte im Tone lauten Triumphes der staunenden Mitwelt verkünden, der Fall Hauser ist nunmehr endgültig

52) *Einige wichtige Aktenstücke den unglücklichen Findling Kaspar Hauser betreffend.* Zur Berichtigung des Urteils des Publikums über denselben mitgetheilt vom Staatsrath und Appellationsgerichtspräsidenten von Feuerbach in Ansbach für Hitzigs *Annalen der deutschen und ausländischen Kriminalrechtspflege.* Berlin 1831.

53) *Beispiel eines Verbrechens am Seelenleben des Menschen.* Ansbach 1832. A.a.O.

54) Siehe S. 67 dieser Ausgabe.

55) Siehe S. 220 in G. F. Daumer, *Kaspar Hauser. Sein Wesen, seine Unschuld ...* A.a.O.

56) *Wichtige Aufklärungen über Kaspar Hausers Geschichte durch den Grafen Stanhope dem Polizeirat Merker mitgeteilt.* Berlin 1834.

geklärt zu meinen Gunsten! Leider konnte ihm der Tote keins mehr draufgeben!)

Der Abschluß der Feuerbachschen Tätigkeit für Hauser war das *Mémoire*[57]. Natürlich lassen sich konkrete Beweise für ein solches ›Staatsverbrechen‹ nur schwer, vielleicht überhaupt nicht finden! (Von der ›Flaschenpostgeschichte‹ übrigens wußte Feuerbach.)[58] Von der ›Gefährlichkeit‹ seiner Mission war er ebenfalls überzeugt. (Schon früher hatte er Furcht vor ›Gift und Dolchen‹, wie ich an einer Stelle im biographischen Nachlaßwerk von Ludwig gelesen habe!)[59]

57) Am 27. Januar 1832 hatte Feuerbach der Königinwitwe Karoline von Bayern ein *Memoire über Kaspar Hauser* übergeben lassen, in dem er von einem Majestätsverbrechen spricht, begangen im Hause Baden. (Siehe S. 97 dieser Ausgabe und S. 172 ff. in Mayer/ Tradowsky, *Kaspar Hauser. Das Kind von Europa.* A. a. O.).

58) Die sogenannte Flaschenpost wurde am 22. September 1816 im Rhein bei Großkemps gefunden. Sie wurde im *Moniteur,* Paris, und in der *Vossischen Zeitung,* Berlin, abgedruckt. Der erste Abdruck im *Moniteur* enthielt außer einer falschen Monatsangabe, die auf September hätte lauten müssen, noch einen irreführenden Übertragungsfehler im lateinischen Text und infolgedessen auch in der französischen Übersetzung, weil es statt des lateinischen »folio« »solio« heißen muß, sich also nicht um ein (franz.) »feuille« (Blatt), sondern um »solio« (Thron) handelt. Feuerbach kannte die Auflösung des Anagramms nicht. Erst 1926 gelang es aufgrund einer Veröffentlichung des Polizeidirektors Dr. Lud-

wig Wagler innerhalb weniger Tage, und zwar völlig unabhängig voneinander, dem Arzt Dr. Prager und dem Studienassessor Rudolf Helbing das Anagramm *S. Hanes Sprancio* als »Sein Sohn Caspar« zu dechiffrieren. Der Verfasser des Anagramms mußte also gewußt haben, daß der Sohn der Großherzogin Stephanie diesen Namen erhalten sollte; ein Wissen, das nur aus dem unmittelbaren Umkreis der Familie stammen konnte (s. auch S. 760–768 in Mayer/Tradowsky, *Kaspar Hauser. Das Kind von Europa,* A. a. O.).

59) Brief an den Vater vom 19. März 1811: ». . . teils meine sehr bedenkliche politische Lage, wobei ich nicht einmal meines Lebens vor Mörderhänden sicher bin . . . Ich gehe abends nicht auf die Straßen, noch bei Tage in entfernteste Gegenden des Parkes ohne die Begleitung meines Bedienten und ohne zwei gut geladene Terzerole und einen tüchtigen Degen in meinem Rocke.« (Ludwig Feuerbach, *Anselm Ritter von Feuerbachs Leben und Wirken.* Bd. 1. A. a. O.).

Eine Zurücknahme des Inhalts des Mémoires ist niemals erfolgt. Kurz: Feuerbach hatte bis an sein Lebensende ein wohl abgerundetes und wohlbegründetes Bild von Hausers Leben und Schicksal. Was ist nun gegen Feuerbach eingewendet worden?

Da muß man die Einwände gegen Hauser den ›Findling‹ und gegen Hauser den ›Prinzen‹ genau auseinanderhalten.

1. Feuerbach habe einen ›Roman‹[60] geschrieben. Dieser Vorwurf stammt von Stanhope. Aus zahlreichen Gründen, die ich an verschiedenen Stellen meiner Hauser-Bücher dargelegt habe, glaube ich Äußerungen Stanhopes nur insoweit, als sie anderweitig belegt sind.

Feuerbach war gegen Ende seines Lebens stets krank, sogar geistesgestört. Die ganzen Briefe, von Ludwig gesammelt, beweisen, daß er sein ganzes Leben hindurch von Krankheit geplagt war. Ich habe Dutzende von Belegstellen gesammelt! Der beste Beweis für das Gegenteil ist aber sein Werk selbst. Gerade über sein Hauser-Werk sagt Merker (ich zitiere nach dem Gedächtnis): Schon immer hat Feuerbach hinreißend geschrieben, hier hat er überzeugend geschrieben!

Feuerbach hat selbst sein Werkchen schlecht gemacht.[61] Das ist aber eine bei Autoren weitverbreitete Tugend oder Untugend. Andererseits habe ich auch eine Briefstelle gefunden, wo er im Gegenteil sein Opus sehr lobt! Mit der Selbstbezichtigung ist es also nichts!

60) Verleumderischer Brief Stanhopes vom 12. 4. 1834 an den König von Bayern (Abschrift im Archiv des Autors) mit einer erfundenen Aussage Feuerbachs: »Ich habe erfahren, daß er gegen Ende seines Lebens Zweifel an der Geschichte äußerte und sagte: ›Vielleicht hat Feuerbach in seinen alten Tagen einen Roman geschrieben.‹« Wiederholungen in: *Materialien zur Geschichte Kaspar Hausers*, gesammelt und herausgegeben von dem Grafen Stanhope. Heidelberg 1835.

61) Siehe die Briefzitate auf den Seiten 286 ff.

Feuerbach hat sich ja selbst über Hauser abfällig geäußert! Ja, wer hätte das nicht einmal über seine Mitmenschen getan! Ein Zweifel an Hausers ›Echtheit‹ ist das sicher nicht! Daß ihm Hauser manche Scherereien gemacht hat (wie auch Daumer und Tucher) ist klar!

2. Betrifft Prinzentum. Ja, das war eine gefährliche Geschichte, wenigstens hat sie Feuerbach für gefährlich gehalten, wie ohne weiteres aus dem Begleitbrief an Schmidt[62] hervorgeht. Da hatte er sicher keine Lust, irgendwelchen Fremden seine geheimen Gedanken zu offenbaren! So ist der Briefwechsel Feuerbach — Eberhard (Gotha)[63] zu erklären. Schon aus dienstlichen Gründen mußte Feuerbach alles recherchieren, was irgend von Belang ihm unterbreitet wurde: Natürlich auch die Anzeige Eberhards.[64] Hätte er diesem schreiben können: Mein lieber Herr, Sie befinden sich auf dem Holzweg!? Es ist bereits von einem Verteidiger Feuerbachs gedruckt worden, daß der ganze Stil des Briefes deutlich Feuerbachs Ironie verrate. Speziell die Stelle von dem ›Kanonikus *en miniature*‹[65] verrate diese Ironie. Das ist mir sehr einleuchtend! Noch beweisender scheint mir

---

62) Schreiben vom Februar 1832 an den Hof- und Kabinettsprediger Friedrich Ludwig v. Schmidt, der als enger Vertrauter der Königinwitwe Karoline von Bayern die Übergabe des *Geheimen Memoires über Kaspar Hauser* während einer durch ihn erwirkten Privataudienz ermöglichte. »Das Vertrauen auf heiliges Königswort gewährt mir sichere Bürgschaft und Beruhigung gegen die Gefahren, welche unter anderer Voraussetzung Mitteilungen solcher Art unvermeidlich über mein Haupt zusammenhäufen würden.«

63) F. R. Eberhard, herzoglicher Polizeirat in Gotha, »die feinste Polizeispürnase jener Zeit«.

64) Eberhard hatte die Selbstoffenbarung der Hofbediensteten Dorothea Königsheim angezeigt, wonach sie mit dem 10 Jahre zuvor verstorbenen Domherrn Philipp v. Guttenberg ein Kind gehabt habe, das ihr nach der Entbindung abgenommen und später für tot erklärt worden sei. Dieses Kind sei in Wahrheit Kaspar Hauser. Feuerbach mußte von Amts wegen der Sache nachgehen.

folgender Gegengrund: Wenn Feuerbach die Sache ernst genommen hätte, dann hätte er doch die Ergebnisse der Recherchen abgewartet, (die ja dann auch negativ ausfielen!)[66], ehe er seine so pompös in seinem Buch ausgesprochene Meinung von ›den hochgewaltigen Kolossen, die vor goldenen Toren Wache stehen‹ usw. aufgab.[67]

Bezeichnend ist, daß alle Vorwürfe gegen Feuerbach immer wieder als ganz neue ›Tatsachen‹ ausgegraben werden! Schon Merker hatte dank der stillen und weniger stillen Mitarbeit Stanhopes in dem Feldzug gegen Feuerbach alle diese Gegenargumente (von dem *Mémoire* wußte er nichts, aber er polemisierte gegen die Stelle im *Seelenleben*[68], die die Prinzentheorie wie-

65) Feuerbach nimmt mit dem ihm eigenen Sarkasmus auf die angeblich klerikale Vaterschaft in seinem Brief vom 29. 12. 1832 an Eberhard Bezug: »Merkwürdig ist auch in dieser Beziehung Kaspars Physiognomie und ganze Haltung, welche ganz der unverkennbaren Eigentümlichkeit katholischer Geistlichkeit entspricht, welches von mir nicht nur, sondern von vielen anderen Personen bemerkt worden ist und in dem sehr sprechenden Pastellgemälde, welches ich von ihm besitze, am unverkennbarsten aber in seinem persönlichen Erscheinen sich aufdrängt. Er ist gleichsam wie ein Kanonikus oder Domprobst *en miniature,* an dem man kaum die Tonsur vermißt.«

66) Feuerbach hatte eine Gegenüberstellung Hauser – Königsheim veranlaßt, die aber am 18. Januar 1833 in Gotha ergebnislos verlief. »Die vermutliche Mutter und der an-

gebliche Sohn wurden einander vorgestellt, ohne darauf vorbereitet zu sein; man stellte bei ihnen keinerlei Bewegung fest, keinerlei Regung der Natur.« Währenddessen war bei Feuerbach in Ansbach der amtliche Totenschein für das Kind Königsheim eingetroffen und somit der Vorgang abgeschlossen.

67) Anselm v. Feuerbach, *Beispiel eines Verbrechens am Seelenleben des Menschen.* Siehe S. 87f. dieser Ausgabe.

68) Gemeint ist Feuerbachs *Beispiel eines Verbrechens am Seelenleben des Menschen.* — Die Polemik Merkers in seinem Buch *Caspar Hauser nicht unwahrscheinlich ein Betrüger,* Berlin 1830: »Niemand weiß von *Caspar Hauser* mehr, als was er selbst über sich kund gegeben hat; ihn drückt kein Mangel, er hat sich der liebevollsten Pflege zu erfreuen, und dennoch steht man schon auf dem Punkt, für diesen *Unbekannten* die Wohltätigkeit von ganz Europa in Anspruch zu

dergibt.)[69] Damals war das Gedächtnis des großen Toten noch zu glänzend, als daß sie sein Andenken hätten beschmutzen können. Sie wurden restlos vergessen! Auch Julius Meyer, der sich noch sehr gemäßigt (weil er sonst gleich erledigt gewesen wäre) ausdrückt, hatte nicht viel Erfolg. Mehr hatte Mittelstädt[70], der die Merkerschen Argumente wieder ohne Ahnung von Meyer auskramt, dank des Ballastes von Urkunden, der seinen Anklagen in den Augen Uninformierter Gewicht zu verleihen schien. Van der Linde[71] haut in dieselbe Kerbe. Von dem Uninformiertesten aller Uninformierten, Engel[72], dem ahnungslosen Engel, ganz zu schweigen! So konnte sich dann in die Literatur über Feuerbach, die Universitätsreden bei Gelegenheit seines 100jährigen Geburtstages, Todestages usw. die Version einschleichen: Aber gelegentlich Kaspar Hauser hat er doch geirrt! Und seinen Irrtum auch zugegeben usw.

Nein! Ich möchte feststellen: Geirrt kann Feuerbach haben! Jeder Mensch irrt! Geirrt kann er im Fall Hauser ebenso haben, wie er in den übrigen von ihm im Ver-

nehmen. Er *könnte* einer großen Familie angehören, und man will ihm das, was muthmaßlich ihm geraubt worden ist, ersetzen. Oder welche andere Gründe hat man für diese außerordentlichen Schritte?«

69) A.a.O. Siehe S. 35–43 sowie 78f. und 87f. dieser Ausgabe.

70) Dr. Otto Mittelstädt, Reichsstaatsanwalt in Hamburg, Autor eines radikal verurteilenden, durch badische Ministerien geförderten Buches: *Kaspar Hauser und sein badisches Prinzentum.* Heidelberg 1876.

71) Prof. Dr. Antonius van der Linde, Sektenprediger aus Amsterdam, später badischer Bibliotheksdirektor, Verfasser unter anderem eines zweibändigen polemischen Werkes zur Kaspar-Hauser-Frage, das durch Großherzog Friedrich I. von Baden persönlich gefördert wurde: *Kaspar Hauser. Eine neugeschichtliche Legende.* Wiesbaden 1887.

72) Prof. Dr. Eduard Engel, Verfasser zahlreicher Werke zur Literaturwissenschaft, hatte im hohen Alter ein allgemein als unsachlich eingestuftes Buch über Kaspar Hauser verfaßt, das überdies auf gefälschten Quellen beruhte: *Kaspar Hauser. Schwindler oder Prinz?* Berlin/Hamburg 1931.

lauf seines tatenreichen und gedankenreichen Lebens und Schreibens geirrt haben kann. Aber *mehr* hat er auch im Fall Hauser nicht geirrt! Vor allem liegt nirgendwo eine Zurücknahme seiner Hauser-Ansichten vor. Feststeht, daß von mehr oder weniger interessierter Seite immer wieder versucht wurde, Feuerbachs Hauser-Ansichten auf alle Weise ›madig‹ zu machen. Der tiefere psychologische Grund dafür ist mir auch klar: Es gibt zwei Sorten von Menschen auf der Welt: Die einen sind, wie Feuerbach, für Abschaffung der Tortur[73] (und schaffen sie, wie Feuerbach, ab, wenn sie groß und leistungsfähig sind!), die anderen sind für Einführung derselben Tortur, wie Mittelstädt[74] (nach dem bezeichnenden Zitat bei Kolb[75], 1883, S. 38 f.). Die einen lieben den Mythos (um dies einmal so auszudrücken) wie Feuerbach, Daumer usw., die anderen sehen in allem nur Lug und Trug!

Haben Sie, sehr geehrter Herr Professor, Nachsicht mit meinem langen Schreiben, dem Sie die Mängel des hastig Hingeworfenen nicht nachtragen wollen. Sehr

---

73) Am 19. August 1804 erhielt Feuerbach den Auftrag zur Ausarbeitung eines bayerischen Strafgesetzentwurfes. Im Zuge der Strafrechtsreform wurde auf seinen Antrag hin am 7. Juli 1806 die »peinliche Befragung« abgeschafft.

74) Vorschlag Mittelstädts im Juli 1883: »Die freie Verfügung über alle Mittel, welche den Gemütern der Menschen Furcht und Schrecken einzuflößen geeignet sind, ohne Rücksicht auf Leben und Gesundheit, Blut und Gliedmaßen der Missetäter; ohne Skrupel, ob und wie das Maß der verursachten Schmerzen, erregten Abscheu und Entsetzen auf den einzelnen, auf die Gesamtheit wirkt ... Der Gefangene soll rücksichtlos angespannt und erbarmungslos angetrieben werden,

ein Scharwerk jeglicher Art, soweit das Mark seiner Knochen und die Sehnen seines Fleisches es ertragen. Und er soll dies als grausame Pein empfinden, Körper und Seele sollen darunter leiden, aufstöhnen und zusammenbrechen, und jedermann soll wissen, daß dies die gerechte Ordnung dieser Welt sei ... Stehen nur erst wieder unsere Zuchthäuser ein paar Jahre unter dem Regime des Hungers und der Prügel, und es wird das heute gänzlich abhandene Gefühl, Strafe sei Schmach und Schande, auch wieder lebendig werden.«

75) G. F. Kolb, *Kaspar Hauser. Ältere und neuere Beiträge zur Aufhellung der Geschichte des Unglücklichen.* Regensburg 1883.

interessieren wird mich der Gesamtinhalt Ihres Buches, dem ich ein baldiges Erscheinen und großen Erfolg wünsche für Sie und das Gedenken eines großen Toten.«

Radbruch vermag nach der Piesschen Kritik anzuerkennen, daß sich in seiner Arbeit ein skeptischer Unterton eingeschlichen hat, der so nicht beabsichtigt war, und überarbeitet nochmals sein Manuskript. Darüber hinaus kommt es noch zu zwei bemerkenswerten Aussagen. Durch Pies indirekt vor die Entscheidung gestellt, sich für oder gegen Hauser zu erklären, bezieht Radbruch in seiner Antwort vom 27. 4. 1934[76] Position:

»Ich neige aber eher zur Hauser-Gläubigkeit. Sie haben ganz recht: Die verschiedene Reaktion in der Hausersache kennzeichnet zwei Menschentypen — und ich rechne mich, wenn die Frage *so* gestellt wird, ganz entschieden zu dem einen.«

Auch auf die Frage, ob Feuerbach auf seine alten Tage geirrt haben könnte, finden wir eine Antwort: »So müssen meine Ausführungen die Hauptfrage in der Schwebe lassen und sich nur bemühen, Feuerbachs Haltung verständlich zu machen, auch für den Fall, daß er geirrt haben sollte. Da stellt sich dann beim Lesen allzuleicht die Vorstellung ein, ich meine, Feuerbach habe wirklich geirrt, und gerade Ihre Bemerkungen zeigen mir, daß manche Wendungen noch anders gefaßt werden müssen. Sie werden hoffentlich bei der Lektüre des fertigen Buches den Einfluß Ihrer Ausführungen auf die endgültige Fassung bemerken können. Jedenfalls bin ich Ihnen von Herzen dankbar.«

Prof. Dr. Hermann Pies starb am 11. Juli 1983. Er vermachte mir seinen wissenschaftlichen Nachlaß, in dem sich auch die Abschrift der Daumerschen Materialien befindet.

Im März 1994 besuchte mich Professor Dr. Jeffrey M. Masson aus Kalifornien. Von einem amerikanischen Verlag beauftragt, eine kommentierte Ausgabe von

76) Archiv des Autors.

Feuerbachs *Beispiel eines Verbrechens am Seelenleben des Menschen* zu besorgen, bewegten sich unsere Gespräche auch um die Genesis des berühmten Buches, für das die Daumerschen Aufzeichnungen von grundlegender Bedeutung waren. Jeffrey Massons Initiative ist es zu danken, die Daumerschen Materialien Hans Magnus Enzensberger für eine Veröffentlichung vorzuschlagen, der seinerseits nicht zögerte, sie in die vorliegende Edition aufzunehmen.

Anselm Johann Ludwig Feuerbach Hinwegschaffung von Persönlichkeiten

---

(1908)

Vorbemerkung

Anselm Johann Ludwig Feuerbach berichtet über drei unnatürliche Todesfälle — Vater, Onkel, Großvater —, die in einen inneren Zusammenhang mit der Kaspar-Hauser-Frage gestellt werden. Dem ist gelegentlich mit der Vermutung widersprochen worden, die frühen Tode seien konstitutions- und erbbedingt und somit unverdächtig. Die erreichten Lebensalter der Familienmitglieder vor und nach dieser Zeit lassen diesen Schluß aber nicht zu, so daß die Frage immer noch berechtigt ist, ob die überlieferten Umstände Ausdruck einer immanenten Tragödie oder Resultat einer historischen Konstellation waren. Ob die Todesursachen natürlich waren oder nicht oder ob entsprechende Erbanlagen einzubeziehen sind, könnte allenfalls ein wissenschaftliches Gutachten abschließend feststellen.

Familien haben ihre Geschichte, berühmte oft eine besondere. Die Hochbegabungen der Feuerbachs, die über Jahrhunderte nachgewiesen sind, organisierten sich über die Generationen hinweg, bemerkenswerterweise nicht zur Talentfamilie wie etwa die Bachs, Tizians oder Bernoullis, bei denen sich musikalische, malerische oder mathematische Begabungen zur Vollendung steigern und wieder abbrechen, sondern zu einer gegensätzlichen Vielfalt, wie dies der Autor der nachstehenden Betrach-

tung über die »Hinwegschaffung von Persönlichkeiten«
sicher nicht unabsichtlich am Rande seines Resümees
anklingen läßt. In der Ahnengemeinschaft der Familie
finden sich Fürsten und Handwerker, kaiserliche Notare
und Bierbrauer, Künstler, Wissenschaftler und Beamte
in Fülle und bunter Mischung, wie das etwa auf der pro-
minenten Seite Veit Stoss, Ernst August Herzog von
Sachsen Weimar, die zweifache Verbindung zu Goethe
oder Ernst Haeckel belegen.

Der Verfasser der Studie, Anselm Johann Ludwig
Feuerbach (1842–1916), Dr. med., königlich-bayerischer
Generaloberarzt, trat nach dem Studium der Medizin in
die bayerische Armee ein. Er war Teilnehmer am Krieg
von 1866 (Bayern/Österreich gegen Preußen) mit Ein-
satz in der Schlacht von Königgrätz; danach tat er
Dienst im Stab als Arzt des 3. Jägerbataillons in Eich-
stätt und nahm 1870/71 an den Schlachten Wörth,
Sedan und an der Belagerung von Paris teil. 1897 nahm
er seinen Abschied aus dem aktiven Sanitätsdienst als
charakterisierter Generaloberarzt. Bis 1914 wurde er in
der Rangliste der bayerischen Armee weitergeführt. Er
war verheiratet mit Julie Boos, hatte zwei Kinder, war
Sprecher der Familie und lebte in München.

Wie fast alle Familienmitglieder hat sich auch er mit
der weitverzweigten Kaspar-Hauser-Frage befaßt. Sein
Vater Eduard August Feuerbach (1803–1842), Professor
der Rechte in Erlangen, war seinerseits der dritte Sohn
des berühmten Gerichtspräsidenten.

Die vorliegende Studie »Hinwegschaffung von Persönlichkeiten« ist Teil einer größeren privaten Arbeit, die
sich mit Teilaspekten der Kaspar-Hauser-Frage befaßt.
Sie wurde Anfang 1906 begonnen und im März 1908
abgeschlossen. Sie blieb unbearbeitet und war nicht für
den Druck bestimmt, so daß die mangelnde Stringenz
einzelner Partien verständlich ist. Auch allzu private
Ausschmückungen und Hinweise sind unter dem Blick-
winkel der familiären Erinnerung zu würdigen. Gerade
weil die Aufzeichnungen weder für den kritischen Leser,
geschweige eine Veröffentlichung gedacht waren, können
sich die Einschätzungen der damaligen Familie und das

Urteil des Autors als medizinischem Fachmann um so rückhaltloser aussprechen.

Vereinzelt stützen sich bestimmte Überlegungen und Argumente auf Quellen, die im Augenblick der Niederschrift ihre Gültigkeit noch besaßen, andere mit größerem Gewicht dagegen waren noch nicht zugänglich. So stellt die private Niederschrift eine auf den Untersuchungszeitraum bezogene Momentaufnahme dar, der ein allzu kritischer Maßstab nicht gerecht werden könnte. Sie ist aber ein Dokument, das die tiefe Irritation einer bedeutenden Familie gegenüber einem tatsächlichen Schicksalsverlauf widerspiegelt.

Das heute nicht mehr vollständig erhaltene handschriftliche Manuskript besteht aus einigen hundert, zum überwiegenden Teil numerierten Zetteln im Format 10 × 16 cm, auf denen Disposition und Durchführung der Studie festgehalten sind. Sie befanden sich, wie die »Daumerschen Materialien« auch, in dem mir übergebenen wissenschaftlichen Nachlaß von Hermann Pies, der die maschinenschriftliche Übertragung in den Jahren 1933/34 auf der Grundlage der damals noch vollständigen Vorlagen besorgt hat.

Johannes Mayer

Hinwegschaffung von Persönlichkeiten

Appellationsgerichtspräsident von Feuerbach (1775 bis 1833) in Ansbach, der die Untersuchung in der Sache Hauser zu leiten hatte, befand sich mit seiner zweiten Tochter Eleonore (1809–1885)[1] und seinem Bedienten[2] bei seiner Schwester Rebecca[3] geb. 5. V. 1782 in Frankfurt a/M zu Besuch. Am 27. Mai 1833 einem Pfingst-

---

1) Rosina Eleonora Feuerbach (1809–1885), genannt Leonore, lebte unverehelicht zusammen mit Elisa Wilhelmina Therese Feuerbach (1813 bis 1883), »Elise«, in Nürnberg.

2) Frühwalt, Vorname und Lebensdaten unbekannt.

3) Rebekka Magdalena Feuerbach (1782–1849), verheiratet mit dem Kaufmann Johann Leonhard Ruland in Frankfurt a. M. Anselm von Feuerbach wurde im Rulandschen Familiengrab in Frankfurt beigesetzt.

montag machte er in Gesellschaft des badischen Abgeordneten Welcker[4], dessen Frau und Schwester sowie der eigenen Tochter eine Spazierfahrt nach Königstein, 2 Meilen von Frankfurt. Unterwegs um 10 Uhr frühstückte die Gesellschaft auf einer an der Straße gelegenen Wiese[5]. Dabei wurde ihm nach der Familientradition von seinem Bedienten ein Glas Wein verabreicht. Dieser soll später im Besitze einer Wirtschaft in Ansbach gewesen sein. Am 26. Mai 1828, am Pfingstmontag, kam Kaspar Hauser nach Nürnberg, am 14. Dezember 1833 erfolgte das Attentat mit nachfolgendem Tode Hausers im Hofgarten zu Ansbach. Feuerbach der scharfsinnige Jurist mußte aber vorher beseitigt werden. Der zweite Pfingsttag — so fängt das Buch Feuerbachs über Kaspar Hauser an, das im Januar 1832 erschienen ist. Da man zugleich unter allen Umständen abschrecken wollte, so hat man offenbar absichtlich den Pfingstmontag zur Ausführung der Tat gewählt, wie bei seinem Sohne

4) Karl Theodor Welcker (1790–1869), badischer Geheimrat, Professor der Rechte in Gießen, Kiel, Heidelberg und Bonn, als Führer der süddeutschen Liberalen 1831 Abgeordneter in der badischen Kammer. Welcker erklärte am 30. August 1857 in Zürich dem badischen Bundestagsabgeordneten Georg Friedrich Kolb (1808–1884) unter anderem, »es sei seine innige Überzeugung, daß Hauser wirklich der Älteste des Großherzogs Karl und der Stephanie gewesen sei«, und unter Hinweis auf Feuerbachs Recherchen:»Wenn schon die wenigen Indizien, welche Feuerbach vorlagen, den Scharfsinn des letzteren zu dem Schlusse führten, Hauser sei Stephanies Sohn gewesen, so sehen Sie, auf welchen zahlreichen und gewichtigeren Tatsachen meine Meinung beruht. Er fügte bei: als die Sache von Hauser bekanntgeworden, hätten außer ihm verschiedene, darunter sehr monarchisch gesinnte badische Abgeordnete sich in ihrem Gewissen tief beunruhigt gefühlt, ob sie den Großherzog Leopold anerkennen dürften, während alles darauf hindeutete, daß der Sohn des Großherzogs Karl als Kaspar Hauser noch lebe« (s. hierzu auch Johannes Mayer, *Philip Henry Lord Stanhope. Der Gegenspieler Kaspar Hausers.* Stuttgart 1988).

5) Es handelt sich um den »Rulandschen Garten« nebst Gartenhaus vor dem Allerheiligentor in Frankfurt. Er gehörte der Schwester des Gerichtspräsidenten Anselm von Feuerbach, Rebekka Magdalena.

Eduard[6] den Tag nach Palmsonntag, seinem Verlobungstag. Feuerbach schrieb in seiner Krankheit, nachdem die Sprache und die ganze linke Seite bei vollem Bewußtsein bereits gelähmt, auch der Leib äußerst schmerzhaft und aufgetrieben war, mit Bleistift auf schmale Zettel; darunter war auch einer des Inhalts »man hat mir etwas gegeben«. (Der Zettel war ähnliches Papier wie das für seine Aufzeichnungen zu seinem Kaspar Hauser Buch benutzte, quer in 4 Teile zerlegt, etwa $17 \times 2,5$ cm groß.) Er verschied am darauffolgenden Mittwoch den 29. Mai früh ¼ auf 2 Uhr,[7] nicht ganz 40 Stunden nach dem Genuß des Weins.

Nach Hickel[8] befand sich Lord Stanhope zur Zeit des Todes des Präsidenten in Frankfurt a. M.[9] Sicher, er ist da! Der edle Lord! gleichwie bei dem Mordversuch 1829 in Nürnberg,[10] ebenso bei dem Attentat auf Kaspar Hauser 1833. Er war aber bei dem letzteren nicht in Ansbach, sondern in Garching bei München[11], um nach

6) Eduard August Feuerbach (1803–1843), dritter Sohn des Gerichtspräsidenten, Professor der Rechte in Erlangen. Vater des Autors der vorliegenden Studie.

7) Die amtliche Sterbeurkunde beglaubigt als Zeitpunkt »morgens 2 Uhr«.

8) In: *Kaspar Hauser. Hinterlassenes Manuskript von Joseph Hickel,* Ansbach 1881.

9) Stanhope befand sich, von Köln kommend, am Mittwoch, dem 29. Mai 1883, dem Todestag Anselm von Feuerbachs, nicht in Frankfurt, sondern in Andernach. Erst am 9. Juli 1833 erreichte er Frankfurt und erfuhr anläßlich einer Unterredung mit Staatsrat J. L. von Klüber sen. (1762–1837) vom Tod des Gerichtspräsidenten (s. auch Johannes Mayer, *Philip Henry Lord Stanhope.* A.a.O.).

10) Stanhope befand sich auf einer Reise, die ihn zunächst von Wien nach Preßburg führte, mit anschließender Weiterfahrt in den süddeutschen Raum. Unterwegs erfuhr er vom Mordanschlag auf Kaspar Hauser vom 17. Oktober 1829 und eilte in nur fünf Tagesetappen nach Nürnberg, wo er am 21. Oktober eintraf (s. auch Johannes Mayer, *Philip Henry Lord Stanhope,* A.a.O.).

11) Der Aufenthalt in Garching bei München am 24. 12. 1833 war kalkuliert. Stanhope, von Wien kommend, hatte den Vollzug des zweiten Mordanschlags auf Kaspar Hauser während seiner Reise erwartet. Für ihn ging es darum, zwischen Mordanschlag (14. 12.) und eingetretenem Tod (17. 12.) sowie seiner Ankunft in München (25. 12.) einen möglichst großen zeitlichen Abstand ein-

erhaltener Nachricht von dem Tode Kaspar Hausers sofort an den Hof zu eilen, nicht aus Kummer um Hauser, sondern aus Sorge für die Mörder. Die Königinwitwe Karoline[12] soll ihn damals direkt des Mordes beschuldigt haben.[13]

Die jüngste Tochter des Kriminalisten Elise[14] geb. in München teilte mir in einem Briefe vom 6. Januar 1883 mit, sie starb am 19. Dezember desselben Jahres: »Vater hatte bei dem ersten Unwohlsein was ihn bei Gericht befiel (3. April 1829) wie bei der Partie nach Königstein kein Erbrechen. Er hatte einen furchtbaren Todeskampf, furchtbare Schmerzen. Sprechen konnte er nicht mehr; doch war er (bis zuletzt) bei Besinnung. Sein Leib war im Tode sehr hoch geschwollen. Der Arzt lebt nicht mehr. Die wenigen Worte, die Vater schrieb in den letzten Stunden sollst Du bekommen. Darf ich sie wohl der Post anvertrauen? Es war mit Bleistift geschrieben. In alter Liebe Deine Elise.«

Den Zettel habe ich nicht erhalten, aber schon früher gelesen. Er enthielt die Worte: »Man hat mir etwas

treten zu lassen, um einen denkbaren Tatzusammenhang zu verdecken. Erst nachdem in Garching der Tod Hausers in der Zeitschrift *Der Bayerische Landbote* als amtliche Bekanntmachung zu lesen war, eilte er in wenigen Stunden nach München und gab dort am 25. 12., fünf Tage nach dessen Bestattung in Ansbach, einen auf den 17. 12. rückdatierten Brief an ihn auf, in dem er sich in überschwenglichen Worten auf ein baldiges Wiedersehen freute (s. auch Johannes Mayer, *Philip Henry Lord Stanhope.* A.a.O.).

12) Karoline Friederike Wilhelmine (1776–1841) war die zweite Frau König Maximilians von Bayern. Als Prinzessin aus dem Hause Baden, Schwester Großherzog Karls von Baden, des Vaters von Kaspar Hauser, war sie mit letzterem verwandt, was ihr Interesse und ihre nachhaltige Anteilnahme am Schicksal des Findlings erklärt. Sie war die Empfängerin des *Geheimen Memoires*, das Feuerbach über die Herkunft Kaspar Hausers verfaßt hatte.

13) Nach einer Audienz bei der Königinwitwe von Bayern, in der dieser Verdacht ihm gegenüber geäußert wurde, berichtet Stanhope eine verharmlosende Variante an den ehemaligen Spezialkurator Kaspar Hausers, Oberleutnant Joseph Hickel: »Unter anderen Gerüchten erzählt man sich, ich habe Hauser ermorden lassen.«

14) Siehe Anmerkung 1.

gegeben.« Dabei befand sich ein badischer Gulden mit dem Kopfe Großherzog Karls, dem Hauser sehr ähnlich sah.

Bei der Sektion wurden alle edlen Teile gesund befunden; die Ärzte erklärten es für einen Nervenschlag.

In seinem Testamente vom März 1833, da er seinen nahen Tod befürchtete, vermachte der Präsident seinem langjährigen Bedienten Frühwalt 50 Gulden. Seit dem Jahre 1828 war Feuerbach wiederholt von einem nicht eigentlichen Nervenschlag betroffen worden. Auch den Großherzog Karl hat man nicht mit einem Schlage entfernt. Man hatte dem Bedienten jedenfalls versichert, daß es dem Präsidenten gar nicht weiter schaden werde, es werde nur etwas rascher zu Ende gehen. Als der Bediente sah, was er angerichtet hatte, wäre er vor Entsetzen davon gelaufen und hätte sich anderthalb Tage lang nicht mehr sehen lassen. Der Präsident habe vor Schmerzen so gebrüllt, daß die Leute auf den Straßen stehen blieben. Auch wären seine Haare in einer Nacht grau geworden. Nach persönlicher Mitteilung der Henriette Feuerbach[15] im April 1884 (Mittwoch abds. d. 9. 4. 84 bei der Hofrätin[16] in Ansbach, Schalkhäuserstr. bei Büttner) der Frau des Archäologen Anselm, des ältesten Sohnes des Präsidenten, ist ihr Schwiegervater an Gift gestorben. Es hätte die Großherzogin Stephanie 1833 ihrer Kammerdame bereits einen neuen Shal gekauft gehabt, um mit ihr den Kaspar Hauser aufzusuchen. Auch habe diesmal (1833) der Großherzog Leopold seine Einwilligung zur Tötung Kaspar Hausers gegeben, nachdem die bloßen Andeutungen nichts mehr nützten. Die Hofrätin meinte damals (1884), daß das Gift in dem Kaffee enthalten war, den der Bediente Frühwalt bei der

15) Henriette Feuerbach, geb. Heydenreich (1812–1892), zweite Frau von Joseph Anselm Feuerbach (1798–1851), Professor der Archäologie in Freiburg. Der Bruder von Henriette ist der Ansbacher Arzt Wilhelm Heydenreich (1798 bis 1857), der die Erstversorgung der Stichverletzung an Kaspar Hauser vorgenommen und entgegen den ärztlichen Gutachten seiner Kollegen Albert und Horlacher deren tödlichen Charakter erkannt hatte.

16) Hofrätin: Henriette Feuerbach.

Ankunft in Königstein aus einem Wirtshaus brachte und zwar wahrscheinlich an die Chaise weil der Präsident sich kalt fühlte. Allein dieses Kältegefühl verbunden mit Unwohlsein war bereits eine Krankheitserscheinung, die immer erst nach einiger Zeit eintritt. Auch wären die Haare des Präsidenten, die schwach meliert waren, über Nacht ganz weiß geworden.

Feuerbach erlitt am 3. April 1829 nachdem er schon im März seinen Körper wunderlich seltsam werden fühlte, seinen ersten sogenannten Schlaganfall, bei dem aber das Bewußtsein erhalten blieb. Am darauffolgenden 17. Oktober aber fand der erste Mordversuch auf Hauser statt. Im Januar 1832 erschien Feuerbachs Buch über Kaspar Hauser, am folgenden 19. Februar überreichte Hickel in München das Memoire desselben.[17] Am 25. Juli 32 bekam Feuerbach einen zweiten ähnlichen Schlaganfall, den sein Hausarzt Dr. Albert[18] nicht einen eigentlichen sondern einen rheumatischen Schlaganfall nannte. (Ludwig Feuerbach, *Leben und Wirken des Kriminalisten Ritter Anselm v. Feuerbach.* Briefe an Elisa v. d. Recke, Ansbach d. 18. Juli 1829. 2. Bd. S. 296 u. 335 Anm. Leipzig, 1852.) Wir werden wohl nicht fehlgehen, wenn wir auch in diesen beiden Fällen eine Vergiftung annehmen und zwar fand diese das erste Mal bereits im März 1829 statt.

Der Archäologe Feuerbach[19] schreibt bezüglich seines Vaters und über Kaspar Hauser an seinen Bruder Eduard[20] von Speyer aus am 16. Oktober 1834: »Du kennst die unerwartete Wendung, welche die Hausersche

---

17) Siehe Anm. 12, 13; S. 97–109; S. 302, Anm. 57; S. 304 f.

18) Anspielung auf eine Fehldiagnose. Der Ansbacher Landgerichtsarzt und Homöopath Dr. Christian Wilhelm Albert wurde anläßlich des Mordanschlags von 1833 nach dem erstbehandelnden Chirurgen Heydenreich (Anm. 15) als Amtsarzt hinzugezogen. In völliger Verkennung des eingetretenen Zustandes — der Agonie des Patienten — gelangte er zu der Diagnose Gelbsucht und verordnete ein Brausepulver (Abführmittel). »Albert [so Henriette Feuerbach] hat meinem Bruder [Heydenreich] später gestanden, daß er diese Sache nie verwinden würde . . .«

19) Siehe Anmerkung 15.

20) Siehe Anmerkung 6.

Geschichte genommen hat.[21] Ein Zufall spielte mir die
3 gedruckten Schreiben Stanhopes[22] — die Merkersche
Broschüre in die Hand; dazu in neuester Zeit ein Artikel
im *Frankfurter Journal*, welcher besonders in Frankfurt
als entscheidend angesehen wird.[23] Was mich betrifft,

21) Nach seiner Ankunft
in München hatte sich Stanhope augenblicklich zum Gegner Kaspar Hausers gewandelt.
Galt er bis dahin als der »ge-
liebte Pflegevater« und »gütige
Menschenfreund«, der eine le-
benslange Sorgeverpflichtung
übernommen hatte, die auch
Schloß Chevening in der Graf-
schaft Kent als Wohnsitz für
Kaspar Hauser vorsah, so trat
er jetzt als dessen umsichtiger
Ankläger auf. Obschon keinerlei Ermittlungsergebnisse vorlagen, behauptete er aus nahe-
liegendem Grund unter anderem, es könne sich nur um
einen Selbstmord handeln. Am
3. Januar 1834 notierte sich
Königin Karoline von Bayern
in ihr Tagebuch: »Zum Diner
Lord Stanhope . . . immer über
den armen Hauser gesprochen
und die neue Wendung bei
Stanhope . . . sein schmäh-
licher Verdacht, als ob sich der
junge Mann den Stich selbst
beigebracht hätte . . .« (s. auch
Georg Friedrich Daumer, »Sein
[Stanhopes] anfängliches Be-
tragen in der Hauserischen
Angelegenheit und die rätsel-
hafte Umwandlung desselben
in das extreme Gegenteil«, in:
*Enthüllungen über Kaspar Hau-
ser*. Frankfurt 1859, und Georg
Friedrich Daumer, »Der eng-
lische Graf und seine unbegreifliche Metamorphose« in:
Kaspar Hauser, sein Wesen,

*seine Unschuld, seine Erduldun-
gen und sein Ursprung*. Regensburg 1873).
22) 1834 erschienen drei Broschüren, in denen je ein frei
erfundener Brief Stanhopes
veröffentlicht wurde. Allen
gemeinsam ist die Diskreditie-
rung Kaspar Hausers:
a. *Auszug eines Briefs des Grafen Stanhope an den Herrn
Schullehrer Meyer in Ans-
bach über den Tod von Kaspar
Hauser*. Carlsruhe: Buch-
druckerei von Wilhelm Hasper 1834.
b. *Auszug eines Briefs des Grafen Stanhope an den königl-
lich-bayerischen Gendarmerie-
Oberlieutnant Hickel*. Carlsruhe: Buchdruckerei von
Wilhelm Hasper 1834.
c. *Auszug eines Briefs des Grafen Stanhope an den königl-
lich-preußischen Herrn Poli-
zeyrath Merker in Berlin*.
Heidelberg: Georg Reichart
1834.
23) Beiträge im *Frankfurter
Journal* vom 21. und 31. 12.
1833 sowie 13. 1. 1834 über
»Kaspar Hausers Tod«, von
dem in Frankfurt lebenden
Staatsrat Johann Ludwig von
Klüber, dem Feuerbachs letzter
Besuch vor seinem Tod in
Frankfurt galt. Klüber trat
danach in die Funktionen ein,
die Feuerbach gegenüber Kaspar Hauser innehatte.

(doch dies nur sub rosa) bin ich durch die Merkerschen Schriften[24] selbst zweifelhaft geworden ... Ob es nicht Pflicht für uns wäre, namentlich für mich als den ältesten, öffentlich gegen Stanhope aufzutreten? Einzelne Äußerungen Stanhopes sind wirklich ehrenkränkend für den Vater ... Bitte mir recht bald und ausführlich deine Ansicht mitzuteilen; *doch ist große Vorsicht geboten,* (warum?) und ich muß durchaus darauf dringen, daß nichts öffentlich geschieht, z. B. von dem Brausekopf Ludwig[25], ehe ich davon unterrichtet bin ... Was ist Lochners (Prof. in Erlangen) Ansicht? Was des Advokaten Hofmann[26] in Ansbach? — Vor allem was die Deinige (über Hauser)? ...«

Wir kommen nun zu dem Tode des Sohnes Eduard[27] des Kriminalisten, der gleichfalls plötzlich und unter eigentümlichen Umständen erfolgte.

Eduard August Feuerbach geb. in Kiel am 1. Januar 1803, ordentlicher Professor der Rechte in Erlangen, war schon über drei Wochen im Schlosse Bruckberg[28] bei Ansbach mit seiner Familie bei seinen Schwiegereltern Adam und Luise Stadler geb. Löwe in den Osterferien zu Besuch. Er trank, wie täglich, am Montag, den 24. April 1843 nachmittags 4 Uhr in einer Damengesellschaft heiter und scherzend ein Glas Bier. Die junge Frau Professor Sidonie[29] hielt in ihrem schönen Zimmer zum Abschied eine Kaffeevisite, zu der außer den Verwandten auch die Frau Lehrer Lohr geladen war. Die

24) Johann Friedrich Karl Merker. *Wichtige Aufklärungen über Kaspar Hausers Geschichte durch den Grafen Stanhope dem Polizeirat Merker mitgeteilt.* Berlin 1834.

25) Ludwig Andreas Feuerbach (1804–1872), vierter Sohn des Gerichtspräsidenten, Theologe und Philosoph.

26) Andreas Hofmann, Hofrat und Jurist in Ansbach. Nach dem Tod Feuerbachs und nachdem sich Stanhope seinen Verpflichtungen entziehen wollte, Korrespondenzpartner von Klüber, insbesondere die Versorgungsfrage Kaspar Hausers betreffend.

27) Siehe Anmerkung 6.

28) Wohnsitz des Bruders Ludwig, in dem die Familie seiner Frau die »Ansbacher Porzellanmanufaktur« betreibt. 1860 Verkauf von Bruckberg.

29) Sidonie Feuerbach, geb. Stadler, Frau von Eduard Feuerbach, Mutter des Verfassers der Studie.

Universitätsferien neigten sich zu Ende, man wollte am Donnerstag noch einen kurzen Aufenthalt in Nürnberg bei der verwitweten Staatsrätin[30] und ihren 3 Töchtern nehmen und dann nach Erlangen zurückkehren. Eduard war der Lieblingssohn der Staatsrätin und der Stolz der Familie. Feuerbachs Wohnung im Schlosse befand sich im nördlichen Flügel über einer Stiege. Das Wohnzimmer mit einem Fenster lag gegen Norden, ein anstoßendes gleichgroßes gegen Süden, daneben gegen Westen und das Uhrtürmchen zu das schöne Zimmer mit zwei Fenstern. Die Wohnung hatte zwei Eingänge, einen nördlichen und einen südlichen, mit je einem langen schmalen Gang, wo sich noch Schlafzimmer, Kammern und die Küche befanden. Feuerbach trank sein Glas Bier in der schönen Stube am zweiten Fenster derselben, am sechsten vom Mittelbau gerechnet. Er beklagte sich scherzend, daß er keinen Kaffee bekommen; worauf seine Frau erwiderte: »Sie wissen ja, daß er keinen trinke.« Er ließ sich von seiner Schwägerin Luise Stadler Schwarzbrot und Gänsefett bringen. Das Bier brachte die Magd der Schwiegereltern Margaret, die noch lange bei diesen diente. Die eigene Magd Sabine befand sich bei den Kindern. Das Bier schenkte nach bestimmter späterer Angabe der Luise der Pächter der Schloßwirtschaft selbst ein bezw. holte es aus dem Keller. Engerer hatte die Wirtschaft schon zehn Jahre, war vorher als Wirt in Forsthof und pachtete zwei Jahre später die einträgliche Wirtschaft auf der alten Veste bei Fürth. Eduard war nun, wie sich die Frau Professor auszudrükken pflegte, auf einmal verschwunden, was er sonst nie tat, sondern er gab ihr immer vorher die Hand und sagte, wo er hingehe. Es mußte demnach etwas plötzlich auf ihn eingewirkt haben, was ihn zwang, sich aus der Gesellschaft zu entfernen. Nachdem die Visite vorüber war gegen 6 Uhr kam er aus dem Garten zurück, wobei er sich das Taschentuch vor den Mund hielt und sagte,

30) Frau des Gerichtspräsidenten, Eva Wilhelmine Maria Feuerbach, geb. Tröster. Die drei Töchter: Rebekka Magdalene, Rosina Leonore und Elisa Wilhelmine Therese.

daß es ihm so furchtbar schlecht wäre, alles weh täte. Zwischen 7 und 8 Uhr legte er sich zu Bett. Erst jetzt, nachdem er einige Magentropfen genommen hatte, trat sehr reichliches Erbrechen ein, das etwa $^1/_4$ Stunde andauerte. Da es nicht besser wurde, schickte man um 9 Uhr zu dem Chirurgen und Bader älterer Ordnung des Ortes Magister Benz, der ihm ein Brausepulver gab und erklärte, die Sache habe nichts zu bedeuten. Herr Professor habe sich eben den Magen verdorben. Auf das Brausepulver trat gleichfalls Erbrechen ein. Nachts gegen 11 Uhr bekam er einen schrecklichen Frostanfall, seine Frau gab ihm noch ihr Zudeck und ließ einheizen. (Brief der Sidonie Feuerbach an ihre Schwägerin Elise v. Feuerbach in Nürnberg vom 2. Mai 1843) Die Frau Professor hatte bis 2 Uhr nachts am Bette ihres Mannes gewacht, zu welcher Zeit er ruhig zu schlafen schien, nachdem er bisher sehr unruhig war, über Kälte in den Füßen, Übelkeit und großer Mattigkeit geklagt hatte. Die Unruhe äußerte sich dadurch, daß er den Kopf viel hin und herwarf, während er sonst auffällig ruhig war, sich fast nicht bewegte (eintretende Lähmung von unten herauf) und nur wenig sprach. Morgens früh 5 Uhr rief er die Magd, bei welcher Gelegenheit ihn auch seine Frau wieder sah. Nunmehr hatte sich das Bild vollständig verändert. Die Brust war, soweit das Hemd offenstand, bereits blau, ebenso die Nägel; die Nase zugespitzt, bläulich ins Gelbliche spielend, die Augen von blauen Ringen umgeben. Sie hatte sofort den Eindruck, daß ihr Mann verloren sei. Voll Verzweiflung eilte sie zu ihrer Mutter und sagte: »Du wirst sehen, mein Mann stirbt.«

Man weckte sogleich seinen Bruder Ludwig[31]. Schon um 6 Uhr fuhr dieser mit dem Kutscher Heubeck in der Chaise, die mit den zwei großen Rappen aus dem königlichen Marstall in München bespannt war, nach dem $2^1/_2$ Stunden entfernten Ansbach zu Dr. Heidenreich.[32]

Eduard hatte seit dem Gänsefett, Brot und Bier nichts mehr genossen. Er hatte ferner keinen Stuhlgang, keine Urinentleerung mehr (hatte stark erbrochen).

31) Siehe Anmerkung 25.   32) Siehe Anmerkung 15.

Wenn man ihn fragte, was ihm weh täte, gab er jetzt zur Antwort: »Alles, *ich kann mich garnicht mehr rühren.*« Einen bestimmten Schmerz hatte er weder im Kopf, noch im Magen. Gesprochen hat er sehr wenig mehr: »Mir tut mein Herz so weh, meine Sinne verlassen mich, ich werde euch bald nicht mehr erkennen, meine Zeit ist aus« — dies antwortete er nach und nach bei Fragen nach seinem Befinden. Diese letzten Äußerungen machte er zu seiner Schwägerin Berta Feuerbach[33]; seiner Frau wollte er dies nicht sagen, um sie nicht zu betrüben und diese wagte vor Todesangst nicht, nach seinem Befinden zu fragen. (Brief an Sidonie). Um 10 Uhr morgens trat Bewußtlosigkeit ein, das Auge wurde gebrochen, auch wurde er jetzt mehr gelblich. Dienstag den 25. April 1843 mittags einige Minuten nach 1 Uhr, 21 Stunden nach dem Genuß des Bieres, trat der Tod ein. Er verstarb im schönen Zimmer, wohin sein Bett rechts vom Eingang gestellt worden war, um ihn vor der Unruhe der Kinder zu bewahren, auch weil man eine längere schwere Krankheit befürchtete. In den letzten Stunden war nur der jüngere der Brüder Fritz[34] zugegen, da seine Frau vor Jammer u. Entsetzen nicht mehr im Zimmer verweilen konnte. Friedrich Feuerbach, Privatgelehrter befand sich gerade auf Besuch bei seinem Bruder Ludwig in Bruckberg. Er verehrte damals Luise Stadler, kam aber nicht zum Heiraten.

Ludwig hatte den Dr. Wilhelm Heidenreich nicht mehr zu Hause getroffen; es mußte daher gewartet werden, bis er von der Praxis zurückkam. Als Heidenreich gegen 2 Uhr in Bruckberg eintraf — war Professor Feuerbach bereits verschieden. Er hätte übrigens auch früher in diesem Falle nichts mehr helfen können.

(Nach einer anderen Version wäre Ludwig erst um 10 Uhr gefahren. Scheint richtig zu sein.)

Am Mittwoch den 26. April nachmittags wurde von Dr. Heidenreich die Sektion unter Beihilfe des Magister

33) Berta Feuerbach, geb. Löw. Frau von Ludwig Andreas Feuerbach.

34) Friedrich Heinrich Feuerbach, genannt »Fritz« (1806 bis 1880), fünfter Sohn des Gerichtspräsidenten, Philologe, Indologe, Orientalist.

Benz in Gegenwart seines Bruders Ludwig vorgenommen. Alle inneren edlen Teile wurden gesund befunden. Den Familienangehörigen sagte der Arzt, daß es ein Gehirnnervenschlag war, das Gehirn war stark mit Blut überfüllt. Das Blut war ganz flüssig. Außerdem bestand Magen- und Darmreizung. (Auszug aus dem Sektionsprotokoll von Friedrich Feuerbach.)

Dr. Herz, Professor der Medizin an der Universität Erlangen, damals noch Assistent, äußerte sich später wiederholt dahin, daß Professor Feuerbach an Gift gestorben ist. Ebenso schreibt Daumer, der mit Ludwig Feuerbach befreundet war: »Auch der Sohn des Präsidenten Eduard, der Jurist, starb wenn ich mich recht erinnere, plötzlich und unerwartet mit Vergiftungssymptomen.[35]

Der ganze Verlauf und die Erscheinungen der Krankheit sprechen für Arsenikvergiftung. Da ferner weder das Brot noch das Gänsefett das Gift haben enthalten können, da beides sowohl vorher wie nachher allgemein ohne Schaden genossen wurde, so kann das Arsenik nur im Bier enthalten gewesen sein.

Feuerbach befand sich in der letzten Zeit so wohl und heiter wie selten vorher; er hatte eben ein größeres juristisches Werk vollendet, seit dem 13. Sept. 1840 glücklich verheiratet, besaß er zwei blühende Kinder, ein Mädchen Elise von $1\frac{1}{2}$ und einen Knaben Anselm von $\frac{3}{4}$ Jahren, auf den er besonders stolz war.

Tod des Eduard Feuerbach.

Auszug aus dem Sektionsprotokoll des Eduard Feuerbach.
1. Das Blut war ganz flüssig.
2. Das Gehirn war stark mit Blut überfüllt; es spritzte (quoll?) beim Anschneiden des Gehirns heraus; dieses zeigte sich sehr schön entwickelt.
3. Es bestand Magen- und Darmreizung.

---

35) Georg Friedrich Daumer, *Kaspar Hauser, Sein Wesen, seine Unschuld, seine Erduldung und sein Ursprung.* Regensburg 1873. S. 48 und 418.

Ziemlich das nämliche steht in dem noch vorhandenen Notizbuch in grünem Pappendeckeleinband von Friedr. Feuerbach vom 2. Mai 1843.

Hauptergebnis von der Sektion Eduards.

Das Auffallendste, was man fand und den Gehirnnervenschlag herbeiführte, war eine Überfüllung des Hirns mit Blut. Das Blut im Hirn war noch flüssig und spritzte bei der Öffnung sogleich heraus; das Hirn war von ungewöhnlicher Größe und soll außerordentlich schön gewesen sein; am Magen fand man nur die Öffnung etwas entzündet infolge des Erbrechens. Alles andere war im normalen Zustande.

2. Mai 43.

Friedrich Feuerbach war zwar in Bruckberg; es wohnte aber nur sein Bruder Ludwig der Sektion bei. Der Auszug ist jedenfalls späteren Datums und spricht die Anfügung der Magen- und Darmreizung dafür, daß die Brüder den wahren Sachverhalt wenigstens später wußten. Dies hatte ihnen jedenfalls Dr. Heidenreich im Vertrauen gesagt, wenn sie nicht schon selbst darauf gekommen waren.

In seinem Lieblingsaufenthalt Bruckberg, umgeben von den Verwandten seiner Frau, die ihn hoch verehrten, in Gegenwart seiner geliebten Brüder Fritz und Ludwig, hatte er gewiß keinen Grund, sich selbst das Leben zu nehmen. Hatte er doch am Tage vor seiner Erkrankung einem Palmsonntag — dies war 1840 sein Verlobungstag — noch der Konfirmation seiner beiden Schwäger Christian und Hermann Stadler in Ansbach gesund und munter beigewohnt.

Der plötzliche Tod des Professors Eduard Feuerbach erregte allgemein ungeheures Aufsehen und wurden alsbald Gerüchte laut, daß es hier nicht mit richtigen Dingen zugegangen wäre. Es kam auch nach etwa 14 Tagen eine Gerichtskommission bestehend aus einem Assessor und einem Schreiber, welche zwar eine Untersuchung anstellten, aber immer nur das Gänsefett im Auge hatten. Sie verdächtigten sogar direkt die Schwiegereltern, die kein Vermögen wohl aber noch fünf unversorgte Töchter besaßen, wahrscheinlich um einzuschüchtern und auf eine falsche Fährte zu lenken. Die Gift- und Dolchsprache ist eine sehr wirksame, auch hatte gerade die Regierung in Ansbach zur Genüge erfahren, daß in dieser Sache die Gerichte ohnmächtig sind[36]. Vielleicht kam hierzu noch ein Wink von oben. Landgerichtsarzt Dr. Albert[37] in Ansbach, der sich direkt für Hauser ausgesprochen, war sehr rasch bis zum Jahre 1835 dem Präsidenten Feuerbach im Tode nachgefolgt.

Es wurde das Gänsefett, das in einem Porzellangefäße aufbewahrt und auf ebensolchem Teller gebracht worden war einem Gerichtschemiker zur Untersuchung übergeben; aber als vollkommen unschädlich und genießbar befunden. Auch einige von den Gerichtsherren selbst, die in Bruckberg verkehrten sollen von dem Gänsefett mit großem Appetit gegessen haben.

König Ludwig I. soll außer sich gewesen sein als er von diesem neuesten Todesfall vernahm; war doch Hauser der mutmaßliche Neffe seiner Mutter der Königin Karoline von Bayern, der Kaiserin Elisabeth (Luise) von Rußland und der letzte echte Zähringer. Julie Stadler, die jüngste der Schwestern, schrieb »Erinnerungen an die Familie Feuerbach«; sie lebt zur Zeit (1908) bei ihrer Schwester Emmerenz in Großlichterfelde bei Berlin deren verstorbener Mann Professor der englischen Sprache am Kadettenkorps daselbst und schriftstellerisch bedeutend war. Nach diesen Aufzeichnungen war Eduard von kräftiger, mittelgroßer Figur, mit geistig bedeutenden, hübschen aber sehr ernsten Gesichtszügen. Er hatte schöne blaue Augen, beschattet von reichem dunklen Haupthaar (dunkelblondem). Ein zurückgezogenes und der Arbeit gewidmetes Junggesellenleben führend, neigte er zu hypochondrischen Stimmungen, die schon dadurch hervorgerufen waren, daß er nicht aus Neigung, sondern auf Wunsch seines Vaters die Rechtswissenschaft erwählt hatte. Seine Vorliebe galt den Natur-

---

36) Anspielung auf die Ermordung Kaspar Hausers und die sich anschließenden erfolglosen Ermittlungen.

37) Siehe Anmerkung 18.

wissenschaften. Er kam öfter in den Ferien nach Bruckberg zu seinem Bruder Ludwig, lernte dabei meine älteste Schwester kennen und lieben und am Palmsonntag des Jahres 1840 verlobte er sich mit ihr; im Herbst (13. Sept.) war die Hochzeit.

Eine ergreifende »Elegie« die der Jugendfreund des Verstorbenen Gymnasialprofessor Schmetzer in Ansbach, der ihn gelegentlich der Konfirmationsfeier aufsuchen wollte, auf seinen Tod gedichtet hat, enthält die für Feuerbachs Sinnesart bezeichnenden Strophen:

>»Noch einmal wollt ich Dich nach vielen Tagen
>Vor wenig Tagen sehn, mein Eduard!
>Ich konnte glücklich Dich zu nennen wagen,
>Allein ich kannte Dich, mein Eduard!

>Ich schwieg, denn Deinem Glücke hast Du immer
>Gefürchtet eine nahende Gefahr.
>Ich schwieg, doch hielt ich Dich beglückt wie nimmer,
>Was Wunder, daß ich ganz beseligt war.«

Diese Verse wurden als bessere von Richard Weltrich eingeführt, während Julie selbst geschrieben hatte:

>»Und Deine Frau sah ich und mit der Puppe
>Dein Kind und teure Freunde rings umher.
>Und als ich kam zu dieser schönen Gruppe,
>War keins zuviel, um eines war sie mehr.

>Jedoch der Freude Licht, das euch umdrängte,
>Wich, ach so schnell schon vor des Kummers Macht!
>Da wo Dich, Freund, zuerst die Braut bekränzte,
>Hat Dir Dein Weib den Totenkranz gemacht.«

Schmetzer hatte eine Ahnung von dem Tode Feuerbachs. Er mußte an dem Morgen seines Todestages lebhaft an ihn denken, verspürte dabei heftige Schmerzen in der Herzgegend, hatte große Angst um ihn und das bestimmte Gefühl, daß seinem geliebten Freunde etwas Außerordentliches passiert sein müsse, er sich in Lebensgefahr befinde. Schmetzer war immer sehr liebevoll gegen mich, er lebte damals in den fünfziger Jahren in Pension und führte mich einmal als Lateinschüler nach Großhasbach an das Grab meines Vaters. Schmetzer wohnte mit Frau und Nichte eine Stiege höher wie Frau Regierungsrat Weltrich mit Sohn und Tochter in der Pfarrgasse neben der Töchterschule, unten ist ein Metzgerladen. Seine Nichte Minna Dahlecke spätere Bezirksamtmann Wild, war eine Gymnasiastenliebe des Friedrich Bezold aus Rothenburg o/T. späteren ordentl. Professor der Ohrenheilkunde in München.

Julie Stadler fährt in ihren Erinnerungen weiter fort: Die junge Witwe — sie war erst 23 Jahre alt — war dem Wahnsinn nahe. Sie konnte nicht fassen, daß Eduard tot sei. Noch wochenlang stand sie wartend am Fenster mit der Aussicht auf den Kirchweg nach Großhasbach, wo er begraben wurde. Dann rief sie oft plötzlich ihrer Mutter zu: »Mutter, da oben steht Eduard, nun kommt er wieder!« Es war herzzerreißend. Der Hausfreund der Schloßbewohner, Pfarrer Plochmann in Großhabersdorf, ein Schöngeist, traf sie einmal weinend in den Schloßanlagen umher wandelnd, er legte ihr die Hand aufs Haupt, die schönen Verse von Schiller sprechend:

»Es rinnt der Träne vergeblicher Lauf,
Die Klage, sie weckt die Toten nicht auf.«

Liebevollst nahm sich alles der Witwe und ihrer Waisen an.

Eduard Feuerbach hatte das Arsenik in mehr verdünnter Form in einem $1/2$ Liter Bier enthaltenden Glase und nach dem Mittagessen bei noch ziemlich gefülltem Magen um 4 Uhr erhalten; das Gift wirkte daher mehr allgemein und starb Eduard nach 21 Stunden unter den Erscheinungen der nervösen Form[38] der Arsenikvergif-

---

38) Die Arsenikvergiftung gehörte bis in die Anfänge dieses Jahrhunderts zu den häufigsten absichtlichen Vergiftungen. Im 18. und 19. Jahrhundert besonders im ländlichen Alpenraum (beispielsweise Steiermark) als »Altensitzerpülverchen« bekannt, mit dessen Hilfe der Erbgang bei Hofnachfolgen

tung. Der Präsident [der Beschützer Kaspar Hausers], welcher das Gift vormittags 10 Uhr und konzentrierter in einem Glas Wein erhielt, lebte noch 40 Stunden; er zeigte die Erscheinungen der örtlichen Verätzung und der gastrischen Form. Man hatte jedenfalls bei Eduard absichtlich eine andere Form der Vergiftung gewählt. In beiden Fällen wurde die Krankheit als ein Nervenschlag bezeichnet.

Nach Kolb[39] hat im Anfang der 1840er Jahre Großherzog Leopold seinen Freund Hofgerichtsdirektor Dr. Christ zu sich beschieden und ihm zwei Aufträge erteilt: 1.) Reisen Sie nach Freiburg, ob nicht mit dem Erzbischof[40] (mit welchem ein Conflikt bestand) ein Abkommen zu erzielen ist. 2.) Forschen Sie nach der Kaspar Hauser Geschichte.

In Freiburg sagte dem Dr. Christ Hennenhofer[41] daß er daran wäre, seine Memoiren über Kaspar Hauser zu

geregelt wurde. In der Gerichtsmedizin auch als »König der Gifte« bezeichnet, war dessen Existenz im Körper von Betroffenen lange Zeit nicht oder kaum nachweisbar, was ein entscheidendes Ermittlungshindernis und einen nahezu vollständigen Täterschutz darstellte.

Arsenikvergiftungen verlaufen akut mit plötzlicher Todesfolge und chronisch über Monate und Jahre andauernd. Sie treten in verschiedenen Formen auf, je nach Menge und Beschaffenheit des Giftes. Bei der akuten Arsenikvergiftung wird unterschieden die gastrointestinale Form (im vorliegenden Text von Feuerbach »gastrische Form« genannt) und bei größeren Giftmengen die paralytische Form (bei Feuerbach als »nervöse Form« bezeichnet), die mit einer Reizung des zentralen Nervensystems einhergeht.

39) Georg Friedrich Kolb (1808–1884). *Kaspar Hauser. Ältere und neuere Beiträge zur Aufhellung der Geschichte des Unglücklichen.* Regensburg 1883. S. 41. Siehe auch Anmerkung 4.

40) Erzbischof Ignaz Anton Demeter. Der Konflikt: Die Staatsbevormundung der kirchlichen Einsegnung gemischter Ehen und des Religionsunterrichts.

41) Johann Heinrich David von Hennenhofer (1793–1850), Flügeladjutant Großherzog Ludwigs von Baden. Seit 1828 Direktor der diplomatischen Sektion im Ministerium für auswärtige Angelegenheiten, von Anfang an mit allen Angelegenheiten um Kaspar Hauser befaßt; Anwesenheit in Ansbach zur Tatzeit der Ermordung Kaspar Hausers durch den späteren württembergischen Minister Freiherrn von

schreiben. Christ teilte dies bei seiner Rückkehr dem Großherzog Leopold mit und muß diese Nachricht bei Hofe stark eingeschlagen haben, (Kolb, Kaspar Hauser S. 45) denn es wurde alsbald in Freiburg eine beständig auf Hennenhofers Tod passende Kommission aufgestellt, um die Papiere, bezw. das Memoire Hennenhofers nach seinem Tode sofort zu beschlagnahmen.[42] Hennenhofer lebte zuletzt in Freiburg, er starb am 2. Januar 1850. Es galt aber noch die Veröffentlichung eines zweiten Memoires[43], das des Präsidenten Feuerbachs um jeden Preis zu verhindern und hierzu bedurfte man anderer Mittel. Das Memoire wurde aber, wie bereits erwähnt, von dem Philosophen Ludwig Feuerbach trotzdem veröffentlicht. Hennenhofer hatte Abschriften seines Memoires schon vorher anderweitig untergebracht.[44] Auch sollen die auf Kaspar Hauser bezüglichen Schriften die Nacht vorher verbrannt worden sein.

Varnbühler von und zu Hemmingen nachgewiesen. Konnte mit seinem Wissen um Kaspar Hauser die Gräfin Katharina von Langenstein — Gemahlin Großherzog Ludwigs — nach dessen Tod erpressen. Siehe auch Johannes Mayer, *Philip Henry Lord Stanhope*. A.a.O.

42) Die Kommission existierte und beschlagnahmte sämtliche Papiere noch am Tage seines Todes.

43) Siehe auch S. 97 dieser Ausgabe.

44) Hennenhofer hatte mehrere Kopien seiner *Memoiren* an verschiedenen Orten deponiert. Ein Exemplar war im Besitz des Schriftstellers Alexander von Bernus (1880–1965), der es durch Erbgang über Friedrich Schlosser, Professor der Geschichte in Hamburg, Verfasser einer zwanzigbändigen Weltgeschichte, Freund Hennenhofers, erhielt.

Bernus: »Friedrich Schlosser seinerseits, der den Inhalt der Memoiren natürlich kannte und folglich wußte, welchen Staub die Veröffentlichung derselben aufwirbeln und wie schwer der Großherzog von Baden und das großherzogliche Haus davon getroffen würden, hat — so muß man annehmen — die Veröffentlichung der Memoiren auch nach seinem Tod nicht verantworten können und daher das versiegelte Kuvert mit dem Vermerk ›Nach meinem Tode ungeöffnet zu verbrennen‹ versehen.« Bernus hat die testamentarische Verfügung erfüllt.

Der Tod des Archäologen Josef *Anselm* Feuerbach.

Der Archäologe Josef Anselm Feuerbach geb. in Dornburg am 9. Sept. 1798 als ältester Sohn des Kriminalisten Feuerbach, starb als Professor in Freiburg in Baden am 8. September 1851. Er wurde sonach nur 53 Jahre alt. Es besteht nun eine starke Vermutung, daß sein Ableben nicht ohne künstliche Beihilfe erfolgte. Nach dem Tode des Eduard Feuerbach im Jahre 1843 der im Besitze des Nachlasses seines Vaters war, konnte man annehmen, daß die Manuskripte des Kriminalisten jetzt in die Hände des ältesten Sohnes übergegangen sind. Der Archäologe Feuerbach lebte seit dem Jahre 1836 in Freiburg. Es ist daher nicht unwahrscheinlich, daß Hennenhofer, der ein Hauptleiter der Kaspar Hauser Angelegenheit war, den geheimen Auftrag hatte, Feuerbach zu beobachten.

Über die Erkrankung des Archäologen schreibt seine Tochter Emilie[45] im Jahre 1847 an ihre Tante Elise[46] in Nürnberg auf einem kleinen beigelegten und wegen der Ängstlichkeit der Großmutter zu entfernenden Zettel: »Sage ja nichts der lieben Großmutter, liebe Elise; aber mit Vater geht es sehr übel. Er rennt fürchterlich auf und ab, dann wirft er sich erschöpft auf das Kanapee. Seine Adern an den Schläfen sind hoch aufgeschwollen, er hält sich mit beiden Händen den Kopf zusammen und sagt doch er habe kein Kopfweh. Die Nächte sind schrecklich. Die arme, arme Mutter! Besonders die heutige soll schrecklich gewesen sein; jetzt (9 Uhr) ging ich zu Mutter, sie war wieder seit halb 3 Uhr auf und ist jetzt ganz erschöpft. Vater sei ganz rasend gewesen und Mutter ist, obgleich er jetzt ausgetobt und ruhiger ist — sehr ängstlich; schon vor einigen Tagen sagte sie, sie wüßte nicht, wenn dies so fortginge, was daraus noch werden solle, — und ich habe heute Nacht, ohne nur das Geringste zu ahnen, so gut geschlafen. Mutter

---

45) Emilie Feuerbach (1827 bis 1873), Malerin und Schrift-

stellerin.
46) Siehe Anmerkung 1.

glaubte, es gäbe eine bessere Nacht, ich möchte mich tot
darüber ärgern. (Das alles Dir, ganz im Vertrauen, was
hilft es auch, wenn man darüber spricht und schreibt.
Es ist schrecklich.)« In einem andern Brief der Emilie an
Elise steht, daß es ihre Mutter für ein organisches Ge-
hirnleiden hält.

Henriette Feuerbach schreibt in einem Briefe vom
1. Januar 1847 an Emma Herwegh[47] Folgendes: »Nachdem mit stetem Hinhalten und Versprechen 18 Monate
vergangen waren, endlich die Universität einstimmig
Feuerbach vorschlug, und wir stündlich die formelle
Bestätigung erwarteten, lasen wir in der Zeitung nebst
dem Ministerwechsel mit dem Anhängsel zugleich die
Ernennung des Ministerialrates Zell an die Professur
der Archäologie in Heidelberg. In der Christnacht
schrieb ich einen Brief an den Minister, . . . wie der gute
Mann noch keine solche Epistel in seinem Leben gekriegt
hat. . . .«

»Freiburg, 14. Juni 1847.

. . . Feuerbach ist seit 14 Tagen von einer Erholungs-
und Badereise zurück, die aber, fürchte ich, wenig Erfolg
haben wird. Auf Heines Rat [damals Spitalarzt in Bam-
berg] brauchte er Sturzbäder und von kaltem Wasser in
Gleisweiler in Landau . . . Die Wallungen nach dem
Kopf haben sich seit diesem Winter auf beängstigende
Weise erhöht, so daß auf der rechten Seite die Adern der
Stirn bedeutend gegen die andere Seite angeschwollen
waren. Denken Sie sich diesen steten Blutandrang, ein
heftiges melancholisches Gemüt, Grimm und Bitterkeit
im Herzen, und völliges Unvermögen sich zu beschäftigen.«

In den nachgelassenen Schriften von Anselm Feuerbach gibt Henriette Feuerbach an, daß bereits im Jahre

47) Emma Herwegh, geb.
Siegmund, Erbin eines großen
Vermögens, ermöglichte ihrem
Mann, dem Schriftsteller Georg
Herwegh (1817–1875), poli-
tisch-revolutionärer Lyriker im
Gefolge des Jungen Deutsch-
land, eine unabhängige Exi-
stenz. Wegbereiter der Revo-
lution von 1848.

Brief in: *Henriette Feuerbach. Ihr Leben in ihren Briefen.* München 1926.

1846 Lähmungserscheinungen der rechten Hand auftraten und im Jahre 1847 konnte er zeitweilig nicht mehr schreiben und lesen. Die Leicheneröffnung hat teilweise Erweichung des Gehirns (Folgen der Blutüberfüllung) und Fehler im Herzen und in der Lunge nachgewiesen. Die beiden letzten Angaben sind mit großer Vorsicht aufzunehmen; da der Archäologe in dieser Beziehung nie geklagt hat. Ferner hat die Henriette Feuerbach besonders auch in dem Buche von Allgeyer[48] über den Maler Anselm Feuerbach wiederholt teils aus Rücksicht auf Baden teils aus Sorge für die Feuerbachschen Nachkommen bewußt unrichtige Angaben gemacht, insbesondere andere Todesursachen angegeben. Übrigens haben seine Brüder und Schwestern in dieser Beziehung dasselbe getan, sowohl der Öffentlichkeit gegenüber[49] als in Briefen, die leicht in andere Hände gelangen, auch verloren gehen und unterschlagen werden können.

Die Krankheitserscheinungen bei dem Archäologen Feuerbach beruhten vornehmlich auf einer Blutentmischung und außerdem deutlichen Blutüberfüllung des Gehirns, charakteristische Symptome der langsamen Arsenikvergiftung.

Dies geht auch aus dem Briefe der Fr. Dr. Anna Schwörer[50] an Elise von Feuerbach in Nürnberg aus Freiburg, den 12. August 1851 hervor, den sie im Auftrage ihres Mannes, um die Familie vorzubereiten, 23 Tage vor dem Tode des Archäologen schrieb. Auch hiernach stimmen die Symptome der Krankheit auffallend mit denen des Kriminalisten seit dem Jahre 1829 überein und sind die Erscheinungen von seiten des Herzens und der Lunge nur Folgen der Gehirnaffektion. Frau Dr.

---

48) Julius Allgeyer (1829 bis 1900), Kupferstecher, Freund des Malers Anselm Feuerbach. Mitverfasser des zweibändigen Werkes: Julius Allgeyer/Carl Neumann, *Anselm Feuerbach*. Berlin/Stuttgart 1904.

49) F. A. Broch (Pseudonym für Georg Friedrich Kolb, siehe auch Anmerkungen 4 und 39), *Kaspar Hauser. Kurze Schilderung seines Erscheinens und seines Todes.* Zürich 1859. S. 35.

50) Dr. Anna Schwörer, Frau des gleichnamigen Professors der Medizin in Freiburg, Jugendfreund des Archäologen Joseph Anselm Feuerbach.

Schwörer schreibt: »Mein Mann hält die Krankheit für eine gänzliche Erschöpfung (Zerstörung) des Nervenlebens, das jetzt alle Formen des Leidens durchmacht, zuerst äußerte es sich durch teilweise Störung der Tätigkeit des Herzens, was *furchtbare Bewegungen* verursachte, ebenso in der Lunge — jetzt in der letzten Zeit sind unverkennbar schon einige Male leichte Schlaganfälle erfolgt; dadurch teilweise Lähmung der rechten Seite — die rechte Hand ist noch gelähmt — er konnte momentan nimmer sprechen, selbst nimmer schlingen, was beides ihn in die disparateste Stimmung versetzte, es ist dies wieder etwas gehoben, er kann wieder etwas genießen und spricht auch mühsam wieder, doch verständlich nur für seine Umgebung. Es ist ein herzzerreißender Anblick ... Die arme Frau ... gestern wurde sie ohnmächtig ... nachdem sie sechs oder mehr Nächte nicht mehr geschlafen hatte — denn *die Nächte* sind dem Kranken meist *sehr qualvoll* ... heute habe Feuerbach eine ganz üble Nacht gehabt, so daß man ihn, so übel es ihm war, (mit der Wärterin) zweimal aus dem Bett holen mußte, weil man das Ärgste befürchtete.«

»Forschen Sie nach in der Kaspar Hauser Geschichte«[51] sagte Großherzog Leopold im Anfang der 40er Jahre zu seinem Hofsekretär Christ, was die bereits erwähnten Folgen hatte. Im Jahre 1845 meldete sich der Archäologe Feuerbach um die Professur in Heidelberg; man wird dabei wohl wiederum ganz gelegentlich und dezent auf die Kaspar Hauser Sache zu sprechen gekommen sein. Vom Jahre 1846 an datieren aber die schweren Klagen der Henriette Feuerbach über die Erkrankung ihres Mannes, die sich 1847 noch steigerten; 1851 starb ihr Mann. Die Kommission wollte doch nicht müßig sein und Hennenhofer[52], der in Freiburg mit einer geringen Pension sein Dasein fristete, auch von diesen Geschäften zum größten Teil gelebt hatte, wollte doch gleichfalls noch etwas verdienen. Zu seinem Glücke hat endlich Ludwig Feuerbach 1852 das berüchtigte und berühmte Memoire für die Königinwitwe Karoline von

51) Siehe S. 329 f. u. Anm. 41—43. 52) Siehe Anmerkung 41.

Bayern, der mutmaßlichen Tante Hausers, in seinem Buche *Leben und Wirken des Kriminalisten Anselm Ritter von Feuerbach* veröffentlicht.

Außerdem hatte übrigens der Tod unter den Verteidigern Kaspar Hausers vom Jahre 1833–1835 gleichfalls eine reiche Ernte gehalten, zu welcher demselben allem Anschein nach künstliche Beihilfe geleistet wurde. (von K... S. 64; von Artin, S. 50; van d. L. 2, 300)[53] So waren Bürgermeister Binder, Kaufmann Biberbach, Stadtgerichtsarzt Dr. Preu, Dr. Osterhausen, homöopathischer und Hausers behandelnder Arzt, sämtlich in Nürnberg, Dr. Albert, Landgerichtsarzt und Hausarzt des Präsidenten Feuerbach in Ansbach, Ende des Jahres 1835 nicht mehr am Leben.

Auch Daumer erzählt von zwei Fällen, in denen seinem Leben nachgestellt wurde. Vielleicht hat man Daumer, der sich so liebevoll um Hauser angenommen hatte, auch sich von Vermutungen über seine Herkunft fernhielt, nur einschüchtern wollen. Es ist daher möglich, daß Daumer, wie er 1859 Hauser als den Sprossen einer reichen englischen Familie bezeichnete, wobei Stanhope an der Erbschaft beteiligt gewesen wäre, nicht

---

53) Die bibliographischen Angaben der drei Titel lauten:
a. *Kaspar Hauser. Seine Lebensgeschichte und der Nachweis seiner fürstlichen Herkunft. Aus nunmehr zur Veröffentlichung bestimmten Papieren einer hohen Person von* .... v. K......... Regensburg. Erschienen 1882, datiert 1883.

Die ersten sieben Punkte stehen für den Namen »Fischer«, die folgenden acht für »Karlsruhe«. Pseudonym für den Leutnant W. von Fischer, Sohn von Carl Friedrich Freiherr von Fischer (1765–1821), von 1819–1821 Minister der Finanzen in Karlsruhe. Diese und die folgenden Veröffentlichungen sollten ihre Glaubwürdigkeit aus dem Hinweis auf die bedeutende Herkunft der Papiere beziehen.

b. *Kaspar Hauser! Des Rätsels Lösung!* Von Baron Alexander von Artin. Mit dem Faksimile eines Briefes des Großherzogs Ludwig von Baden. Zürich 1892. (Artin: Zweites Pseudonym von W. von Fischer.).

c. *Kaspar Hauser. Eine neugeschichtliche Legende* von Antonius von (richtig van der Linde. Bd. 1 u. 2, Wiesbaden 1887, siehe auch S. 306 und Anm. 71.

die Wahrheit zu sagen wagte.[54] Ferner ist der Schuster Weickmann[55], der Hauser am 26. Mai 1828 jedenfalls gut vorbereitet in Empfang genommen hat und noch 1834 als Zeuge gegen Hauser verwertet wurde, im Jahre 1835 ebenfalls gestorben. Hierzu kommen noch die Verdacht erregenden Todesfälle in Baden selbst. So ist Pfarrer Dietz[56], bei welchem Hauser als kleines Kind in Hochsal untergebracht war, im Jahre 1827, wie man allgemein annahm, keines natürlichen Todes gestorben. Endlich bedurfte es im badischen Hause fünf mehr oder weniger verdächtige Todesfälle bis der Großherzog Ludwig zur Suczession gelangen konnte; davon erfolgten drei im Jahre 1817[57] — Sterbefälle Schlag auf Schlag.

Wenn man nun fragt, wie all das Schreckliche möglich war, und um ein gerechtes Urteil fällen zu können, so ist es notwendig, sich die damaligen Verhältnisse in Baden zu vergegenwärtigen. Baden hat seine jetzige Größe erst 1806 durch Napoleon I. erhalten, dessen nahe Verwandte die Großherzogin Stephanie war. Durch den Rieder Vertrag (1813) sollte Baden im Falle des Aussterbens der echten Zähringer zwischen Bayern und Österreich bis auf einen kleinen Rest geteilt werden. Baden kämpfte daher damals für seine junge Existenz.[58] Bei

54) Georg Friedrich Daumer, *Enthüllungen über Kaspar Hauser*. Frankfurt 1859.

55) Georg Leonhard Weikmann (1778–1835), Schuster in Nürnberg. Sah als erster Kaspar Hauser am 26. Mai 1828 auf dem Unschlittplatz. Wichtiger Zeuge des ersten Auftritts, der 1834 durch Bestechung Stanhopes entscheidende Aussagen von 1828 widerrief und nun nachteilige angebliche »Beobachtungen« zu Protokoll gab.

56) Jakob Dietz, seit 1807 Pfarrer in Hochsal, dort 1827 gestorben. Hochsal gilt als Zwischenstation nach dem überstürzten Aufbruch Kaspar Hausers und seiner Bewacher aus Beuggen, nachdem 1816 die sogenannte Flaschenpost im Pariser *Moniteur* publiziert worden war. Siehe Seite 302 Anmerkung 58.

57) 1817 starben nur zwei Mitglieder des Hauses Baden: Markgraf Friedrich (1756 bis 1817) und Prinz Alexander (1816–1817). Der Vater des Prinzen Alexander (und Kaspar Hausers), Karl Großherzog von Baden, starb erst 1818.

58) Siehe hierzu ausführlich Johannes Mayer, *Philip Henry Lord Stanhope,* Kapitel »Der Streit um die Pfalz« sowie »Aspekte zum Machtwechsel«.

dem Kampfe zwischen Staaten, hier vornehmlich Baden und Bayern, pflegt es aber meist nicht ohne Tote abzugehen, die eben in einem solchen Falle — wie der Soldat — ein Opfer ihres Berufes sind.

Man hat nicht umsonst 1828 Kaspar Hauser gerade nach Bayern verbracht, das ja gleichfalls ein Interesse an dem Aussterben der älteren Linie hatte, so daß man evtl. sagen konnte, die Bayern hätten den Kaspar Hauser umgebracht. Nach Kolb[59] bestritt die bayrische Regierung gerade im Jahre 1828 aufs Heftigste die Suczessionsfähigkeit der jüngeren Linie des Zähringer Hauses, sie suchte für den bevorstehenden Fall des Aussterbens der älteren Linie — Großherzog Ludwig geb. 1763 starb im Jahre 1830 — Erbansprüche auf die badische Pfalz geltend zu machen, die Bayern durch Napoleon 1806 entrissen worden war.

Großherzog Karl[60] war ein wenig energischer Mann, er hatte dazu als Protestant eine Katholikin und Französin geheiratet, wodurch er von vornherein viele im Lande und am Hofe gegen sich hatte. Großherzog Ludwig[61], der noch der älteren Linie[62] angehörte, wollte als jüngster von drei Brüdern zur Herrschaft gelangen und waren mit ihm alle diejenigen im Bunde, die dadurch Macht und Ansehen zu gewinnen hofften. Die Bedienten sind aber immer gröber als ihre Herren, sagt ein alter Spruch; man darf daher nicht alles, was damals geschah, Ludwig in die Schuhe schieben. Auch soll Ludwig mit der Baronesse Geyer von Geyersberg[63] schon

59) Siehe Anmerkung 49.

60) Karl Großherzog von Baden (1786–1818) und Stephanie Großherzogin von Baden (1789–1860) geb. Beauharnais, Adoptivtochter Napoleons I., Nichte von dessen erster Frau Josephine Beauharnais, sind die Eltern Kaspar Hausers.

61) Ludwig Großherzog von Baden (1763–1830), Regierungsantritt 1818, dritter Sohn von Karl Friedrich Großherzog von Baden (1728–1811).

62) Erste Linie: Zähringen, zweite Linie: Hochberg.

63) Luise Karoline Geyer von Geyersberg (1768–1820), 1796 zur Reichsgräfin Hochberg erhoben, ging 1787 im Alter von 19 Jahren die morganatische Ehe mit dem 60jährigen Karl Friedrich Großherzog von Baden ein. Die Unterstellung, die Kinder dieser Ehe hätten vermutlich Markgraf Ludwig — Sohn Karl Friedrichs — zum Vater, ist haltlos. Nicht un-

vor ihrer Vermählung mit seinem Vater in nahen Beziehungen gestanden haben; ja sie selbst haben ehelichen wollen. Es heiratete damals in zweiter Ehe, Ludwig stammte als jüngster aus erster Ehe, 1787 ein Sechzigjähriger eine Neunzehnjährige; Ludwig geb. 1763 und die Geyer waren gleichaltrig, während der nach seinem Vater regierende Großherzog Karl geb. 1786 Großherzog von 1811–1818, sein Neffe um 23 Jahre jünger war. Die Geyer von Geyersberg, spätere Gräfin von Hochberg wollte anderseits ihre Kinder auf den Thron bringen[64]; weshalb man diese und Ludwig am Hofe und auch sonst in unterrichteten Kreisen als die Verbündeten (gegen das Herrscherhaus) zu bezeichnen pflegte[65].

Kaspar Hauser mußte nun am Leben bleiben, damit Ludwig keine legitime Ehe eingeht[66]. Als dies nicht mehr zu befürchten war, zwei Jahre vor seinem Tode, wollte man Kaspar Hauser in Nürnberg verschwinden lassen. Aber anstatt spurlos zu verschwinden, wurde er das Kind Europas, wuchs immer mehr als gefährlicher Prätendent heran, da er als der älteren Linie angehörig, der eigentliche Thronberechtigte war. In Nürnberg alles

---

wahrscheinlich dagegen die Vaterschaft bei Prinz Maximilian (1796–1882).

64) Luise Elisabeth (1779 bis 1826), Gemahlin von Kaiser Alexander von Rußland, Prinzessin von Baden, an ihre Mutter Amalie, Markgräfin von Baden (1754–1832), am 5. März 1803:

»Das wäre zu stark, wenn man dahinkäme, diesen kleinen Hochbergs das Thronfolgerecht zu geben. Der Kaiser hat mir versprochen, wenn man sich an ihn wenden wird, so zu handeln, wie Sie es wünschen.«

65) Gesandtschaftsbericht des französischen Geschäftsträgers Nicolas Marssias in Karlsruhe vom 28. 8. 1807 an den Außenminister Jean Baptiste

Graf de Champagny, u. a.: »Der Markgraf Ludwig und die Gräfin Hochberg sind sich einig, an Stelle des Großherzogs zu regieren.«

66) Die Aussicht, die erste Linie (Zähringen) im Hause Baden durch die zweite (Hochberg) abzulösen, konnte nur realisiert werden, wenn keine durch eine standesgemäße Ehe hervorgegangenen legitimen Prinzen aus der ersten Linie mehr zur Verfügung stünden. Die familiäre Konstellation der beiden Linien hinsichtlich denkbarer Thronprätendenten erlaubte 1812 die Spekulation eines Machtwechsels zugunsten der zweiten Linie (Hochberg) unter zwei Voraussetzungen:
1. Großherzog Ludwig (Zährin-

mißglückt[67] —; so heißt es in dem erwähnten Kabinettsbefehl vom 5. Juni 1828, acht Tage nach dem Erscheinen Kaspar Hausers in Nürnberg. Wurde doch Hauser bei seiner Ankunft in einer Stadt von dem königlich bayerischen Regierungspräsidenten wie ein Fürst mit Bällen und Festlichkeiten gefeiert[68]. Noch drei Tage vor seiner Ermordung machte Hauser einen Ball bei dem Regierungspräsidenten Stichaner mit, wo er vergnügt war und viel tanzte. Hauser war sehr beliebt bei den Damen. In diesen Zirkeln wurde die ganze Genealogie der regierenden Häuser durchgegangen und für ihn darin ein offener Platz gesucht. Da erschien im Januar 1832 das Buch Feuerbachs über Kaspar Hauser. Lord Stanhope übergab alsbald selbst das Buch der Großherzogin im Schlosse zu Mannheim, ihrem Witwensitz, und versprach ihr, nächstens seinen Adoptivsohn zu bringen[69]. Nach

gen) durfte nicht standesgemäß heiraten mit der Folge ausbleibender prinzlicher Nachkommen.

2. Die Durchsetzung des unbefristeten Zustandes konnte nur mit der existenzgefährdenden Drohung aufrechterhalten werden, jederzeit einen vorberechtigten Thronanwärter zu präsentieren (erster Sohn des Großherzogs Karl, der Prinz N. N. — Kaspar Hauser), dem der schmachvolle Rücktritt des Landesherren folgen mußte, dessen Liaison zur Frau seines Vaters nur allzuleicht nachzuweisen war.

67) Der Autor bezieht sich auf: *Kaspar Hauser! Des Rätsels Lösung!* von Baron Alexander von Artin, siehe Anmerkung 53. Der Verfasser W. von Fischer veröffentlichte einen angeblichen Kabinettsbefehl Großherzog Ludwigs. Wortlaut: »An meine Regierung. In

Nürnberg vorigen Monat alles mißglückt. Treffen Sie Maßnahmen, daß aus diesem Anlaß die Ruhe meines Großherzogtums ungestört bleibt. Empfangen Sie dagegen die Versicherung meines immerwährenden Anteils an Ihrem Wohlergehen. Ich verbleibe stets Ihr wohl affektionierter Ludwig. Karlsruhe, den 5. Juni 1828. Zu Händen Herrn von Berstetts.« Das Faksimile läßt entscheidende Merkmale einer wirklichen Kabinettsorder vermissen und wurde deswegen später von der seriösen Kaspar-Hauser-Forschung als Quelle ausgeschieden.

68) Siehe Anmerkung 8.

69) Mehrseitiger Bericht Stanhopes an Feuerbach über seinen Besuch in Mannheim bei der Großherzogin Stephanie (Mutter Kaspar Hausers) sowie Feuerbachs Antwort. Stanhope: »Die Großherzogin fragte, ob man das Vergnügen haben

Aussagen ihrer nächsten Umgebung soll die Großherzogin bei dem Lesen des Buches bitterlich geweint haben und lange nachher noch immer rote Augen gehabt haben. Im Jahre 1833 traf die Großherzogin Stephanie alle Anstalten, um selbst Kaspar Hauser ihren mutmaßlichen Sohn aufzusuchen. Es war höchste Zeit, daß etwas Entscheidendes geschah! Obwohl nun Feuerbach und Hauser offensichtlich entfernt waren, auch König Ludwig I. wußte, daß ein ganzer Staat und ein regierendes Fürstenhaus hinter den Tätern stand, hat er doch 1833 noch 10 000 Gulden für die Entdeckung der Täter ausgesetzt. König Ludwig sollte daher wissen und fühlen, daß, wenn er so fortfahre, er seines eigenen Lebens nicht mehr sicher wäre. Man machte sich um so weniger ein Gewissen daraus, als in Baden allgemein die Ansicht verbreitet war, daß es die Bayern waren mit ihrem damaligen Kronprinzen Ludwig an der Spitze, die bei dem Fürstenkongresse in Wien 1815 ihren Großherzog vergiftet haben.[70] Hatten doch die Kriege des Parvenü Napoleon bekanntlich einer Million Menschen das Leben gekostet —, wer fragte nach diesen? Auch war man durch die bisherigen Erfolge sicher geworden. Es hagelte denn auch von 1833–35 auch nur so von Todesfällen; worauf es in Bayern stille wurde. Aber noch bestand die große Angst vor der Veröffentlichung des Feuerbachschen Memoires, die man um jeden Preis verhindern wollte. Man glaubte daher in den vierziger Jahren, noch weitere

würde, K(aspar) hier zu sehen? Worauf ich antwortete: ›Es hängt ganz von den Befehlen Eurer königlichen Hoheit ab.‹«

70) Karl August Varnhagen von Ense, *Denkwürdigkeiten des eigenen Lebens*. Leipzig 1871. Über Vergiftung des Großherzogs Karl sowie der Prinzen mehrfach in dem Kapitel »Karlsruhe — Stuttgart — Baden«.

»Der Großherzog aber bestärkte sich in seinem Glauben an Vergiftung und sprach diesen Argwohn oft in so bedenklichen Andeutungen aus, daß es nicht selten das klügste schien, zu tun, als habe man sie nicht gehört. Mehrmals erklärte er, daß er verloren sei, man habe ihn zu gut bedacht, zu sicher getroffen; seinen Prinzen habe man das Leben nicht gegönnt, ihm auch sei ein nahes Ziel gesteckt; seine Erbschaft solle von fremden Händen geteilt, zerrissen werden.«

Maßnahmen, wenn auch vergeblich, vornehmen zu müssen.

Übrigens hat schon Feuerbach in seinem Buche über Kaspar Hauser im Hinblick auf den Mordversuch vom 17. Okt. 1829 angegeben, daß die Ermordung Kaspars für die Betreffenden eine Art Notwehr wurde. Auch schrieb Feuerbach im Febr. 1832 als Erwiderung eines Briefes vom 7. Februar an den Beichtvater der verwitweten Königin Karoline Schmidt[71] in München, daß ein Bekanntwerden des bestellten Memoires unvermeidliche Gefahren über sein Haupt zusammenhäufen würde.

Chronologische Übersicht.

1828. 26. Mai.   Erscheinen Kaspar Hausers in Nürnberg.

1828. 5. Juni.   Kabinettsbefehl des Großherzogs Ludwig an seinen Minister v. Berstett: »Treffen Sie Maßnahmen, daß die Ruhe meines Großherzogtums nicht gestört wird«[72]; worauf die große Staatsaktion begann, die so vielen Unschuldigen das Leben kosten sollte. Gefühllose Behandlung wird das Los von vielen sein; denn die Hauserianer sind Bestien, deren man sich nur durch Abtötung entledigen kann. Habt ihr gelogen in Wort und Schrift, euch ist es und andern ein Gift.

1829. 3. April.   Erster nicht uneigentlicher Nervenschlag des Kriminalisten. Schon im März vorher fühlte er seinen Körper so wunderseltsam wie nie.

1829. 17. Okt.   Mordversuch auf Kaspar Hauser bei Daumer in Nürnberg.

1832. Januar.   Erscheinen des Buches über Kaspar Hauser.

1832. 19. Febr.   Übergabe des Memoires von Feuerbach durch Hickel an die Königinwitwe Karoline.

71) Siehe Anm. 12, 13 sowie S. 302, Anm. 57; S. 304, Anm. 62.
72) Siehe Anmerkung 67.

1832. 25. Juli. Zweiter sogenannter Nervenschlag des Präsidenten.

1833. 29. Mai. Tod Feuerbachs.

1833. 14. Dez. Tötung Kaspar Hausers bei Lehrer Meyer in Ansbach.

1833–35. Sieben weitere auffällige Todesfälle, davon allein sechs in Nürnberg, einer in Ansbach.

II. Periode.

1840. Anfang der vierziger Jahre Unterredung Leopolds mit seinem Hofsekretär Christ.

1842. Einsetzung einer eigenen Kommission in Freiburg wegen der Memoiren von Hennenhofers, gest. 2. Jan. 1850.

1843. 25. April. Tod des Eduard Feuerbach; dieser war im Besitz des Memoires.

1845. Archäologe Anselm Feuerbach, der jetzt mutmaßlich das Memoire hatte, meldet sich von Freiburg i. B. aus an die Universität Heidelberg.

1846. Schwere Krankheit desselben.

1847. Steigerung der Krankheit.

1851. 4. Sept. Tod des Archäologen Feuerbach.

1852. Endliche Veröffentlichung des Memoires durch Ludwig Feuerbach.

Die Anmerkungen dieses Kapitels verfaßte Johannes Mayer.

Jeffrey M. Masson
Kaspar Hauser will nicht sterben

Eine Erinnerung

I.

Golo Mann nannte den »Fall« Kaspar Hauser »den schönsten Krimi aller Zeiten«.[1] Die Literatur ist unübersehbar: mehr als 3000 Bücher und mindestens 14000 Aufsätze wurden über Kaspar Hauser geschrieben.[2]

Was für Frankreich die Dreyfus-Affäre, das ist für Deutschland der Fall Kaspar Hauser. Nahezu jedes Jahr erscheint hier wenigstens ein neues Buch über ihn. Die Autoren sind gespalten in Gegner und Parteigänger Hausers. In einem ausführlichen Artikel behauptete der Brockhaus von 1899, Kaspar Hauser sei wahrscheinlich ein Betrüger gewesen. Im Brockhaus von 1954 liest

1) In seinem Nachwort zu Jakob Wassermann, *Caspar Hauser oder die Trägheit des Herzens.* München: Deutscher Taschenbuch Verlag 1992 (10. Aufl.) Zuerst erschienen in *Frankfurter Allgemeine Zeitung,* 9. Januar 1980.

2) Um diese Zahlen ins richtige Verhältnis zu rücken, hier einige andere Daten: Die 1896 erschienene *Bibliografia Galileiana,* 1858–1895, von Alarico Carli und Antonia Favaro führt mehr als 2000 Veröffentlichungen über Galilei an und ihre Fortsetzung durch Giuseppe Boffito aus dem Jahre 1943 weitere 2000. Seit Beginn des 20. Jahrhunderts sind mehr als 200000 Bücher über Napoleon erschienen. Zu Kaspar Hausers Lebzeiten wurden etwa 70 Bücher und Aufsätze über ihn geschrieben. Mit Sicherheit kannte er sie nicht alle. Möglicherweise hat er nur das Buch von Feuerbach und den Angriff von Merker zu Gesicht bekommen.

man das Gegenteil. Die wichtigsten historischen und wissenschaftlichen Untersuchungen sind heute allerdings auf der Seite derer, die für Hauser Partei ergreifen. In den vergangenen fünfzig Jahren kamen viele neue Zeugnisse ans Licht. Sie alle ergänzen und untermauern die grundlegende Arbeit von Anselm von Feuerbach. Aber bis zur Veröffentlichung des hier erstmals vorgelegten Manuskripts ist kein neues zeitgenössisches Dokument aufgetaucht.

Kenner der französischen Literatur erinnern sich vielleicht an die beklemmenden Verse von Paul Verlaine *Gaspard Hauser chante*. Verlaine schrieb dieses Gedicht über einen Jungen ohne Mutter und ohne Freunde im Jahre 1873, während er wegen der Attacke auf seinen einstigen Gefährten Rimbaud im Gefängnis saß. Er schrieb es nach eigenem Bekunden, weil er sich so einsam und verlassen fühlte wie Kaspar Hauser. Die berühmte letzte Strophe lautet:

> *Suis-je né trop tôt ou trop tard?*
> *Qu'est-ce que je fais en ce monde?*
> *O vous tous, ma peine est profonde:*
> *Priez pour le pauvre Gaspard!*

In Stefan Georges schöner Übersetzung lesen sich diese Zeilen so:

> *Kam ich zu spät, zu frühe?*
> *Ich weiß nicht wie mirs ergeht.*
> *O ihr all! schwer ist meine Mühe —*
> *Sprecht für mich ein Gebet!*

Ganz anders die Fassung des Liedermachers Wolf Biermann:

> *Zu früh kam ich zu spät auf diese Erde.*
> *Auf diesem Kahlkopf steh ich als ein Haar.*
> *Mein Elend schreit, doch du, ich bitt' dich: Bete*
> *Für mich, den armen Hauser, den Kaspar.*

Für viele europäische Schriftsteller des 20. Jahrhunderts war Kaspar Hauser insgeheim eine Art »blinder Passagier«, der, sobald sie von seinem rätselhaften Auftreten und seinem unerklärlichen Tod erfuhren, ihre Phantasie beflügelte. Viele deutsch schreibende Schriftsteller waren fasziniert von ihm: Rainer Maria Rilke *(Der Knabe),* Jakob Wassermann, Georg Trakl *(Kaspar Hauser Lied),* Hugo von Hofmannsthal (die Figur des Sigismund in *Der Turm* ist offensichtlich der Gestalt Kaspar Hausers nachgebildet), Klaus Mann, Peter Handke *(Kaspar,* 1976) und Werner Herzog in seinem Film *Jeder für sich und Gott gegen alle* von 1974. Und so wie man für oder gegen Dreyfus war, war man in diesem Falle für oder gegen Hauser.

II.

Kaspar Hauser tauchte im Mai 1828 (in dem gleichen Jahr, in dem der »wilde Junge von Aveyron« starb) in den Straßen Nürnbergs auf. Die Polizei steckte ihn in einen Turm, wo er sogleich allgemeine Aufmerksamkeit erregte: die Nürnberger hielten ihn für einen »Tiermenschen«, weil er kaum laufen, offenbar nur wenige seltsam klingende Sätze sprechen und zwar hören, aber nicht verstehen konnte, was man zu ihm sagte. Außer Brot verabscheute er alle Speisen, vor allem Fleisch, und konnte nichts trinken außer Wasser. Er hatte einen Brief an einen Rittmeister der Garnison bei sich. Äußerlich wirkte er wie ein Knabe zwischen fünfzehn und achtzehn, glich aber in vieler Hinsicht eher einem Elfjährigen.

Kaspar Hauser war eine Sensation, sogar eine Touristenattraktion. Besucher kamen zu seinem Turm, um ihn beim Spielen mit ein paar Holztieren zu beobachten. Warum interessierten sich die Leute für ihn? Feuerbach deshalb, weil es sich offenkundig um einen Kriminalfall handelte. Hauser war Unrecht widerfahren, und Feuerbach war entschlossen, zu ermitteln, wer dieses Unrecht begangen hatte und warum. Für das gebildete Publikum war in Kaspar Hauser das lautere, unschuldige Kind Rousseaus erschienen, eine Gelegenheit, herauszufinden, welchen Beitrag die Erziehung zur Entwicklung des Einzelnen leistete. Für die breite Masse war er ein *freak,* ein Monstrum (was in den verschiedenen Filmen über Kaspar Hauser deutlich zum Ausdruck kommt) und zugleich Gegenstand dunkler Gerüchte. Für *einen* Menschen jedoch, für Georg Friedrich Daumer, war er vor allem ein Junge, der der Pflege bedurfte und eine Familie brauchte. Als Feuerbach am 11. Juli 1828 Kaspar Hauser besuchte, erklärte er, wenn seine Lebensbedingungen nicht rasch geändert würden, müsse er »an einem Nervenfieber sterben oder im Wahnsinn oder Blödsinn untergehen«. Der Mann, der ihn aus dem Turm holte und in sein Haus aufnahm, war Daumer. Er hatte bei Hegel studiert und wirkte nun als Lehrer in Nürnberg. Er war ein sonderbarer, in mancher Hinsicht fortschrittlich gesonnener Mann, und er hatte bei Kaspar Hauser erstaunlichen Erfolg, dessen Wortschatz sich in großen Sprüngen erweiterte. Hauser verfügte über seltsame Fähigkeiten: er konnte im Dunkeln lesen, konnte »spüren«, wenn jemand von hinten auf ihn zeigte, und besaß ein ungewöhnlich empfindliches Sensorium. Bei großem Lärm fiel er manchmal in Zuckungen, und grelles Licht bereitete ihm heftigen Schmerz. Er war oft krank und von tief melancholischer Gemütsart.

Anderthalb Jahre nach dem Auftauchen Kaspar Hausers traten zwei Ereignisse ein, die schwerwiegende Folgen für sein weiteres Leben haben sollten. In der Woche des 17. Oktober 1829 hielt ein reicher englischer Lord mit großem Pomp Einzug in Nürnberg: Philip Henry, 4. Earl of Stanhope, der Sohn von Charles Stanhope, des Erfinders eines dampfgetriebenen Schlachtschiffes, Neffe des Premierministers Pitt und Halbbruder von Hester Stanhope, der »Königin von Tadmor«. Heute (genauer gesagt, seit dem Buch von Johannes Mayer über Stanhope, das vor einigen Jahren erschien) wissen wir, daß sich Stanhope schon damals sehr für Kaspar Hauser interessierte und daß er seinen Bankier gebeten hatte, alle Informationen und Veröffentlichungen über ihn zu sammeln. Er ließ hierüber jedoch nichts verlauten. Es war durchaus unklar, was er in dieser Woche in Nürnberg tat.

Ein paar Tage später nahm das Leben Kaspar Hausers plötzlich eine dramatische Wendung. Zunächst schien es, als würde er von jemandem beobachtet, und als er einmal in Daumers Haus allein saß, trat ein schwarz gekleideter Mann auf ihn zu und versuchte ihm mit einer Art Schlachterbeil (Kaspar konnte die Waffe später zeichnen), die Kehle zu durchschlagen. Kaspar wurde verwundet, starb jedoch nicht. Feuerbach besuchte Kaspar Hauser am Tag nach dem Überfall und schilderte diesen Besuch in einem handschriftlichen Bericht, den man nach seinem Tod unter seinen Papieren fand. Hermann Pies hat ihn in seiner *Dokumentation* (S. 67) abgedruckt. Darin zitiert Feuerbach Äußerungen von Kaspar Hauser, die dieser ganz ähnlich schon im Delirium gemacht hatte — nun waren sie völlig verständig: »Wenn ich auch diesmal davon komme; ich werde doch von dem Manne noch umgebracht werden. — Mein Gefühl hat es mir immer gesagt; er selbst hat es auch gesagt, daß er mich noch umbringen wird. Er muß es ja tun — hat gewiß erfahren, daß ich meine Gefangenschaft beschrieben, daß ich genau den Weg angegeben habe, den er mich früher bis nach Nürnberg geführt hat; er wird denken, daß ich schon Dinge gesagt, vor denen er sich fürchtet. — Er muß mich umbringen, weil er fürchten muß, daß ich mich nach und nach an das erinnere, was mit mir geschehen ist, und wo ich gefangen gewesen bin, und warum er mir das getan hat, der Mann, der mir alles — alles genommen hat.« Das klingt wie ein authentisches Zitat, wie etwas, das Feuerbach aufschrieb, während er es von Kaspar Hauser hörte. (Außerdem handelt es sich um eine höchst intelligente Analyse seiner Lage; man fragt sich, ob irgendwer zu jener Zeit diese seine Ansicht teilte.) Die Sprache ist den von Daumer mitgeteilten Bemerkungen nicht unähnlich. Kaspar Hauser fürchtete offenbar, daß er sterben werde. Der Mann hatte es ihm ja klipp und klar gesagt. Kaspar wurde elf Tage nach dem Anschlag von der Polizei verhört (Pies,

347

Dokumentation, S. 69) und erklärte, der Mann habe ihm gesagt: »Du mußt doch noch sterben, ehe du aus der Stadt Nürnberg kommst.« Kaspar war tief empört darüber, daß die Leute in der Stadt ihn einen »Hasenfuß« nannten. Man machte damals viel Aufhebens von seiner »Feigheit«, z. B. davon, daß er Angst hatte, über eine Schiffbrücke zu gehen. Freiherr von Tucher, sein Gönner, sagte jedoch der Polizei (Pies, *Dokumentation,* S. 97): »Wer wollte ihm auch gerade diese Furcht vor dem Tode übel nehmen, ihm, der ja kaum erst zu leben begonnen hatte, und dieses ihm so teuere Leben schon einmal auf so grauenhafte Weise bedroht sah!« Wer wollte Kaspar Hausers Tod, und warum?

Ein Jahr später kehrte Stanhope nach Nürnberg zurück, und diesmal interessierte er sich, ohne einen Hehl daraus zu machen, nur für eines: für Kaspar Hauser, den man inzwischen das »Kind von Europa« nannte. Geradezu überschwenglich freundete er sich mit ihm an. Daumer bemerkt (*Sein Wesen* . . ., S. 250): »Ich kannte jemand, der mit Erstaunen die Liebkosungen beobachtete, welche der Graf dem Findling sogar öffentlich erwies.«[3] Stanhope hatte nichts Geringeres im Sinn, als Kaspar Hauser zu adoptieren und ihn als seinen Erben mit nach Chevening Castle in Kent zu nehmen. Bis dahin wollte er Hausers Leben schützen, indem er ihn nach Ansbach schickte. Dort sollte Hauser bei einem eigens von Stanhope ausgewählten Lehrer namens Johann Georg Meyer wohnen. Meyer war ein kleiner Tyrann und ein großer Sadist. Bald sprach Kaspar davon, daß er sich nach seinem ersten Gefängnis zurücksehne. Am 14. Dezember 1833, fünfeinhalb Jahre nach seinem Auftauchen, wurde er von einem Mann, der behauptete, Nachrichten von seiner Mutter zu haben,

---

3) Ähnlich äußert sich Daumer auf S. 233 seiner *Enthüllungen:* »Ich kann, wenn es verlangt wird, einen Zeugen nennen, der mit nicht geringem Erstaunen die öffentlichen Liebkosungen des Grafen beob-achtete . . .« Dies ist der einzige Hinweis auf ein mögliches homoerotisches Interesse von Stanhope an Kaspar Hauser, den ich finden konnte. In Peter Sehrs schönem Film wird dieses Motiv stark akzentuiert.

in den einsamen Hofgarten der Ansbacher Orangerie gelockt. Dort erhielt er einen Messerstich in die Brust. Meyer (S. 132 von Pies' *Dokumentation*) gibt selbst zu, daß er Kaspar Hauser noch, als dieser bereits im Sterben lag, gedroht habe: ». . . und ihm nachdrücklich zu raten, daß er keine weiteren Umstände machen möge, *daß ihm eigentlich eine Tracht Schläge gehörten.* Ich wollte mir über diese Strenge später Vorwürfe machen. Allein wenn ich in Erwägung zog, daß er dieselbe nicht fühlte, wenn er den Schritt wirklich im Delirium tat, und daß er sie vollkommen verdiente, wenn er ein solches affektierte, so konnte ich dabei so ziemlich beruhigt bleiben. Von jenem Augenblicke meiner ernstlichen Zurechtweisung zeigte sich übrigens bis zum letzten Abende seines Lebens bei ihm kein Delirium mehr.« Meyer schreibt weiter: »In hohem Grade mußte mir endlich auch sein Benehmen auf dem Krankenbette auffallen. Der übrigens so wehleidige Kaspar Hauser, welcher sonst bei dem kleinsten Übelfinden fast unausstehlich mit seinen Klagen war, der stets jede wirkliche und vermeintliche Zuckung bemerklich machte, klagte diesmal auch mit keiner Silbe über Schmerzen, wenn er nicht gefragt wurde, und im letzteren Falle blieb er äußerst einsilbig.« (Meyer will darauf hinaus, daß Hauser sich selbst die tödliche Verletzung beigebracht haben müsse und daher niemandem ein Vorwurf zu machen sei.) Meyer gestand auch (ebd., S. 207): »Nachtragen will ich noch, daß ich auf dem Rückweg von der Reitbahn gegen Hauser äußerte: Diesmal [anders als beim letzten Mal in Nürnberg — Meyer sagt ihm also eigentlich: der Anschlag damals war genauso vorgetäuscht wie dieser] haben Sie den dümmsten Streich gemacht, diesmal kann es Ihnen nicht gut gehen, worauf derselbe nach oben blickte und in die Worte ausbrach: ›Bei Gott, Gott wissen.‹«

Ein Brief von Hofmann an Klüber (Daumer, *Sein Wesen . . .*, S. 457 ff.) vom 3. Februar 1834 berichtet von einer Begegnung mit Meyer und wirft ein trauriges Licht auf die letzten Tage im Leben Kaspar Hausers: »Meyer erklärte vielmehr höchst entrüstet: Hauser habe das

Mitleiden seines Jahrhunderts zum besten; der Vorgang sei nur ein Dacapo des früher ersonnenen Mordversuches in Nürnberg. Ihm mache er heute (am 14. Dezember) keine unruhige Nacht wie damals dem Prof. Daumer in Nürnberg. Er habe dem Hauser soeben beim Weggehen, um mir den Vorfall anzuzeigen, gerade heraus erklärt, daß er *eine Tracht Schläge verdient habe.*« Meyer war offenbar so stolz auf seine Drohung, daß er sie mehrfach zum besten gab. In einer Fußnote drückt Daumer aus, was wohl jeder empfindet, der diese Worte hört: »Möchte man nicht blutige Tränen weinen, indem man sich das Schicksal jenes Ärmsten denkt, welcher, mit der soeben erhaltenen tödlichen Wunde im Herzen, noch dazu in der gemeinsten Weise mit Schlägen bedroht wird!« Aber Meyer war noch nicht am Ende: »M. drang sogar darauf, daß ich Hausern, wegen Hickels Abwesenheit, aus dem Hause schaffen solle, weil er ihn nicht länger behalten wolle. Ich gab ihm meinen Unwillen darüber sehr lebhaft zu erkennen . . ., wobei ich ihm bemerkte, daß Dr. Albert, welchen ich noch den Abend zuvor gesprochen, Hausern nicht außer Gefahr und zum Wegbringen in eine andere Wohnung nicht für transportabel erklärte.«

Meyer ließ sich viel Zeit, ehe er einen Arzt rief. Als sich dann zeigte, daß die Verletzung ernst war, erzählte Meyer verschiedenen Leuten, Kaspar Hauser habe sie sich selbst zugefügt, um das nachlassende Interesse an seiner Person von neuem zu beleben. Der Arzt, der sich um Kaspar kümmerte, erklärte jedoch der Polizei (Pies, *Dokumentation,* S. 225): ». . . noch einen Tag später versichern glaubwürdige Personen, aus seinem Munde gehört zu haben, daß er gerne Offizier werden möchte, wenn es keinen Krieg gäbe; er habe erst seit 5 Jahren zu leben angefangen und wünsche noch länger zu leben.« Kaspar blieb selbst auf dem Sterbebett ein Polizeiverhör nicht erspart. Eine der amtlichen Fragen, die ihm im Laufe der dreitägigen Vernehmung gestellt wurden, (Nr. 40, Pies, ebd., S. 205) lautete: »Bei einem schon früher vorausgegangenen, Ihnen in Nürnberg begegneten Unfall, wie mochten Sie es wagen, einer Einladung

Folge zu leisten an einen einsamen Platz von einem Ihnen gänzlich unbekannten Menschen?«[4] Kaspar Hauser mußte auch noch eine letzte Demütigung über sich ergehen lassen, als er erfuhr, daß Meyer gegenüber anderen erklärte, er, Hauser, habe sich seine Verletzung selbst zugefügt. Auf die Frage, ob er seinen Aussagen gegenüber der Polizei noch etwas hinzuzufügen habe, erwiderte er (Pies, *Dokumentation*, S. 204): »Die Leute meinen immer, es hätte mich niemand gestochen. Ich hab's schon gehört, vom Herrn Meyer, sie haben leise unter einander gesprochen.« Auf dem Sterbebett (Pies, ebd., S. 154) sagte Kaspar Hauser auch: »Viele Katzen sind der Maus Tod.« Seine letzten Worte waren: »Müde, recht müde, muß noch eine große Reise machen!« Dann drehte er sich auf die rechte Seite und starb.

Der Täter wurde trotz der spektakulären Belohnung, die der König von Bayern aussetzte, nie gefunden. Bereits wenige Tage später versuchte Lord Stanhope in verschiedenen süddeutschen Residenzen, hochgestellte Persönlichkeiten davon zu überzeugen, daß Kaspar Hauser ein Betrüger gewesen sei und Selbstmord begangen habe. Untersuchungen aus jüngster Zeit zeigen jedoch, daß Stanhope selbst der Betrüger war und zumindest als Komplize an der Ermordung Hausers beteiligt.

III.

Neues Material über das Rätsel Kaspar Hauser ist äußerst selten. Die Entdeckung eines Manuskripts, das neue Informationen über sein Leben bietet, ist daher von großer Bedeutung, und dies um so mehr, wenn man berücksichtigt, daß es sich bei diesem Manuskript tatsächlich um das früheste erhalten gebliebene Zeugnis über das Leben, das Denken und die Äußerungen des »Kindes von Europa« handelt.

---

4) Kaspars Antwort hierauf: Er glaubte nicht, daß sein Leben noch in Gefahr sei, da er jetzt einen »Pflegevater« habe, der sich um ihn kümmere. Diese Bemerkung bezieht sich auf Stanhope.

Das Manuskript besteht aus 170 Schreibmaschinenseiten — eine Abschrift von handschriftlichen Notizen, die Kaspar Hausers erster Lehrer, Georg Friedrich Daumer[5], während der Jahre 1828–1830 anfertigte, als Kaspar Hauser in seinem Haus in Nürnberg lebte.

Daß solche Aufzeichnungen existierten, war nur einer einzigen Quelle zu entnehmen, genauer gesagt, einer Bemerkung, die Daumer in einem Buch über Kaspar Hauser gemacht hatte, das lange nach dessen Tod erschien. Dort sagt er, er habe eine *handschriftliche* Kopie seiner ursprünglichen Aufzeichnungen an Anselm von Feuerbach geschickt, die dieser bei der Abfassung jenes 1832 erschienenen Buches verwendete, das Kaspar Hauser in ganz Europa und darüber hinaus berühmt machen sollte: *Kaspar Hauser: Beispiel eines Verbrechens am Seelenleben des Menschen.*

Dies ist der *einzige* Hinweis, der die Gelehrten darauf hätte aufmerksam machen können, daß diese Notizen und eine handschriftliche Kopie existiert hatten und von Feuerbach bei der Arbeit an seinem Buch verwendet worden waren.

---

5) Daumer (1800–1875) gründete 1840 den ersten deutschen Tierschutzverein. Brahms hat Gedichte von ihm vertont, und Thomas Mann zählte zumindest eines von ihnen zu den bedeutenden Dichtungen der deutschen Sprache. Daumer übersetzte auch persische und arabische Gedichte ins Deutsche. Er entwickelte sich zu einem religiösen Mystiker und gehörte zu den frühen Anhängern der Homöopathie. Man hat Daumer vorgeworfen, er habe Kaspar Hauser einen Wunderglauben (dem er selbst offensichtlich anhing) eingeflößt. Daumer verteidigt sich hiergegen, wie mir scheint, überzeugend in einer kurzen, wenig beachteten Passage auf S. 238 seines 1873 erschienenen Buches *Kaspar Hauser: Sein Wesen, seine Unschuld:* »Ich und meine Freunde, wir haben zwar das Außerordentliche in Hausers Wesen und Erscheinung gebührendermaßen beobachtet, gewürdigt und aufgezeichnet, ihm aber niemals anderweitige Dinge der Art bekannt gemacht, Wundergeschichten erzählt, einen Wunderglauben beizubringen gesucht. Für ihn war schon die ganz gemeine, alltägliche Wirklichkeit wundersam und erstaunlich genug; und es kam darauf an, ihn nur erst mit dieser vertraut zu machen.«

Material über Kaspar Hauser ist während der vergangenen 165 Jahre in Deutschland mit großem Fleiß gesammelt worden. Ein Dokument, auf das die Beschreibung Daumers zuträfe, ist dabei nie gefunden worden.

Als der große Kaspar-Hauser-Forscher Hermann Pies, der während sechzig Jahren eine Anzahl bedeutender Bücher über dieses Thema schrieb, 1981 starb, erbte Johannes Mayer (der selbst zwei wichtige Bücher über Kaspar Hauser geschrieben hat) dessen wissenschaftlichen Nachlaß.

Die Abschrift, um die es hier geht, ist gebunden und besteht aus 170 maschinengeschriebenen Seiten mit handschriftlichen Anmerkungen von Pies. Die Echtheit des Manuskripts ließ sich an Hand der Korrespondenz zwischen Pies und dem großen Juristen und Rechtshistoriker Gustav Radbruch nachweisen.[6] In den dreißiger Jahren arbeitete Radbruch an seiner herausragenden Biographie *Paul Johann Anselm Feuerbach. Ein Juristenleben* (Wien 1934). Nur ein kurzer Abschnitt dieses Buches befaßt sich mit Feuerbachs Beziehung zu Kaspar Hauser, gleichwohl wendete Radbruch sich vor Drucklegung seines Buches an Hermann Pies. Radbruch stand auch in Kontakt mit den Nachfahren Feuerbachs in Lindau am Bodensee. Während eines Aufenthalts dort stieß er auf eine handschriftliche Kopie von Daumers ursprünglichen Aufzeichnungen und berichtete Pies darüber in einem Brief. Er teilte ihm auch mit, daß der Nachfahre Feuerbachs bereit sei, sie ihm, Pies, zu schicken. Außerdem schrieb er, er wolle ihm den Teil des Manuskripts seines Buches schicken, der sich mit Kaspar Hauser befaßt. Pies' Antwort beschreibt das Manuskript und erläutert auch seine einmalige Bedeutung. »Nach 1829, vor Abfassung seiner Broschüre Ende 1831 erhielt Feuerbach die Abschrift von Dau-

---

6) Gustav Radbruch (1878 bis 1949) war in der Weimarer Republik 1922–23 Justizminister und setzte sich in dieser Zeit dafür ein, daß auch Frauen zum Richterberuf zugelassen wurden. Er war einer der ersten deutschen Professoren, den die Nazis 1933 von seinem Lehrstuhl vertrieben.

mers Notizen. Die jüngsten dieser (mehrere 100) Notizblätter sind 1830 datiert. Diese Notizblätter sind viel
überzeugender als die darnach gearbeiteten Daumerschen *Mitteilungen über Kaspar Hauser,* 2 Hefte 1832,
(ich habe diese Abschr. von Hrn. Feuerbach — Lindau
erhalten) einzelne Stücke sind ihrem Inhalt nach unerfindbar, alle tragen den Stempel der Wahrheit unverkennbar in sich (Daumer erscheint *hier* keineswegs als
der ›Phantast‹ als der er verrufen ist!) und ich glaube,
daß diese ›Notizen‹ die Überzeugung Feuerbachs von
der ›Wahrheit‹ Hausers endgültig befestigt haben.« Die
Echtheit dieses neuen Dokuments ist also unbestreit-
bar.⁷

Hier sei noch einmal zusammengefaßt, was wir
wissen: Daumer machte sich handschriftliche Notizen
über Kaspar Hauser, unter ihnen auch direkte Aussagen von Hauser im Wortlaut. Diese Notizen waren

---

7) Daumer schreibt in seinem Buch *Kaspar Hauser: Sein Wesen, seine Unschuld, seine Erduldungen und sein Ursprung* (Regensburg: A. Coppenrath 1873), S. 220: »Ich schickte meine Bemerkungen über Hauser an Feuerbach mittelst einer von fremder Hand gefertigten Abschrift, welche ich, meiner leidenden Augen wegen, nicht selbst durchsehen und von Fehlern reinigen konnte; der Abschreiber machte solche, die nicht geändert wurden, unglücklicher Weise, gerade bei den in Rede stehenden Notizen und so kamen sie auch in Feuerbach's Buch. Ich hatte von einem *tückischen* Pferde gesprochen, daraus wurde ein *türkisches,* worüber sich nun der Stallmeister, als er das las, freilich gar sehr verwundern mußte. Ich hatte geschrieben: ›H. verspürte nie etwas an dem Gesäße, sondern nur etwas Weniges an den Schenkeln.‹ Aus ›sondern‹ wurde in der Abschrift wahrscheinlich ›oder‹, und so steht bei Feuerbach: ›Er ritt Stunden lang, ohne sich wund zu reiten, oder nur in den Schenkeln oder im Gesäße Schmerzen zu empfinden.‹« Tatsächlich finden wir die zweite Passage in unserem Manuskript wieder, ein weiterer Hinweis darauf, daß der Text echt ist. Die erste Passage findet sich im vorliegenden Manuskript allerdings nicht. Ich habe hierfür keine Erklärung, vermute aber, daß die einzelnen Abschnitte alle auf gesonderten Zetteln geschrieben waren und daß dieser eine fehlte. Es überrascht mich jedoch, daß Pies dies nicht bemerkt und im Manuskript nirgendwo angemerkt hat.

kaum lesbar, denn Daumer war fast blind. Er ließ sie abschreiben und schickte die Abschrift an Feuerbach. Feuerbach benutzte sie in seinem Buch über Kaspar Hauser. Das Manuskript blieb bis 1933 bei der Familie Feuerbach, wo Radbruch es sah. Es wurde an Pies geschickt: mehrere hundert einzelne mit der Hand geschriebene Blätter. Pies ließ sie 1933 abschreiben und versah das Typoskript mit handschriftlichen Hinweisen auf alles, was in der neuerlichen Kopie unklar war. Pies gab die handschriftlichen Notizen dann zurück. Bei der Besetzung Lindaus durch die Franzosen gegen Ende des Zweiten Weltkriegs verbrannten viele Papiere und Manuskripte, darunter auch dieses.

Vielleicht ist dies das wertvollste und, wenn man so sagen darf, authentischste Dokument, das sich bis heute erhalten hat. Nur ein anderes Dokument könnte es an historischer Bedeutung noch übertreffen: Kaspar Hausers eigenes Tagebuch. Vermutlich hat er es verbrannt — bewiesen ist dies allerdings nicht —, denn jeder in seiner Umgebung hätte es gern gelesen, wenn auch mit den unterschiedlichsten Intentionen. Vielleicht liegt es noch immer auf irgendeinem unbekannten Dachboden.

IV.

Der Reiz, Kaspar Hauser zu beobachten, bestand auch darin, daß er die Welt anscheinend zum erstenmal wahrnahm. Alles war ihm unvertraut. Besonders deutlich zeigte sich das in seiner Haltung zu anderen Lebewesen. Er konnte nicht glauben, daß sie nicht waren wie er — also einfache, langsam gesprochene Sätze nicht verstehen konnten. Alle wiesen ihn deshalb zurecht, auch sein aufgeklärter Lehrer, und beschämt hörte Kaspar Hauser schließlich auf, mit Tieren wie mit Menschen umzugehen.[8] Als er zum erstenmal den mit Sternen

8) Das neue Manuskript belegt allerdings, daß er diese Einstellung zu Tieren nicht vollends ablegte. Auf S. 130 der vorliegenden Ausgabe schreibt Daumer: »1828. Noch

übersäten Nachthimmel sah, fiel er in eine Art Ver-
zückung. Er war sehr friedfertig und revanchierte sich
für Beleidigungen und selbst für Schläge nicht. Auch
den kleinsten Insekten gegenüber legte er große Für-
sorglichkeit an den Tag. In seinen Aufzeichnungen (S.
171 dieser Ausgabe) notiert Daumer: »Wenn er Vögel
oder andere Tiere eingesperrt sah, betrübte er sich darüber und sagte, diese Tiere möchten auch gern frei sein,
warum man sie einsperrte? So, wenn man ein Tier, z. B.
ein Insekt umbringen wollte, dieses Tier möchte auch
gern leben.«[9] Und noch einmal (S. 172): »1828. Ich
mußte ihm einmal erlauben, einem Vogel der zum
Braten bestimmt war, die Freiheit zu geben da ich sonst
fürchten mußte er werde in eine üble Stimmung gegen
mich kommen.«

Sein Mitgefühl schloß sogar den Mann ein, der ihn in
seinem Gefängnis bewacht hatte (S. 173): »1828. Eine
schöne Äußerung die er zu Ende Oktobers tat, ist

zu Anfang des Oktobers nachdem er aufgehört hatte, Tiere
wie Menschen behandeln zu
wollen, sagte er zur Katze, da
er eine andere, ihr sehr ähnliche
gesehen hatte: Heute habe ich
einen Vetter oder eine Base von
Dir gesehen und meinte, sie
solle es verstehen und sich
darüber freuen.« Dies geht
offensichtlich auf eine direkte
Beobachtung von Daumer zurück. Der letzte Satz jedoch
ist eine Interpretation von
ihm, und es ist ungewiß, worauf sie gründet. Offenbar
glaubte Daumer nicht, daß
Kaspar Hauser sich nur zum
Spaß auf eine verniedlichende
Tiersprache eingelassen habe.
Er habe gemeint, was er sagte:
da er eine Katze gesehen hatte,
die der aus dem Hause Daumers (vermutlich in ihrer Farbe) ähnelte, glaubte er, die

beiden seien miteinander verwandt.

9) In Daumers erstem Buch
*Mitteilungen über Kaspar Hau-
ser* von 1832 findet sich die gleiche Passage in fast den gleichen
Worten, was für die identische
Quellenlage beider Werke
spricht: »Wenn jemand ein Insekt umbringen wollte, hinderte
er es und sagte, dieses Tier
möchte auch gern leben. Wenn
er einen Vogel oder andere
Tiere eingesperrt sah, betrübte
er sich und sagte, dieses Tier
möchte auch gern frei sein,
warum man es einsperre?« Es
ließe sich wohl schwer die
These begründen, daß diese
beiden Passagen nicht direkte
Zitate von Kaspar Hauser sind,
niedergeschrieben, kurz nachdem sie gesprochen wurden.
Mir scheint, Daumer ist ein
verläßlicher Zeuge.

folgende: Er denke auch deshalb, sagte er, ungern an seine Einsperrtage zurück, weil er sich die Angst vorstelle, in der der Unbekannte, der ihn gefangen hielt, gelebt haben müßte. Dieser habe wahrscheinlich immer auf seinen Tod gehofft, der nicht erfolgt sei, und so glaube er, daß der Unbekannte, bis er sich seiner entledigt habe, in qualvoller Unruhe gelebt habe was ihm wehe tue, wenn er sichs vorstelle.« Zu diesem Abschnitt, der fast gleichlautend in den *Mitteilungen* (S. 121) erscheint, bemerkt Daumer: »Solche Äußerungen waren damals bei Hauser weder durch Erziehung und Bildung überhaupt, noch insbesondere durch religiösen Einfluß begründet, sie flossen rein und selbständig aus seiner in ihrer Ursprünglichkeit noch ungetrübten Menschennatur, die aber das Leben in der Welt bald zum Abfall von sich selber nötigte.«

Daumers Aufzeichnungen werfen neues Licht auf die Geschichte Kaspar Hausers, weil sie uns einen direkteren Zugang zu seiner Lebenswirklichkeit eröffnen und seine Stimme vernehmbar machen. Ihnen gelingt dies besser als den wenigen erhalten gebliebenen Seiten, die Hauser selbst geschrieben hat, denn bei diesen handelt es sich um mit Sorgfalt und Bedachtsamkeit niedergeschriebene »Übungen«, nicht um spontane Bemerkungen, wie wir sie in einigen seiner von Daumer mitgeteilten Aussagen finden. Obwohl wir über die Ereignisse im Leben Kaspar Hausers wahrscheinlich mehr wissen als über jedes andere Kind jener Zeit, ist es doch sehr schwierig, seinen Werdegang zu rekonstruieren. Hier leisten Daumers Aufzeichnungen große Hilfe. Gleich zu Beginn lesen wir: »1828. Anfangs behandelte man ihn rauh, weil man sein Benehmen für Verstellung hielt. Er weinte damals acht Tage lang immer fort den ganzen Tag und die ganze Nacht.« Diese beiden kurzen Sätze sagen uns über Hausers erste Zeit in Nürnberg sehr viel, was bis jetzt nicht bekannt war. Der Legende zufolge war Hauser von einem auf den anderen Tag eine Sensation. Der erste der hier zitierten Sätze deutet jedoch auf etwas hin, das sehr viel wahrscheinlicher ist: daß man ihm zunächst keinen Glauben schenkte und ihm abweisend begegnete.[10] Es ist nicht klar, ob Daumer dies von einem Augenzeugen, etwa von seinem Freund, dem Freiherrn von Tucher erfuhr, der ihn mit Kaspar Hauser bekannt machte, oder ob er es später von Kaspar Hauser selbst hörte. Jedenfalls wurde diese Information bisher nirgendwo mitgeteilt. Es war auch nicht bekannt, daß Kaspar Hauser acht Tage und acht Nächte geweint hat. Das ist eine lange Zeit, und es ergibt sich so ein ganz anderes Bild von Kaspar Hausers erster Woche »nach seiner Gefangenschaft«.

Die erstaunlichen Fortschritte, die Kaspar Hauser beim Begreifen seiner Umgebung, bei der Rückbesinnung auf seine Vergangenheit, beim Sprechen und bis zu einem gewissen Grad auch beim Nachdenken über sie machte, versetzten Freunde und Gönner, die davon hörten, in Erstaunen, lieferten zugleich aber auch seinen Kritikern Munition für Angriffe. Wie könne er, fragten diese Kritiker, so unwissend gewesen sein, wie es den Anschein hatte, wenn er sich nachher binnen weniger Monate ein Wissen anzueignen vermochte, das man von einem Erwachsenen erwarten würde? Die Daumerschen Notizen liefern uns mehr Informationen über Kaspar Hausers philosophische Reflexionen, als bisher verfügbar waren. Auf S. 150 lesen wir: »1828. Im September und Oktober äußerte er öfters daß er sich gar nicht mehr in seinen früheren geistigen Zustand zurückversetzen könne, er möchte sich nur selber sehen, wie er früher gewesen sei, und die Zeit mit Spielen hingebracht habe. Oft wenn er allein war, beschäftigte ihn das Bestreben, sich jenen Zustand klar zu machen. Es sei ihm unbegreiflich, sagte er, wie er während seines Eingekerkertseins gar nicht an sich selbst gedacht, nicht darüber nachgedacht, ob nicht etwa noch Wesen außer

10) Daumer war einer der ersten, die Kaspar Hauser besuchten. Dieser tauchte am 26. Mai auf. Am 18. Juli zog er zu Daumer. Daumer schreibt in seiner Chronik der Geschichte (*Sein Wesen* ..., S. 40), er habe Kaspar Hauser ungefähr drei Wochen bevor er in sein Haus zog kennengelernt. Er wäre Hauser dann um den 26. Juni zum erstenmal begegnet, also etwa einen Monat nach dessen Ankunft.

ihm oder etwas außer seinem Käfig existiere, noch wo
das Brot und Wasser herkäme, das er täglich fand und
verzehrte. — Die ganze Zeit vor dem Anfang des
Lesenlernens lag nur in dämmernder, unsicherer Erinnerung vor ihm.«[11] Dies ist eine jener Passagen, die
Anlaß zu mancherlei Spekulationen geben. Ist dies
wirklich die Sprache Kaspar Hausers, oder hat Daumer
sie in irgendeiner Weise verändert? Vieles deutet darauf
hin, daß Daumers Aufzeichnungen tatsächlich im
strengen Sinne zeitgenössisch sind. Ich habe den Eindruck, daß Kaspar Hauser dies tatsächlich gesagt hat.
Trotzdem drängt sich die Frage auf, ob diese Reflexionen spontan waren oder etwa durch Daumer oder andere
wohlmeinende Erwachsene, vielleicht sogar durch
Feuerbach, ausgelöst oder beeinflußt wurden.

Können wir sicher sein, daß Kaspar Hauser so, wie
er es geschildert hat, in einem Verlies gelebt hat?
Woher wissen wir, daß er ohne jeden Kontakt zu einem
Lebewesen aufgewachsen ist? Sind dies echte Erinnerungen Kaspar Hausers oder Rekonstruktionen?
Besäßen wir Träume aus jener Zeit, könnten sie uns
wertvolle Aufschlüsse geben. Aber über solche Träume
verfügen wir nicht. Wir wissen nicht einmal, ob er überhaupt träumte, solange er in seinem »Käfig« war. Wahrscheinlich nicht. Man sollte aber erwarten, daß er

11) Daumer denkt offenbar
an diesen Abschnitt, wenn er
das Zweite Heft seiner Mitteilungen mit folgenden Worten beginnt: »Bis zu der Zeit,
da der Unbekannte, um ihn zu
unterrichten, in seinem Kerker
erschien, befand sich Hauser
in einem dumpfen, reflexions-
losen Zustand, ohne Erinnerung eines ehemaligen Lebens
unter Menschen, ohne Befremden und Nachsinnen über seine
Lage, ohne Wunsch, sie zu verändern, ohne Sehnsucht nach
etwas, was er nicht besaß, im
vollkommensten Gleichmute.

Er selbst glaubt nur wenige
Stunden gewacht zu haben.«
Daumer zitiert dann im weiteren einen Teil des Abschnitts,
den ich hier angeführt habe:
»Im September 1828 äußerte
er, es komme ihm sehr sonderbar vor, wenn er zurückdenke,
daß er in seinem Kerker nichts
gedacht, noch gewünscht habe,
da er doch jetzt so viele Gedanken und Wünsche habe. Er sei
in einem immergleichen Zustande gewesen, in den er sich
jetzt schwer zurückdenken
könne.«

zumindest nachher von seiner Gefangenschaft träumte. Aber auch das scheint nicht der Fall gewesen zu sein. Statt dessen träumte er, er wäre ein Prinz. Zumindest handeln hiervon die Träume, die uns durch Feuerbach, Daumer und Tucher überliefert sind.

V.

Kaspar Hausers Träume sind irritierende Erfahrungen aus einer Welt zwischen Vision, Halluzination und Traum. In einem am 29. Januar 1831 aufgenommenen Verhör berichtet der zweiunddreißigjährige Freiherr von Tucher, wie er Kaspar bei dessen erstem Besuch auf der Nürnberger Veste am 14. September 1828 begleitete. Während sie die Treppe hinaufstiegen, wurden die großen Flügeltüren zu einem der Säle sichtbar. Kaspar blieb stehen und blickte verstört drein. Als Tucher ihn fragte, was denn sei, antwortete er, die Türen erinnerten ihn an einen Traum, den er in der Nacht des 30. August, ungefähr zwei Wochen zuvor, geträumt habe (er hatte diesen Traum Tucher gegenüber schon erwähnt, jedoch nicht viel Beachtung gefunden). Er starrte die Türen lange an. Dann setzten sie ihren Weg die Treppe hinauf fort, und Kaspar sagte, diese Treppe gleiche der in jenem Traum, nur daß die Treppe im Traum mit schönen Teppichen belegt gewesen sei. Als sie in einen Bildersaal gelangten, blieb Kaspar erneut stehen, sah um sich und fiel dann in »konvulsivische Bewegungen, wie sie immer bei tiefem Nachsinnen vorkommen«. (Pies, *Dokumentation,* S. 53) Wieder besann er sich auf seinen Traum, mit mehr Einzelheiten als vorher und farbiger. Er begann, ihn noch einmal zu erzählen, hielt plötzlich inne und sagte »mit großer Bewegung: Es sei ihm, als habe er einmal so ein Haus gehabt (ausdrücklich so!), und er wisse nicht, was er davon denken solle.« Dann erzählte er seinen Traum weiter: »In dem großen Zimmer lag Hauser in einem Bette, da trat eine Frau zur Türe herein, mit gelbem Hute und weißen dicken Federn darauf. Hinter ihr trat ein Mann herein, in schwarzen Kleidern ... einen länglichen Hut auf dem

Kopfe, einen Degen an der Seite und auf der Brust ein Kreuz an einem blauen Bande. Die Frau trat an Hausers Bett und blieb stehen, der Mann blieb ein wenig hinter der Frau zurück. Hauser fragte die Frau, was sie wolle; sie antwortete nichts; er wiederholte die Frage; sie gab wieder keine Antwort. Sie hielt ein weißes Sacktuch in der Hand gegen ihn hin, was er erst bei der zweiten Frage bemerkte. Hierauf ging der Mann und hinter ihm die Frau zur Türe hinaus.«

Tucher teilte weiter mit, am 11. November, knapp zwei Monate später, habe ihm Kaspar von einem anderen Traum berichtet: »Es träumte ihm nämlich, seine Mutter käme vor sein Bett, begieße sein Gesicht mit heißen Tränen und nannte ihn Gottfried, welchen Namen er niemals gehört zu haben wiederholt und auf das Bestimmteste versicherte. Er erkannte diese Frau, ohne daß sie sich besonders zu erkennen gab, als seine Mutter. Es war das aber eine andere Person, als die im ersten Traum erschienene.« (Pies, *Dokumentation,* S. 54).[12]

12) Den gleichen Traum gibt Daumer in unserem Manuskript folgendermaßen wieder (S. 249): »In der Nacht des 10. Nov. träumte ihm, seine Mutter käme vor sein Bett und rufe ihn. Auf ihren Ruf glaubte er zu erwachen, die Dame legte ihr blaues Oberkleid zu ihm und begoß sein Gesicht mit heißen Tränen. Vieles sprach sie mit ihm, was er vergaß. Doch erinnerte er sich, daß sie ihn Gottfried genannt; welchen Namen er zuvor, seitdem er zu Nürnberg war, nicht gehört hatte. Er weinte im Traume sehr, so daß am Morgen in seinem Kopfkissen ein durchnäßter Fleck zu sehen war; seine Augen waren entzündet; er erzählte den Traum mit Weinen und befand sich den ganzen Tag sehr krank und angegriffen. Das Frauenzimmer, das ihm in einem frühern Traum in einem Schlosse an sein Bett gekommen war, hatte ein anderes Gesicht als seine Mutter, das ihm unbekannt war. Die letztere erkannte er gleich beim ersten Blick.« Hier stellt sich die Frage, ob Kaspar Hauser diesen Traum sowohl Daumer als auch Tucher erzählte oder ob Tucher ihn nur von Daumer hörte. Es hat den Anschein, als habe Kaspar Hauser *beide* Träume direkt erzählt. Gewiß ist, daß er ihn dem ersteren erzählte, denn Tucher sagt dies ausdrücklich: »Kaspar Hauser erzählte mir von einem Traume, den er in der Nacht vom 30. auf 31. August 1828, also 3 Monate nach seiner Ankunft dahier, gehabt habe. Ich habe mir dessen Erzählung sogleich aufgeschrieben und kann sie nun ganz genau wie-

Daumer fragte Kaspar dann nach weiteren Einzelheiten über diesen ersten Traum. (Über sie berichtet er in seinem 1873 erschienenen Buch *Kaspar Hauser: Sein Wesen, seine Unschuld.*) Ob er sich an irgendein Wappen erinnere? Kaspar wußte nicht, was dieses Wort bedeutet. Daumer erklärte es ihm vermutlich. (Dies bleibt jedoch unklar.) Kaspar versicherte, er kenne weder das Wort noch die Sache. In seinem Traum jedoch sei ein Bild im Zimmer an der Wand vorgekommen, an das er sich erinnere. Er zeichnete dann für Daumer, was er im Traum gesehen zu haben sich erinnerte. Diese Zeichnung ist erhalten geblieben. Sie zeigt tatsächlich ein Wappen: Ein Tier unbestimmter Art (einen Löwen), ein Zepter (ein Wort, das Hauser ebensowenig kannte wie den Gegenstand selbst), gekreuzte Schwerter, ein Kreuz usw. Daumer mußte sich damit begnügen, die Frage zu stellen, ob es in irgend-

dergeben.« Wir jedoch wissen nicht und Tucher teilt es uns nicht mit, wann Kaspar Hauser ihm dies erzählte. Gleich damals oder erst Monate später? Einige weitere Hinweise gibt es. Tucher berichtet: »Die Erinnerung an diesen Traum kam ihm erst dann ganz deutlich, als er am 14. September 1828 auf das hiesige Schloß zum ersten Male gekommen war. Vorher erinnere ich mir wohl, ihn davon reden gehört zu haben, ich weiß aber nicht, wie es kam, daß man seiner Erzählung nicht sogleich die volle Aufmerksamkeit schenkte, da man doch nichts, auch nicht das Geringfügigste, unbemerkt ließ.« (Pies, *Dokumentation*, S. 53) Hieraus scheint zu folgen, daß dieser Traum nicht dadurch zustande kam, daß Kaspar etwa annahm, andere wollten einen solchen Traum von ihm hören. Und offenbar sah in ihm auch niemand ein Mittel, das Rätsel von Hausers Identität zu lösen. Seine Echtheit scheint verbürgt. Über den ersten Traum sagt Tucher (und dies gilt wahrscheinlich auch für den zweiten): »Ich kann also meine Überzeugung aussprechen, daß diesem Traume alte, seinem wachenden Bewußtsein entschwundene, in seiner Seele nur schlummernde Erinnerungen zu Grunde liegen mögen.« Ich möchte dem zustimmen. Die Frage lautet: Welche Träume findet man so »interessant«, daß man sie mehr als einer Person erzählt? Erscheint dieser Traum Kaspar Hauser »denkwürdig«, weil er sich mit seiner adeligen Herkunft beschäftigt, oder war der Traum als solcher wegen seiner Anschaulichkeit und vielleicht wegen seines Gefühlsinhalts von Interesse für ihn?

einem Schloß ein solches Wappen gebe. Sie blieb viele Jahre lang unbeantwortet, bis der Historiker Fritz Klee 1929 ein fast identisches Wappen in einem Schloß in Beuggen fand, um das sich immer wieder Gerüchte rankten: Dies sei, so sagten die Bewohner, der Ort, an dem Kaspar Hauser eingekerkert gewesen sei.

Es ist ein faszinierender Gedanke, daß derjenige, der für das Verbrechen verantwortlich war, offenbar nicht damit gerechnet hatte, Kaspar könnte aus seiner wirklichen Vergangenheit etwas träumen, das Hinweise zur Aufklärung seines Geheimnisses liefern würde. Auch hatte niemand damit gerechnet, daß er zeichnen lernen würde. Erst als er diese Skizze anfertigte, erkannte er sein zeichnerisches Talent. Auf einer der ersten, vielleicht auch der allerersten, seiner Tempera-Zeichnungen, angefertigt am 22. April 1829, ist eine Pflanze zu sehen. Diese Pflanze hatte immer etwas Rätselhaftes an sich, da Kaspar Hauser sie, anders als alle seine übrigen Pflanzenbilder, anscheinend nicht nach einer Vorlage gemalt hatte. Erst kürzlich, im Jahre 1987, fiel einem aufmerksamen Betrachter auf, daß diese Zeichnung eine verblüffende Ähnlichkeit mit dem Fenster im Verlies eines Schlosses in Pilsach aufwies (das zu Hausers Lebzeiten im Besitz von Karl Ernst Freiherr von Grießenbeck, 1787–1863, war). Tatsächlich fand der derzeitige Besitzer dieses Schlosses vor einigen Jahren bei Renovierungsarbeiten ein hölzernes, weißes Spielzeugpferd, das nach Größe und Art der Beschreibung Kaspar Hausers genau entsprach.

Eine andere ähnliche Aussage über sein früheres Leben, die bisher ebenfalls unbekannt war, findet sich auf S. 250 der Aufzeichnungen: »Im Frühling 1830 äußerte er gegen mich: ›es ist mir in Dunkelheit, als hätte ich einmal gelernt.‹ Es sei ihm, sagte er, infolge einer traumartigen Phantasie (nach dem Erwachen noch halb im Schlafe), als sei er als ein vierzehnjähriges[13] Kind

---

13) Man fragt sich, ob dies kein Tippfehler für »vierjähriges Kind« ist. Mit vierzehn Jahren war Kaspar Hauser natürlich in seinem Verlies. Andererseits sind Träume an keine Chronologie der realen Welt gebunden.

von seinem Vater in ein unteres Zimmer des Schlosses von dem er früher geträumt, geführt und mit einem Lehrer zusammengebracht worden. Der Vater habe ihn zu lernen ermahnt weil er (Hauser) einmal an seine Stelle treten müsse und ihm mit Strafe gedroht, wenn er nachlässig sein würde.« Man muß allerdings bedenken, daß alle diese Träume mit der Theorie, er sei bereits als kleines Kind von seinem Schloß weggebracht worden, nicht vereinbar sind.

Sind diese Träume vollkommen authentisch? Das ist schwer zu sagen. Freud wurde einmal gefragt: Kann man einen Menschen für die eigenen Träume verantwortlich machen? Worauf er kurz und bündig antwortete: Wen denn sonst? Auf den ersten Blick klingt dieses Bonmot sehr überzeugend. Aber wenn man anfängt, darüber nachzudenken, kommt man kaum um die Einsicht herum, daß für die eigenen Träume *immer* andere verantwortlich sind. Wie jeder Mensch wurde zweifellos auch Kaspar Hauser durch äußere Erlebnisse zum Träumen veranlaßt. Aber kann denn ein anderer für die eigenen Erinnerungen verantwortlich gemacht werden? Im Augenblick ist in Amerika und in Deutschland viel von dem sogenannten »False-Memory-Syndrome« die Rede (wobei offenbar diese Bezeichnung einer »Theorie«, die zunächst einmal nichts weiter als eine Idee ist, medizinische Würde verleihen soll), und Anhänger dieser »Theorie« würden wohl behaupten, daß Kaspar Hausers Erinnerungen kaum mehr als Phantasien sind, die ihm seine wohlmeinenden Erzieher eingeflößt haben. In Deutschland wird diese Theorie auch unter dem Stichwort »Mißbrauch des Mißbrauchs« abgehandelt. Aber wir sollten bedenken, daß wir nicht wissen, was Kaspar Hauser tatsächlich träumte. Unser Wissen ist in mehrfacher Hinsicht begrenzt. Offensichtlich erzählte er Daumer nur das, wovon er glaubte, es werde seinen Lehrer interessieren (von freier Assoziation kann hier keine Rede sein). Wir wissen auch nicht, wieviel von dem, was er Daumer wirklich erzählt hat, überliefert wurde. Außerdem ist unser Wissen durch Daumers eigene Erinnerungsfähigkeit und durch die

Auswahl begrenzt, die er für seine Aufzeichnungen traf. Und auch in dem, was er niederschrieb, gibt es wahrscheinlich Verzerrungen und Verfälschungen, weil Daumer seine Notizen zu einem bestimmten Zweck machte. *Er* war nicht der Träumer. Und seine eigene Ausdrucksfähigkeit war, gelinde gesagt, unvollkommen. Und dennoch: wir können die Historie nicht umschreiben und nach anderen Texten verlangen. Wir haben, was wir haben: das vorliegende Dokument ist in einer Weise unmittelbar, wie dies für keine andere Quelle aus Hausers Lebzeiten gilt. Feuerbachs Schrift ist dagegen, auch wenn es sich um einen großartigen Text handelt, literarisch durchgearbeitet und geformt. Die drei Arbeiten, die Daumer selbst später über Kaspar Hauser schrieb, wirken stilisiert und besitzen nicht die Spontaneität dieses Textes. Es ist wohl ein Glück für uns, daß dieses Dokument nicht im Blick auf eine Publikation abgefaßt wurde. Natürlich ist es, wie alle anderen Quellen, die sich mit Kaspar Hauser befassen, durch die Interessen seines Verfassers begrenzt. Anscheinend hat niemand Kaspar Hauser je so wichtige Fragen gestellt wie diese: Was weißt du noch über deinen »Käfig«? Hast du überhaupt irgendwelche Erinnerungen an das, was davor war? Weißt du noch, wie du dich gefühlt hast, während du dort warst?

VI.

Warum waren Kaspar Hausers Zeitgenossen so sehr von ihm fasziniert? Feuerbach ging es vor allem darum, ein Verbrechen aufzuklären und eine Ungerechtigkeit wiedergutzumachen. Aber ihn leiteten auch menschliche Erwägungen. Er begegnete Kaspar Hauser zum erstenmal am 11. Juli 1828, gut einen Monat nach dessen erstem Auftreten in Nürnberg. Ihn verblüffte die Unschuld dieses Jungen, seine Kindlichkeit und Lauterkeit. Er faßte eine Zuneigung zu ihm, und er erkannte, daß die Aufmerksamkeit, die Kaspar Hauser zuteil wurde, die Art, in der man ihn in seiner Zelle wie ein Tier im Käfig bestaunte, ihn buchstäblich krank machte und daß er es nicht überleben würde, wenn sich nicht bald etwas änderte. Auf Feuerbachs Vorschlag wurde Kaspar Hauser eine Woche später, am 18. Juli, in Daumers Haus untergebracht. Daumer hatte ihn Ende Juni, wenige Wochen nach seiner Ankunft, zum erstenmal gesehen. Auch er faßte eine Zuneigung zu Kaspar Hauser und bewahrte ihm seine Sympathie, solange Hauser lebte. Aber Daumer hatte auch theoretische Interessen, und Kaspar Hauser erwies sich als ein Objekt für verschiedene Experimente — unschädliche Experimente, aber dennoch Experimente. Daumer vertrat die Ansicht, manche Menschen würden durch bestimmte Stoffe, vor allem Metalle, ungewöhnlich stark beeinflußt. Kaspar Hauser lieferte ihm hierfür viele Beispiele, und in seinen drei Büchern über ihn führt Daumer sie mit ermüdender Ausführlichkeit an. Er glaubte auch, Kaspar Hausers Lauterkeit verdanke sich zum Teil seiner vegetarischen Ernährungsweise, und stellte die Hypothese auf, er habe diese Lauterkeit und auch seine Sensibilität gegenüber anderen Lebewesen verloren, als er begonnen habe, Fleisch zu essen. An einer der wenigen persönlichen Stellen in seinem Buch *Kaspar Hauser: Sein Wesen, seine Unschuld* (S. 175) macht sich Daumer deswegen sogar Vorwürfe:

»Ja, ich kann es nicht leugnen und muß es bei dieser Gelegenheit offen gestehen: ich habe mich bei meiner Behandlung Hausers eines großen Fehlers schuldig gemacht, den mir zwar niemand vorhält und den ich deshalb gar nicht zu berühren brauchte, den ich mir selbst aber kaum vergeben kann, wiewohl ich aus guter Absicht handelte. Die übermäßige Reizbarkeit und Empfindlichkeit Hausers für die Eindrücke der Außenwelt waren für ihn eine Quelle unaufhörlicher Schmerzen und Leiden: besonders sein Umgang mit Menschen wurde ihm dadurch verbittert, daß er gegen animalische Einwirkungen, die für gewöhnliche Menschen gar nicht existieren, so außerordentlich empfänglich war. Ich dachte mir, dies werde sich ändern, sowie es gelänge, ihn an animalische Kost zu gewöhnen. . . . Die Absicht, die ich gehabt, ihn von diesen qualhaften Empfindungen zu befreien, wurde hiedurch wirklich erreicht; die physiologischen Wunder verschwanden, und die waren nicht nötig; und so wäre die Sache ganz gut gewesen. Aber es trat zugleich auch eine höchst fatale Verminderung seiner Fassungskraft und seines Denkvermögens und eine höchst bedauerliche Abstumpfung seines moralischen Gefühles ein, welche beide Eigenschaften zuvor in so hohem Grade bemerklich gewesen. Es war das für mich eine bedeutende Erfahrung in Rücksicht auf die Frage, ob animalische Nahrung dem Menschen natürlich, nützlich, insbesondere in höherer Rücksicht vorteilhaft sei. Daß ich den Findling daran gewöhnt, mußte ich jedenfalls schwer bereuen.«

Im Gegensatz zu Feuerbach (der, wie Kaspar Hauser selbst anscheinend auch, annahm, das Leben im Gefängnis seiner Kindheit sei nicht unangenehm gewesen) glaubte Daumer deutlich zu erkennen, wie tief Kaspar Hauser verletzt worden sei, und nahm anscheinend auch an, daß ihm dies einen Zugang zu besonderen Kräften gewährte. Wir kennen dieses Motiv aus der Mythologie: der Verletzte entwickelt außergewöhnliche Fähigkeiten. Im Falle Kaspar Hausers waren dies vor allem körperliche Fähigkeiten: scharfes Gehör, scharfer Blick, ausgeprägter Geruchssinn. Daumer sah in ihnen keine Wunderkräfte, sondern ein direktes Resultat der Gefangenschaft, eine Kompensation für den Mangel an anderen, gewöhnlichen Fertigkeiten. Daumer selbst glaubte zwar an Wunder, aber er versichert, wie oben schon erwähnt, er habe sich immer gehütet, Kaspar diese Anschauungen einzuflößen.

Wie das gebildete Publikum allgemein so entwickelte auch Daumer großes Interesse an der Kontroverse um den Anteil von Erziehung und Veranlagung bei der Menschwerdung des Menschen. Ein Interesse an wilden Kindern hatte es immer gegeben, und Kaspar Hauser war offensichtlich ein solches. Dr. Preu, der Kaspar Hauser als erster untersuchte, nannte ihn einen »halbwilden Menschen, in Wäldern erzogen« — ein Urteil, das er bald revidieren sollte, aber offenbar erst nachdem es in das Bewußtsein der Öffentlichkeit gedrungen war. Einige Fälle waren in Deutschland sehr bekannt geworden: so das Wolfskind von Hessen, das 1344 im Wald gefunden wurde. »Dem Bericht zufolge hatten die Wölfe ihm eine Höhle gegraben. Sie hatten den Boden mit einem Laubteppich bedeckt, und nachts schmiegten sie sich mit ihren Leibern an es, um es vor Kälte zu schützen.«[14] Peter, der Wilde aus Halin im Hannoverschen (1724), war von seinem Vater im Wald ausgesetzt worden. Er ernährte sich von Pflanzen und Baumrinde. Als man ihn einfing, aß er nur grüne Rinde von Zweigen und saugte den Saft aus rohem Holz. Er war für Musik empfänglich, lernte aber in den 68 Jahren seiner Gefangenschaft niemals Sprechen. Sehr bekannt war auch der Fall des »wilden Jungen von Aveyron«. Der erste Bericht von Itard erschien 1801 und löste eine Debatte aus, die das ganze Jahrhundert andauern sollte. (In seinem Aufsatz »Itard et son sauvage«, *Les Temps Modernes* 233, Oktober 1965, S. 647–63, bedauert Octave Mannoni, daß Itard kein Freud gewesen sei.)

Aber ob gebildet oder ungebildet, alle, auch Daumer und Feuerbach, interessierten sich für Kaspar Hauser vor allem wegen des Geheimnisses, das seine Herkunft umgab: Wer war er wirklich? Es dauerte nicht lange, da machten Gerüchte mit ziemlich genauen Angaben über seine Identität die Runde: er sei nichts Geringeres als der rechtmäßige Erbe des badischen Thrones, der Prinz von Baden selbst. Feuerbach hörte früh von diesen Gerüchten und schenkte ihnen zunächst keinen Glauben. Später jedoch, in seinem *Memoire,* wurde er zum wichtigsten Befürworter dieser Theorie. Mit diesen Gerüchten wurde das plötzliche Auftauchen des reichen Lord Philip Henry, Earl of Stanhope in Verbindung gebracht. Warum, so wollte die Öffentlichkeit wissen, interessierte sich Stanhope, der enge Beziehungen sowohl zum badischen als auch zum bayerischen Hof

14) Lucien Malson, *Les enfants sauvages,* Paris 1964. Der Band enthält auch den vollständigen Text des Berichtes von Jean-Marc Gaspard Itard.

unterhielt, so sehr für den Jungen? Der erste Anschlag auf Hauser und seine spätere Ermordung steigerten das Interesse natürlich noch. Und daß der König von Bayern die gewaltige Summe von 20000 Gulden (nach heutigen Verhältnissen 1 Million Mark) als Belohnung für Informationen aussetzte, die zur Ergreifung des Täters führten, bewies, daß die Identität Kaspar Hausers die Fürstenhäuser nicht gleichgültig ließ. Gleichzeitig und von Anfang an erhoben sich jedoch auch Stimmen gegen Kaspar Hauser. Schon 1830 schrieb Johann Merker, ohne Hauser je begegnet zu sein, sein Traktat *Caspar Hauser, nicht unwahrscheinlich ein Betrüger* (Berlin: August Rücker). Der Däne Daniel Friedrich Eschricht erklärte in seinem Buch *Unverstand und schlechte Erziehung: Vier populäre Vorlesungen über Kaspar Hauser* (Berlin: Verlag der Königlichen Geheimen Ober-Hofbuchdruckerei 1857), als Hauser dem Professor Daumer übergeben wurde, sei er noch ein armes, beschränktes, unschuldiges Kind gewesen. Unter Daumers Anleitung habe er sich in einen eitlen Narren verwandelt, einen Scharlatan und Lügner, und schließlich habe er Daumers Haus als vollendeter Betrüger verlassen. Für Eschricht war Kaspar Hauser selbstverständlich ein Selbstmörder: »Hauser starb als Lügner und Betrüger, getroffen von seiner eigenen Hand.« (Zit. n. Daumer, *Enthüllungen,* S. 35) Man kann nicht sagen, daß solche Ansichten heute nicht mehr vertreten würden. Ein Beispiel hierfür liefert Dieter Zimmer in seinem Aufsatz »Tarzans arme Vettern: Über Wilde Kinder und Wolfskinder«.[15]

VII.

Worauf beruht das moderne Interesse an Kaspar Hauser? 1. Das frühere Interesse als solches rechtfertigt schon ein historisches Interesse an dem Phänomen

---

15) *Experimente des Lebens: Was uns die Wissenschaft über wilde Kinder, Zwillinge und* *unser eignes Verhalten lehrt,* München: Heyne 1993.

dieses Interesses selbst. 2. Des weiteren ist eine Anzahl von Büchern über den Einfluß der Legende, der Geschichte, des Falles von Kaspar Hauser auf die Literatur geschrieben worden, in jüngster Zeit eines von Ulrich Struve, *Der Findling Kaspar Hauser in der Literatur*.[16] 3. Das Interesse an Hausers wirklicher Identität ist keineswegs erloschen. Es begegnet uns noch in dem neuesten, preisgekrönten Film von Peter Sehr, *Kaspar Hauser*. Ausgehend von einer sorgfältigen Deutung vieler historischer Dokumente (Johannes Mayer war der wissenschaftliche Berater), stellt dieser Film Kaspar Hauser als den Prinzen von Baden dar. Dieser Meinung sind auch die meisten, die ernsthaft auf diesem Gebiet geforscht haben: Pies, Klee und Bartning. Ich neige ebenfalls zu dieser Überzeugung, wenngleich ich die Sache nicht für im streng juristischen Sinne »bewiesen« halte.

VIII.

Der Begriff »Seelenmord« interessiert mich seit längerer Zeit — nicht wegen des Wortes, sondern wegen der dahinter stehenden Vorstellung, daß man gegen das Wesen eines Menschen ein Verbrechen begehen könne.[17] Dies war Feuerbachs Idee, und sie läßt darauf schließen, daß sich das Interesse an der wirklichen Mißhandlung Kaspar Hausers nicht auf die heutige Zeit beschränkt. Vielleicht kommt in der Faszination, die seine Geschichte für das 19. Jahrhundert besaß, das heimliche Eingeständnis zum Ausdruck, daß Kindesmißhandlung in jener Zeit eine Realität war. Was immer Kaspar

16) Stuttgart: Metzler 1992.

17) Vgl. Leonard Shengold, *Soul Murder: The Effects of Childhood Abuse and Deprivation,* New Haven: Yale University Press 1989. Zu der Literatur vor Feuerbach und zu seinem Einfluß auf die spätere Literatur aus einer juristischen Perspektive vgl. das gründliche Buch von Wilfried Küper, *Das Verbrechen am Seelenleben: Feuerbach und der Fall Kaspar Hauser in strafrechtsgeschichtlicher Betrachtung,* Heidelberg: Manutius 1991.

Hauser außerdem noch widerfuhr — er war ein mißhandeltes Kind: mißhandelt von seinen Eltern, als sie ihn aussetzten; mißhandelt von dem, der ihn zwölf Jahre in einem Verlies gefangenhielt; mißhandelt von Lord Stanhope aus nach wie vor rätselhaften Gründen; mißhandelt von dem unbekannten Angreifer, der ihn aus Gründen, die für Kaspar Hauser völlig unbegreiflich gewesen sein müssen, zu ermorden versuchte; und mißhandelt von dem Mann, der ihm den tödlichen Stich versetzte. Eine letzte Mißhandlung fügte ihm schließlich sein »Lehrer« Meyer zu, der jedem, der ihm über den Weg lief, und auch Kaspar selbst zunächst versicherte, die Wunde sei harmlos und nicht im geringsten tödlich, und nachher, als Kaspar im Sterben lag, behauptete, dieser habe sich die Wunde selbst zugefügt.

Schwerlich könnte ein Kind schlimmer mißhandelt werden, als es Kaspar Hauser widerfahren ist. Zwar gab es Tausende von Kindern, die auf prosaischere Art mißhandelt wurden, bisweilen nicht mit tödlichem Ausgang, bisweilen aber auch mit mörderischer Absicht und mörderischem Ergebnis, deren Leiden jedoch unsichtbar oder unbeachtet blieb — hier aber lag ein »Fall« vor, der nicht zu übersehen war. Der Vorgang gleicht einer Wiederkehr des Verdrängten. Ich vermute, Kaspar Hauser lieferte den objektiven Beweis für etwas, das viele ahnten: Kinder wurden sinnlos gehaßt, mißhandelt und oft auch ermordet. Es war das am heftigsten verleugnete Faktum des 19. Jahrhunderts, so wie der sexuelle Mißbrauch von Kindern das am heftigsten verleugnete Faktum des 20. Jahrhunderts war. Aber einige von denen, die diese Tatsache leugneten, wußten sehr wohl, daß dergleichen geschah, denn sie selbst waren die Täter. Andere, die es möglicherweise vorzogen, nicht darüber nachzudenken, waren die Opfer. Zum »Publikum« gehörten die Opfer und die Täter, zwei zahlenmäßig große Klassen von Menschen, die *wußten,* daß das, was da verleugnet wurde, tatsächlich geschah. Wie ein Symptom ermöglichte es Kaspar Hauser dem Publikum, innezuhalten und über die Folgen von Kindesmißhandlung nachzudenken, ohne sich eingestehen zu müssen, worüber es da eigentlich nachdachte.

Der heutige Leser (dies gilt auch für mich — und wird es den Lesern im letzten Jahrhundert anders ergangen sein?) wünscht sich dringend, etwas über die wirklichen Empfindungen, die Kaspar Hauser in seinem Verlies hatte, über seine Erinnerungen und seine Erlebnisse zu erfahren. Wir wollen wissen, ob seine Geschichte wahr ist, und wenn ja, was sie uns über die menschliche Natur sagt und was sie für uns selbst bedeutet. Leiden wir alle an dem, was Freud den »Familienroman« nannte — an dem Verdacht, daß unsere familiale Herkunft nicht die bescheidene ist, die wir kennen, sondern eine sehr viel edlere sein müsse, die wir nicht kennen? Freud sah hierin eine allgemein verbreitete Sehnsucht. Aber nicht jeder wünscht sich, aus einer anderen Familie zu stammen. Wer sich so etwas wünscht, tut dies aus guten Gründen: man hat ihn verletzt, und er wünscht sich, man hätte ihn nicht verletzt. In dem Begriff »dysfunktionale Familie« kommt nur eine Einsicht zum Ausdruck, die Tolstoi schon vor langer Zeit hatte: glückliche Familien sind sich alle gleich, nur die unglücklichen Familien sind interessant. Interessant sind sie, weil sie uns etwas lehren, das uns widerfahren ist, das wir jedoch »verdrängt« haben. Wir verdrängen nur, was unerträglich ist. Entgegen der Lehre Freuds glaube ich, daß es nicht die Phantasien sind, die uns krank machen, sondern Erinnerungen, an die man sich nicht erinnern kann oder nicht erinnern will. Jeder vergrabenen Erinnerung wohnt eine Sehnsucht nach Aufhebung der Verdrängung inne, ein Wunsch oder ein Verlangen nach Erinnerung, eine Art eingebauter Selbstheilungsmechanismus. Dies, so scheint mir, ist der Kern der Faszination, die der *pauvre Gaspard* immer noch ausübt.

Aber Kaspar Hauser ist nicht irgendein mißhandeltes Kind. Er wurde zwölf Jahre lang, von seinem vierten bis zu seinem sechzehnten Lebensjahr, in einem Verlies gefangengehalten — während der wichtigsten Jahre im Leben eines Menschen. Wie, so fragt man sich unwillkürlich, wäre es mir in dieser Situation ergangen? Und welches Ich, welches Selbst wäre schließlich daraus hervorgegangen? Mich faszinieren auch die vielen Fragen, die dieser Fall in bezug auf unsere Fähigkeiten aufwirft, Vergangenheit aufzudecken. Angenommen, ein guter Historiker oder sogar ein guter Psychologe (in meinen Augen fast ein Widerspruch in sich) hätte Zugang zu Kaspar Hauser gehabt und hätte ihm helfen wollen, die eigene Vergangenheit zurückzugewinnen: Was hätte er tun können? Zunächst einmal würden wir Kaspar Hauser von jeder Kontamination durch die Außenwelt abschirmen. Schließlich wollen wir *seine* Erinnerungen gewinnen und nicht diejenigen, von denen andere glauben, er müßte sie haben. Wir würden ihn vielleicht bitten, alles, woran er sich erinnern kann, aufzuschreiben, wie Daumer es tat. Aber die Schrift war nicht Hausers Medium. Das Schreiben fiel ihm sehr schwer, das Sprechen ebenso. Es gab allerdings Ausnahmen. Munter und eifrig hat er offenbar seine Träume erzählt — es scheint da etwas in Fluß gekommen zu sein. Aber es waren dies lauter Träume aus der Zeit, nachdem er in Daumers Haus gezogen war. Niemand scheint auf den Gedanken gekommen zu sein, ihn zu fragen, ob er in seinem Gefängnis jemals geträumt habe. Oder ob er *jetzt* über seine Zeit im Gefängnis geträumt habe. Trotzdem, die Träume, die er träumte, an die er sich erinnerte und die er nacherzählte, sind von großer Bedeutung und lassen sich nicht mit der Behauptung abtun, er habe sie gleichsam auf Bestellung geträumt. Jedenfalls versichert uns Daumer in seinem späteren Buch (*Sein Wesen*, S. 475), und ich bin geneigt, ihm dies zu glauben: »Ich habe die Aussagen Hausers über seine Träume, Visionen, anscheinenden Erinnerungen aus seinem unbekannten Vorleben niemals provoziert, beeinflußt, geleitet; sie können in keinerlei Weise als meine Produkte betrachtet werden. Ich habe sogar zum Teil zu wenig auf solche Aussagen geachtet, so auf das von ihm geträumte und seinem Geiste als Erinnerungsbild vorschwebende Schloß; und es ist das von Freunden mit Recht getadelt worden.« Daumer fügt hier eine wichtige Fußnote hinzu: »Auf Seite 30 meiner *Enthüllungen* habe ich bemerkt: ›Ich legte anfangs gar kein Gewicht auf die Sache und glaubte, Hauser phantasiere nur, bis ich, nicht ohne Hilfe meines schärfer blickenden Freundes, des Professors und nachmaligen Staatsrates v. Herrmann, zu der Einsicht kam, daß Hauser sich etwas der Art nicht bloß einbilden könne und daß jenes Schloß ganz sicher irgendwo existieren müsse, wie es denn auch Präsident v. Feuerbach mit aller Entschiedenheit erkannt und ausgesprochen hat.‹« Der letzte Satz ist besonders wichtig. Wollte Daumer mit ihm sagen, daß Feuerbach ihn oder andere hierauf direkt aufmerksam gemacht habe, oder verweist er nur auf dessen veröffentlichtes *Memoire,* das tatsächlich einen von Kaspar Hausers Träumen als Beweis für die Erinnerung an das Leben in einem Schloß anführt?

Niemand hat Kaspar Hauser je gefragt, wie lang er seiner *jetzigen* Meinung nach dort gelebt habe. (Die Antwort wäre gewiß nicht zutreffend gewesen, aber sie wäre interessant.) Besaß er ein Zeitgefühl? Wenn er in gefühlvoller Stimmung war, wenn er zum Beispiel erklärte, der Mann, der immer bei ihm gewesen sei, habe ihm nie wehgetan, hätte man ihn fragen können, was denn dieser Mann genau mit ihm getan habe. Umgekehrt: wenn er besonders ängstlich war, wenn er zum Beispiel sagte, er habe einen Mann in den Büschen lauern sehen und das habe ihn erschreckt, hätte man ihn fragen können, wovor er eigentlich Angst habe. Wir *wissen,* daß Kaspar Hauser das Buch von Feuerbach las (ob er auch das Buch von Daumer las, ist hingegen unbekannt). Wir wissen jedoch nichts über seine Reaktion. Las er die *Bekanntmachung?* Sie erschien am 7. Juli, also nicht einmal zwei Wochen nach Hausers Auftreten in Nürnberg am 26. Mai.[18] Mehr über Kaspar

18) Man sollte einmal der Frage nachgehen, woher die Informationen in diesem interessanten Dokument im einzelnen stammten und welchen Einfluß es auf Kaspar Hausers spätere Erinnerungen hatte. Feuerbach maß der Bekanntmachung keinen großen Wert bei. (Siehe S. 30 dieser Ausgabe.)

Hausers Vorleben in Erfahrung bringen heißt, mehr darüber in Erfahrung zu bringen, was unter dem Einfluß von Traumata mit den Erinnerungen eines Menschen geschieht.

Auch Kaspar Hauser fragt sich in der oben nach Daumer zitierten Passage, wie er über sein Gefängnis gedacht hat, was er sich vorstellte und was er über die Außenwelt wußte. Aber es gibt keine Antwort. Es liegt auf der Hand, daß er viel gelitten hat. Wo ist dieses Leiden geblieben? Was ist daraus geworden? Wo steckt es? In seiner Unfähigkeit, wie ein normaler Mensch zu lernen? In seiner Wehmut, die alle Welt so sehr rührte? In seinem Mitgefühl für alle kleinen Lebewesen?

Was wird aus den Erinnerungen eines Menschen, der massiv leidet? Werden sie ausgelöscht, verzerrt, wird es gefährlich, sich auf sie zu besinnen — entweder weil man ihm dies verboten hat (oder weil er auch ohne Verbot weiß, daß er sich nicht darauf besinnen darf), oder weil solche Rückbesinnung den Schmerz wiederaufleben ließe? Es gibt kaum Untersuchungen über die Erinnerungen von Kindern, die etwa den Holocaust überlebt haben. Man behauptet einfach, solche Erfahrungen könnten gar nicht verdrängt werden. Mir leuchtet diese These nicht ein, aber es handelt sich hier um eine empirische Frage, die sich mit Hilfe entsprechender Untersuchungen vermutlich beantworten ließe.

Gegenwärtig wird in den Vereinigten Staaten und in Deutschland heftig diskutiert, ob Kinder, die sexuell mißbraucht wurden, diese Erinnerungen jemals vergessen oder verdrängen können. Die Verfechter des *False-memory*-Syndroms sagen Nein und verweisen auf Studien an Kindern, die Unfälle erlitten oder traumatische Ereignisse wie einen Mord miterlebt haben. Die Gegenseite behauptet: Selbstverständlich! Aber eigentlich weiß man sehr wenig über diese Frage. Wodurch unterscheiden sich z. B. die Erinnerungen eines Dreijährigen an ein traumatisches Erlebnis von denen eines Zwölfjährigen? Und welche Unterschiede bewirken unterschiedliche Grade von Traumatisierung? Könnte es nicht sein, daß es gar keine allgemeinen Regeln gibt, daß verschiedene Menschen unterschiedlich reagieren, daß manche für immer vergessen, manche verdrängen, manche für immer behalten und andere sich einfach weigern, jemals darüber zu sprechen? Woher nehmen wir die Gewißheit, daß Kaspar Hauser nicht dieser letzten Gruppe angehörte und einfach beschlossen hatte, über bestimmte Dinge, die er wußte, nicht zu sprechen? Immerhin tauchte er mit sechzehn Jahren aus seinem Verlies auf. Nur wenige Tage vorher war er noch eingesperrt gewesen und hatte Dinge erlebt, die er in ein, zwei Tagen schlechterdings nicht vergessen haben konnte — auch wenn er die sprachlichen Fähigkeiten, die nötig waren, um über sie zu sprechen, erst Wochen oder Monate später erwarb.[19]

IX.

Warum wissen wir über Kaspar Hauser so viel mehr als über jedes andere Kind seiner Zeit? Nur weil man vermutete, er sei der legitime badische Thronerbe? Das ist zwar eine interessante Frage, aber die weitreichenden dynastischen Konsequenzen, um die es damals ging, haben sich längst erledigt. Es vergeht jedoch kaum ein Jahr, in dem nicht ein neues Buch über ihn erscheint. Die Moden wandeln sich zwar mit der Zeit, und während seine Geschichte früher der Ausgangspunkt für Überlegungen zum Verhältnis von Erziehung und Veranlagung war, dient sie heute (etwa in Peter Handkes Theaterstück) eher dazu, die Grenzen der Sprache aus-

---

19) Es scheint tatsächlich erstaunlich und unerklärlich, daß Kaspar Hauser im Mai 1828 nur einige stereotype Wendungen, z.B. »heimweissa«, sagen konnte, ohne zu wissen, was sie bedeuteten, während er schon wenige Monate später eine kohärente, wenn auch nur skizzenhafte Darstellung seines Lebens zustande brachte. Es scheint, als habe er das Sprechen nicht gelernt, sondern sich daran erinnert, wie jemand, der eine Fremdsprache vergessen hat und sie nach der Rückkehr in das fremde Land bald zurückgewinnt.

zuloten. Nicht bemerkt hat man bisher, daß die Mißhandlungen, denen Kaspar Hauser ausgesetzt war,
trotz ihrer Einzigartigkeit unseren eigenen Erfahrungen
so fern nicht sind. Hierin scheint mir die Erklärung für
die nicht endende Faszination zu liegen, die von ihm
ausgeht.

Ob Kaspar Hauser nun der badische Prinz war oder
nicht — festzuhalten bleibt, daß sich die Welt für
Kaspar Hauser heute mehr interessiert als für alle
badischen Prinzen, die es je gegeben hat, und auch mehr
über ihn weiß als über jene. Seine Bestürzung ange-
sichts der Welt hat etwas, das an eine Saite in jedem von
uns rührt. *Kaspar Hauser, c'est moi!*

Aus dem Amerikanischen von Reinhard Kaiser

Bibliographie

Daumer, Georg Friedrich, *Enthüllungen über Kaspar Hauser:* Mit Hinzufügung neuer Belege und Documente und Mittheilung noch ganz unbekannter Thatsachen, namentlich zu dem Zwecke, die Heimath und Herkunft des Findlings zu bestimmen und die vom Grafen Stanhope gespielte Rolle zu beleuchten. Eine wider Eschricht und Stanhope gerichtete historische, psychologische und physiologische Beweissführung. Frankfurt a.M.: Verlag von Weidinger Sohn, 1859.

Ders., *Kaspar Hauser: Sein Wesen, seine Unschuld, seine Erduldungen und sein Ursprung in neuer, gründlicher Erörterung und Nachweisung. Mit einer Anzahl bisher noch unveröffentlichter Aufsätze, Nachrichten und Erklärungen gewichtvoller Beobachter, Zeugen und Sachkenner, namentlich auch zur Ergänzung des theils an sich mangelhaften, theils noch ungenügend und mit Weglassung relevanter Bestandtheile mitgetheillten Actenmaterials.* Regensburg: A. Coppenrath, 1873.

Eschricht, Daniel Friedrich, *Unverstand und schlechte Erziehung: Vier populäre Vorlesungen.* Berlin: Verlag der Königlichen Geheimen Ober-Hofbuchdruckerei, 1857.

Feuerbach, Paul Johann Anselm Ritter von, *Kaspar Hauser. Beispiel eines Verbrechens am Seelenleben des Menschen.* Ansbach: J.F. Dollfuss, 1832.

Ders., *Leben und Wirken: Aus seinen ungedruckten Briefen und Tagebüchern, Vorträgen und Denkschriften, veröffentlicht von seinem Sohne Ludwig Feuerbach.* Leipzig: Verlag von Otto Wigand, 1852. 2 Bände.

Ders., *Anselm Ritter von Feuerbach's Biographischer Nachlass.* 2 Bände Leipzig: Verlagsbuchhandlung von J.J. Weber, 1853. Reprint 1973: Scientia Verlag Aalen.

Hörisch, Jochen. (Hrsg.), *Ich möchte ein solcher werden wie . . . Materialien zur Sprachlosigkeit des Kaspar Hauser.* Frankfurt a.M.: Suhrkamp, 1979.

Klee, Fritz, *Neue Beiträge zur Kaspar Hauser-Forschung.* Nürnberg: J.L. Schrag Verlag, 1929.

Küper, Wilfried, *Das Verbrechen am Seelenleben: Feuerbach und der Fall Kaspar Hauser in strafrechtsgeschichtlicher Betrachtung.* Heidelberg: Manutius Verlag, 1990.

Mayer, Johannes, *Philip Henry Lord Stanhope: Der Gegenspieler Kaspar Hausers.* Stuttgart: Urachhaus, 1988.

Ders., *Kaspar Hauser: Das Kind von Europa: In Wort und Bild dargestellt von Johannes Mayer und Peter Tradowsky.* Stuttgart: Urachhaus, 1984.

Merker, Johann Fr., *Caspar Hauser, nicht unwahrscheinlich ein Betrüger.* Berlin: August Rücker, 1830.

Peitler, Hans und Ley, Hans, *Kaspar Hauser: Über tausend bibliographische Nachweise.* Ansbach: C. Brügel & Sohn, 1927.

Pies, Hermann, *Die amtlichen Aktenstücke über Kaspar Hausers Verwundung und Tod.* Bonn: Kulturhistorischer Verlag, 1928.

Ders., *Fälschungen und Tendenzberichte einer »offiziellen« Hauserliteratur: Aktenmäßige Feststellungen.* Nürnberg: J.L. Schrag, 1926.

Ders., *Kaspar Hauser: Augenzeugenberichte und Selbstzeugnisse.* Zwei Bände. Stuttgart: Robert Lutz Verlag, 1925.

Ders., *Kaspar Hauser: Fälschungen, Falschmeldungen und Tendenzberichte.* Ansbach: Ansbacher Museumsverlag, 1973.

Ders., *Kaspar Hauser: Eine Dokumentation.* Ansbach: C. Brügel & Sohn, 1966.

Ders., *Kaspar Hauser: Die Wahrheit über sein Auftauchen und erste Nürnberger Zeit: Augenzeugenberichte, Selbstzeugnisse, amtliche Aktenstücke, Fälschungen und Tendenzberichte.* Stuttgart: Urachhaus, 1987. (Herausgegeben von Johannes Mayer.)

Ders., *Kaspar Hauser: Augenzeugenberichte und Selbst-*

zeugnisse. Band I: Stuttgart, Urachhaus, 1985. (Herausgegeben von Johannes Mayer.)

Radbruch, Gustav, *Paul Johann Anselm Feuerbach: Ein Juristenleben.* Wien: Springer, 1934. 3. Auflage, herausgegeben von Erik Wolf. Göttingen: Vandenhoeck & Ruprecht, 1969.

Rauber, A., *Homo sapiens ferus oder die Zustände der Verwilderten und ihre Bedeutung für Wissenschaft, Politik und Schule.* Leipzig: Denicke's Verlag, 1885.

Shengold, Leonard. »Kaspar Hauser and Soul Murder: A Study of Deprivation.« *International Review of Psycho-Analysis,* 5 (1978), S. 457–476.

Wagler, Ludwig. *Die Enträtselung der oberrheinischen Flaschenpost von 1816: Ein kritischer Beitrag zur Kaspar Hauser-Frage.* Nürnberg: J.L. Schrag, 1926.

Wassermann, Jakob. *Caspar Hauser oder die Trägheit des Herzens. Roman.* 1. Auflage 1908. 11. Auflage, mit einem Nachwort von Golo Mann. München: Deutscher Taschenbuch Verlag, 1994.

Das vorliegende Buch über KASPAR HAUSER ist im September 1995 als einhundertneunundzwanzigster Band der ANDEREN BIBLIOTHEK im Eichborn Verlag, Frankfurt am Main, erschienen.

Anselm von Feuerbachs klassischer Bericht *Kaspar Hauser. Beispiel eines Verbrechens am Seelenleben des Menschen* ist zum ersten Mal 1832 im Verlag von J. M. Dollfuß in Ansbach veröffentlicht worden, sein *Memoire — Wer möchte wohl Kaspar Hauser sein?*, das er 1832 an die Königin Karoline von Bayern sandte, konnte erst 1852 in Leipzig bei Otto Wigand gedruckt werden. Es erschien in *Anselm Ritter von Feuerbachs Leben und Wirken, aus seinen ungedruckten Briefen und Tagebüchern, Vorträgen und Druckschriften, veröffentlicht von seinem Sohn Ludwig Feuerbach.* Das Buch wurde damals auf Grund eines Gerichtsbeschlusses beschlagnahmt und mußte aus dem Verkehr gezogen werden.

Der Abdruck von Feuerbachs Texten folgt den Erstdrucken.

Georg Friedrich Daumers *Erste Aufzeichnungen über Kaspar Hauser* werden hier zum ersten Mal veröffentlicht. Die Überschrift stammt vom Herausgeber. Auskunft über die Entstehung und Überlieferung dieses Textes gibt Johannes Mayers Bericht.

Ebenfalls als Erstdruck enthält der Band einen Aufsatz aus der Feder von Feuerbachs Enkel Anselm aus dem Jahre 1908. Das Manuskript trägt den Titel *Hinwegschaffung von Persönlichkeiten.* Über seine Herkunft informiert ebenfalls eine Vorbemerkung von Johannes Mayer.

Der Essay von Jeffrey M. Masson wurde eigens für diesen Band geschrieben und von Reinhard Kaiser aus dem Amerikanischen übersetzt.

Das Lektorat hat Roswitha Gerlach übernommen.

Dieses Buch wurde in der Buchdruckerei Greno in Nördlingen aus der Korpus Neo Didot Monotype gesetzt und auf einer Condor-Schnellpresse gedruckt. Das holz- und säurefreie mattgeglättete 100 g/qm Bücherpapier stammt aus der Papierfabrik Niefern. Den Einband besorgte die Buchbinderei G. Lachenmaier in Reutlingen.

1. bis 8. Tausend, September 1995. Einmalige limitierte Ausgabe im Buchdruck vom Bleisatz.

ISBN 3-8218-4129-X. Printed in Germany.

Von jedem Band der ANDEREN BIBLIOTHEK gibt es eine Vorzugsausgabe mit den Nummern 1–999.

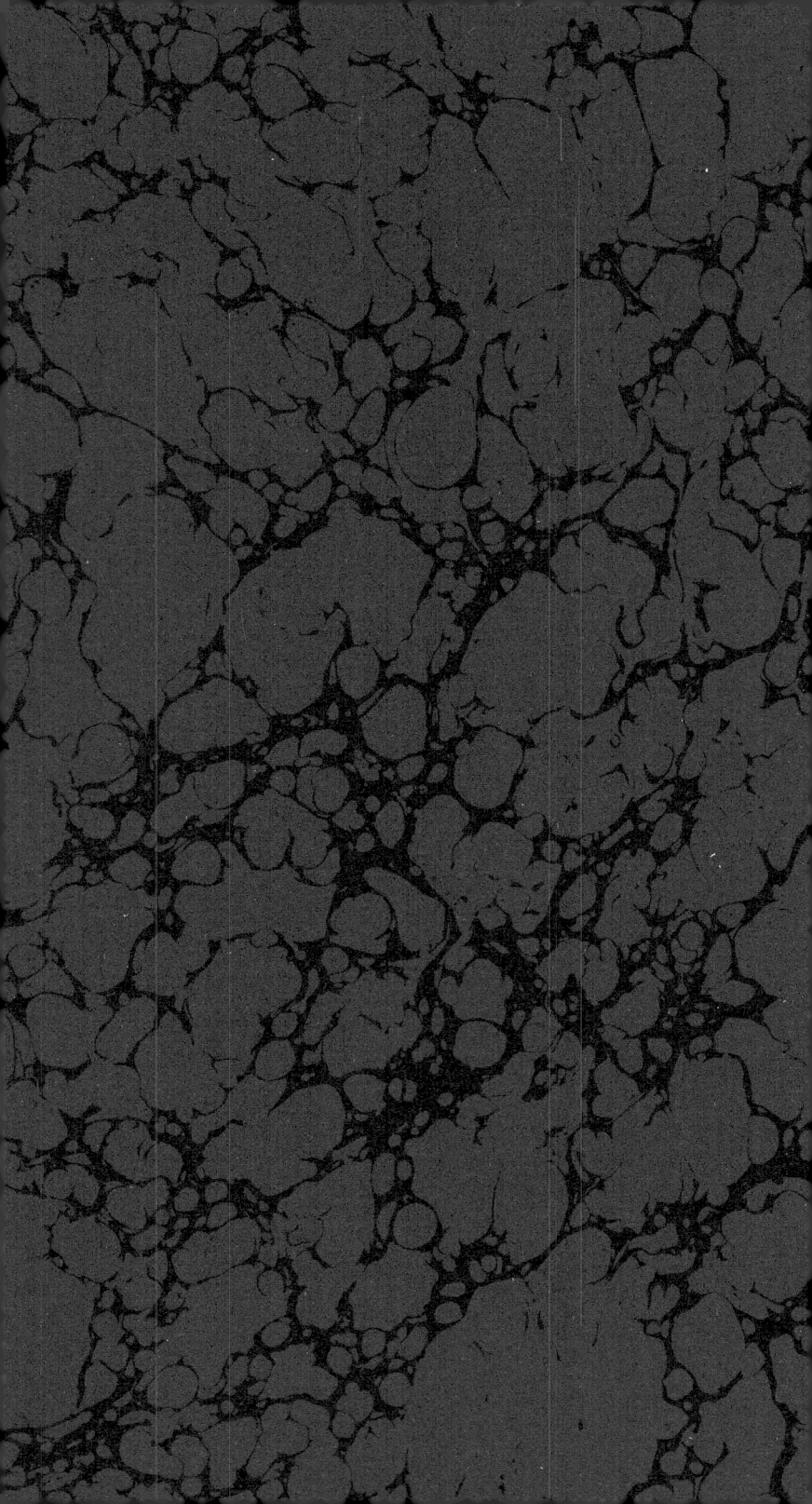